GÉNÉRAL PALAT
(Pierre Lehautcourt)

Une grande question d'histoire et de psychologie

BAZAINE
ET NOS DÉSASTRES EN 1870

TOME I

Le Mexique. — Les Batailles sous Metz

PARIS
LIBRAIRIE CHAPELOT
MARC IMHAUS & RENÉ CHAPELOT, ÉDITEURS
30, Rue Dauphine, VI⁰ (Même Maison à NANCY)
1913

BAZAINE
ET NOS DÉSASTRES EN 1870

GÉNÉRAL PALAT
(Pierre Lehautcourt)

Une grande question d'histoire et de psychologie

BAZAINE
ET NOS DÉSASTRES EN 1870

TOME I

Le Mexique. — Les Batailles sous Metz

PARIS
LIBRAIRIE CHAPELOT
MARC IMHAUS & RENÉ CHAPELOT, ÉDITEURS
30, Rue Dauphine, VIe (Même Maison à NANCY)

1913

INTRODUCTION

Malgré le nombre de ceux qui l'ont étudiée, la psychologie du maréchal Bazaine prête encore à des controverses très vives (1). Les uns voient dans le maréchal un traître vulgaire, simplement acheté par les Allemands. D'autres le considèrent surtout comme une victime des circonstances, un bouc émissaire auquel trop de gens ont fait supporter le poids de leurs fautes ou de leurs faiblesses. D'autres enfin le regardent comme ayant été, en 1870, moralement et intellectuellement au-dessous de la situation redoutable qui lui était faite par les événements. Ni par le savoir, ni par le caractère, croient-ils, il n'était à même de commander plus de cent cinquante mille hommes.

Quoi qu'il en soit, son commandement aboutit aux résultats que l'on sait. La capitulation du 27 octobre livra aux Allemands Metz et l'une des plus belles

---

(1) Voir l'*Intermédiaire des chercheurs et curieux*, LVIII, 1908, p. 3 à 974; LIX, 1909, p. 13 à 912, et le *Temps* du 19 août 1912, sans parler d'ouvrages récents, tels que ceux de MM. Emile Ollivier, Henri Welschinger et Germain Bapst.

armées que la France eût jamais mises en ligne. Survenue au moment le plus inopportun, elle eut pour conséquence immédiate de mettre à néant les efforts tentés à Paris et au dehors en vue de la formation de nouvelles armées.

Parti du dernier rang, Bazaine était arrivé au premier après une série ininterrompue de campagnes, et sans que la faveur parût jamais avoir été pour rien dans sa brillante carrière. Assurément, il n'avait pu percer qu'en faisant preuve de qualités éminentes. Comment, dès lors, expliquer tant d'appréciations sévères portées sur son commandement? Avait-il été jusqu'alors jugé avec trop d'indulgence? S'était-il produit en lui, avec les années, une transformation fâcheuse? Bazaine, qui n'avait conduit au feu, précédemment, que quelques milliers d'hommes, fut-il surpris par la grandeur d'une tâche à laquelle il se sentait mal préparé? Il se peut qu'il y ait une part de vérité dans chacune de ces hypothèses.

Pour clore l'un des ouvrages qu'il a consacrés à la guerre de 1870, M. Alfred Duquet s'exprime ainsi :

« Ce n'est pas seulement l'opinion publique qui s'est élevée et s'élèvera toujours contre l'homme du Mexique et de Metz, ce n'est pas seulement le conseil de guerre de Trianon qui l'a condamné après les débats les plus complets, les plus libres et les plus douloureux, ce sont également des étrangers dont l'impartialité ne saurait être soupçonnée, qui ont été contraints de reconnaître la félonie du personnage :

« Les preuves de la culpabilité du maréchal Ba-
« zaine nous paraissent accablantes. Il nous répu-
« gnait d'admettre la possibilité de menées ina-
« vouables de la part d'un maréchal de France; aussi
« avons-nous cherché à éloigner de notre esprit
« toutes les accusations de trahison, pour attribuer,
« si cela se pouvait, à des causes purement militaires
« le manque de succès du maréchal Bazaine, inca-
« pable de surveiller (sic) une armée si nombreuse.
« Mais l'échafaudage des témoignages accusateurs
« s'est dressé devant nous, nous forçant d'admettre
« que cet argument était insuffisant à tout expliquer,
« nous obligeant même, sous la triste pression des
« faits avérés, à reconnaître qu'il est acquis qu'à
« partir du 16 août, Bazaine s'était décidé à ne pas
« sortir de Metz. Comment doit-on juger l'homme
« qui fait livrer deux sanglantes batailles à son
« armée avec l'intention, arrêtée d'avance, qu'elles
« ne serviront à rien? Une fois embarqué dans la
« voie de la duplicité, il dut la suivre jusqu'à sa
« lamentable fin (1). »

« Voilà ce qu'un Anglais pense de Bazaine, voilà ce qu'il lui reproche. Aussi, avec quel sentiment

---

(1) Général Brackenbury, *Les maréchaux de France, étude de leur conduite pendant la guerre en 1870*. Paris, Lachaud, 1872, p. 241-244.

d'horreur devons-nous prononcer le nom du *livreur* de Metz-la-Pucelle, avec quelle passion vengeresse devons-nous l'accuser et faire passer à la postérité le mépris qu'il inspire et la haine des crimes qu'il a commis!

« C'est lui qui a fait écraser Mac-Mahon, Chanzy, Faidherbe et Bourbaki; sans lui, l'Allemagne n'aurait pas été victorieuse, Strasbourg et Metz seraient encore français! Que le nom de ce Judas militaire soit à jamais voué à l'exécration des patriotes de tous les pays! (1) »

Telle est l'appréciation finale consacrée au maréchal Bazaine par l'un de ses accusateurs les plus véhéments. Ecoutons maintenant un autre son de cloche. L'un des rares défenseurs du condamné de Trianon, M. Elie Peyron, émet, à une date récente, le jugement ci-après (2) :

« ...Jamais Bazaine n'a voulu s'imposer comme l'arbitre des partis; jamais il n'a voulu être dictateur; jamais il n'a ménagé son armée à cet effet. Il

---

(1) *Les derniers jours de l'armée du Rhin*, Paris, Charpentier, 1888, p. 333-334.

(2) L'*Intermédiaire des chercheurs et curieux*, 30 mars 1909, p. 456 et suiv. Cet article appartient à une série intitulée *La partie de billard de Bazaine*. Adversaires et défenseurs du maréchal y ont traité tour à tour des sujets ne se confinant aucunement dans ce cadre étroit. Cf. *Bazaine devant ses juges*, par Elie Peyron, Paris, Stock, 1911, et les deux lettres de M. Georges Bazaine, reproduites dans le *Temps* du 19 août 1912.

était le contraire d'un intrigant et d'un ambitieux. C'était un homme de devoir; et, malheureusement, c'était un soldat qui aurait poussé l'obéissance jusqu'à prêter la main à un nouveau coup d'Etat...

« Nous avons donc été à deux doigts du rétablissement de l'Empire, à partir du 12 octobre jusqu'au 24 octobre 1870. Cela est parfaitement exact. Il faut aller plus loin. Cette menace a pesé sur notre politique, depuis le lendemain du 4 septembre, jusqu'à la mort du Prince impérial, *pendant neuf années consécutives* (1). Tous les grands événements de cette période en ont été influencés. Sans cette crainte, on ne comprend pas l'anathème de Gambetta : « Le maréchal Bazaine a trahi! »; l'opposition que fit Gambetta à la convocation de l'Assemblée nationale dont Thiers et Jules Favre étaient partisans; les conditions anormales, — pour ne pas dire plus — de l'armistice du 28 janvier 1871; le vote de la Constitution républicaine de 1875. Sans ce danger imminent, on ne s'expliquerait pas l'attitude de la presse libérale en 1872-73, pendant le procès Bazaine. C'est que, le maréchal acquitté, c'était le Prince impérial à l'Elysée, dans les vingt-quatre heures...

« Etant donné les documents du procès, Bazaine ne pouvait qu'être condamné. Ses juges devaient sta-

---

(1) En italique dans le texte de M. Peyron.

tuer sur le vu des pièces de l'information et d'après la déposition des débats publics; ils devaient ignorer ce qu'ils avaient pu apprendre en dehors de l'audience. Ils n'ont donc écouté que la voix de leur conscience, en frappant cet accusé qui — après avoir *demandé* des juges — *ne s'est pas défendu;* cela, nous l'avons déjà déclaré, et nous le répétons.

« Mais l'affaire Bazaine, en elle-même, ne fut qu'une affaire politique. Et ceux qui rendirent inévitable la condamnation du maréchal, en terrorisant les témoins, — ne le firent certes pas de gaieté de cœur; ils obéirent, selon le mot du duc d'Aumale lui-même, à une *nécessité politique*.

« La question se posait alors de savoir si, oui ou non, le parti libéral (républicain et orléaniste; je laisse de côté les légitimistes, car, à ce moment l'impératrice Eugénie et le comte de Chambord paraissent avoir eu entre eux des accords secrets), si, dis-je, le parti libéral, en permettant au fils de Napoléon III de monter sur le trône, devait laisser s'instaurer à nouveau une politique évidemment rétrograde. A cette question, pour des libéraux, il ne pouvait y avoir qu'une réponse : *Non,* dût l'innocent être sacrifié; dût cette victime de nos discussions intestines être ajoutée à tant d'autres...

« C'est le rôle de l'Histoire de rendre l'honneur à ceux qu'a immolés la Raison d'Etat, qui s'appelle quelquefois le droit de légitime défense. Voilà pourquoi il appartient aux libéraux, plus qu'à personne, de travailler à la réhabilitation de Bazaine. C'est pour eux un devoir de réparer, dans la mesure du possible, le mal que leur parti a été *obligé* de faire, pour sauvegarder les principes qui lui étaient chers et pour préserver la liberté, la vie même de ses adhérents... »

On voit qu'il ne saurait y avoir une opposition plus absolue entre deux thèses, celle de l'attaque et celle de la défense. Dans le travail qui suit, on s'est efforcé de rechercher ce que chacune a d'exact. Chaque fois qu'il a été possible, on s'est basé uniquement sur les documents émanant du maréchal ou inspirés par lui. La raison est évidente.

Bien qu'on ait brièvement décrit l'existence antérieure de Bazaine, jusqu'à la campagne du Mexique, ce n'est pas une biographie qu'on a tenté de faire. L'un de ses principaux éléments, à savoir la correspondance intime et familière, fait complètement défaut dans le cas de Bazaine. Jusqu'ici, on n'a publié de lui aucune lettre de ce genre, du moins à notre connaissance.

On s'est donc borné à étudier son rôle au Mexique et en 1870, c'est-à-dire la seule partie de son existence qui présente un réel intérêt. Comme de raison, un développement beaucoup plus considérable a été donné à la partie de ce travail qui concerne la guerre de 1870. Elle permettra peut-être de juger quels sont ceux qui ont approché de plus près la vérité, des accusateurs passionnés du maréchal Bazaine comme M. Alfred Duquet et tant d'autres, ou de ses défenseurs persévérants comme M. Elie Peyron.

Moustoir-Lan, novembre 1912.

BAZAINE
ET NOS DÉSASTRES EN 1870

LIVRE I
LE MEXIQUE

I

LES DÉBUTS DE BAZAINE

François-Achille Bazaine (1) était d'origine lorraine. Ses ancêtres habitaient même Scey, village tout voisin de Metz, aux pieds du mont Saint-Quentin. En 1870, il y avait encore des parents de son nom, ainsi que dans la grande place qu'il allait défendre. Le futur maréchal naquit à Versailles, le 13 février 1811. Son père, Domi-

---

(1) Les détails qui suivent sont surtout empruntés aux états de service du maréchal, suivant copie établie en décembre 1887 par le bureau des Archives, direction générale du contrôle et de la comptabilité. Nous avons eu aussi recours à divers documents, notamment à une étude de M. Germain Bapst (Le maréchal Bazaine, *Nouvelle Revue* du 15 avril 1908), ainsi qu'au tome IV d'un ouvrage du même historien (*Le maréchal Canrobert, Souvenirs d'un siècle*). Bien que M. Bapst indique rarement ses références, nous avons pu nous convaincre qu'il s'est soigneusement documenté.

Les archives du ministère des Travaux publics, endommagées par l'inondation de 1910, ne contiennent plus rien concernant le père de Bazaine.

nique Bazaine, avait eu le prix d'honneur de mathématiques spéciales au concours général de 1802. Sa mère, Marie-Madeleine Vasseur, était la sœur de Mme Clapeyron, femme du mathématicien célèbre, membre de l'Institut. Achille était leur second fils (1).

Le ménage ne fut pas heureux. En 1809, le père de Bazaine quitta femme et enfants pour aller se fixer en Russie, où il se distingua comme ingénieur et arriva aux premiers rangs du *tchin*. On dit même qu'il dressa le plan des fortifications de Sébastopol.

Malgré cet abandon, le jeune Achille fut admis à la pension Barbet-Massin, qui était alors l'un des satellites du collège Charlemagne. Il y eut même comme condisciple le futur général Bourbaki. Le baron Roger, plus tard député du Loiret, eut à « diriger son éducation », on ignore à quel titre. « Comment et pourquoi cet homme politique écrivait-il au maréchal Soult, le 15 février 1844, qu'il « considérait le commandant Bazaine comme un véritable fils d'adoption », et qu'il entendait l'aider « de son intervention quasi paternelle (2) »? Sa mère paraît lui avoir été enlevée dès sa petite enfance. En 1829, son frère aîné entrait à l'Ecole polytechnique sous le nom de Bazaine-Vasseur, sans que le motif de l'adjonction du

---

(1) M. Germain Bapst pose à ce sujet les questions suivantes (*Le maréchal Canrobert*, IV, p. 268), auxquelles, pas plus que lui, nous n'avons trouvé de réponses : « Comment l'acte de naissance du jeune Achille Bazaine porte-t-il que son père était en 1811 ingénieur en chef du département de Seine-et-Oise, ce qu'il ne fut jamais ? Comment cet acte le fait-il naître à Versailles en 1811, quand son père avait quitté la France en 1809 pour aller au service du tsar Alexandre Ier ? Quand perdit-il sa mère... ? » M. Germain Bapst écrit aussi (*Nouvelle Revue*, *loc. cit.*, p. 437) que la famille paternelle de Bazaine voulut lui retirer le droit de porter ce nom.

(2) Germain Bapst, *op. cit.*, IV, p. 286, 323.

nom de sa mère au sien propre apparaisse bien nettement. Lui-même échoua l'année suivante à cet examen. Resté sans un sou sur le pavé, il s'embaucha comme garçon épicier, puis s'engagea au 37° de ligne le 28 mars 1831. Devenu fourrier le 13 janvier 1832, il passait, le 16 août, à la légion étrangère nouvellement formée. Le 2 novembre 1833, il y recevait l'épaulette de sous-lieutenant et, dès le 27 juillet 1835, entrait au service de l'Espagne avec cette troupe. Quelques semaines après, il était cité à l'ordre du jour de la division auxiliaire française, pour s'être défendu pendant six jours dans le village de Pons (Catalogne) contre les Carlistes en nombre très supérieur. Il se distinguait dans trois combats. Capitaine le 8 août 1835, il devenait, l'année suivante, l'aide de camp du brigadier général Conrad, qu'il avait sauvé au péril de sa vie. Chef d'état-major de la division auxiliaire le 15 novembre 1836, moins de sept ans après son engagement, il quittait le service de l'Espagne par démission en 1837 et rentrait l'année suivante à son corps comme lieutenant. Capitaine en 1839, il passait au 8° bataillon de chasseurs le 20 novembre 1840, non sans avoir été de nouveau cité au journal du blocus de Milianah (12 juin - 8 novembre). Au camp de Saint-Omer, il obtenait le prix de tir offert par le duc d'Orléans. Porté en triomphe par ses camarades, il était couronné aux applaudissements de tous (1).

En 1842, il entrait aux Affaires arabes, comme chef du bureau de Tlemcen. Toute sa vie, il devait en conserver l'empreinte.

Déjà sa carrière s'annonçait très brillante. Il était chef de bataillon en 1844, à 33 ans, et un rapport du gouver-

---

(1) Germain Bapst, *Le maréchal Canrobert*, I, p. 368.

neur général de l'Algérie le signalait comme ayant pris une part toute spéciale à la reddition d'Abd-el-Kader (juin 1847). C'est même à lui, dit-on, que le célèbre Arabe remettait son yatagan (1). Sa nomination de lieutenant-colonel motivait la lettre suivante du général Cavaignac, alors gouverneur général :

« Alger, 20 avril 1848.

« Mon cher colonel,

« J'apprends avec plaisir que vous êtes enfin nommé au grade de lieutenant-colonel, et je vous en félicite bien sincèrement.

« Cette nomination vous fait passer dans le 19ᵉ de ligne qui rentre en France. Dans les circonstances présentes, dont plus que tout autre vous êtes à même d'apprécier les difficultés, je compte sur votre dévouement et sur l'intérêt que vous portez aux affaires de ce pays.

« J'ai donc la confiance que vous ne demanderez pas à rentrer en France. Dans quelques mois, la situation sera sans doute moins grave, et alors je vous ferai jouir d'un congé dont je sais que vous avez grand besoin. C'est un nouveau sacrifice que je vous demande, mais je sais que je ne ferai pas appel en vain à votre patriotisme (2). »

Colonel du 55ᵉ le 4 juin 1850, il était presque aussitôt nommé directeur des Affaires arabes de la province

---

(1) G. Bapst, *loc. cit.* Le général du Barail (*Mes Souvenirs*, I, p. 324) donne une autre version.

(2) *Procès Bazaine. Compte rendu sténographique quotidien*, plaidoirie Lachaud, p. 530.

d'Oran (1). Le 14 août 1854, il figurait à l'armée d'Orient comme général commandant la brigade de la Légion étrangère.

Entre temps, il s'était marié dans des conditions qui valent une mention. Lorsqu'il était chef du bureau arabe de Tlemcen, la garnison se plaignait du manque d'hôtel ou d'auberge. Le général Bedeau demanda au consul français de Carthagène si un hôtelier espagnol ne voudrait pas tenter la fortune à Tlemcen. Peu après, on y vit arriver, avec trois filles, une femme Tormo qui avait tenu une *posada* dans la province de Murcie. On lui facilita la création d'un établissement, dont Bazaine devint bientôt l'un des clients assidus. Il remarquait la dernière fille de l'hôtelière, Maria de la Soledad Juana Gregoria, alors âgée de dix-sept ans, s'intéressait à elle et se chargeait de son éducation. Il l'installait à Oran, où il lui faisait donner des leçons.

Aussitôt promu colonel, il voulut l'épouser, mais le général de Mac-Mahon, dont il relevait, refusa de transmettre sa demande : pareil mariage pourrait nuire à sa

---

(1) Dans l'intervalle il avait reçu du général de Mac-Mahon la lettre suivante :

« Paris, 24 décembre 1850.

« Mon cher ami,

« Êtes-vous toujours dans l'intention de retourner en Afrique ? La position de colonel du 9ᵉ de ligne, à Tlemcen, vous irait-elle ? Répondez-moi par le courrier. Dans ce cas, je suis presque sûr de vous faire revenir.

« Dans tous les cas, je suis toujours votre meilleur ami. »

(*Procès Bazaine*, plaidoirie Lachaud, p. 530.)

Pélissier, qui l'inspecta en 1850 avant son départ d'Algérie, l'avait pourtant noté comme ayant « perdu du sentiment militaire », manquant d'instruction pratique », et comme devant « sans tarder » être remis « dans la troupe ».

carrière, toute l'armée d'Afrique connaissant la fille Tormo et s'exagérant même ses tares (1). Il en résulta une scène d'une violence inouïe qui laissa, dit-on, dans le cœur de Bazaine une vive animosité contre son futur collègue (2). Il ne renonça pas à son projet et trouva même le moyen, par l'intermédiaire du vicaire général d'Alger, l'abbé Suchet, de faire recevoir Soledad au Sacré-Cœur de Marseille. Elle passait dans cette pieuse maison pour la fille d'un général espagnol tué aux côtés de Bazaine pendant la guerre carliste. Elle y était encore lorsqu'il fit une nouvelle demande. Le général Pélissier se montra plus facile que Mac-Mahon : l'autorisation du ministre fut signée le 15 mai 1854 (3). Le 12 juin, Bazaine se mariait à Versailles.

Mme Bazaine sortait du couvent instruite et surtout pianiste de premier ordre. D'une distinction et d'un tact à faire douter de ses origines, aimable, simple et surtout fort jolie, elle était faite pour plaire et plut beaucoup. Son mari, dans tout le feu de sa passion, croyait devoir l'emmener à l'armée d'Orient. A Gallipoli, un trait romanesque la mettait en évidence. Le duc d'Elchingen, second fils du maréchal Ney, venait d'être atteint du choléra. Mme Bazaine accourut, le fit transporter dans sa chambre, le veilla et adoucit ses derniers instants en jouant du Beethoven. Ce dévouement émut : on en parla et le bruit en vint à Paris, où Cuvillier-Fleury le recueillit dans la

---

(1) « Ramassée, en lieu mal famé, au nombre des petites créatures de douze à treize ans qui s'y trouvaient enrôlées » (Général Castex, *Ce que j'ai vu*, I, p. 76).

(2) Général du Barail, *Mes Souvenirs*, III, p. 202.

(3) Et non 1852 comme l'écrit M. Germain Bapst, *op. cit.*, IV, p. 289, auquel nous empruntons beaucoup de ces détails.

notice nécrologique que le *Journal des Débats* consacra au duc d'Elchingen. Il en résultait pour Mme Bazaine une manière de célébrité. On rapprochait volontiers son nom de celui de Mme Potocka, jouant à Chopin mourant ses plus belles compositions.

Devant Sébastopol, comme à Gallipoli, Mme Bazaine suivit son mari. Tant que Canrobert commanda l'armée, on n'entendit guère parler du ménage, bien que la présence de la jeune femme ne fût pas sans inconvénients (1). Il en fut autrement quand le général Pélissier lui succéda. Le futur duc de Malakoff laissa même voir un goût très vif pour Mme Bazaine. Sans cesse il l'invitait à sa baraque, où elle faisait les honneurs de ses dîners. « Il riait avec elle comme une gamine, s'amusant à lui pincer le menton, à la coiffer de son fameux képi sans visière ou faisant sauter pour elle son caniche sur des files de chaises (2) ». Par voie de conséquence, Pélissier réservait souvent à Bazaine des occasions de montrer sa vaillance habituelle et aussi de se faire tuer (3).

Disons de suite que cette bravoure de Bazaine est la seule de ses qualités pour laquelle il n'y ait jamais eu ombre de contestation. Il en fit preuve, dès le début de sa

---

(1) « Une fois où le service de tranchée était sous les ordres du général Bazaine, le commandant du siège (général Forey) s'aperçut qu'au lieu d'y être resté la nuit comme son devoir le comportait, le général Bazaine était rentré chez lui se coucher... abandonnant son poste et ses soldats. Il en fit un rapport au général Canrobert ; celui-ci, toujours trop bon, détestait punir. Il eut le tort de laisser l'affaire tomber » (G. Bapst, *Le maréchal Canrobert*, II, p. 395).

(2) Germain Bapst, *Nouvelle Revue*, loc. cit., p. 436.

(3) C'est du moins ce qu'écrit M. Germain Bapst, mais le combat de nuit du 1er au 2 mai, où Bazaine se distingua, est antérieur à la prise de commandement de Pélissier (19 mai).

carrière, quand il combattait aux côtés des Christinos, comme à la fin, le 16 août 1870, par exemple. Au dire d'un bon juge, « il possédait un courage imperturbable, conservant une impassibilité absolue au plus fort du danger et affectant, en quelque sorte, la coquetterie de l'indifférence qui produisait un très grand effet sur tous les assistants... (1) ». Cette impassibilité au feu se conciliait avec une sorte d'invulnérabilité. Au cours de tant de campagnes, il ne fut blessé que trois fois et encore très légèrement (26 juin 1835, Abd-el-Seub; 8 juin 1859, Mclegnano; 14 août 1870, Borny).

En Crimée, il ne démentait pas sa réputation de froide énergie. Le 5 mai 1855, il était mis à l'ordre de l'armée d'Orient pour sa conduite au combat de nuit du 1er au 2 mai. Dès la prise de Sébastopol, il exerçait les fonctions de commandant supérieur de la place (10 septembre). Général de division du 22 septembre, il recevait le commandement en chef des troupes alliées pour l'expédition de Kinburn (2). Durant son absence, qui fut assez longue, le maréchal Pélissier ne manqua pas un seul jour d'aller voir Mme Bazaine restée seule dans sa baraque. Vers 3 heures, il montait dans le grand carrosse qu'on avait pris au prince Menschikoff, le soir de l'Alma, l'unique voiture

---

(1) Général du Barail, II, p. 346.

(2) Kinburn fut pris le 17 octobre. Le maréchal Pélissier écrivit à Bazaine:

« Sébastopol, 21 octobre 1855.

« Général,

« La nouvelle de la prise de Kinbourne a soulevé dans toute l'armée une véritable joie. Je vous félicite cordialement de ce beau succès, et je vous prie de vouloir bien être l'interprète de ma satisfaction auprès des troupes sous vos ordres. »

(*Procès Bazaine*, plaidoirie Lachaud, p. 530.)

de ce genre existant sur le plateau de Chersonèse, et il traversait le camp au trot de quatre chevaux d'artillerie, non sans attirer, comme on pense, l'attention et les commentaires de l'armée.

La guerre terminée, Bazaine passait quelque temps à Paris, sans commandement (1), et sa femme se faisait présenter aux Tuileries. La situation de Mme Bazaine était difficile, car son origine n'avait pas échappé aux mauvaises langues et la carrière de son mari valait à tous deux des envieux. Sa beauté, son tact et son amabilité l'aidèrent à sortir de ce mauvais pas.

La guerre d'Italie trouva Bazaine commandant la 19e division militaire à Bourges (2). Il reçut le commandement d'une division du 1er corps, la 3e, et son rôle fut sans éclat. Pour des yeux clairvoyants, il eût même présagé certaines particularités de sa conduite en 1870. A Montebello, malgré sa proximité du combat, il ne s'y portait que sur l'ordre du maréchal Baraguey d'Hilliers et ne pouvait intervenir à temps (3). A Melegnano, il attaquait directement la principale entrée du bourg et ne l'enlevait qu'au prix de sérieux sacrifices. De même, à

---

(1) Inspecteur général pour 1856 du 18e arrondissement d'infanterie, 28 juin 1856 ; inspecteur général pour 1857 du 23e arrondissement, 30 mai 1857.

(2) Du 13 novembre 1857. Mme Bazaine avait su s'y concilier, dit-on, une société très fermée, des plus sévères sur certains chapitres.

(3) D'après M. G. Bapst, *Le maréchal Canrobert*, III, p. 292, c'est Baraguey d'Hilliers qui n'aurait pas permis à Bazaine d'aller au secours de Forey, en dépit des objurgations du 1er zouaves.

Au contraire, M. E. Ollivier (*L'Empire libéral*, IV, p. 146) écrit que Bazaine accourut à l'aide de Forey, bien que n'étant pas sous ses ordres. — En réalité tous deux commandaient une division du corps Baraguey d'Hilliers et Bazaine ne déboucha de Voghera qu'après le combat.

Solférino, il jetait son infanterie contre le mur du cimetière sans l'avoir canonné, en sorte que ses colonnes étaient six fois repoussées. Il fallait l'initiative du lieutenant d'artillerie de Novion pour ouvrir une brèche par laquelle déferlèrent les assaillants (1). Mais il faut dire que, dans ces trois cas, Bazaine opérait en sous-ordre, c'est-à-dire sans la liberté de ses mouvements, surtout d'après les idées d'alors.

La guerre terminée, il gardait le commandement de sa division, devenue la 2ᵉ du 1ᵉʳ corps d'armée à Paris (2). Survenait l'expédition du Mexique. C'est à elle qu'il devrait d'être mis en évidence.

II

SAN LORENZO

Après l'échec du général de Lorencez devant Puebla, Napoléon III a compris la nécessité d'un grand effort. Les 6.000 hommes dont nous disposions au Mexique vont devenir un beau corps d'armée qui dépassera trente mille hommes. Bazaine reçoit le commandement de la 1ʳᵉ division (1ᵉʳ juillet 1862) et la Fortune amie veut qu'il soit placé sous les ordres du chef le plus propre à le faire valoir, par contraste.

Depuis Montebello, on regardait le général Forey comme l'un des plus vigoureux de l'armée. Mais il s'était alourdi avec l'âge et n'avait plus rien de ce qu'il eût fallu

---

(1) G. Bapst, IV, p. 293. A Melegnano, les divisions Bazaine et Ladmirault réunies perdirent 951 hommes dont 780 pour la première seule.

(2) Inspecteur général pour 1860 du 4ᵉ arrondissement d'infanterie; pour 1861 et 1862 du 5ᵉ.

pour entraîner le corps expéditionnaire dans un pays inconnu et lointain. En outre, l'Empereur lui avait imposé, comme une condition absolue, la bonne entente avec notre ministre du Mexique, Dubois de Saligny (1), alors justement détesté de tous ceux qui avaient pris part à la première expédition. Entre lui et Forey, l'accord ne devait pas durer longtemps. Mais la popularité du général ne gagna pas aux apparences. En outre, son commandement laissait fort à désirer. Se laissant aller dans le service à de terribles emportements, le commandant en chef avait partout une réputation méritée de violence et de brusquerie. En Crimée déjà, son manque de tact et son verbe grossier avaient provoqué des manifestations collectives d'indiscipline (2). Par suite des circonstances, et surtout faute de décision et de volonté, il mena très lentement les débuts de notre second mouvement offensif au Mexique. Un très long séjour à Orizaba menaçait de démoraliser l'armée sans qu'elle eût combattu. Le 17 mars seulement, elle débouchait devant Puebla et le siège commencé aussitôt était conduit avec la même lenteur. Dès le

---

(1) Instructions confidentielles au général Forey, reproduites par le général Niox, *Expédition du Mexique, 1861-1867, Récit politique et militaire*, p. 212 : « ...Depuis le commencement de l'expédition... ses dépêches ont toujours été marquées au coin du bon sens, de la fermeté et de la dignité de la France, et je ne doute pas que, si ses avis avaient été suivis, notre drapeau ne flottât aujourd'hui à Mexico... ». L'Empereur recommandait encore cette bonne entente par lettre du 1ᵉʳ novembre 1862 (Paul Gaulot, *Rêve d'Empire*, p. 90).

Nous avons fait un large usage des ouvrages de M. Gaulot, établis, comme on sait, surtout au moyen de documents achetés 40.000 francs à l'ex-maréchal par M. Ernest Louet, ancien payeur en chef du corps expéditionnaire.

(2) G. Bapst, *Le maréchal Canrobert*, II, p. 417. Cf. les *Souvenirs* du général Rebillot parus dans la *Revue de cavalerie*, avril et mai 1912, p. 408 et 547.

début, Bazaine dirigeait habilement les opérations qui lui étaient confiées, tout en se ménageant des chances de succéder à Forey. Il évitait ainsi d'assister au conseil de guerre d'Accacingo, où étaient arrêtées les dispositions relatives à l'investissement, pour n'y avoir aucune part et se réserver sa liberté d'appréciation en cas d'échec (1). Il voyait le moins possible le général en chef, mais entretenait des relations fréquentes avec Saligny, dont l'influence continuait d'être très grande auprès de l'Empereur. Il finissait par inspirer à ce diplomate la conviction que les affaires marcheraient mal tant qu'il n'aurait pas remplacé son chef. Il n'y avait aucune peine, l'armée, en général, partageant son opinion (2).

Entre temps, il dirigeait « avec autant d'intelligence que d'intrépidité » l'assaut du 29 mars sur le fort Saint-Xavier (3). Mais la perte de ce saillant était loin de terminer le siège, qui ne faisait que commencer. Forey entamait une interminable guerre de rues, consacrée à enlever successivement les *cadres*, îlots de maisons dessinés à angle droit. Fort médiocres soldats en rase campagne, les Mexicains se défendirent avec énergie derrière leurs murs, comme jadis les Espagnols pendant les guerres de la Péninsule. Nous progressions très lentement, au prix de sacrifices toujours renouvelés et non sans de fâcheux échecs. On décida un instant de lever le siège et de courir à Mexico y chercher les clés de Puebla. Ce parti désespéré fut heureusement abandonné presque aussitôt (4). Il fallut en venir à celui qu'on eût dû prendre au

---

(1) Général du Barail, II, p. 398.
(2) *Id., ibid.*, p. 407.
(3) Ordre général n° 119 du 31 mars 1863.
(4) Lettre de Forey à l'Empereur, 8 avril, citée par M. E. Ollivier, *L'Empire libéral*, VI, p. 285.

début : l'attaque du front sud que recommandaient les généraux mexicains et même des avis venus de Paris. On avait à choisir entre deux forts : Carmen et Totimehuacan. L'artillerie préférait le premier, le génie le second. Bazaine fit prévaloir l'avis de l'artillerie et fut chargé de l'exécution. Il eut, en outre, à couvrir le siège contre les attaques du dehors.

Les 4 et 5 mai, l'armée de secours du général Comonfort avait vainement essayé de forcer l'investissement. Elle restait en position, à dix kilomètres environ, au village de San-Lorenzo, quand Bazaine proposait à Forey d'aller la déloger. Il eut grand'peine à vaincre les hésitations de son chef, bien que l'opportunité d'une attaque fût indiscutable (1).

Dans la nuit du 7 au 8 mai, Bazaine mettait en mouvement une petite colonne de quatre bataillons, trois escadrons (2) et huit pièces, 3.500 hommes environ. Au point du jour, on arrivait en vue des retranchements de San-Lorenzo, non sans que l'alarme eût été donnée par un cavalier. Les Mexicains ouvraient aussitôt le feu et notre brigade prenait la formation suivante, qui évoque invinciblement le souvenir des guerres du xviie siècle : « L'infanterie à droite, déployée par bataillons. A gauche et à sa hauteur, la cavalerie... en bataille, ayant seulement une ligne de flanqueurs pour protéger son flanc gauche; au centre, c'est-à-dire entre l'infanterie et la cavalerie, nos huit pièces de canon s'avançant de front sur la même ligne que nous, s'arrêtant pour faire feu,

---

(1) Voir ce qu'écrit M. Paul Gaulot, *op. cit.*, p. 108, d'après les souvenirs d'Ernest Louet, payeur du corps expéditionnaire. Bazaine se rendit deux fois le 7 mai au quartier général pour vaincre les hésitations de Forey.

(2) Plus l'escadron mexicain de la Peña.

rattelées après chaque coup de canon et se portant immédiatement en avant. »

On marchait dans cet ordre « jusqu'à cent mètres du village ». L'infanterie posait alors ses sacs à terre et se jetait au pas de course, sans tirer, sur les retranchements qu'elle prenait du premier élan. La cavalerie allongeait l'allure pour contourner San-Lorenzo, couper la route aux fuyards et s'emparer du gué de l'Atoyac. L'action ne durait pas une heure et aboutissait à l'entière déroute de l'ennemi qui comptait, dit-on, une dizaine de mille hommes (1).

Ce combat ne dépassait pas les proportions d'une affaire d'avant-garde, vivement menée, contre un ennemi à peu près négligeable. Il fut démesurément grossi et l'armée presque entière y vit la preuve « d'un réel talent militaire ». Bazaine fut sacré du coup « un véritable homme de guerre (2) ». Sa popularité s'édifiait aux dépens de son chef. On comparait aux qualités reconnues ou prêtées à Bazaine la lourdeur de Forey, sa longue inaction d'Orizaba, son défaut d'activité, sa rudesse, ses abords difficiles, ses colères violentes, et cette comparaison était tout à l'avantage du premier : « De jour, de nuit, dans la tranchée, au bivouac, on le voyait perpétuellement cir-

---

(1) Général du Barail, II, p. 432-435. Dans sa correspondance avec l'Empereur, Forey paraît avoir grossi son rôle au détriment de Bazaine. D'après M. le général Niox (p. 275), la formation est un peu différente : l'infanterie déployée par bataillons, une section de montagne à la droite, la batterie de la Garde entre les deux premiers bataillons, la cavalerie en colonne par escadron à la gauche. A 800 mètres de l'ennemi on se formait par échelons de bataillon, la gauche en avant.

(2) Général du Barail, II, p. 435. Les Mexicains perdirent 3 drapeaux, 11 fanions, 8 canons, un millier de prisonniers, 800 tués ou blessés. Il y eut chez nous, les auxiliaires mexicains compris, 16 tués, 107 blessés (Général Niox, p. 275).

culer sans faste, sans embarras, sans escorte, à pied, la canne à la main, l'air bonhomme, causant familièrement avec tout le monde, plaisantant avec le soldat, l'écoutant, lui expliquant ce qu'il avait à faire et comment il devait le faire, marchant, en somme, très habilement à son but, qui était de supplanter son chef (1). » Quoi d'étonnant qu'il devînt, à dater du combat de San-Lorenzo, « le grand favori de l'armée? »

Le 17 mai, Puebla, qui avait épuisé ses vivres, se rendait à discrétion, devançant un assaut qui aurait sans doute brisé sa résistance. Mais le général Ortega avait pris soin de détruire au préalable ses armes, ses munitions et son matériel. Ces destructions opérées, il écrivait à Forey une lettre qui vaut d'être reproduite :

« Le manque de munitions et de vivres ne me permettant pas de continuer la défense de la place, j'ai dissous l'armée qui était sous mes ordres et brisé son armement, y compris toute l'artillerie. La place est donc aux ordres de Votre Excellence, qui peut la faire occuper si elle le juge convenable et prendre les mesures de précaution nécessaires afin d'éviter les malheurs qui seraient la conséquence d'une occupation de vive force, sans raison actuellement. Les généraux, officiers supérieurs et autres officiers de l'armée se trouvent au palais du gouvernement et se rendent prisonniers de guerre. Je ne puis me défendre plus longtemps, sinon Votre Excellence ne doit pas douter que je l'eusse fait (2). »

---

(1) Général du Barail, II, p. 437.

(2) Reproduit par M. le général Niox, p. 280. D'après Forey, Puebla possédait encore des munitions et des vivres. La vraie cause de la reddition aurait été l'imminence d'un assaut. L'intendant général Wolf (*Mes Souvenirs militaires*, p. 336) fait justice de cette assertion, qui est absolument fausse.

C'était dignement finir une glorieuse défense. Forey entrait, le 19 mai, dans sa conquête. Il y perdait encore du temps. Le 2 juin, plusieurs consuls européens venaient le prévenir que le président Juarez avait évacué Mexico pour San Luis de Potosi. Rien ne s'opposait à notre prise de possession. Le 7, la division Bazaine entrait dans la capitale, devançant de trois jours l'entrée du *général Forey*, qui fut triomphale (1). A en juger par la facilité de cette conquête, celle du Mexique ne souffrirait aucune difficulté. On allait bientôt en rabattre.

Malgré les apparences, la masse du pays restait hostile ou, surtout, indifférente à notre intervention. Les conservateurs, seuls, s'y montraient d'abord sympathiques, mais leurs tendances réactionnaires s'affichaient si ouvertement que nous étions impuissants à les satisfaire. De leur part, la froideur succédait bientôt à l'enthousiame des premiers jours. On pouvait prévoir que notre armée demeurerait isolée entre un clergé insatiable et les libéraux restés fidèles à Juarez (2). Napoléon III était encore dans la période des illusions. Vainement Lorencez avait écrit : « J'ai toujours le regret de ne pas rencontrer un seul partisan de la monarchie au Mexique (3). » Le gouvernement impérial en croyait plus volontiers Saligny,

---

(1) M. E. Ollivier, VI, p. 436, la compare à celle des Alliés dans Paris en 1814, d'après H. Houssaye. Dans sa lettre au maréchal Randon du 14 juin 1863, Forey mentionne un « enthousiasme qui tenait du délire... nos soldats littéralement écrasés sous les couronnes et bouquets... ». Il en fait une « réception sans égale dans l'histoire..., un événement politique dont le retentissement sera immense » (Général Niox, p. 288).

(2) « Il n'y a que deux partis, les démagogues et les réactionnaires, et les uns ne valent guère mieux que les autres » (Forey à l'Empereur, 6 août 1863, E. Ollivier, VI, p. 448).

(3) Lorencez au Ministre, 22 juillet 1862 (Général Niox, *op. cit.*).

qui affirmait le contraire. Forey exagérait même les instructions de son souverain. Celui-ci eût voulu un plébiscite préliminaire, d'ailleurs tout à fait inapplicable, sur la question République ou Monarchie (1). Forey se hâtait de convoquer une prétendue assemblée de notables (16 juin). Dès le 10 juillet, elle offrait la couronne à l'archiduc Maximilien, non sans que cette précipitation mécontentât Napoléon III (2), déjà peu satisfait des lenteurs de Forey et de son commandement devant Puebla. Le choix de Maximilien rentrait tout à fait dans ses vues (3), mais il eût voulu qu'on y mît plus de formes.

Au Mexique, la situation du commandant en chef était déjà difficile, lorsque, vers la fin de juillet, il apprenait le rappel de Saligny. Un changement complet s'était opéré dans la pensée de Napoléon III. Il avait fini par percer le nuage de mensonges dont l'entourait son représentant au Mexique. Il avait surtout entrevu l'œuvre de réaction à laquelle on voulait l'associer malgré lui. La disgrâce de Saligny était complète.

Elle surprenait entièrement Forey, qui perdait ainsi son Mentor, celui-là même dont l'Empereur l'avait invité à suivre exactement les directions politiques. Le général

---

(1) Lettres à Forey des 1er novembre et 17 décembre 1862, 14 février et 14 avril 1863, Paul Gaulot, *op. cit.*, p. 123.

(2) L'Empereur à Bazaine, 12 septembre 1863, Paul Gaulot, *op. cit.*, p. 167; Instructions de Drouyn de L'huys à Forey, 5 juin 1863, Général Niox, p. 316; *Ibid.*, Drouyn de L'huys à Forey, 17 août 1863.

(3) D'après M. E. Ollivier (*L'Empire libéral*, V, p. 258 et 260, en note), Napoléon III voyait surtout dans l'expédition du Mexique un moyen de résoudre la question de Venise. Il s'imaginait que l'Autriche consentirait plus volontiers à cette amputation, si elle obtenait une satisfaction morale au Mexique. L'explication est ingénieuse, sinon exacte.

Almonte, qui représentait auprès de nous les idées religieuses et conservatrices, était encore plus déçu dans son attente. Il venait de mettre Napoléon III en demeure de choisir entre lui et Forey, « dont le caractère, écrivait-il, est parfois insupportable ». On lui répondait par le rappel de Saligny, le plus chaud des partisans français de ses vues. Il s'efforçait d'obtenir que cette mesure fût rapportée : « Nous apprenons dans ce moment, avec le plus profond regret, le rappel de M. de Saligny. Votre Majesté ne saurait comprendre le déplorable effet qu'il a produit dans toute la population. Je conjure Votre Majesté de vouloir bien accéder à la pétition que la Régence (1) lui adresse, pour la prier de vouloir bien continuer ici, comme son représentant, M. de Saligny, le seul agent de Votre Majesté qui connaît le pays et nous inspire une entière confiance. Il est en parfait accord avec le général Bazaine qui va prendre le commandement du corps expéditionnaire.... Son rappel est considéré comme un désaveu de la politique de Votre Majesté. Dans ce cas, les membres de la Régence n'auraient plus qu'à donner leur démission et à quitter le pays, puisqu'il n'y aurait plus moyen de le sauver... (2). »

On remarquera le passage de cette lettre qui a trait à Bazaine. Au 26 juillet, le rappel de Forey n'avait pas encore été officiellement notifié. Le 20 août seulement, le courrier de France apportait l'avis des récompenses impatiemment attendues. Forey devenait maréchal de France; mais, à son grand désappointement, il perdait le commandement du corps expéditionnaire, attribué à

---

(1) Cette Régence était représentée par le général Almonte, par l'archevêque de Mexico, Mgr La Bastida, et par un comparse.

(2) 26 juillet 1863, reproduit par M. E. Ollivier, VI, p. 450.

Bazaine (1). La joie de l'armée était grande à cette double nouvelle.

Le rappel de Saligny et de Forey avait son origine immédiate dans les renseignements que l'Empereur recevait du Mexique. Un certain nombre de lettres parvenaient directement à son entourage; d'autres provenaient de voies détournées. A chaque courrier, les rapports officiels étaient accompagnés de communications officieuses qui les détruisaient. L'amiral Jurien et Lorencez avaient été les victimes de ces procédés d'informations contraires à toute discipline. Saligny et Forey succombaient à leur tour; Bazaine n'y résisterait pas davantage (2).

Vainement Forey cherchait à prolonger son séjour au Mexique. Dès le 30 juillet, l'Empereur adressait ses instructions à Bazaine, comme s'il voulait donner à entendre que le commandement en chef lui appartenait désormais. Elles se résumaient ainsi : « Etablir un gouvernement provisoire qui consulterait la nation sur la forme du gouvernement définitif, protéger l'établissement d'une monarchie, si cela était d'accord avec le vœu du plus grand nombre....

« Ne point faire de réaction... tâcher de pacifier le pays, en employant surtout des troupes mexicaines dans ce but... (3). »

Cette dernière phrase montre l'étendue des illusions de Napoléon III. Il croyait évidemment que notre intervention avait provoqué au Mexique la naissance d'un parti

---

(1) La lettre de l'Empereur autorisait Forey à remettre ses pouvoirs à Bazaine dès qu'il le jugerait convenable. Elle portait: « Saligny doit être, je pense, déjà parti; s'il ne l'était pas, vous l'amèneriez avec vous » (16 juillet 1863, reproduit par M. Paul Gaulot, *op. cit.*, p. 135).

(2) E. Ollivier, VI, p. 451-452.

(3) Paul Gaulot, *op. cit.*, p. 138.

monarchique assez fort pour lutter contre les Juaristes.

Le 12 septembre, il confirmait ses instructions de juillet, insistant sur la nécessité d'éviter toute réaction, d'organiser l'armée mexicaine. Il demandait à Bazaine de se renseigner sur les mines de la Sonora (1), et cette demande se rapportait à un projet nuageux, où il prétendait trouver une compensation aux sacrifices de la France, sans nuire aux intérêts du Mexique. On peut croire, d'ailleurs, que des combinaisons louches se greffaient sur la sienne, qu'elles avaient provoquée.

Le 29 septembre, nouvelle lettre. L'Empereur revenait à ses instructions du 12, recommandant à Bazaine de pacifier le pays, d'empêcher toute réaction, de constituer un embryon d'armée mexicaine avec la légion étrangère. A titre de renseignement, il lui communiquait l'extrait d'une lettre provenant du corps expéditionnaire (2). Datée du 26 juillet 1863, elle signalait l'extravagance de certaines mesures prises par la Régence au bénéfice du clergé. Elle concluait nettement au rappel de Saligny, de Forey et à la nomination de Bazaine au commandement en chef : « Le général Bazaine est un homme d'une grande intelligence : très fin, très habile, sachant tourner des obstacles lorsqu'il ne peut les renverser, mais arrivant à son but. Comme il jouit d'une grande considération et qu'il a le sentiment de sa valeur, ce serait le meilleur guide à donner à Maximilien... (3). »

---

(1) L'Empereur à Bazaine, 12 septembre 1863, lettre citée. Le banquier Jecker était mêlé à ces projets (**Paul Gaulot**, *op. cit.*, p. 214 et suiv.).

(2) **M. Paul Gaulot et Bazaine** sont d'accord pour l'attribuer au général Félix Douay, que Napoléon III goûtait fort et dont nous citerons d'autres lettres figurant aux *Papiers des Tuileries*.

(3) L'Empereur à Bazaine, 29 septembre 1863, Paul Gaulot, *op. cit.*, p. 172.

Si cette lettre est du général Félix Douay, comme il y a lieu de le croire, elle montre la popularité de Bazaine dans le corps expéditionnaire. Nous verrons, en effet, qu'on ne saurait accuser Douay d'un excès d'indulgence à l'égard de son chef.

Le 30 septembre, dans un ordre général conçu en termes très flatteurs pour son successeur, Forey lui remettait le commandement. « Vous savez aussi bien que moi, disait-il de lui au corps expéditionnaire, tout ce qu'il vaut (1). » L'un des premiers actes du nouveau commandant en chef fut de menacer d'expulsion, d'après l'ordre de l'Empereur, son ancien ami Saligny (2), celui-là même qui avait dit si souvent : « Les choses ne marcheront que lorsque le général Bazaine en aura la direction. » Il prit le contre-pied de sa politique, ainsi que le voulait Napoléon III (3). Il annula les mesures réactionnaires de la Régence et caressa les libéraux, c'est-à-dire le parti foncièrement hostile à notre intervention. A ce jeu, nous courrions grand risque de rester bientôt « entre deux

---

(1) Reproduit par M. Paul Gaulot, *op. cit.*, p. 182.

(2) Le 1ᵉʳ novembre l'Empereur lui mandait : « On a dû vous écrire pour ordonner à Saligny de revenir en France, de gré ou de force, quand même il aurait donné sa démission » (Lettre reproduite par M. Paul Gaulot, *op. cit.*, p. 207). En effet, dans une lettre du 30 septembre, Randon se plaint de la lenteur apportée à l'exécution des instructions envoyées à Forey. Dans une autre du 28 octobre, il rappelle que, par trois fois, les Affaires étrangères ont rappelé Saligny. Il confirme cet ordre qui doit être exécuté dès la réception de sa lettre; dans tous les cas, Saligny partira par le premier paquebot (Général Niox, p. 314). Saligny ne s'embarqua que le 3 janvier 1864 à Vera-Cruz ; son successeur, Montholon, présenta ses lettres de créance le 17.

(3) « Je ne puis admettre que, ayant fait la conquête du Mexique, nous demeurions témoins impassibles de mesures arbitraires opposées à la civilisation moderne » (Lettre du 12 septembre 1863, citée).

selles », et c'est ce qui arriva. Mais la faute en était à l'Empereur et aux circonstances, non à Bazaine.

III

BAZAINE COMMANDANT EN CHEF

Au début, la Fortune semblait sourire à Bazaine. Il déployait une activité contrastant avec les lenteurs de Forey. Dès le 8 octobre, il exposait à l'Empereur un plan, d'ailleurs très rationnel, pour les opérations à l'intérieur du Mexique (1). Il se montrait plein de confiance dans l'avenir, malgré des difficultés passagères : « ...J'espère qu'à la fin de l'année un grand pas aura été fait vers la pacification du pays (2). »

Mais déjà, dans la correspondance officielle, on voit poindre l'une des principales difficultés qui s'opposèrent à nos progrès, la question d'argent. Le 15 octobre, le ministre de la Guerre, maréchal Randon, revenait sur « l'énormité » des dépenses qu'il avait déjà signalée le 30 septembre. Il recommandait instamment à Bazaine de les réduire, en empêchant tout gaspillage (3).

Vers la même époque, l'Empereur, écrivant à Bazaine dans des circonstances que nous aurons à mentionner, faisait allusion à « la difficulté de sa tâche..., surtout après les fautes » qui avaient été commises (4). Il recom-

---

(1) Bazaine à l'Empereur, 8 octobre 1863, Paul Gaulot, *op. cit.*, p. 196.

(2) Bazaine à l'Empereur, 10 novembre 1863, Paul Gaulot, *op. cit.*, p. 196.

(3) Randon à Bazaine, 15 octobre 1863, Paul Gaulot, *op. cit.*, p. 193.

(4) L'Empereur à Bazaine, 1er novembre 1863, lettre citée.

mandait au général en chef de faire tous ses efforts en vue de décider les généraux Doblado et Comonfort à embrasser notre cause. Ce serait « le meilleur moyen d'amener une solution définitive (1) ». Napoléon III entrait là dans une voie dangereuse, sans prendre garde que, le 30 novembre 1862 et le 10 mai 1863, il avait écrit le contraire concernant Doblado, personnage éminemment suspect.

A ce moment, sa foi en Bazaine était absolue et il ne se faisait pas faute de le lui répéter : « J'ai complètement confiance en vous; ainsi faites tout ce que vous jugerez utile; je vous approuverai toujours (2). » C'était un blanc-seing qu'il donnait au général, sans la moindre restriction, et les événements semblaient l'absoudre de cette imprudence. En effet, Bazaine consacrait la fin de 1863 à une campagne très vivement menée dans le Nord du Mexique, sans autres difficultés que celles provenant des distances et du terrain. Elle aboutissait à la dispersion à peu près complète des troupes libérales. Le contraste entre Bazaine et son prédécesseur devenait de plus en plus marqué : Forey avait mis au delà de cinq mois pour aller de Vera-Cruz à Puebla. En six semaines, Bazaine portait notre drapeau à plus de six cents kilomètres au nord de Mexico. Il faisait « preuve d'incontestables talents, ainsi

---

(1) L'Empereur à Bazaine, 15 novembre 1863, Paul Gaulot, *op. cit.*, p. 208. De même le général Fleury, ne croyant plus à l'acceptation de Maximilien, conseillait de passer la main à un nouveau dictateur libéral, Comonfort ou autre, et de filer au plus vite (Fleury à Bazaine, 12 décembre 1863, *ibid.*, p. 223). Dans ses instructions du 5 juin à Forey, Drouyn de L'huys lui recommandait de se mettre en rapport avec un homme influent, au besoin l'un des chefs qui nous avaient combattus, en vue de la constitution d'un pouvoir nouveau (Reproduit par M. le général Niox, p. 316).

(2) L'Empereur à Bazaine, 28 novembre 1863, Paul Gaulot, *op. cit.*, p. 214.

que d'une rapidité de conception et d'exécution » mettant plus encore en relief les lenteurs de Forey (1).

Devant les succès rapides de notre armée, le principal ministre de Juarez, Lerdo de Tejada, semblait prendre peur. Il envoyait à Bazaine un émissaire, Saborio, pour chercher les bases d'un arrangement. Le général lui adressait une réponse d'une parfaite netteté, refusant toute combinaison qui n'impliquerait pas adhésion au nouveau régime (2). Les choses en restaient là. D'autre part, les efforts prescrits par l'Empereur auprès de Doblado demeuraient inutiles et Comonfort était tué dans un combat (3). Il fallait ajourner une entente avec les libéraux. Quant aux conservateurs, ils ne nous donnaient guère plus de satisfaction. Entre la Régence et le haut clergé, les difficultés s'amoncelaient. Finalement (26 décembre 1863), Mgr La Bastida et un certain nombre d'évêques publiaient une hautaine protestation, menaçant d'excommunication le nouveau gouvernement mexicain et tous ses fonctionnaires. L'archevêque envoyait au général Neigre, commandant la place de Mexico, une lettre sur le même ton (4). Soutenue par Bazaine, la Régence tenait tête à cette sorte d'insurrection, si peu conciliable avec les circonstances.

Dans sa correspondance officielle, le commandant en chef exagérait volontiers la réussite de ses projets. Le 3 janvier 1864, il écrivait de Guadalajara à l'Empereur : « Pendant quelque temps encore, le pays sera certainement parcouru par des fractions de l'armée juariste, mais

---

(1) Général du Barail, II, p. 499.
(2) Paul Gaulot, *op. cit.*, p. 203.
(3) Bazaine à l'Empereur, 27 décembre 1863, Paul Gaulot, *op. cit.*, p. 225.
(4) Voir les textes, Paul Gaulot, *op. cit.*, p. 227 à 232.

je les traiterai en bandits.... Toutes les populations sont enchantées d'être délivrées du joug juariste et bénissent Votre Majesté.... » En réalité, nous n'étions maîtres que du terrain occupé par nos troupes. Derrière elles, le sillage se refermait aussitôt. Notre nouveau ministre à Mexico, Montholon, mieux informé ou plus sincère que Bazaine, était beaucoup moins optimiste (1). Entre ces deux opinions, le gouvernement impérial adoptait naturellement la plus agréable. L'Empereur félicitait cordialement le commandant en chef : « ...Je trouve que vous remplissez avec tant de zèle et d'habileté mes intentions que je n'ai qu'à vous donner *carte blanche* et à vous dire de faire pour le mieux tout ce que vous jugerez convenable (2). » Le maréchal Randon manifestait l'espoir qu'à la fin de 1864 Bazaine pourrait renvoyer en France une partie du corps expéditionnaire, ainsi qu'il l'avait donné à entendre précédemment (3). Enfin, le *Moniteur universel* du 2 mars représentait notre situation sous les couleurs les plus riantes : « La pacification est complète. On ne parle plus de Juarez, ni de son gouvernement ambulant. Quelques épaves de ce naufrage peuvent encore apparaître, mais les populations achèveront elles-mêmes l'œuvre de notre armée.... »

Dans la correspondance officielle que recevait alors Bazaine, des divergences marquées se manifestaient, trahissant l'une des faiblesses les plus incurables du gouvernement impérial. Ainsi, le 31 mars, l'Empereur écrivait à Bazaine : « Il ne faudrait pas hésiter, si vous le

---

(1) E. Ollivier, *L'Empire libéral*, VI, p. 456.

(2) L'Empereur à Bazaine, 15 février 1864, Paul Gaulot, *op. cit.*, p. 246.

(3) Paul Gaulot, *op. cit.*, p: 248.

croyiez indispensable, de (à) garder plus de troupes avec vous (1). » Cette recommandation allait à l'encontre de la lettre de Randon que nous venons de citer. De même, Napoléon III était fréquemment revenu sur la nécessité de hâter l'organisation d'une armée mexicaine. Le 31 mars Randon recommandait le contraire à Bazaine (2). On conçoit que la tâche de ce dernier n'en était nullement facilitée.

D'ailleurs, le moment approchait où la Régence s'effacerait devant un gouvernement que l'on espérait devoir être définitif. Il faudrait régler deux questions délicates, celles des rapports de nos officiers avec les fonctionnaires mexicains et du commandement des troupes opérant en liaison avec les nôtres. Là encore, le gouvernement français évitait d'imposer une solution au commandant en chef. Pour Randon, il était impossible de déterminer absolument les limites où devraient se mouvoir les deux autorités. Ce serait affaire de tact et de convenance (3). Bazaine jugeait possible d'admettre une solution simpliste et d'ailleurs partielle : dans une circulaire que, le 3 juin, il adressait aux commandants supérieurs, il écrivait : « Votre situation vis-à-vis des autorités mexicaines sera analogue à celle d'un officier général ou supérieur vis-à-vis d'un préfet ou des autorités administratives en France (4). » Cette assimilation n'était justifiée ni par les circonstances, ni par le milieu.

Malgré ces erreurs, en dépit des difficultés commen-

---

(1) Paul Gaulot, *op. cit.*, p. 257.
(2) Randon à Bazaine, 31 mars 1864, Paul Gaulot, *op. cit.*, p. 257.
(3) Randon à Bazaine, 29 février, 15 avril, 1er mai 1864, Paul Gaulot, *op. cit.*, p. 263 et suiv.
(4) Paul Gaulot, *L'Empire de Maximilien*, p. 49.

çantes, la période de juillet 1863 à juin 1864 devait être la plus brillante de notre expédition. Il en subsiste deux témoignages irrécusables, le manifeste lancé par la Régence avant de se dissoudre et une lettre « très secrète » du ministre juariste Zamacona au président (1). Le nouveau régime recrutait d'importantes adhésions, telles que celle du général Uraga provoquée par une lettre de Bazaine (2).

Entre temps, pour donner une satisfaction apparente à Napoléon III, le commandant en chef avait organisé un simulacre de consultation nationale au sujet de l'élection de Maximilien. L'adhésion paraissait à peu près unanime, bien que le nombre réel des partisans de la monarchie fût très restreint. Après maintes difficultés, on obtenait l'acceptation définitive de l'archiduc et le gouvernement français lui imposait deux traités, l'un public, l'autre secret, connus sous le nom de Convention de Miramar. D'après le premier, le corps expéditionnaire serait réduit à 25.000 hommes, y compris la légion étrangère qui resterait au Mexique six années après le départ des autres troupes. Les opérations militaires seraient déterminées d'un commun accord entre le gouvernement mexicain et notre commandant en chef. Le commandement des troupes alliées serait toujours exercé par un Français. Les autres stipulations avaient trait surtout à des questions financières, et notamment au remboursement des frais de l'expédition, fixés à 270 millions au 1er janvier 1864.

Le traité secret réglait l'évacuation progressive de nos troupes. Leur effectif actuel, 38.000 hommes environ, serait ramené à 28.000 en 1865, à 25.000 en 1866 et à 20.000 en 1867. Les officiers de la légion étrangère con-

---

(1) Reproduits par M. Paul Gaulot, *op. cit.*, p. 44.
(2) Voir Paul Gaulot, *op. cit.*, p. 47.

serveraient au service du Mexique leur qualité de Français et leurs titres à l'avancement en France (1).

Il est inutile de souligner le peu de générosité, le défaut de sens pratique de ces stipulations. Nous imposions au jeune empire, contraint de compter avec toutes les difficultés du début dans un pays neuf, longtemps ravagé par les factions, le paiement de sommes au-dessus de ses forces. Par contre, obliger le commandement français à concerter ses opérations avec le gouvernement mexicain, était courir le risque de l'énerver, de provoquer des difficultés incessantes. L'évacuation du pays par nos troupes ne pouvait se justifier qu'à la condition d'une pacification complète ou, tout au moins, après la création d'une armée nationale suffisante pour l'assurer. A défaut, elle reviendrait à détruire de nos propres mains l'édifice que nous seuls avions élevé.

L'empereur Maximilien était donc placé dans des conditions difficiles avant même son arrivée au Mexique. En outre, il était loin de posséder toutes les qualités indispensables pour mener à bien une tâche aussi ardue. Son entourage même aurait suffi à lui créer des difficultés. Son secrétaire particulier et conseiller intime était l'Autrichien Scherzenlechner, qui n'aimait guère notre pays; son chef de cabinet, Eloin, nous détestait cordialement. Le plus grand talent de cet ingénieur belge consistait à dire la chansonnette. Contrairement au mot du beau-père de Maximilien, Léopold Ier, son ambition ne suppléait pas aux qualités qui lui faisaient défaut (2).

Dans ces conditions, il était inévitable que la situation fût bientôt tendue entre le jeune empereur et Bazaine. Au

---

(1) Voir Paul Gaulot, *Rêve d'Empire*, p. 275 et suiv.
(2) Paul Gaulot, *L'Empire de Maximilien*, p. 38.

début, il n'en paraissait rien. « Mes relations avec Sa Majesté sont des plus faciles, écrivait le général, car Elle a bien voulu me laisser entièrement la direction militaire; je n'en abuse certes pas et, quand je prends une décision d'une certaine gravité, j'en donne toujours connaissance à l'empereur (1). » Ainsi Maximilien avait l'apparence du pouvoir et Bazaine la réalité, car la domination du premier ne s'étendait pas au delà de la zone d'action du second. Il eût fallu, de la part de tous deux, un détachement extrême, un entier dévouement à la cause commune, un complet dédain de toute question d'amour-propre, conditions d'une réalisation impossible. Aussi les difficultés ne tardèrent pas à s'élever, d'abord dissimulées, puis éclatant au grand jour.

Dès le 5 juillet, par exemple, Maximilien confiait à Bazaine l'exécution d'un programme détaillé de réorganisation militaire. A ce titre, il lui attribuait la présidence d'une commission, idée peu pratique, devant fatalement aboutir à des lenteurs et à des solutions bâtardes. En outre, l'empereur faisait ainsi table rase du projet soumis à Napoléon III par le général (février 1864). Il remettait tout en question, soulevant tous les problèmes à la fois. Sa création de corps auxiliaires belge et autrichien était maladroite, car ces nouvelles formations allaient faire double emploi avec la légion étrangère et, très probablement, susciter des difficultés au sujet du commandement.

De même, le 31 juillet, Maximilien levait le blocus sur toutes les côtes de l'empire, ce qui provoquait aussitôt les protestations de l'amiral Bouët. Ce dernier écrivait en propres termes à l'empereur qu'il avait « anéanti d'un trait de plume tout son travail de huit mois (2) ».

---

(1) 28 juin 1864, Bazaine à Randon, Général Niox, p. 382.
(2) Paul Gaulot, *op. cit.*, p. 60.

Napoléon III n'était pas sans soupçonner, sinon connaître, ces difficultés. Il recommandait de nouveau à Bazaine de ne pas commencer trop tôt le rapatriement de nos troupes. « Votre position, écrivait-il, doit-être difficile et délicate, mais votre tact et votre caractère ferme et loyal vous feront, je n'en doute pas, triompher de tous les obstacles (1). »

La principale cause de conflit entre notre gouvernement et Maximilien restait la question d'argent. Le nouvel empire n'avait que des ressources fort limitées par l'insécurité du pays, par son état d'anarchie endémique. Même s'il avait été complètement pacifié, le Mexique eût exécuté avec peine la Convention de Miramar. Dès le mois d'août, l'inobservation de ce traité soulevait des difficultés. Le gouvernement français se rendait compte, un peu tard, de l'impopularité de sa folle entreprise. Il eût voulu y parer en limitant étroitement nos sacrifices, et le Mexique menaçait de devenir un gouffre où s'engloutirait indéfiniment une partie de notre épargne. La correspondance officielle reflétait ces sentiments (2). Nous n'avions même pas l'espoir d'obtenir une compensation matérielle. L'affaire de la Sonora se terminait par un refus pur et simple de Maximilien (3).

Ces difficultés croissantes n'altéraient pas la confiance

---

(1) L'Empereur à Bazaine, 7 juillet 1864, Paul Gaulot, *op. cit.*, p. 67.

(2) Le ministre de la Marine de Chasseloup-Laubat à Bazaine, 27 août 1864 ; Fould, ministre des Finances, au même, 30 septembre et 30 octobre (Paul Gaulot, *op. cit.*, p. 139, 141, 142).

(3) Elle avait fait l'objet d'une nouvelle lettre de l'Empereur à Bazaine (14 mai 1864), puis d'une dépêche des Affaires étrangères à Montholon [15 juillet] (Voir Paul Gaulot, *op. cit.*, p. 147, 148, 151).

de Napoléon III en Bazaine. Le 30 août, il lui notifiait son élévation « à la dignité de maréchal de France... en reconnaissance des éclatants services... rendus au Mexique ». A ce témoignage de haute satisfaction, il joignait des recommandations pressantes. Il songeait maintenant à presser le départ de nos troupes, craignant de nombreux tiraillements dans le gouvernement mexicain : « L'important est que son armée indigène et étrangère soit assez bien organisée pour que nous puissions partir bientôt (1). »

L'élévation de Bazaine était partout bien accueillie. Dans le corps expéditionnaire, la satisfaction paraissait unanime. Maximilien félicitait chaudement le maréchal, exprimant le souhait qu'il restât au Mexique. En France, l'accueil était aussi flatteur. L'*Indépendance belge* portait que le décret avait été reçu « avec faveur par tout le monde (2) ».

Ainsi, l'ancien garçon épicier, l'engagé volontaire de 1831, atteignait le plus haut rang de l'armée. Il avait cinquante-trois ans. Une carrière aussi brillante ne pouvait résulter uniquement des circonstances. Il fallait, de

---

(1) L'Empereur à Bazaine, 30 août 1864, Paul Gaulot, *op. cit.*, p. 77.

(2) Paul Gaulot, *loc. cit.* Le roi Léopold écrivait (29 août 1864) : « Mes très chers enfants, l'empereur Maximilien et l'impératrice Charlotte me parlent sans cesse, dans les termes les plus chaleureux, des éminents services que Votre Excellence rend à l'empire mexicain et des preuves constantes de bienveillance qu'elle leur donne.

« Je prie Votre Excellence de me permettre de me joindre à eux dans l'expression de leurs sentiments et d'accueillir le témoignage de ma haute estime et des sentiments que je lui ai voués » (*Procès Bazaine*, plaidoirie Lachaud, p. 531). La lettre de Maximilien (7 octobre 1864), écrite lors de l'élévation de Bazaine au maréchalat, est encore plus louangeuse pour le maréchal et pour « Napoléon le Grand » [Napoléon III !] (*Ibid.*).

toute nécessité, que des qualités éminentes eussent mis en évidence l'enfant abandonné de 1811.

En 1864, son extérieur n'a rien de séduisant. De taille moyenne, fortement charpenté, il semble petit. Son buste est long et les jambes courtes; le dos rond, le cou enfoncé dans les épaules et court; la tête un peu forte, le visage carré, le front haut plutôt que vaste, la mâchoire inférieure et le menton très accusés, l'ensemble des traits accentués, la voix criarde. Le tout est lourd, dépourvu de distinction. On a dit que sa physionomie évoquait le bouledogue. Ses yeux, petits et sur lesquels retombent sans cesse les paupières, lui donnent une expression particulière de finesse et même de ruse, sinon d'intelligence (1). Un contemporain qui le voit en 1863, peut-être entouré de l'auréole que lui donnent ses premiers succès au Mexique, lui prête « une bonne grosse figure éclairée par des yeux intelligents, mais qui ne s'ouvrent jamais qu'à demi », cachant « un esprit très délié et très fin, trop fin peut-être (2) ».

A l'égard de son intelligence, les appréciations varient beaucoup. Les uns, comme l'intendant général Wolf (3), lui accordent « une intelligence vive ». Les autres émettent des opinions moins favorables, comme le général

---

(1) Général Trochu, *Œuvres posthumes*, II, p. 389; Général Zurlinden, *La Guerre de 1870-1871*, p. 122; Colonel Fix, *Souvenirs d'un officier d'état-major*, Lecture du 18 mars 1899, p. 256; Lieutenant-colonel Patry, *La guerre telle qu'elle est*, p. 135; Germain Bapst, *Nouvelle Revue*, loc. cit., p. 433.

(2) Général du Barail, II, p. 346.

(3) « Souvenirs du Mexique, 1862-1865 », *Spectateur militaire*, t. XXX, p. 233; le général Trochu (*op. cit.*, p. 389) écrit : « intelligent, très fin »; le général de Waldner-Freundstein, « assurément fort intelligent » (« Les grandes batailles sous Metz », *Spectateur militaire*, décembre 1887, p. 14).

Deligny (1). Mais il faut dire que ces jugements s'appliquent à la dernière partie de la vie de Bazaine, après le 12 juillet 1870. En général, avant la guerre franco-allemande, on le dit « un chef habile, trop habile même, mais énergique, entreprenant, ayant de grandes qualités militaires (2) ». Nous avons vu quelle est son impassibilité au feu. Il conserve son sang-froid dans les circonstances les plus critiques (3). « Sa mémoire est prodigieuse. Au Mexique, alors que l'armée est dispersée sur un territoire plus grand que la France, il connaît l'emplacement, la force de chaque poste, de chaque colonne et le nom des officiers qui y commandent. Ainsi, à la fin de juin 1865, dans l'après-midi, par une chaleur torride..., il somnolait, fumant un cigare, allongé dans un fauteuil, faisant semblant de lire un journal, lorsque le capitaine Vosseur ...lui apporte une dépêche annonçant la capitulation de Matamoros et le soulèvement des provinces du Nord. Sans se lever, sans consulter une note, ni une carte, il fait le résumé de l'état des forces françaises dans les contrées menacées et dicte les ordres de concentration sans se reprendre une seule fois (4). »

On lui prête « du coup d'œil et de la décision (5) ». A la vérité, sa volonté subit des éclipses. S'il en fait

---

(1) *1870. Armée de Metz*, p. 5.

(2) Général Zurlinden, p. 122.

(3) F. de Massa, « Souvenirs et impressions, 1840-1871 », *Figaro* du 8 juin 1897. M. de Massa avait été, pendant dix-huit mois, son officier d'ordonnance.

(4) Germain Bapst, IV, p. 294-295 ; P. de Massa, *loc. cit.*

(5) Intendant général Wolf, *Spectateur militaire*, t. XXX, p. 233 ; général du Barail, *loc. cit.*, *passim* ; « C'est la première fois que je le vois sur le terrain (6 août 1870) ; je trouve que les ordres qu'il donne avec une tranquillité extrême sont très clairs et très précis ». (*Trois mois à l'armée de Metz*, p. 34).

preuve au siège de Puebla, par exemple, il est d'autres cas où il se montre « indécis, irrésolu ». En 1860, quand il commandait une division à Paris, il réunissait tous les samedis ses chefs de corps et son chef d'état-major. Pendant six semaines, les délibérations portèrent sur la possibilité de donner une teinte uniforme aux jambières en cuir, qui faisaient alors partie de la tenue du fantassin. Ce temps écoulé, la question n'était pas encore mûre et Bazaine l'abandonnait (1) : goût du détail et indécision.

Tous les observateurs sont d'accord pour lui reconnaître de la finesse. Il l'exagère même au point d'en faire un défaut saillant : « La finesse, écrit La Bruyère, est l'occasion prochaine de la fourberie; de l'une à l'autre le pas est glissant; le mensonge seul en fait la différence; si on l'ajoute à la finesse, c'est fourberie (2). » En ce qui concerne Bazaine, « dans sa longue pratique des affaires arabes, il avait appris non pas les secrets de cette grande diplomatie qui voit les choses de haut et les buts de loin, mais de cette rouerie qui consiste à se mouvoir au milieu des intrigues, pour s'en servir sans paraître s'y mêler... (3) ». Il est de ceux qui choisissent la voie oblique, même quand le chemin direct n'offre pas de difficultés (4).

---

(1) Général de Waldner-Freundstein, *loc. cit.* D'après M. Emile Ollivier (« Bazaine et la fin de l'expédition du Mexique », *Correspondant* du 25 juin 1904, p. 1005), son trait caractéristique est l'inaptitude absolue aux initiatives personnelles. Cette affirmation est démentie par le combat de San-Lorenzo, sans parler du reste.

(2) *Les Caractères. De la Cour.*

(3) Général du Barail, II, p. 346.

(4) Général Montaudon, *Souvenirs*, II, p. 39 ; général Félix Douay, lettres à son frère Abel, *Papiers et Correspondance de la famille impé-*

Il ne faudrait pas croire qu'il ait rien d'un parvenu, malgré sa carrière inespérée. Il refuse le titre de duc que veut lui donner Maximilien lors du baptême de son fils (1). Il est resté « bonhomme » avec tout le monde, surtout avec les petits. Jamais il ne laisse voir la moindre morgue, le moindre emportement. Il montre aux soldats une familiarité polie qui le rend populaire. Ce n'est pas qu'il soit réellement bon, car il donnera au Mexique même et surtout pendant le blocus de Metz des preuves trop certaines d'indifférence pour les troupes sous ses ordres. Sa bonhomie est trompeuse : « ...Il m'est arrivé plusieurs fois, écrit le général Jarras (2), de le voir faire une très gracieuse réception à ceux que, quelques instants auparavant, mais en leur absence, il avait accablés, non seulement de ses sarcasmes, mais encore de ses insinuations malveillantes. »

Sa bonté est donc de pure surface (3); elle est voulue; elle fait partie de l'ensemble des manœuvres habiles qui l'ont porté au premier rang. Il se ressentira toute sa vie de l'abandon, de la mort qui ont endeuillé sa jeunesse, le privant à la fois de la protection du père et du sourire

---

riale, II, Complément, p. 91, 115, 117, 122, 123, 128; P. de La Gorce, *Histoire du Second Empire*, V, p. 103.

Bien que le général Douay soit un témoin des mieux informés, il y a des réserves à faire sur ses affirmations. M. Paul Gaulot (*Fin d'empire*, p. 188) fait remarquer avec raison la violence constante de son langage, sa partialité, ses contradictions. Le 27 octobre 1866, il traite Maximilien d'idiot et d'imbécile ; le 27 décembre, pour lui, l'empereur est « loin d'être un sot ».

(1) Germain Bapst, *Nouvelle Revue, loc. cit.*, p. 441.
(2) *Souvenirs*, p. 191.
(3) Le trait que cite M. E. Ollivier, XV, p. 162, pour démontrer le contraire, n'est rien moins que probant. Il ne présente d'ailleurs aucune garantie d'authenticité.

maternel. Son éducation, sa valeur morale s'en sont ressenties. Il n'a aucune conviction religieuse ou politique. A la fin de sa vie, il deviendra pratiquant pour plaire à sa seconde femme, mais c'est pure affaire d'extérieur. Après la guerre, il vient de quitter Napoléon III à Wilhelmshöhe, quand il se rend à Genève pour saluer le comte de Chambord et la duchesse de Madrid, qui refusent de le recevoir. En même temps, il fait écrire par le capitaine de Mornay-Soult au duc d'Aumale, qu'il qualifie de « protecteur de ses jeunes années », que les princes d'Orléans peuvent compter sur son dévouement (1). Le régime lui est indifférent, pour peu qu'il y trouve son intérêt. Au fond, il obéit uniquement à l'égoïsme ou aux sentiments qui en dérivent, tout en se montrant serviable à l'occasion, s'il ne doit lui en rien coûter (2), parce que sa popularité y gagne et qu'elle est un de ses moyens de parvenir.

Veut-on saisir sur le fait ses tendances à tout ramener à sa propre personne? Le 21 novembre 1864, à Guadalupe, une fraction du 3ᵉ chasseurs d'Afrique avait un très brillant engagement avec les Mexicains et leur prenait un étendard. Voici comment Bazaine accusait réception de son rapport au général de Castagny :

« J'ai reçu par le télégraphe le récit du petit combat qui a eu lieu le 22 novembre du côté du Rio-Florido. Le résultat obtenu est très satisfaisant, et je vous prie d'adresser mes félicitations au lieutenant-colonel Sautereau-Duparc, ainsi qu'aux officiers et soldats qui ont pris part à cette affaire.

---

(1) Germain Bapst, IV, p. 296.
(2) Général Castex, I, p. 79; II, p. 50; général Deligny, p. 5; général du Barail, III, p. 169; général Félix Douay, *loc. cit.*, p. 91, 115, 117, 122, 123, 128.

« Je remarque toutefois que cette petite colonne est allée bien loin pour atteindre l'ennemi, et il ne faudrait pas habituer nos officiers momentanément investis d'un commandement à se laisser entraîner par leur ardeur.... Je ne veux pas, en vous disant ce qui précède, amoindrir le mérite du beau coup de main qui vient de s'exécuter à Guadalupe; mais c'est un avertissement pour ceux de nos officiers qui sont disposés à aller plus loin que le but qui leur est indiqué (11 décembre). »

Les termes de cette lettre sont à méditer. « Depuis les qualificatifs employés jusqu'à l'incertitude évidemment voulue sur le lieu et la date du combat, jusqu'au blâme qui s'élève au-dessus de la louange, jusqu'à la phrase de bienveillante consolation qui termine la lettre, tout est étudié, sans le moindre doute. Le plus grand tort des héros de Guadalupe fut, cela est certain, de remporter, loin du général en chef, un succès dont aucun éclat ne pouvait rejaillir sur sa propre personne (1). »

Ajoutons que la théorie de Bazaine était celle de l'absence d'initiative, de l'obéissance inintelligente. C'est en la pratiquant que nous devions arriver à l'inertie dont nos chefs de tout grade donnèrent trop souvent l'exemple en 1870. Combien les Allemands étaient mieux inspirés!

Le sens moral fait défaut au commandant de l'armée du Mexique. L'intendant général Wolf voit en lui « un homme personnel, sans franchise, toujours prêt à s'attribuer les succès de ses subordonnés et à leur laisser la respon-

---

(1) Général de Forsantz, *Le 3ᵉ chasseurs d'Afrique*, p. 292, cité par le colonel de Sainte-Chapelle, *Revue de cavalerie* de juillet 1890. Notons que l'étendard du 3ᵉ chasseurs d'Afrique n'est pas décoré, alors que celui du 1ᵉʳ chasseurs d'Afrique le fut pour un fait identique (au combat de San Pablo del Monte).

sabilité de leurs échecs... il nia un ordre qu'il m'avait donné verbalement la veille, en ajoutant : « Ah! si vous croyez à tout ce que je dis, vous n'êtes pas au bout! »

Wolf ajoute, en parlant de Bazaine : « Vulgaire par ses sentiments et même par son éducation, sceptique, roué, égoïste, partial et sans scrupule, il n'estimait personne, sans doute parce qu'il jugeait les autres d'après lui. Le mensonge ne lui coûtait guère.... (1) » Ce dernier trait surtout vaut d'être retenu, car il revient fréquemment dans les jugements des contemporains. C'est Félix Douay qui écrit à son frère (1er décembre 1865): « J'ai affaire à un grand hypocrite et j'ai eu tout le temps de pénétrer la profonde ineptie militaire que dissimulent les apparences superficielles et le *bagou* qui ont fait nombre de dupes jusqu'à ce jour.... J'éprouve un profond mépris pour les façons hypocrites et menteuses du maréchal... (2). » De même le général de Waldner-Freundstein : « Bazaine était très ignorant, assurément fort intelligent, fort brave. Il disait rarement la vérité; quand il la disait, il ne la disait pas tout entière. Il trompait par habitude, inconsciemment, je le veux bien, tous ceux qui servaient sous ses ordres, ceux qui lui étaient dévoués aussi bien que ceux qui lui étaient indifférents. Il n'attachait aucune importance à ce fait; les hommes n'étaient rien pour lui... (3) »

Manquant autant de sens moral que de dignité professionnelle et personnelle, selon le mot de Trochu, il n'avait qu'une conception incertaine de l'honneur national et du

---

(1) « Souvenirs du Mexique, 1861-1865 », *Spectateur militaire*, XXX, p. 233. Voir aussi Germain Bapst, *Nouvelle Revue, loc. cit.*, p. 438, 439, 453 ; général Trochu, *Œuvres posthumes*, II, p. 389.

(2) *Loc. cit.*, p. 94.

(3) *Loc. cit.*, p. 14. Voir aussi Germain Bapst, *loc. cit, Nouvelle Revue*, p. 439, 440.

sien propre. Son scepticisme était profond, s'étendant à tout ce qui ne touchait pas son intérêt particulier. C'est ainsi qu'il devait en arriver, comme le général de Wimpffen, à solliciter de nos ennemis à peine rentrés en Allemagne un certificat de complaisance (1), plus déshonorant, dans ses affirmations inexactes, que bien des attaques, même trop justifiées.

De son enfance et de sa jeunesse malheureuses, de son long séjour en Espagne ou en Algérie, il garde une certaine crainte du monde, une timidité surprenante de la part d'un homme de sa situation et de son âge. Il est mal à son aise dans la société et même avec ses collègues les maréchaux. Le *qu'en dira-t-on* n'a pourtant qu'une faible prise sur lui.

On l'a souvent accusé d'avoir été homme d'argent. C'est à tort. Personnellement, menant une vie très simple et même très frugale, il est sans besoin. Mais, autour de lui, une bande d'affamés le gruge sans répit (2). Il tolère de leur part des tripotages qui rejaillissent sur lui. De même, sa seconde femme, dont nous allons parler, coquette et prodigue, le force à des dépenses inconsidérées qui entraînent de fâcheuses compromissions. A son actif, au Mexique, il n'y a aucune trace de malversations. Toutefois, Maximilien avait donné à la maréchale un palais lors

---

(1) « Je déclare que je professe une entière et haute estime pour M. le maréchal Bazaine, spécialement pour l'énergie et la persévérance avec lesquelles il a pu si longtemps soustraire l'armée de Metz à une capitulation qui, d'après mon opinion, était inévitable.

« Berlin, 6 décembre 1873.

« Frédéric-Charles,

« Général Feldmarschall ».

(*Procès Bazaine*, Plaidoirie Lachaud.)

(2) Germain Bapst, *Nouvelle Revue, loc. cit.*, p. 441.

de son mariage, et la délicatesse de l'armée était froissée de la combinaison qui obligeait la ville de Mexico à payer annuellement 60.000 francs à Mme Bazaine en échange du logement qu'elle-même assurait à son mari (1).

Nous venons de parler de la jeune maréchale. Elle mérite une plus longue mention, car son rôle ne fut pas sans importance durant la seconde partie de l'expédition. La première femme de Bazaine avait entretenu une correspondance suivie avec un M. B... D..., marié à une actrice de la Comédie-Française, connue pour son succès dans le rôle de Rosine du *Barbier de Séville*. Cette dernière découvrit le paquet de lettres dans les papiers de son mari. Séance tenante, elle le mit sous pli à l'adresse du général en chef Puis, quelques jours après, elle en prévint Mme Bazaine, dans les termes que l'on peut croire. Celle-ci était sur le point de partir pour le Mexique avec plusieurs personnes, dont le marquis et la marquise de

---

(1) E. Ollivier, *Correspondant*, loc. cit., p. 1006. Dans sa plaidoirie, Lachaud a dit (*Procès Bazaine*, p. 531) : « Il est parti sans fortune, il est revenu de même. En son absence, il lui était échu un petit héritage qui a été dépensé là-bas. — C'est de l'histoire. — Il a trouvé au Mexique un grand bonheur, une charmante femme. Voilà le seul trésor qu'il en ait ramené. Cette jeune femme était sans fortune, elle était belle et appartenait à une grande famille du pays. Elle avait reçu de l'empereur Maximilien une propriété comme cadeau de noces. On a voulu acheter cette propriété au maréchal, il a refusé de la vendre. Il a compris que c'était un souvenir qui devait rester religieusement entre les mains de sa famille et, après la mort de Maximilien, je n'ai pas besoin de dire que la propriété a été confisquée. Voilà sa fortune... ».

Lachaud omet naturellement de parler des 60.000 francs de loyer payés par Mexico pour permettre au maréchal d'habiter sa propre maison. Il tait la lettre que Maximilien écrivait à Bazaine en lui donnant le palais de Buena-Vista. Elle portait promesse d'échanger cet immeuble contre cent mille piastres en cas de départ ou de renonciation pour un motif quelconque (Voir le texte, Paul Gaulot, *L'Empire de Maximilien*, p. 229).

Montholon. Affolée, elle courait à Compiègne et suppliait l'Empereur d'envoyer le plus rapide de nos bâtiments à la poursuite du paquebot emportant le fatal secret. Son désir fut exaucé, mais il était trop tard. Déjà le courrier avait atteint Vera-Cruz.

Mme Bazaine habitait alors la villa de M. Clapeyron, à Chatou. Se croyant perdue, elle s'enferma dans sa chambre. Le lendemain, on l'y trouvait morte.

Le pis est qu'elle s'était affolée à tort. Le paquet de lettres avait été ouvert, non par le commandant en chef, mais par deux officiers de son cabinet, Villette et Clapeyron, ce dernier neveu de Bazaine. Après en avoir pris connaissance, ils le brûlèrent, se promettant de n'en rien dire.

La nouvelle de la mort de sa femme, qui survint huit jours après, fut un coup terrible pour le général (1). Longtemps il resta tout entier à sa douleur; puis, un jour, à l'arrivée du courrier, son attitude changea complètement et il reprit son insouciance, sa bonne humeur habituelles (2). Il était veuf depuis plus d'un an, quand il eut l'occasion de remarquer une jeune Mexicaine, nièce d'un ancien président de la République, Pedrazza, et dont la beauté était citée dans tout Mexico. Elle habitait une maison mitoyenne de celle occupée par l'état-major de l'artillerie. Chaque soir, nos officiers et deux capitaines prussiens attachés au corps expéditionnaire, von Burg et Milson, se mettaient au balcon, suivant la coutume mexicaine, passant des heures côte à côte avec les familles Pedrazza et de la Peña. Ils faisaient leur cour à la

---

(1) La lettre de condoléance de l'Empereur est du 1er novembre 1863 (Voir Paul Gaulot, *Rêve d'Empire*, p. 207).
(2) Germain Bapst, IV, p. 303-305.

charmante Pepita (1), qui recevait ces hommages avec une attention marquée.

Lui non plus, Bazaine, ne fut point insensible à ses charmes et les initiés eurent le spectacle peu banal d'un maréchal de France jouant les amoureux transis (2). Le 28 mars 1865, il écrivait au ministre de la Guerre :

« Monsieur le Maréchal,

« Ayez la bonté de solliciter de Sa Majesté l'autorisation de me marier avec Mademoiselle Josefa de la Peña, nièce d'un ex-président du Mexique et du préfet actuel de Mexico.

« L'empereur Maximilien, qui voit cette union avec la plus grande satisfaction, donne à cette jeune fille le palais de Buena-Vista avec son ameublement. L'impératrice Charlotte m'a beaucoup engagé à contracter cette union qui, à ses yeux, aura une certaine portée politique, et a dû en écrire à S. M. l'Impératrice Eugénie pour donner son opinion sur la jeune personne qui est jolie et bien élevée.

« Pour peu que cette union ne soit pas dans les idées de notre Empereur, j'y renoncerais.

« Agréez.... (3) »

La moindre réflexion devrait montrer à Napoléon III les inconvénients d'une pareille folie pour le commandant en chef. Soit qu'il ne les eût pas aperçus, soit que sa bonté habituelle l'eût emporté sur la raison d'Etat, l'autorisation ministérielle fut accordée le 15 mai et, le 26

---

(1) Diminutif de Josefa.
(2) Germain Bapst, IV, p. 306.
(3) Germain Bapst, IV, p. 306-307.

juin, le mariage était solennellement célébré à Mexico. Cette union avec une femme ayant trente-six ans de moins que lui ne porta pas bonheur à Bazaine. Bien qu'elle fût vaniteuse, coquette, sans instruction, et qu'elle n'eût guère pour elle que sa beauté, elle acquit de suite sur lui un très grand empire, constaté par tous les témoins (1). Il passait pour obéir à toutes ses fantaisies et se vantait « bêtement, auprès des officiers de son intimité, de satisfaire exactement, chaque jour, tous ses désirs (2) ».

A ce jeu, il lui arriva promptement ce qu'il advient à un homme de son âge amoureux d'une jeune femme : son intelligence s'éteignit, son activité physique et morale disparut, en même temps que la volonté et l'énergie d'autrefois. Son extérieur même en fut modifié, car l'embonpoint l'envahit. En 1870, écrit M. Germain Bapst, sa tête, vue de profil, n'est plus qu'une boule à laquelle deux tout petits yeux, très enfoncés dans la graisse, donnent une expression particulière. « C'est quelqu'un de toujours fatigué, qui doit faire effort pour regarder (3). »

Son commandement s'en ressent dès le Mexique. Outre que ses facultés sont en baisse, il apporte au service des préoccupations qui lui sont tout à fait étrangères. Au sujet des rêves ambitieux du maréchal, M. Emile Ollivier est tranchant suivant sa coutume. Il en nie purement et simplement l'existence : « L'accusation d'avoir comploté la ruine de Maximilien, afin de prendre sa place, est

---

(1) Général Félix Douay à son frère, 29 janvier 1867, *loc. cit.*, p. 131; Lieutenant-colonel de Galliffet à M. Franceschini Pietri, 27 novembre 1866, *ibid.*, p. 133; Le même au même, 2 février 1867, *ibid.*, p. 145. Cf. Germain Bapst, IV, p. 307.
(2) Germain Bapst, *Nouvelle Revue*, *loc. cit.*, p. 453.
(3) Germain Bapst, *Nouvelle Revue*, *loc. cit.*, p. 433.

simplement ridicule. Son corps épais, sans noblesse, sa tête forte, mais rusée, vulgaire, son regard circonspect, dénotaient une âme médiocre, froide, sans élan, vaillante et non héroïque, se complaisant volontiers aux finasseries mesquines, mais incapable de se hausser aux vastes scélératesses et, dans ce cas, la scélératesse eût été niaise plutôt que vaste. La finesse terre à terre, dont il était si abondamment pourvu, suffisait à le détourner de cette sotte imagination qu'un étranger sans armée réussirait, par de petites intrigues, à établir un pouvoir dictatorial, au milieu de l'effervescence des passions nationales auxquelles notre départ n'imposerait plus aucun frein (1). »

Ces affirmations sont contredites par maints témoignages : « Dès 1864, écrit M. Germain Bapst, le président de la junte municipale de Mexico lui avait proposé la vice-royauté — et il ne s'en cachait pas, car il en fit la confidence à nombre d'officiers qui existent encore. » Sans repousser positivement cette ouverture, il évitait de s'engager, mais l'idée lui restait (2), dit-on.

---

(1) « Bazaine et la fin de l'expédition du Mexique », *Correspondant* du 25 juin 1904, p. 1004-1005.

(2) Germain Bapst, IV, p. 307-308. M. Bapst cite à l'appui la phrase suivante extraite d'une lettre au ministre de la Guerre en date du 28 mai 1865 : « J'ai reçu à cet égard des confidences... et je sais que, plutôt que de recevoir le joug américain, les conservateurs n'hésiteraient pas à se donner au bras qui les a soutenus et sur lequel ils basent toutes leurs espérances... ».

En réalité cette lettre est beaucoup moins concluante, comme le fait voir M. Paul Gaulot (« Bazaine au Mexique », *Nouvelle Revue* du 15 juin 1908, p. 469-470) : « Les partis qui restent en présence sont le démocratique et celui que j'ai appelé le conservateur libéral.... Ce dernier parti est dans une inquiétude extrême, qui s'est augmentée depuis les derniers événements d'Amérique. Aussi ses membres se comptent-ils et forment-ils un faisceau dont la force s'augmente en proportion de la faiblesse du gouvernement et du danger que peut

« Il y a trois partis au Mexique, répétait — au dire du général Cremer — le sergent Albert Bazaine, neveu, secrétaire et surtout « enfant gâté » du maréchal... : le parti impérialiste, le parti républicain et le parti du maréchal : ce dernier n'est pas le moins puissant (1) ». De même Galliffet écrivait à M. Franceschini Pietri (27 octobre 1866) : Bazaine « subit sans s'en douter l'influence absolue de sa femme qui est ou paraît très fine. Elle serait enchantée de rester pendant quelque temps madame la dictatrice (2) ». Le 2 février 1867 : « Il y a encore eu, il y a deux jours, des pleurs et des grincements de dents... le maréchal, ne sachant où donner de la tête et faible comme un enfant devant cette femme, qui lui aura fait bien du tort ici, montrait une irrésolution qui donnait à tout le monde lieu de faire des réflexions fâcheuses.... Le maréchal Bazaine, malgré ses erreurs, est encore utilisable, et dans les meilleures conditions: qu'à la première guerre l'Empereur exige que sa femme reste en France, et vous retrouverez un grand homme de guerre. Que voulez-vous, la moutarde lui était montée au nez, et il avait

---

créer l'apathie apparente qui précède aux destinées du pays et au choix des agents du pouvoir exécutif.

« J'ai reçu à cet égard des confidences qui émanent d'une source qui ne me permet point de doute, et, plutôt que de subir le joug américain, auquel tend le parti démagogique, les conservateurs n'hésiteraient pas à se donner au bras qui les a soutenus et sur lequel ils basent toutes leurs espérances d'avenir: c'est une annexion à la France ou tout au moins un protectorat sous sa forme la plus absolue, que le parti conservateur est décidé à proposer le jour où, par suite d'événements qui ne sont point improbables, le souverain que l'intervention a donné au pays viendrait à lui manquer ».

(1) Germain Bapst, IV, p. 308. Il s'agit sans doute du futur général Bazaine-Hayter (Georges-Albert), l'ancien commandant du 4ᵉ corps.
(2) *Papiers et correspondance de la famille impériale*, II, Complément, p. 133.

un moment entrevu une présidence tout au moins... (1) »

Dans ses lettres intimes, le général Douay s'exprime à peu près de même : Maximilien, écrit-il, accuse hautement Bazaine « de versatilité, de cupidité et de vues personnelles très ambitieuses qui, pendant un temps, l'avaient fait aspirer à s'emparer du gouvernement à son profit (2) ».

Un peu plus tard, il élargit et précise cette accusation : « Le public éclairé du corps expéditionnaire s'accorde à penser que le maréchal a travaillé, depuis près de deux ans, à faire échouer le navire de l'empereur Maximilien, pour se substituer au pouvoir.... Il s'était laissé tellement griser par les aspirations ambitieuses de sa famille mexicaine qu'il a rêvé pour lui au Mexique la fortune de Bernadotte en Suède (3). »

Sans doute, dans ses lettres, Douay témoigne d'une profonde antipathie pour le maréchal. Il se peut qu'il y ait de l'exagération, du parti-pris, dans ce dont il l'accuse. Mais, à coup sûr, Galliffet n'est pas suspect de malveillance à l'égard du commandant en chef, et ses appréciations sont de celles qui doivent être sérieusement pesées. D'ailleurs c'étaient celles de la presque totalité des officiers au Mexique (4). Bien qu'il fût d'ordinaire peu communicatif, le colonel Boyer, l'éminence grise de

---

(1) *Papiers et correspondance*, loc. cit., p. 145-147.

(2) *Papiers et correspondance*, loc. cit., p. 123, à la date du 27 décembre 1866.

(3) *Papiers et correspondance*, loc. cit., p. 128, à la date du 29 janvier 1867.

(4) « Peut-être aussi, en allongeant les choses (?), espérait-il que de cet état si compliqué sortirait quelque chance favorable à sa propre élévation ; cette croyance, quoiqu'elle ne reposât sur aucune donnée positive, était alors, et aujourd'hui encore, presque universellement admise parmi les officiers du corps expéditionnaire. Enfin

Bazaine, s'écriait un soir après dîner : « Moi, avec ma plume, et le maréchal avec son épée, nous sommes les maîtres de la situation (1). »

Ces velléités ambitieuses étaient soupçonnées à la Cour impériale : « On prétend, écrivait Mérimée, que le maréchal veut être lui aussi empereur du Mexique et il y a des gens qui croient la chose faisable (2). » Il est difficile d'admettre qu'une croyance aussi générale soit sans nul fondement. On n'en doit pas moins constater qu'aucun document, aucun témoignage positif ne démontre les visées ambitieuses de Bazaine. On en est réduit à de simples présomptions. « Le maréchal, nous a écrit le plus éminent des historiens de la campagne, n'avait nullement le caractère ni l'étoffe d'un fondateur d'empire, pas même une ressemblance avec un Bernadotte, mais, étant donné son insouciance fataliste, il se serait laissé porter par les événements. Il n'y a jamais eu rien de bien sérieux dans ce rêve, s'il a été formé. En tous cas, il est resté à l'état de nébuleuse sans consistance et je suis bien sûr qu'il n'y a eu aucune intrigue pour le consolider.... (3) »

Nous croyons, nous aussi, que Bazaine eut seulement au Mexique des velléités d'ambition. Encore lui étaient-elles inspirées par sa femme et par la famille de celle-ci. Le corps expéditionnaire les grossit singulièrement : « ...Comme le maréchal se contredisait sans cesse, disant oui un jour, non le lendemain, affirmant à l'un ce qu'il niait à l'autre et qu'après tout il y avait au fond quelque

---

le rang du maréchal, au Mexique, était trop brillant pour qu'il en descendît sans regrets... » (P. de La Gorce, *Histoire du second Empire*, V, p. 104).

(1) Germain Bapst, IV, p. 308.
(2) 28 août 1866, Germain Bapst, IV, p. 308.
(3) Lettre du général Niox, 14 décembre 1910.

chose de vrai dans ce qu'on répétait sur ses agissements, la moindre de ses actions se transformait en machination ténébreuse là où souvent il n'y avait qu'un caprice de jolie femme et la faiblesse d'un vieillard amoureux (1). »

IV

BAZAINE ET MAXIMILIEN

Le fait seul que nombre de gens soupçonnaient le maréchal de vues personnelles n'était pas pour faciliter ses rapports avec Maximilien. Sans doute, ce malheureux prince apportait au Mexique un lourd bagage d'illusions et d'erreurs; il n'avait pas toutes les qualités nécessaires à l'accomplissement d'une tâche aussi difficile (2). Mais on ne saurait dire que Bazaine l'ait beaucoup facilitée. Il faut ajouter que l'attitude incertaine du maréchal résultait en grande partie des instructions de l'Empereur, elles-mêmes sujettes à des variations fréquentes. Après avoir imposé au souverain qu'il prétendait octroyer au Mexique des conditions financières à peu près inexécutables, il se rendait rapidement compte de l'extrême impopularité de l'expédition en France, de la gêne qu'elle apportait à notre politique extérieure, dans un moment où les événements les plus graves exigeaient toute notre attention. Si docile d'ordinaire, la majorité du Corps législatif manifestait ouvertement son aversion pour cette folle entreprise, au point qu'un de ses rapporteurs, Larrabure, écrivait :

---

(1) Germain Bapst, IV, p. 308-309.
(2) Mérimée écrit à Victor Cousin le 20 mars 1864 : « Maximilien n'a pas plu. Il ne paraît pas fort... » (Félix Chambon, *Lettres inédites de Prosper Mérimée*, p. 135).

« Dans les prévisions actuelles, le gouvernement espère que la fin de 1864 marquera le terme de l'expédition. Nous sommes unanimes à conseiller de mettre un terme à l'expédition du Mexique, non pas à tout prix, Dieu nous en garde! mais aussi promptement que l'honneur et l'intérêt de la France le permettront. L'expression de ce vœu répond au vœu général du pays (1). »

L'Empereur eût donc souhaité de se dégager au plus tôt du Mexique, mais comment abandonner Maximilien avant que ses forces militaires eussent pris une certaine consistance? D'autre part, comment cet étranger aurait-il pu s'implanter solidement au Mexique sans argent et sans armée? Ses obligations financières à notre égard lui rendaient la vie impossible (2). Nous aurions voulu le voir indépendant de notre action militaire et nous lui en retirions les moyens. Vis-à-vis de lui notre politique était une contradiction perpétuelle, et Bazaine n'y pouvait rien.

Quoi qu'il en soit, ses rapports avec Maximilien se ressentaient bientôt de cette situation. Au début il voyait avec un singulier optimisme, peut-être de commande, l'accueil que le jeune prince trouvait au Mexique : « Les provinces intérieures envoient des députations ou des adresses, les hommes de tous les partis sont venus à l'empereur, et tous sont enchantés de son caractère, convaincus de ses loyales intentions (3) ». L'intéressé ne partageait guère cette satisfaction apparente. Il avait même la désagréable surprise de constater que la pacification

---

(1) E. Ollivier, VI, p. 460, sans indication de date ni de source.
(2) Cf. Manuel Poryno, *Las Cuentas del llamado imperio*.
(3) Bazaine à l'Empereur, 28 juin 1864, E. Ollivier, VI, p. 228. M. Ollivier a eu sous les yeux les originaux de toutes les lettres de Bazaine qu'il cite dans *L'Empire libéral*.

était fort loin de son achèvement, contre ce qu'on croyait en France sur la foi du maréchal. A notre exemple, il écartait les conservateurs qui, seuls, eussent pu lui prêter quelque appui, mais qu'il jugeait compromettants par leurs exigences. Le parti de l'intervention n'existant que dans les dépêches de Bazaine, il fallait recourir aux libéraux, c'est-à-dire à un élément foncièrement hostile à notre entreprise. Il en résultait très vite des froissements. Dès le mois de septembre, le maréchal se plaignait de l'attitude maladroite et taquine des fonctionnaires mexicains. Il réclamait la révocation de plusieurs préfets (1).

Dans sa correspondance avec Napoléon III, il constatait une sorte de malaise due à l'inertie du gouvernement mexicain, « l'énergie et l'intelligence » étant du côté des libéraux (2). Nous avons fait mention de l'affaire de la Sonora. En nous accordant cette concession, Maximilien eût craint, non sans motif, de froisser le sentiment national, mais il oubliait que son avenir dépendait encore davantage de nos baïonnettes. De même il évitait d'ailleurs avec grande raison de résoudre seul la question des biens de l'Eglise, comme Bazaine l'y poussait (3). Plein d'illusion sur les concessions qu'il pourrait obtenir du clergé, il préférait attendre l'arrivée du nonce Meglia. Il allait être cruellement détrompé.

Malgré tout, dans son ensemble, la correspondance officielle du maréchal gardait un ton optimiste. Au retour d'un voyage de trois mois dans les provinces paci-

---

(1) Bazaine à l'impératrice Charlotte, 24 septembre 1864, Général Niox, p. 392.

(2) Paul Gaulot, *L'Empire de Maximilien*, p. 134.

(3) Bazaine à Napoléon III, 30 octobre 1864, E. Ollivier, VII, p. 233.

fiées, Maximilien trouvait à Mexico un accueil que Bazaine disait triomphal (1). En réalité, la rupture avec Rome, définitive le 25 avril 1865, condamnait le régime impérial à n'être plus que « le juarisme sans Juarez (2) ». Ce dernier déployant une infatigable énergie à défendre contre nous les droits imprescriptibles de la nation, Maximilien restait sans autre appui que nos troupes. Or, malgré de brillants succès tels que la prise d'Oajaca par Bazaine (9 février 1865), toute position que nous abandonnions un instant était aussitôt réoccupée par un ennemi insaisissable. Des bandes se montraient jusqu'autour de Mexico.

Le maréchal n'en continuait pas moins d'envoyer à Paris les rapports les plus rassurants : « La situation à tous les points de vue est bonne, l'autorité royale (impériale) prend chaque jour plus d'influence; les entreprises commerciales et les travaux publics sont en progrès sensible.... (3) » Il allait jusqu'à devancer les désirs de l'Empereur, et surtout du maréchal Randon, en proposant, dès le 12 juin 1864, le rapatriement d'une fraction de nos troupes :

« Je puis annoncer à Votre Majesté qu'on peut faire rentrer six bataillons, une compagnie du génie, une batterie, le train de la Garde, ce qui, avec les congédiés de l'année, réduira l'armée à 25.000 hommes, chiffre suffisant comme appui de l'armée mexicaine.... » Il le répé-

---

(1) « Acclamé sincèrement par toute la population, sans distinction de parti » (Bazaine à Napoléon III, 30 octobre 1864, E. Ollivier, VII, p. 234).

(2) E. Ollivier, VII, p. 243.

(3) Bazaine à Napoléon III, 28 avril 1864, E. Ollivier, VII, p. 247.

tait à plusieurs reprises [28 août, 28 septembre, 28 octobre 1864] (1).

Si l'Empereur ne manifestait aucune hâte à l'égard de ce rapatriement, nous l'avons vu, Randon le pressait pour des raisons personnelles : le 31 octobre, il priait le maréchal de se hâter, en vue d'alléger le budget de la guerre (2), soumis aux critiques de la Chambre. Finalement, Bazaine réalisait ces intentions à la fin de 1864, non sans grandement mécontenter Maximilien. Malgré l'arrivée de la légion auxiliaire belge, l'impératrice Charlotte écrivait en Europe : « Il faut des troupes : les Autrichiens et les Belges sont très bons en temps de calme; mais, vienne la tempête, il n'y a que les pantalons rouges. » Elle eût voulu voir augmenter et non réduire notre effectif (3).

Ajoutons que des mesures maladroites prises par Maximilien rendaient plus palpables les inconvénients de cette mesure hâtive. Le 7 novembre 1864, il signait un décret relatif au licenciement des corps auxiliaires et à la création de gardes rurales. C'était accroître bénévolement les forces de l'ennemi. Puis le jeune empereur lançait une loi organique de l'armée (25 janvier 1865), conçue en dehors de toute idée pratique. Il s'occupait peu et mal des troupes mexicaines, dont l'aspect misérable ne le flattait pas. Il n'y touchait guère que pour les réduire. C'est ainsi que, le 1er février 1865, il licenciait toutes les

---

(1) E. Ollivier, VII, p. 248.

(2) Randon à Bazaine, 31 octobre 1864, Paul Gaulot, *L'Empire de Maximilien*, p. 94.

(3) Paul Gaulot, *op. cit.*, p. 94. La présence des auxiliaires belges et autrichiens n'était pas sans inconvénients. Dès le 1er février 1865, le général de Thun, commandant ces derniers, soulevait, dans une lettre à Bazaine, des difficultés relatives au commandement (*Ibid.*, p. 168).

troupes permanentes ou auxiliaires, afin de pouvoir les reconstituer peu à peu. Il dut surseoir à cette mesure, que ses pires ennemis, seuls, auraient pu lui conseiller (1).

Non seulement l'état réel du pays ne justifiait aucunement cette réduction, mais le système d'occupation adopté par Bazaine ne pouvait donner que des mécomptes. Il se bornait à tenir quelques villes importantes, d'où partaient dans toutes les directions des colonnes mobiles, chargées de dissiper les rassemblements juaristes, d'armer les populations « délivrées » et de les encourager à se défendre elles-mêmes. Cette tâche plus ou moins accomplie, elles rentraient à la garnison centrale. Le résultat était forcé : dès notre départ, ceux des habitants qui avaient témoigné de bonne volonté à notre égard se voyaient exposés à de cruelles représailles. Comment se rallier à des étrangers appelés à disparaître plus ou moins tôt? Les populations ne pouvaient avoir aucune confiance dans des défenseurs aussi intermittents.

L'un de nos généraux, Castagny, l'écrivait le 5 janvier 1865 au maréchal : la situation est grave. « L'opinion flotte incertaine et ne sait plus à quoi se rattacher. Je n'ai plus d'action morale, ni d'influence sur des populations qui n'ont plus de confiance en nous et qui se voient à la veille d'être abandonnées. » La possibilité d'une guerre avec les Etats-Unis accroît le mécontentement général. Rien de sérieux n'est fait par le gouvernement mexicain qui se borne à réglementer les cérémonies, les préséances, les décorations. Déjà « on annonce le départ de l'empereur pour l'Europe.... Je regrette d'être obligé de le dire, ajoutait Castagny, mais l'opinion publique semble désirer

---

(1) Général Niox, p. 477 et suiv.

ce départ comme un remède à la situation.... Au lieu d'avancer, nous perdons chaque jour du terrain (1). »

Dans ces conditions, au lieu de réduire le corps expéditionnaire, il eût fallu plutôt le renforcer d'une division. C'était l'avis du plus grand nombre des officiers, et il finissait par arriver jusqu'à Napoléon III, dont il commençait à modifier le sentiment à l'égard du maréchal. Peu à peu, l'empereur se rendait compte que, « par courtisanerie, égoïsme ou aveuglement », Bazaine méconnaissait la situation et cherchait à le bercer de dangereuses illusions (2). A la fin d'octobre 1864, n'avait-il pas écrit que, dans « trois ou quatre mois au plus », il n'y aurait, dans aucune province, ni foyer de résistance, ni semblant d'organisation juariste (3)?

A elle seule, la réduction du corps expéditionnaire aurait troublé la bonne harmonie entre Maximilien et Bazaine. Mais d'autres motifs s'y ajoutaient, créant entre eux une atmosphère de suspicion et de doute. Le maréchal demandait à rentrer en France, peut-être dans l'espoir qu'on ne donnerait aucune suite à sa demande, tant on le jugeait indispensable au Mexique (4). Au contraire, il

---

(1) Reproduit par M. Paul Gaulot, *op. cit.*, p. 154 et suiv.
(2) E. Ollivier, VII, p. 250.
(3) Bazaine à l'Empereur, 30 octobre 1864, E. Ollivier, VII, p. 254.
(4) La demande de Bazaine avait été formulée dans une lettre particulière. Randon lui répondit (15 mars) en exposant les difficultés à vaincre : « Voilà ce qui me fait vous dire que votre mission n'est pas terminée et qu'il vous reste encore à cueillir de la gloire » (Paul Gaulot, *op. cit.*, p. 207).

Un officier attaché au maréchal, de Kératry, fut, dit-on, envoyé par lui à Paris, afin de demander son rappel en France, pour être à portée de servir plus efficacement, le cas échéant, sur le Rhin. L'Empereur aurait répondu : « Dites au maréchal qu'il a toute ma confiance, que ses services me sont indispensables là-bas ; ajoutez

était confirmé dans son commandement (15 mars 1865) et le ministre de la Guerre s'efforçait de pallier ce que sa situation avait de désagréable : « J'ai été frappé, lui avait-il écrit le 31 janvier, mon cher maréchal, de ce que vous me dites de certains coups d'épingle, auxquels vous expose le milieu où vous vivez. Cette position si délicate et si difficile ne demande rien moins que toute votre valeur morale pour en aplanir toutes les aspérités.... (1) »

Dès la fin de 1864, Bazaine en était à retourner au ministre de la Gubernacion une lettre peu convenable. Malgré tout, entre le maréchal et Maximilien, les rapports semblaient encore répondre à leurs situations réciproques. Après la prise d'Oajaca (9 février 1865), qui faisait tomber entre nos mains, au bout de dix jours, 235 officiers, 7.840 soldats, 60 pièces et ne nous coûtait que 10 tués et 40 blessés, Maximilien félicitait chaudement Bazaine « pour ce nouveau fleuron » ajouté à une couronne déjà si riche (2). Il n'en reprochait pas moins indirectement au maréchal l'importance des frais de transport nécessités par cette opération, et l'écho de ses plaintes arrivait jusqu'en France (3).

Cependant, à l'ouverture des Chambres (22 janvier 1865), Napoléon III annonçait le rapatriement partiel de

---

bien que, malgré toutes les incitations intéressées, je ne me battrai pas sur le Rhin » (*Figaro* du 24 janvier 1894, reproduit par M. E. Ollivier, VII, p. 488-489). Ce fait se serait passé vers la fin de 1865.

(1) Paul Gaulot, *op. cit.*, p. 181.

(2) Lettre du 14 février 1865. Paul Gaulot, *op. cit.*, p. 162.

(3) M. Paul Gaulot, *loc. cit.*, reproduit une note du 22 mars 1865, signée du sous-intendant Friant et provoquée par ces reproches. Elle établit que, du 12 juillet au 31 décembre 1864, les dépenses de transport, provoquées par les deux colonnes d'Oajaca, ont atteint 654.569 fr. 64; du 1er janvier au 20 mars 1865, un million en chiffres ronds.

nos troupes, d'accord avec Maximilien. Il notifiait ses intentions à Bazaine [31 janvier] (1). Puis un nouveau revirement se produisait dans sa pensée, à la suite de l'attitude menaçante prise par les Etats-Unis. Il autorisait le maréchal à garder toutes ses troupes au Mexique, recommandant expressément de ne pas les éparpiller. Cette dernière recommandation lui tenait fort à cœur, car il revient sur elle le 15 mars et le 16 avril (2). Bazaine s'y confirmait strictement, trop strictement peut-être, non sans mécontenter Maximilien et même les officiers sous ses ordres, dont il restreignait l'initiative pour obéir à l'Empereur.

La décision de ce dernier donnait une satisfaction partielle au gouvernement mexicain (3). Mais elle arrivait trop tard, après l'embarquement du 2ᵉ zouaves. D'ailleurs d'autres difficultés survenaient. Le 14 mars, le ministre des Finances Fould adressait à Randon, pour être transmis au maréchal, une sorte d'ultimatum, d'ailleurs inapplicable. Il est vrai qu'une lettre confidentielle accompagnait cette dépêche, autorisant Bazaine à continuer, s'il était nécessaire, ses secours au Trésor mexicain, dans la limite de dix millions de francs (4). Un franc abandon eût mieux valu.

Sur ces entrefaites, un dissentiment plus grave survenait entre Maximilien et le maréchal. Celui-ci faisait arrêter et condamner des journalistes que l'empereur graciait aussitôt. L'un d'eux reprenait même des fonctions à la municipalité de Mexico. Avec raison, Bazaine jugeait une

---

(1) Paul Gaulot, *op. cit.*, p. 325-326.
(2) *Id., ibid.*, p. 187 et suiv.
(3) L'impératrice Charlotte manifestait cette satisfaction par lettre du 29 mars (Paul Gaulot, *op. cit.*, p. 189).
(4) Paul Gaulot, *op. cit.*, p. 176 et suiv.

protestation nécessaire. Il s'élevait contre « l'acte de haute inconvenance » commis par l'ayuntamiento (1).

Déjà, dans leur correspondance avec Napoléon III, l'empereur et le maréchal se dénigraient à l'envi. Le dernier « procédait doucement, par voie d'insinuation féline », suivant le mot de M. Emile Ollivier. De son cabinet partaient pour le ministre, à intervalles réguliers, deux rapports, l'un politique, l'autre militaire. A l'Empereur il adressait des lettres particulières qui résumaient les uns et les autres. Souvent des contradictions marquées se produisaient entre ces trois documents. Selon le rapport militaire, les affaires marchaient à merveille; elles périclitaient d'après le rapport politique. Dans ces conditions, Bazaine était assuré d'avoir toujours raison.

Le 18 avril 1865, il signalait au maréchal Randon l'inquiétude générale, « le peu de confiance que, dans le fond, on accordait au gouvernement de l'empire mexicain (2) ». Le 10 mai, c'est encore la même note : « On est bien obligé d'avouer que l'empire est aujourd'hui bien moins populaire qu'il ne l'était à son début (3). » A cette même date, il écrivait à l'Empereur : « Je supplie Votre Majesté de ne pas être inquiète, parce que je suis persuadé de pouvoir faire face aux accidents mexicains, même aidés par quelques flibustiers américains.... » Le 28 mai, il est encore plus optimiste : « L'état du pays est satisfaisant... la preuve en est dans l'accroissement des revenus publics.... (4) » Le 28 juin : « La situation générale de l'empire tend donc, en résumé, à s'améliorer, tant par

---

(1) Paul Gaulot, *op. cit.*, p. 196, sans indication de date, mais sans doute du printemps de 1865.
(2) Paul Gaulot, *op. cit.*, p. 212.
(3) *Id., ibid.*, p. 223.
(4) Cité par M. E. Ollivier, VII, p. 517-518.

suite des nouvelles rassurantes venues de l'extérieur que par suite des progrès journaliers de nos colonnes.

« Le côté faible... tient toujours à la direction imprimée par le souverain... (1). »

La contradiction était si flagrante, que le maréchal Randon la faisait remarquer à Bazaine, demandant si ses rapports n'étaient pas rédigés par deux personnes différentes. Le commandant en chef répondait que tous étaient écrits sous sa surveillance et d'après sa propre pensée. Il se perdait dans des explications nuageuses pour justifier la contradiction observée, tout en reconnaissant son existence (2).

De son côté, Maximilien attaquait sans ménagement le maréchal : « L'automne dernier, peu de mois après mon arrivée, j'avais fait mon budget qui donnait l'heureux résultat d'un surplus au lieu d'un déficit permanent. Le maréchal Bazaine, qui assistait au conseil, approuvait *toutes les mesures*. Eh bien, un mois après, il donna contre-ordre dans tous les points militaires et nous lança dans de nouvelles dépenses affreuses. La seule campagne d'Oajaca coûta deux millions de piastres (3) et des militaires prétendent qu'au mois d'août dernier le général Brincourt aurait pu prendre la ville avec un millier d'hommes. Je me rappelais alors bien les paroles de notre excellent Corta, qui me disait un jour : « Bazaine est le plus grand dépensier de notre armée (4). »

---

(1) Bazaine au Ministre de la Guerre, 28 juin 1865, Paul Gaulot, *op. cit.*, p. 228.
(2) 10 août 1865, E. Ollivier, VII, p. 519-520.
(3) Voir *supra*, p. 55.
(4) Maximilien à Napoléon III, 26 mai 1865, E. Ollivier, VII, p. 520-522. Corta avait été le délégué financier du gouvernement français au Mexique.

Le 29 mai, le ton est plus vif : « Je reçois des nouvelles fort alarmantes.... Si le moindre scandale arrive, j'en rends responsable le maréchal.... On a perdu un temps précieux, on a ruiné le trésor public, on a ébranlé la confiance et tout cela parce qu'on a fait croire à Paris que la guerre est glorieusement finie, que d'immenses territoires plus vastes que la France étaient redevenus calmes et paisibles (1). »

Une autre lettre du 17 juillet est encore plus hostile à Bazaine, bien que son nom ne soit pas prononcé : « On se joue des deux empereurs, voilà la situation; mais elle ne durera pas longtemps; les deux empereurs commencent à voir clairement... (2). »

Vis-à-vis de Napoléon III, les accusations s'accentuent : « J'ai peint à Douay et à Dano (3) la situation avec beaucoup de franchise; je leur ai dit et prouvé que les affaires administratives et les questions politiques marchent bien; je n'ai pas pu leur dire la même chose sur les affaires militaires et financières. Ils ont dû convenir avec moi qu'on a renvoyé trop de troupes et que la guerre a englouti trop d'argent.... J'ai maintes fois prêché au maréchal de ne pas précipiter les renvois de troupe et de se tenir aux chiffres fixés par le traité, mais hélas! inutilement. Bazaine, animé d'une fièvre de contenter l'opinion publique, oublie tout et (sic, à?) fait un prochain avenir. Je lui ai cent fois dit d'économiser, en lui prouvant, par des chiffres, que notre déficit, au lieu de s'amoindrir, allait toujours en augmentant, que l'armée et ces malheureuses

---

(1) Sans indication de destinataire, Général Niox, p. 486.
(2) *Ibid.*, p. 490.
(3) Général Félix Douay et Dano, alors notre ministre au Mexique.

troupes auxiliaires formaient les trois quarts de nos dépenses.... (1) »

Il était inévitable que ces accusations et celles plus ou moins voilées arrivant du corps expéditionnaire, jointes à la tournure peu satisfaisante de notre entreprise, finissent par influer sur l'Empereur. Le général Douay était venu en France. Il repartait pour le Mexique (avril 1865), après avoir été désigné pour remplacer éventuellement le maréchal, mais sans que ce dernier en fût informé. Randon s'efforçait même de lui dissimuler cette désignation : « Je ne vous parle pas, écrivait-il le 30 avril, de tous les bruits qui ont été mis en circulation sur la destination présumée qui serait donnée à cet officier général ». Ils n'ont aucun fondement (2).

Entre temps une difficulté nouvelle, et des plus graves, surgissait devant nous au Mexique. Les Etats-Unis ne s'étaient jamais trompés à la pensée, peu sympathique pour eux, qui nous avait jetés dans cette aventure. En les paralysant à l'extérieur, la guerre de Sécession les avait empêchés de manifester trop ouvertement ce sentiment, sans le leur faire dissimuler. Quand elle fut proche de sa fin, leurs mauvaises dispositions s'accentuèrent. Non seulement, le gouvernement fédéral refusait de reconnaître Maximilien, mais il protestait contre ses actes et laissait voir une impatience gênante devant la durée de notre expédition. Il allait jusqu'à favoriser de tout son pouvoir les entreprises des juaristes dans les provinces du Nord.

---

(1) Maximilien à Napoléon III, 27 juillet 1865, E. Ollivier, VII, p. 523-525.
(2) Randon à Bazaine, 31 mars et 30 avril 1865, Paul Gaulot, *op. cit.*, p. 208 et suiv.

Le 26 mai 1865 avait lieu la signature de la convention mettant fin à la guerre civile. On pouvait craindre que la grande république américaine, désormais libre de ses mouvements, n'en profitât pour accentuer son hostilité constante à notre entreprise. Le 17 août, l'Empereur l'écrivait à Bazaine : « Nos relations avec les Etats-Unis ne sont pas mauvaises; cependant elles prennent un caractère qui pourrait devenir grave... ». Aussi recommandait-il, en cas d'invasion, de concentrer nos troupes et de tomber ensuite sur l'ennemi fatigué et affaibli. Il insistait par deux fois sur la nécessité de masser nos forces, ajoutant qu'il se proposait de les accroître peu à peu (1).

A la même date, Randon écrivait au maréchal qu'il verrait avec satisfaction rentrer de nouvelles troupes. On voit quel devait être l'embarras de Bazaine devant ces contradictions constantes. Elles lui laissaient du moins son entière liberté, assuré qu'il était de satisfaire l'un au moins de ses correspondants. Un peu plus tard (31 août), le ministre faisait connaître qu'il approuvait les dispositions prises en vue de la concentration (2). Notons que le maréchal paraît avoir exagéré l'idée émise par Napoléon III. Celui-ci prescrivait de masser nos troupes en cas d'invasion américaine. Bazaine opéra immédiatement cette concentration, mécontentant le corps expéditionnaire, qui ne comprenait pas ce recul (3), irritant Maximilien dont il rendait les espérances singulièrement aventurées et encourageant au contraire les juaristes.

D'autre part il est douteux que les Etats-Unis, à peine

---

(1) L'Empereur à Bazaine, 17 août 1865, Paul Gaulot, *op. cit.*, p. 258.

(2) Randon à Bazaine, 17 et 31 août, Paul Gaulot, *ibid.*

(3) Voir la protestation du général Brincourt à Castagny, 17 octobre 1865 (Paul Gaulot, *op. cit.*, p. 263).

sortis d'une guerre qui leur avait coûté d'énormes sacrifices, fussent sérieusement disposés à en entreprendre une nouvelle. Tout leur montrait l'échec inévitable de notre entreprise. Ils n'avaient qu'à laisser faire le temps. Mais ils se rendirent compte que leurs menaces inquiétaient fort Napoléon III. Jamais l'opinion française n'eût supporté une guerre avec eux à propos du Mexique. Leur gouvernement usa largement de cet avantage. En exerçant sur nous une pression constante, il nous conduisit à hâter l'évacuation.

Au Mexique, la mésintelligence s'accentuait entre Bazaine et le gouvernement mexicain, se traduisant par des froissements quotidiens. Des amendes étaient infligées par nos généraux à certaines populations. Maximilien les en dispensait. On allait jusqu'à répondre avec impertinence aux communications de notre état-major; on faisait attendre des audiences au maréchal. Sur toutes les questions importantes Maximilien finissait par céder, mais avec des arrière-pensées de plus en plus hostiles.

De son côté Bazaine ne cachait guère son sentiment à l'égard du gouvernement mexicain. Le 15 septembre, écrivant à Randon, il reproduisait un rapport du général Douay : « La tranquillité qui règne dans certains départements n'est qu'apparente et due seulement à l'occupation française ». Un rapport du général Neigre était dans le même sens (1).

Quelques semaines plus tard, dans une lettre à Napoléon III, le maréchal se montrait tout aussi pessimiste : « On dépense beaucoup et on recouvre peu, et la confiance dans le crédit est nulle (2) ». Ainsi Bazaine et Maximi-

---

(1) Paul Gaulot, *op. cit.*, p. 266.
(2) **Bazaine** à l'Empereur, 1er novembre 1865. E. Ollivier, VII, p. 534.

lien se renvoyaient de l'un à l'autre l'accusation de prodigalité. Sans doute ils avaient raison tous deux.

Dans l'intervalle, l'influence du maréchal amenait le jeune empereur à prendre une mesure déplorable, qui ne devait pas être sans contribuer à sa mort tragique. Le 3 octobre 1865, un décret mettait hors la loi tous les combattants juaristes : ils seraient exécutés dès leur capture. Dans les conditions présentes, alors que tout faisait prévoir un échec de notre tentative, une telle décision était sans excuse. Des exécutions sommaires avaient eu lieu déjà, mais des cas isolés, parfois justifiés par certaines circonstances, ne pouvaient avoir la portée d'une condamnation en masse et sans appel. Sur ce point la responsabilité de Bazaine était entière, et il ne le cachait pas (1).

La mésintelligence entre lui et Maximilien continuait à se trahir par des accusations sourdes, bien plus que par des éclats publics. Ainsi le 13 octobre, Bazaine reprochait au gouvernement mexicain son ingratitude : « Par une politique malheureuse, nous sommes réduits à un rôle presque ridicule, celui de conseiller inutile... ». Presque à la même date (20 octobre), Maximilien écrivant à Napoléon III, se plaignait des dépenses de la guerre, des troupes auxiliaires que le maréchal croyait « absolument nécessaires » (2). Il est vrai que, vers cette époque, le jeune empereur créait deux prix de 5.000 francs pour la meilleure tragédie et la meilleure comédie à présenter dans les six mois !

---

(1) Voir son rapport au maréchal Randon et sa circulaire du 11 octobre interdisant de faire des prisonniers (Paul Gaulot, op. cit., p. 277-283).

(2) Bazaine à Randon, 13 octobre 1865; Maximilien à Napoléon III, 20 octobre, Paul Gaulot, op. cit., p. 286 et suiv.

Napoléon III était las d'une expédition qui ne lui avait valu que des déboires. Il le faisait voir dans une lettre du 29 novembre, dont le ton de sécheresse contrastait avec sa bienveillance habituelle.

Après avoir constaté que les choses n'allaient pas bien au Mexique, il posait en principe la nécessité de prendre « une résolution énergique », dont il ne dissimulait pas la nature : hâter l'organisation de l'armée mexicaine, en vue d'une évacuation prochaine. « Il faut, écrivait-il à Bazaine, que l'empereur Maximilien comprenne que nous ne pouvons rester indéfiniment au Mexique, et qu'au lieu de bâtir des théâtres et des palais, il est essentiel de mettre de l'ordre dans les finances et sur les grand'routes.... Il sera beaucoup plus facile d'abandonner un gouvernement qui n'a rien fait pour pouvoir vivre que de le soutenir malgré lui » (1).

L'organisation de l'armée mexicaine restait fort incomplète et la responsabilité en incombait sans doute autant à Maximilien qu'à Bazaine. Si le premier avait trop souvent édicté des mesures fâcheuses ou inapplicables, le second n'avait guère pris au sérieux la tâche qui lui était confiée. Son inertie était même si grande qu'elle poussait le jeune empereur à un coup d'éclat : le 5 mai 1865 il informait Bazaine qu'aucune suite n'ayant été donnée à ses instances en vue de l'organisation d'une armée, il en chargeait le général de Thun.

Sentant la portée de cette décision, le maréchal proposait une disposition ménageant nos susceptibilités et celles du général autrichien. Maximilien ne lui adressait au-

---

(1) L'Empereur à Bazaine, 29 novembre 1865, Paul Gaulot, *op. cit.*, p. 301 et suiv.

cune réponse (1). Finalement l'armée mexicaine restait à l'état d'embryon mal venu.

Tandis que l'avenir s'assombrissait ainsi pour le malheureux souverain, il continuait de rêver une entente impraticable avec Juarez (2). Il accentuait vis-à-vis de Napoléon III ses récriminations contre Bazaine et même contre lui. Le 27 décembre 1865, il écrivait :

« Pour développer les ressources et rendre le recouvrement facile, pour que ces ressources même ne soient pas en partie absorbées, il faut que l'empire soit pacifié. C'est là un problème à la solution duquel il est urgent d'arriver, parce que la guerre cause la ruine du Trésor mexicain, en dépensant 60 millions par an. On serait tenté de croire que la formation d'une armée nationale n'est pas aisée, puisque le maréchal, chargé de cette organisation par un décret, signé deux jours après mon arrivée, n'a pas obtenu de résultat. Jamais la bonne volonté d'atteindre ce but important ne m'a manqué. J'ai demandé des officiers généraux comme Brincourt, L'Hériller, le colonel de la Jaille ; j'ai demandé des officiers français pour coopérer à cette tâche, je n'ai pu les avoir et j'ai dû recourir au général de Thun, quoique je n'eusse qu'une confiance limitée. Les régiments, les bataillons, qui ont été en pleine voie de formation, n'ont pas pu se développer parce que des ordres subits du maréchal ont dispersé leurs éléments dans des mouvements militaires divergents... J'ai insisté sur la nécessité d'une prompte pacification pour arriver à l'équilibre des finances. Dans un tel ordre d'idées, comment expliquer le renvoi préci-

---

(1) Paul Gaulot, *op. cit.*, p. 212 et suiv.
(2) Lettre du 8 décembre au baron de Pont, son secrétaire. Paul Gaulot, *op. cit.*, p. 308.

pité des troupes en Europe, en contradiction avec la volonté de l'Empereur des Français et les traités que nous avons signés? Et cela en un moment où il y avait des dissidents à deux heures de la capitale! Comment expliquer le système d'envoyer des troupes dans des points importants et de les retirer huit jours après, en sacrifiant toutes les personnes qui s'étaient déclarées pour l'empire, combinaison funeste qui a eu lieu trois fois de suite à Monterey, sur la frontière en face des Yankees et qui, à Chihuahua, a étouffé les germes de bon gouvernement que le général Brincourt (1) avait fait fructifier dans une occupation de quelques jours?... Il est encore un point sur lequel je désire éclairer Votre Majesté franchement, dans la crainte que des renseignements inexacts ne l'induisent à une mesure fatale. La presse européenne donne à entendre que Votre Majesté aurait l'intention de faire connaître publiquement que, dans un temps très court, elle retirera ses troupes après un arrangement analogue à la convention du 15 septembre (2). Je dois dire à Votre Majesté qu'une telle déclaration déferait en un jour l'œuvre que trois ans d'efforts ont créée péniblement et que l'annonce d'une semblable mesure, jointe au refus des Etats-Unis de reconnaître mon gouvernement, suffirait pour faire crouler toutes les espérances des gens de bien et anéantir sans retour la confiance publique.... La

---

(1) Cf. une lettre écrite par Brincourt à Bazaine (17 octobre 1865).
« On me fait jouer le rôle d'un trompeur, puisque je dois abandonner aux excès et aux vengeances des libéraux des milliers de pauvres diables qui se sont fiés à ma parole et qui ont compté sur notre protection. Je donne ma démission s'il le faut : il ne sera pas dit que j'ai abandonné des malheureux après les avoir trompés... »
(Reproduit d'après M. Paul Gaulot, *op. cit.*, p. 283).
(2) 15 septembre 1864, relative à l'évacuation de Rome par nos troupes.

nation mexicaine ne désespère pas de l'avenir, parce qu'elle sait que Votre Majesté a formellement déclaré que ses troupes n'évacueraient le Mexique que lorsque leur commandant en chef aurait pacifié le pays et détruit toute résistance. Lui apprendre aujourd'hui le contraire, serait jeter l'alarme la plus vive et amener les plus funestes résultats.... Je donne... l'ordre de chercher en Europe des instruments utiles, quelques intelligences comme M. Langlais (1) pour m'aider dans la lourde tâche du gouvernement, puisque ce sont les instruments qui nous manquent dans ce malheureux pays.... Mais tous ces instruments n'aboutiront à rien si la direction militaire suit sourdement une marche contraire.... (2) »

De fait, la « direction militaire » manquait parfois d'égards vis-à-vis du malheureux empereur. Il avait demandé qu'on le débarrassât du chef de la contre-guérilla, le trop fameux colonel Dupin, dont la dureté provoquait des soulèvements et des représailles. On n'en tint aucun compte, et Dupin revint de France où il avait été en congé, renvoyé au Mexique par Napoléon III lui-même. Maximilien s'irrita et, dans une lettre à Bazaine, manifesta le désir de connaître « les motifs qui avaient empêché l'exécution » de ses instructions à l'égard de cet officier. Sans perdre son calme, le maréchal répondit que lui aussi avait été surpris du retour de Dupin. Pour éviter de nouvelles plaintes, il le plaçait sous les ordres du général Douay (3). Le souverain ne se tint pas pour satisfait et, au cours d'une réunion du corps diplomatique, dit à Dano, sans mesurer ses termes : « Pourquoi Dupin est-il

---

(1) Conseiller d'Etat en mission au Mexique.
(2) Maximilien à Napoléon III, 27 décembre 1865, E. Ollivier, VII, p. 536-540.
(3) Paul Gaulot, *op. cit.*, p. 311.

ici? J'avais écrit pour qu'il ne vînt pas; c'est la première fois qu'on me désobéit; dites-le de ma part au maréchal Bazaine. »

Dano se plaignit de cette sortie déplacée et obtint réparation. Bazaine alla plus loin : « Sire, écrivit-il à Maximilien, S. E. le ministre de France m'a fait part des expressions de mécontentement et de blâme que Votre Majesté l'a chargé de me transmettre, sur une décision prise par notre ministre de la Guerre, et qui est complètement du domaine de la discipline de l'armée française, qui m'est confiée. Leur publicité me fait un devoir de protester, car un maréchal de France ne relève que de son souverain, et comme je considère ce blâme infligé *devant tout le corps diplomatique* comme immérité et pouvant, en outre, porter atteinte à la considération qui m'est due de la part de l'armée, et aussi pour la mission que je remplis auprès de Votre Majesté, j'ai l'honneur d'informer l'Empereur que les dites expressions seront transmises à qui de droit, en manifestant la pénible impression qu'elles ont produites sur celui qui a toujours servi Votre Majesté avec zèle et loyauté [19 janvier 1866] (1). » Le mécontentement de Bazaine était amplement justifié, mais on pensera sans doute avec nous qu'il eût gagné à l'exprimer moins lourdement.

V

LE COMMANDEMENT DE BAZAINE

Parmi le corps expéditionnaire, le maréchal a d'abord joui d'une grande popularité, mais elle ne résiste pas à l'épreuve du temps. On lui reproche de s'entourer volon-

---

(1) E. Ollivier, VII, p. 541-542.

tiers de gens sans scrupules, de « noceurs » ou de joueurs invétérés, pour qui tous les moyens sont bons. Son confident attitré, celui qu'il charge de donner à l'Empereur un aperçu exact des dispositions des Américains à notre endroit (1) est le colonel Napoléon Boyer, son premier aide de camp, fils du général Boyer *coupe-tête*. Comme son chef, cet officier a été abandonné dès l'enfance et son éducation morale s'en est ressentie. « Petit, fort laid, avec un nez énorme et de tout petits yeux, c'est un rédacteur hors ligne, un bourreau de travail, adroit, très intelligent, à qui on peut confier toutes les besognes pour peu qu'il y ait avantage; dès Saint-Cyr, ses camarades l'avaient pris en mince estime. Au Mexique, il est entre les mains d'une femme qui aura sur lui, en 1870, la plus fâcheuse influence et en la société de laquelle il ira s'éteindre misérablement à l'Ile-Adam, ayant abandonné tous les siens (2). » On conçoit que, par ses qualités comme par ses défauts, il ait de nombreux points de rapprochements avec Bazaine. Il exerce dès lors la plus grande influence sur lui. Nous aurons l'occasion d'y revenir.

La présence de Boyer contribue à donner un rôle prépondérant au *cabinet*. Cet organe usurpe les plus importantes attributions de l'état-major, établissant des ordres, les envoyant directement aux corps, sans même en informer le chef d'état-major et les directeurs des grands services. Ceux-ci ignorent les emplacements et les besoins de l'armée, ne pouvant, par suite, assurer le ravitaillement ou préparer les mouvements. De même, le service

---

(1) Bazaine à Napoléon III, 9 novembre 1865, *Papiers et correspondance, loc. cit.*, p. 83.

(2) Germain Bapst, *Nouvelle Revue, loc. cit.*, p. 440. Voir, au sujet de l'influence de Boyer sur le maréchal, le général du Barail, II, p. 507

des renseignements, si important en campagne, est retiré à l'état-major et confié au cabinet.

On connaît la longue lutte qui, depuis l'Epopée révolutionnaire, a mis aux prises chez nous ces deux organes du commandement. Elle vient de se terminer au détriment du cabinet, mais on peut s'attendre à des retours offensifs de ce dernier. Son rôle disproportionné tient, en effet, à l'un des travers les plus répandus dans notre haut commandement, à toutes les époques de l'histoire et surtout depuis la Révolution : la prétention de tout faire par soi-même, en laissant aux organes subordonnés un minimum d'action et, partant, de responsabilité. On verra bientôt les déplorables résultats auxquels l'extension indéfinie du rôle du cabinet conduisit Bazaine en 1870. Au Mexique, sur une échelle beaucoup plus restreinte, ils ne furent pas meilleurs. La fin de l'expédition est remplie de plaintes continuelles sur la méthode de commandement du maréchal.

Toute initiative, fût-elle intelligente et dans les vues qu'il a émise, semble lui être antipathique. Il éloigne ceux des généraux ayant des idées personnelles, comme Brincourt et L'hériller. « Tous deux, écrit Douay le 4 janvier 1866, étaient des hommes de valeur et de distinction. Ceux-là ne font pas son affaire, il préfère des incapacités notoires, mais sans caractère; ils secondent mieux ses plans soi-disant habiles, qui se réduisent à du gâchis préparé dans du galimatias.... (1) »

Il affirme la volonté de diriger personnellement les moindres mouvements de troupes, bien que l'armée occupe un territoire immense, où les communications sont souvent fort difficiles. Le 2 février 1866, Douay écrit à

---

(1) *Papiers et correspondance*, loc. cit., p. 97.

son frère : « Le maréchal persiste, bien entendu, à conduire de sa chambre, à Mexico, la moindre évolution du moindre détachement. Je te laisse à penser ce que produit un système aussi insensé.... Je crois bien que le temps s'approche où le maréchal Bazaine récoltera ce qu'il a semé. L'opinion de l'armée ne lui est guère favorable, et cependant nous avons tous, au début de son commandement, chanté ses louanges.... (1) » Le 16 février, la note est la même : « L'aveuglement du maréchal, qui veut diriger jusqu'au plus petit mouvement de troupe, porte ses fruits : nous ne faisons, en vérité, que des choses insensées.... Aussi ne peut-on se faire une idée du désordre abominable dans lequel nous sommes tombés.... (2) »

Il ne faudrait pas croire que ces accusations fussent uniquement le fait du général Douay. D'autres officiers s'expriment de même, bien qu'ils n'aient aucune hostilité préconçue contre le maréchal. Ainsi du chef d'escadron, le futur général d'Espeuilles, qui écrit à M. Franceschini Pietri (1ᵉʳ mai 1866) une lettre destinée à être mise sous les yeux de l'Empereur : « ....Les ordres de Mexico sont de ne faire aucun mouvement, sans qu'il soit ordonné, et surtout de ne point se diviser en petites colonnes, seul moyen d'en finir avec les guérillas. On a l'air vraiment de protéger ces gens-là....

« Voilà soixante-dix jours que nous courons, puis que nous nous arrêtons, puis que nous repartons, tout cela sur les ordres de Mexico, qui mettent de quatre à six jours pour nous arriver; or, le pays n'est pas plus pacifié qu'à notre départ et tout cela par la faute du maréchal qui veut toujours commander à 150 lieues de distance et qui

---

(1) *Papiers et correspondance*, loc. cit., p. 100.
(2) *Papiers et correspondance*, loc. cit., p. 101.

veut que les Mexicains, et le général Mendez qu'il a inventé, se battent. Les malheureux n'en veulent pas... (1) »

De fait, une circulaire de Bazaine, en date du 7 mars 1866, interdit absolument tout mouvement en dehors des grandes lignes d'opérations. Aucune troupe ne doit s'en éloigner à plus de quatre ou cinq lieues. On laissera la poursuite des guérillas aux troupes mexicaines et aux compagnies de partisans. Il n'hésitera pas à traduire en conseil de guerre tout auteur d'une infraction à ces ordres (2).

Le résultat final est désastreux. Le mécontentement grandit à tous les échelons, l'indiscipline se répand. Chacun a la sensation de l'inutilité de nos sacrifices. Nous n'arrivons même pas à imposer le respect aux bandes juaristes jusqu'au terme inévitable de notre expédition. Galliffet l'écrit à M. Franceschini Pietri, le 25 décembre 1866 : « ...Il est temps que nous partions; la direction militaire a elle-même tellement faibli que nous aurons plus d'échecs que de succès faute de commandement.... (3) »

VI

L'ÉVACUATION EST DÉCIDÉE

Napoléon III avait tout lieu d'être peu satisfait des résultats d'une expédition entreprise dans les vues les plus chimériques et sans qu'il en eût pesé les conséquences.

---

(1) *Papiers et correspondance, loc. cit.*, p. 152.
(2) Reproduit par M. le général Niox, p. 572 et suiv.
(3) *Papiers et correspondance, loc. cit.*, p. 135.

Mais le principal motif qui provoqua sa décision fut l'attitude menaçante des Etats-Unis.

Il semble que Bazaine ait montré une certaine tendance à exagérer les dangers qui en résultaient. On doit se demander dans quel but. Etait-ce pour grossir l'importance de son commandement? Mais lui-même avait devancé les vœux de l'Empereur en provoquant la réduction du corps expéditionnaire. Croyait-il qu'une guerre contre les Etats-Unis prolongerait notre intervention, c'est-à-dire un séjour au Mexique qui agréait fort à la maréchale (1)? Mais on sait qu'il avait, plus ou moins sincèrement, demandé à rentrer en France. Jugeait-il qu'une intervention américaine rendrait impossible le maintien de Maximilien et faciliterait la réalisation des rêves ambitieux de sa famille? Craignait-il réellement une invasion, comme il semble plus probable?

Quoi qu'il en soit de ces hypothèses, il est certain que, dès juillet 1865, dans sa correspondance officielle, il agitait le spectre d'une intervention américaine (2). Au milieu de septembre, il réunissait les chefs des services de l'artillerie, du génie et de l'intendance, pour leur exposer « qu'une guerre avec les Etats-Unis était imminente, qu'il fallait par suite, sans perdre un instant, prendre toutes les dispositions que comportait une pareille situation.... (3) » Il écrivait à Napoléon III (9 novembre) que,

---

(1) C'est le raisonnement que faisait sans doute Maximilien. Dans une lettre du 16 mars 1866, il déclare qu'une guerre entre la France et les Etats-Unis lui aurait souri (Général Niox, p. 583).

(2) Bazaine à Napoléon III, 27 juillet 1865, *Papiers et correspondance*, loc. cit., p. 81.

(3) Lieutenant-colonel Bressonnet au général Frossard, 9 octobre 1865, *Papiers et correspondance*, loc. cit., p. 182.

le lieutenant-colonel Boyer se rendant en Europe, il le faisait passer par les Etats-Unis afin qu'il pût rendre compte au souverain des idées régnant réellement dans ce pays (1).

Parmi le corps expéditionnaire, on ne prenait pas ces inquiétudes au sérieux. On voyait dans les mesures de Bazaine autant de manœuvres dictées par son esprit d'intrigue. Douay écrivait (22 novembre) : « Le maréchal ne vit que d'expédients pour fasciner les yeux de l'Empereur et des gouvernants, qui ont, il faut en convenir, une crédulité à toute épreuve. — En ce moment, il exploite outre mesure le fantôme américain qui, en admettant même son inconvénient pour l'avenir, n'a cependant eu aucune influence réelle dans le passé. Mais ceci sert de masque pour excuser les énormes mensonges qu'il a eu l'impudence de faire pour élever sa fortune personnelle, et rien de plus.... (2) »

Cependant le ton des communications diplomatiques de Washington s'accentuait au point de réveiller l'Empereur de son rêve. Jusqu'alors, malgré la gravité des circonstances en Europe, il s'absorbait dans son *Histoire de Jules César*, acceptant sans trop les contrôler les rapports optimistes de Bazaine. Les dépêches venant des Etats-Unis l'éclairèrent brusquement. Il se vit entre une catastrophe et une humiliation. Comment faire la guerre à la grande république américaine? A quoi bon? Jamais la France n'eût accepté les énormes sacrifices qu'eût exigés une nouvelle expédition outre-mer, dans de pareilles conditions. Ne pouvant risquer une aussi redoutable aven-

---

(1) *Papiers et correspondance*, loc. cit., p. 83.
(2) Général Félix Douay à son frère Abel, 22 novembre 1865, *Papiers et correspondance*, loc. cit., p. 91.

ture, Napoléon III se résignait à hâter l'abandon du Mexique. En échange de cette concession fâcheuse pour son orgueil, il n'en obtenait aucune du gouvernement de Washington. Sans le moindre ménagement, celui-ci refusait de garder la neutralité vis-à-vis du Mexique, ainsi qu'il avait refusé de reconnaître l'empereur Maximilien (12 février 1866).

Napoléon III n'attendait pas ce dernier échec pour arrêter ses intentions. Dès le 14 janvier, Drouyn de Lhuys en avisait notre ministre à Mexico, mais, naturellement, sans faire allusion à l'attitude des Etats-Unis : « Le Mexique ne pouvant pas payer les troupes que nous entretenons sur son territoire, il nous devient impossible de les maintenir. » Napoléon III écrivait à Bazaine, avec plus de précision : « Les difficultés que suscite sans cesse l'expédition me forcent de fixer définitivement l'époque du rappel de nos troupes. Le plus long terme que je puisse accorder pour le rapatriement du corps d'armée, qui ne doit se faire que successivement, est l'année prochaine. Je vous envoie le baron Saillard pour qu'il s'entende avec vous et l'empereur Maximilien relativement à l'exécution de cette mesure. Je voudrais que l'évacuation ne compromît pas le pouvoir de l'empereur.... Avisez donc aux moyens d'organiser solidement la légion étrangère et l'armée mexicaine. Il faut que l'empereur montre une grande énergie et trouve dans son pays les ressources nécessaires pour subvenir à ses dépenses (1). »

Saillard apportait au Mexique deux autres lettres de Napoléon III, l'une à Maximilien et l'autre à Bazaine ; celle-ci, plus explicite que la précédente sans être plus pratique dans ses recommandations : « Des circonstan-

---

(1) E. Ollivier, VII, p. 549-550.

ces plus fortes que ma volonté m'obligent d'évacuer le Mexique; mais je ne veux le faire qu'en laissant derrière moi à l'empereur Maximilien toutes les chances de se maintenir avec ses propres forces et la légion étrangère. Il faut donc que vous mettiez tout votre zèle et toute votre intelligence à organiser quelque chose de durable dans le pays, afin que nos efforts n'aient pas été en pure perte. Vous avez, pour accomplir cette difficile tâche, un an ou dix-huit mois. Si, par hasard, l'empereur Maximilien n'a pas l'énergie voulue pour rester au Mexique après le départ de nos troupes, il faudrait convoquer une junte et organiser un gouvernement, et amener par votre influence le choix d'un président de république dont les pouvoirs devraient durer de six à dix ans. Ce gouvernement devrait naturellement s'engager à payer la plupart de nos créanciers au Mexique. Il est clair qu'il ne faudra recourir à cette combinaison qu'à la dernière extrémité. Mon plus vif désir est que l'empereur Maximilien puisse se soutenir » [15 janvier 1866] (1).

C'était une tâche impossible que Napoléon III assignait au maréchal aussi bien qu'à Maximilien. La prétendue armée mexicaine n'était qu'un ramassis sans l'ombre de consistance, quelques éléments mis à part. Un officier belge, le lieutenant-colonel, plus tard général von der Smissen, écrivait alors : « On ne peut pas se faire, en Belgique, une idée de l'armée mexicaine, c'est-à-dire des cinq

---

(1) E. Ollivier, VII, p. 550-551. Le 15 février, Randon adressait à Bazaine des instructions en contradiction avec celles de l'Empereur. Après avoir confirmé notre intention d'évacuer le Mexique à bref délai, il remarquait que rien n'avait été fait pour l'organisation des troupes mexicaines. Il était grand temps de s'y mettre, mais Bazaine ne devrait intervenir « qu'avec une extrême réserve » dans cette question (Paul Gaulot, *Fin d'Empire*, p. 14 et suiv.).

à six mille bandits qui la compose.... Le jour où l'armée française s'embarquera, l'empire mexicain s'écroulera avec fracas. »

Sans le dire, Bazaine pensait à peu près de même : « Relativement à l'armée mexicaine, la situation ci-jointe indiquera à Votre Majesté que son effectif est déjà d'une certaine importance, mais elle a besoin de se moraliser, de s'attacher à la cause qu'elle sert, et ça n'est pas l'œuvre d'une année.... » Il ajoutait qu'il fallait arriver, « par de bonnes lois et avec le temps, à l'homogénéité nationale et au développement de l'organisation communale, pour avoir des citoyens mexicains solidaires les uns des autres : nous n'en sommes pas encore là malheureusement.... (1) » La conclusion se lisait entre les lignes, mais Bazaine, ignorant si elle plairait, se bornait à l'insinuer. « Ses rapports, écrit M. Emile Ollivier, ne regardent jamais en face ». S'il avait eu le respect de sa haute dignité et le sens de la responsabilité qu'elle lui imposait, il aurait répondu à l'Empereur que ses instructions étaient d'une exécution impossible; que le départ du corps expéditionnaire provoquerait sûrement la chute de l'empire mexicain et que, par suite, il fallait tout prévoir en vue de cette certitude. C'est justement ce que notre ministre à Mexico, Dano, mandait alors à Drouyn de Lhuys (28 février 1866). Après avoir dépeint la situation générale comme mauvaise, il établissait que les charges du gouvernement mexicain étaient « tout à fait hors de proportion avec ses ressources actuelles ». Dès lors, il n'y avait qu'une conduite à tenir : montrer à Maximilien les impossibilités de sa situation, l'engager à s'arranger au

---

(1) Bazaine à Napoléon III, 26 février 1866. E. Ollivier, p. 555-556.

mieux avec Juarez; s'il s'y refusait, l'enlever, l'embarquer et le sauver ainsi de force (1).

Il y a des réserves à faire sur ce projet. S'il avait été adopté, le drame du Mexique eût fini en comédie, mais les rieurs n'auraient pas été du côté du gouvernement français. Dano eût dû se borner à faire voir au jeune empereur que son maintien serait chose impossible sans nos baïonnettes. On ne pouvait, décemment, aller au delà et le sauver malgré lui.

Bazaine était loin d'imiter la franchise de Dano. Ne craignant pas de contredire ce qu'il venait d'écrire le 9 janvier sur l'armée mexicaine, il envoyait à l'Empereur les assurances les plus favorables : « Les instructions de Votre Majesté seront exécutées, puisque la situation est aussi prospère que possible, du moment que les Etats-Unis semblent résolus à observer la neutralité. Par le rapport sur les forces qui seront laissées pour protéger le gouvernement impérial et que j'ai l'honneur de joindre à cette lettre, l'Empereur pourra juger de l'efficacité de cette protection armée qui, si elle est appuyée par une saine politique et une bonne administration, me paraît largement suffisante pour la consolidation du nouvel empire.... Les nouvelles de la frontière du Nord ainsi que celles de l'intérieur sont bonnes et, en mettant cette année à profit, j'ai tout lieu de croire que la résistance armée n'aura pas la moindre importance en 1867.... (2) »

Maximilien était absent de Mexico quand il reçut la lettre de l'Empereur. Le jour même de sa rentrée (24 février 1866), son ministre des Affaires étrangères envoyait à Dano une note inacceptable. L'irritation du jeune sou-

---

(1) E. Ollivier, VII, p. 554.
(2) Bazaine à Napoléon III, 26 février, E. Ollivier, VII, p. 555-556.

verain était telle qu'il adressait à Napoléon III une lettre cinglante et d'ailleurs méritée : « ...Votre Majesté se croit forcée, par une pression soudaine, de ne pouvoir observer les traités solennels qu'Elle a signés avec moi, il n'y a pas encore deux ans, et Elle m'en fait part avec une franchise qui ne peut que lui faire honneur. Je suis trop votre ami pour vouloir, directement ou indirectement, être la cause d'un péril pour Votre Majesté ou sa dynastie. Je vous propose donc, avec une cordialité égale à la vôtre, de retirer immédiatement vos troupes du continent américain. De mon côté, guidé par l'honneur, je chercherai à m'arranger avec mes compatriotes d'une manière loyale, digne d'un Habsbourg.... (1) »

Il refusait de négocier avec Saillard, qui repartait emportant une nouvelle lettre de Bazaine à Napoléon III, cette fois nettement hostile : « Je crois qu'il faut agir sans le consentement de la Cour de Maximilien, dont le mauvais vouloir, basé sur des récriminations injustes, n'est pas loin de l'ingratitude. En conséquence, je crois qu'en sauvegardant tous les engagements, l'évacuation du corps d'armée peut s'opérer en trois échelons à peu près égaux, le premier en novembre 1866, le second en mars 1867, le troisième en décembre 1867. Le premier, qui sera d'environ 6.000 hommes, arriverait en France fin décembre ou dans les premiers jours de janvier, avant l'ouverture du Corps législatif. Sous le rapport militaire, le pays est aussi pacifié qu'il l'a été jamais; c'est donc au gouvernement à achever l'œuvre.... L'empereur Maximilien paraît du reste croire qu'après le départ des troupes françaises toute la nation mexicaine se groupera plus compacte autour de son trône (!). Plus nous resterons, moins

---

(1) E. Ollivier, VII, p. 556-557, à la date du 18 février 1866.

le gouvernement mexicain fera d'efforts pour se consolider.... Aujourd'hui que la question américaine est écartée, il n'y a plus à hésiter... (1) »

A cette lettre était jointe une situation grossissant singulièrement la force réelle de l'armée de Maximilien. Elle portait en effet l'effectif total à 43.259 hommes et 12.568 chevaux, mais en y comprenant des non-valeurs évidentes, telles que les gardes rurales mobiles et les troupes auxiliaires. Ce qui restait, les 6.493 Autrichiens avec 1.383 chevaux, les 1.129 Belges et, à la rigueur, les troupes mexicaines permanentes, 6.108 hommes et 1.543 chevaux, représentait un total de 13.730 hommes et de 2.926 chevaux seulement. Encore le Trésor mexicain était-il incapable de solder cette petite armée.

Entre temps, la volonté de l'Empereur d'en finir avec l'expédition du Mexique devenait « une impatience presque fébrile ». Le 16 février 1866, il adressait au maréchal une nouvelle lettre toute pleine de recommandations telles que l'ignorance du milieu pouvait seule les justifier : « L'évacuation étant décidée en principe, il faut qu'elle se fasse de manière à être le moins préjudiciable possible au gouvernement de l'empereur Maximilien, que je désire soutenir autant que je le pourrai. Il faut que, jusqu'au départ des troupes, vous preniez carrément avec M. Langlais (2) la direction des affaires, c'est-à-dire de l'armée (3)

---

(1) Bazaine à Napoléon III, 1ᵉʳ mars 1866. Saillard était chargé de faire connaître que le maréchal désirait rentrer avec le premier échelon (Paul Gaulot, *Fin d'Empire*, p. 8 et suiv.).

(2) Qui allait succomber à sa tâche (23 février 1866). Maximilien venait de lui remettre toute l'administration du pays (Bazaine à Napoléon III, 9 février 1866, *Papiers et correspondance*, loc. cit., p. 85).

(3) Contradiction absolue avec la recommandation de Randon que nous avons citée, à la date du 15 février (Voir *supra*, p. 76, note 2).

et des finances, car il faut, pour que l'empire puisse se soutenir, que les finances et la force armée soient organisées de façon à offrir un appui certain.... » Puis Napoléon III conseillait de porter la légion étrangère à 15.000 hommes, en y versant des éléments choisis dans les contingents autrichiens et belges, qui seraient dissous. Elle resterait à la solde du Trésor français jusqu'à complète évacuation. Quant aux troupes mexicaines, elles seraient ramenées à l'effectif le plus restreint et réorganisées s'il était possible avec des cadres français. « Les dépenses ainsi réduites, les douanes les plus importantes devraient être remises à l'administration française... il y a une autre mesure qui simplifierait bien des choses, ce serait de revenir au système fédératif, en constituant le Mexique en huit ou dix états ayant chacun sa représentation, reliés au centre par des liens fédératifs assez faibles. L'empereur conserverait les douanes, l'armée, la politique étrangère, mais se déchargerait du soin d'administrer les autres états.... Pour assurer le remboursement de nos avances et l'intérêt des emprunts, nous conserverions encore longtemps l'administration des douanes dont nous percevrions la moitié à notre profit. Il serait avantageux de laisser encore pendant quelques années quelques milliers d'hommes près de Vera-Cruz, Tampico, etc. M. Langlais fera part de mes instructions à l'empereur : elles se résument ainsi : évacuer le plus tôt possible, mais faire tout ce qui dépendra de nous pour que l'œuvre que nous avons fondée ne s'écroule pas le lendemain de notre départ (1). »

---

(1) Paul Gaulot, *Fin d'Empire*, p. 16. A la même date du 16 février, Randon écrivait à Bazaine que le ministre des Finances avait dû donner l'ordre de clore définitivement le compte du gouvernement mexicain. Tout paiement non prévu régulièrement serait interdit.

Ces instructions incohérentes se résumaient à prescrire de retirer à Maximilien le plus clair de ses ressources en argent, de réduire ses troupes à un minimum, moyennant quoi il aurait à organiser sur un nouveau pied le Mexique. Nous l'évacuerions sans l'évacuer, en conservant les douanes et les ports. Comment les Etats-Unis auraient-ils accepté une solution de ce genre, après nos engagements vis-à-vis d'eux?

En même temps, le ministre des Finances Fould donnait l'ordre d'arrêter le compte d'avances faites au gouvernement mexicain. La créance Jecker venait d'être réglée par un compromis, bien que notre gouvernement s'en fût désintéressé depuis la mort du duc de Morny. On accusait Bazaine, sans doute à tort, d'avoir trempé dans cet arrangement louche (1).

Au reçu des instructions de l'Empereur, Bazaine, « à sa façon fuyante », fit entendre que celles relatives aux biens du clergé (2) et à l'organisation fédérative étaient irréalisables. Il tenta d'exécuter les autres, obtenant la réduction de certaines dépenses, préparant « sur le papier », la réorganisation de la légion étrangère. Des faits tels que l'échec du commandant de Briant au Rancho Santa Isabel (1er mars 1866), l'attaque de la mission belge sur la route de Mexico à Vera-Cruz, montraient assez la

---

Le lieutenant-colonel Boyer devait tenir le maréchal exactement au courant de l'opinion française sur le Mexique (Paul Gaulot, *ibid.*, p. 14 et suiv.).

(1) Fould à Langlais, 16 février 1866 ; Fould à Bazaine, sans date, Paul Gaulot, *Fin d'Empire*, p. 31-36. Au sujet de la créance Jecker, Bazaine répondit (26 septembre 1866) qu'il était resté complètement étranger à cette affaire, comme le prouvaient des pièces positives (*ibid.*).

(2) Napoléon III proposait une inexécutable revision de la liquidation des biens du clergé.

fragilité de notre œuvre. Maximilien s'en rendait compte et cherchait par tous les moyens à retarder l'évacuation. Il envoyait à Paris le général Almonte, puis l'un de nos officiers, le commandant Loysel, son ancien chef de cabinet.

La difficulté la plus pressante était le manque d'argent. En février, Bazaine avait prescrit en faveur du trésor mexicain une réquisition de quatorze millions sur la caisse de l'armée (1) et il en avait été blâmé à Paris. En mai, Maximilien réunissait ses ministres, le maréchal, Dano et Maintenant, le successeur de Langlais. Il exposait que son gouvernement ne pouvait vivre sans un subside accordé pour quelques mois par la France. Faute de cette ressource, il serait obligé de recourir à des mesures extrêmes, contraires à notre intérêt, telles que la concession à des Américains de l'isthme de Tehuantepec. « Je n'ai pas été dupe ni effrayé de ce langage orageux, écrivait Bazaine, et je n'ai cédé que convaincu de la nécessité de lui (sic) venir en aide, mais au meilleur marché possible. » Finalement, il décidait, d'accord avec Dano et Maintenant, de consentir une avance de 2.500.000 francs pour chacun des mois de mai et de juin, en attendant la déci-

---

(1) Maximilien écrivait à Bazaine (5 février 1866) :

« Mon cher maréchal,

« Je viens d'apprendre le précieux service que vous avez rendu à mon gouvernement, en lui venant en aide tout récemment par suite d'une crise financière difficile.

« Veuillez agréer mes très sincères remerciements pour la discrétion et la cordialité avec lesquelles vous avez agi dans cette circonstance délicate et qui, pour moi, doublent le prix de ce service.

« Recevez, etc.... »

(*Procès Bazaine*, plaidoirie Lachaud, p. 531.)

sion du gouvernement français. Maximilien eût voulu bien davantage, 40 millions d'après Bazaine (1).

Sur ces entrefaites, le courrier de France apportait à Mexico le *Moniteur* du 5 avril 1866. L'Empereur avait déjà fait prévoir l'évacuation dans son discours du trône (21 janvier). Les lettres de Maximilien et de Bazaine fixaient sa détermination. Il acceptait simplement les propositions du maréchal et le *Moniteur* les reproduisait dans les mêmes termes. C'était un procédé très discutable vis-à-vis d'un prince que nous avions entraîné dans cette déplorable aventure, mais l'Empereur pensait sans doute que le temps des ménagements était passé et que toutes les considérations devaient céder devant l'intérêt de notre pays. Que n'avait-il eu cette pensée plus tôt!

En même temps, il écrivait à Bazaine : « Mon cher maréchal, j'ai décidé, d'après vos propres avis, que la rentrée des troupes en France s'exécuterait de la manière suivante :

« A la fin d'octobre 1866, environ 9.000 hommes, ci. 9.000
« Au printemps de 1867, 9.000 hommes, ci.. 9.000
« Au mois d'octobre 1867, 11.300 hommes, ci. 11.300

« Total de l'effectif au 1ᵉʳ mars 1866......... 29.300

« Dans cette position (?), je crois que votre présence au Mexique n'est plus indispensable et j'ai dit au ministre de la Guerre de vous autoriser à rentrer en France quand vous le jugerez convenable... » Le maréchal remettrait le commandement au général Douay, « chargé d'employer les

---

(1) Bazaine à Napoléon III. 10 mai 1866, E. Ollivier, IX. p. 63-64. Cf. général Niox, p. 563, Rapport du ministre des Finances Lacunza à Bazaine, et Paul Gaulot, *Fin d'Empire*, p. 39 et suiv.

dix-huit mois qui restaient à organiser de la meilleure manière possible les contingents étrangers et l'armée mexicaine. Il faut, je vous le répète avec instance, pour votre propre gloire comme pour la mienne, il faut faire en sorte qu'après le départ de nos troupes le gouvernement de l'empereur puisse se maintenir et vivre de ses propres forces. Je n'ai pas besoin de vous dire combien je serai heureux de vous voir et de vous témoigner de vive voix toute ma reconnaissance pour votre conduite au Mexique (1). »

De même le maréchal Randon écrivait à Bazaine : « L'Empereur vous autorise à rentrer en France avec la division qui doit commencer le mouvement. Vous pouvez même, si vous le croyez opportun, hâter votre départ, et, afin de vous donner toute liberté d'action, je vous envoie une lettre de service qui investit le général Douay du commandement des troupes. Cette lettre n'est pas datée; vous indiquerez vous-même la date quand vous vous déciderez à quitter le Mexique. Je n'ai pas besoin d'ajouter, mon cher maréchal, que l'Empereur, toujours satisfait de vos services, vous réserve en France une position en rapport avec le rang que vous occupez dans l'armée et qui sera la digne récompense de ce que vous avez fait au Mexique (2). »

Ces deux lettres montrent qu'à cette date d'avril 1866 l'Empereur est ou plutôt paraît être très satisfait du rôle de Bazaine (3). Il se leurre encore au sujet du maintien

---

(1) 12 avril 1866 (*Procès Bazaine*, plaidoirie Lachaud, p. 532). Cf. Paul Gaulot, *Fin d'Empire*, p. 61 et suiv.

(2) E. Ollivier, IX, p. 65, sans indication de source ni de date.

(3) Nous avons cité divers documents qui prouvent que cette satisfaction est apparente. Voir notamment, *supra*, p. 64.

de Maximilien après le départ de nos troupes. Dans les deux cas, il ne va pas tarder à changer d'avis.

L'annonce officielle de notre évacuation, qu'on prévoyait sans en connaître les dates et les conditions, produisit un effet immense au Mexique. La catastrophe sembla imminente et les défections commencèrent, tandis que les bandes juaristes s'accroissaient d'autant. Quels que fussent ses sentiments intimes, Bazaine parut accepter avec joie son rappel : « Je suis très heureux que Votre Majesté veuille bien me rappeler en France et je m'embarquerai avec le premier échelon dans le courant d'octobre. Les expressions si affectueuses de Votre Majesté ont fait battre mon cœur, dont la reconnaissance ne s'éteindra qu'avec le dernier battement. La politique agressive des Etats-Unis, depuis ces derniers jours surtout, ne pourra manquer d'amener des complications graves dans ce pauvre pays, une fois livré à ses propres forces : c'est le seul danger sérieux qu'ait à craindre le jeune empire (1). »

En aventurant cette dernière affirmation, Bazaine se trompait ou altérait sciemment la vérité, ainsi qu'il semble plus probable. Comment concilier son opinion avec ce qu'il écrivait le 9 mars à Randon : « Maximilien est plus mexicain que les Mexicains, plus juariste que Juarez; aucun parti n'a confiance dans sa politique versatile, ni dans son caractère qui est celui d'un rêveur allemand (2). » Le vrai danger résultait beaucoup moins de la menace américaine que de l'antipathie des populations pour l'empire, antipathie qui se révélait par les progrès constants des libéraux. Bazaine ne songeait même plus à les arrêter et se bornait à concentrer ses troupes sur quelques grandes

---

(1) E. Ollivier, IX, p. 67, sans indication de date.
(2) Général Niox, p. 595.

lignes, pour parer à une attaque éventuelle des Américains (1). Maximilien protestait contre cette stratégie d'abandon, pressant le maréchal « d'avoir la bonté, comme chef de son armée, d'aviser immédiatement à la reprise de Chihuahua, afin de renvoyer Juarez et d'ôter ainsi tout prétexte à l'intervention américaine [28 mai 1866] (2) ». Le maréchal céda, bien que cette demande dérangeât son plan. Le commandant Billot reprit Chihuahua, en rejeta Juarez, puis se retira, laissant 1.200 Mexicains dans la ville. Elle fut aussitôt reprise, cette fois définitivement. Bazaine refusa de recommencer une expédition inutile, et le gouvernement français lui donna raison.

Entre Maximilien et le maréchal, bien que le fossé allât s'approfondissant, les apparences demeuraient à peu près intactes. Les aigres récriminations adressées aux tiers alternaient avec les procédés respectueux de l'un, avec les preuves de cordial intérêt de l'autre. Toutefois, autour de Napoléon III la vérité commençait à percer. Le confident de Maximilien, Eloin, de passage à Paris, ne se faisait pas faute d'incriminer l'attitude du maréchal, au point que Randon demandait à ce dernier de lui faire connaître ce qu'il y avait de vrai dans ses mauvais rapports prétendus avec le jeune empereur (3). Un peu plus tard, il allait jusqu'à l'inviter à user de moins de rigueur vis-à-vis de ce souverain (4).

Ce dernier, mal inspiré selon sa coutume, ne semblait pas se rendre compte de la nécessité inéluctable de l'évacuation. Le 16 février, Randon avait adressé à Bazaine

---

(1) Voir la circulaire du 7 mars 1866, citée *supra*, p. 72.
(2) Paul Gaulot, *Fin d'Empire*, p. 67.
(3) Randon à Bazaine, 1er avril 1866, Paul Gaulot, *Fin d'Empire*, p. 61 et suiv.
(4) Randon à Bazaine, 14 avril 1866, Paul Gaulot, *loc. cit.*

des propositions en vue de la réorganisation de la légion étrangère, qui serait beaucoup accrue et formerait le noyau des forces mexicaines. Le maréchal les communiquait, le 30 mars, à Maximilien, qui acceptait volontiers nos sacrifices financiers, mais soumettait nos autres propositions à une commission où entraient trois étrangers (1). Le 24 avril, elle arrêtait un texte que l'empereur modifiait encore, en sorte que nos idées premières étaient entièrement changées.

Malgré cette tension croissante, Bazaine affirmait volontiers sa bonne entente avec Maximilien, bien qu'elle fût contredite par sa correspondance elle-même. Le 9 avril, par exemple, il écrivait : « Mes relations avec l'empereur... sont toujours très amicales de la part de Sa Majesté; de mon côté, je fais tout ce que je puis pour venir en aide à son gouvernement (2). »

Les instructions de l'Empereur et celles du maréchal Randon continuaient de se contredire, parfois d'un courrier à l'autre, sous la même signature (3). Le 15 mai, par exemple, Napoléon III, après avoir reproché en termes voilés à Bazaine le peu de renseignements contenus dans sa lettre du 9 avril, l'invitait à entreprendre, avant son départ, une nouvelle série d'expéditions, dans le but d'abattre les têtes de l'insurrection et d'opérer la pacification du pays ». Il reproduisait même à l'appui une lettre d'un officier du corps expéditionnaire développant à ce sujet un plan inapplicable (4). Comment concilier ces

---

(1) Maximilien à Bazaine, 3 avril 1866. Paul Gaulot, *L'Empire de Maximilien*, p. 23 et suiv.

(2) Bazaine à Randon, 9 avril 1866. Général Niox. p. 596.

(3) Voir Paul Gaulot, *Fin d'Empire*. p. 50 et suiv., pour mars et mai 1866.

(4) L'Empereur à Bazaine, 15 mai 1866, Paul Gaulot, *op. cit.*, p. 74.

instructions avec la concentration de nos troupes et même avec une évacuation prochaine? La vérité est que Napoléon III était combattu entre deux ordres d'idées. Il entendait quitter le Mexique, mais redoutait de voir la chute immédiate de Maximilien montrer le néant de notre entreprise.

Quant à ce malheureux souverain, il espérait encore faire revenir le gouvernement français sur sa décision. Il avait chargé le général Almonte de démarches pressantes auprès de Napoléon III et de Drouyn de Lhuys. Il apprenait leur complet échec (29 juin 1866). En transmettant cette nouvelle à Bazaine, Randon faisait connaître qu'il y avait lieu de prévoir « des résolutions extrêmes » de la part du jeune empereur. Il laissait donc au maréchal la liberté d'ajourner son retour (1).

Pour toute réponse, après plusieurs jours d'attente, Almonte avait reçu une sorte d'ultimatum (31 mai). Dans des formules d'une dureté voulue, le gouvernement impérial affectait de constater avec surprise l'ignorance de la situation que trahissaient les demandes de son allié; il proclamait que nous devions avant tout remplir nos devoir envers notre propre pays. Passant à la convention de Miramar, il affirmait que la France en avait supporté toutes les charges, et que le gouvernement mexicain s'était affranchi de la plupart des siennes. Il en prenait texte pour aventurer des récriminations d'une opportunité contestable et concluait ainsi : « Il est impossible d'agréer les propositions apportées par le général Almonte et d'en autoriser la discussion. Il faudra consentir à une nouvelle convention. »

---

(1) Randon à Bazaine, 31 mai 1866, Paul Gaulot, *op. cit.*, p. 90 et suiv.

Elle devrait consacrer à nos dépenses courantes et aux dettes antérieures la moitié du produit des douanes, déjà grevées d'un prélèvement de 24 pour 100 au profit des créances anglaises et diminuées par la perte de Matamoros. « Si cette combinaison était agréée par Maximilien, les termes fixés pour les départs successifs des troupes seraient maintenus et le maréchal arrêterait, de concert avec l'empereur, les mesures nécessaires » afin d'assurer « l'évacuation dans les conditions les plus favorables au maintien de l'ordre et à la consolidation du pouvoir impérial. Si, au contraire, nos propositions n'étaient pas acceptées, nous considérant désormais comme libres de tout engagement, nous prescririons au maréchal de procéder avec toute la diligence possible au rapatriement de l'armée, en ne tenant compte que des convenances militaires et des considérations techniques dont il serait le seul juge (1) ».

En même temps, Randon notifiait à Bazaine qu'il lui était désormais interdit de consentir aucune avance au gouvernement mexicain.

On voit à quelles extrémités les fautes antérieures acculaient Napoléon III. Il mettait son prétendu allié dans l'impossibilité absolue de vivre, faute d'argent. De pareils procédés eussent été inexplicables si un motif secret ne les avait dictés : forcer le jeune empereur à une abdication qui nous rendrait les mains libres et nous permettrait de sortir du Mexique sans trop d'humiliation, ne laissant derrière nous que les malheureux Mexicains ayant eu foi dans la parole de la France.

Cette maigre satisfaction allait nous être refusée. A la réception de la note du 31 mai, le premier mouvement

---

(1) Paul Gaulot, *loc. cit.*

de Maximilien avait été d'abdiquer. L'impératrice Charlotte l'en détourna. Comme lui, elle ne pouvait croire à tant de cruauté de la part de Napoléon III. Elle croyait à une intrigue tramée au Mexique et en soupçonnait volontiers Bazaine (1). Son bonheur domestique avait disparu. Maximilien la délaissait pour une jeune Mexicaine dont il venait d'avoir un fils. Chacun connaissait les motifs de ses longs séjours à Cuernavaca (2). D'autre part, tous les rêves ambitieux de l'impératrice s'écroulaient. Elle voyait sa couronne prête à se rompre en mille pièces et le prince qu'elle avait si vivement pressé de l'accepter courant à une catastrophe ou à une humiliation suprême.

---

(1) A l'égard du maréchal elle avait passé par les mêmes alternatives de confiance et de soupçon que Maximilien. Le 14 février 1865, à l'occasion de la prise d'Oajaca, elle écrivait :

« Mon cher maréchal,

« Ne pouvant vous envoyer une couronne de lauriers, puisque vous venez de la cueillir vous-même, je suis heureuse que l'arrivée d'une grand-croix de son ordre de Léopold, que mon père m'a chargée de vous remettre, coïncide avec votre beau succès, et qu'ainsi il me soit possible de vous offrir un léger témoignage des sentiments que je ne partage pas seulement par obéissance filiale, mais aussi par estime pour vous.

« Je ne vous renouvelle pas mes félicitations, que l'Empereur vous aura exprimées, telles qu'elles ont jailli de notre cœur. Ce n'a pas été une surprise, car nous n'attendions pas moins ; mais c'est un brillant et heureux événement. Maintenant, j'espère que nous vous verrons revenir en bonne santé, car je vous renouvelle, en attendant, avec plaisir, l'assurance de la sincère considération et estime, avec lesquelles je suis, etc.... »

(*Procès Bazaine*, plaidoirie Lachaud, p. 532).

Deux lettres (*ibid.*) de Charlotte à la maréchale (23 mars et 18 juin 1868) sont encore pleines de gratitude et de sentiments affectueux.

(2) Bazaine à Napoléon III, 28 mars 1866, *Papiers et correspondance*. loc. cit., p. 87.

Elle décidait d'aller exposer la vérité à Napoléon III. Il ne pourrait résister à des arguments aussi irréfutables.

Elle partit le 9 juillet, emportant un long mémoire rédigé par Maximilien lui-même. Il accusait le maréchal d'avoir empêché la pacification, malgré tous les efforts du gouvernement mexicain, par sa mollesse, son inaction d'une année qui avait permis aux juaristes de reprendre tout le terrain perdu (1). Il mentionnait que nos colonnes avaient « quatorze fois occupé, puis évacué le Michoacan, cinq fois Monterey, deux fois Chihuahua ». Les dépenses seules de transports de guerre atteignaient 16 millions de francs. Il y avait du vrai dans ces accusations, car, vers la même époque, Douay écrivait (24 mai) : « Notre situation est de plus en plus critique. Tous les bruits qui sont arrivés de France et d'Amérique ont ranimé les résistances et, comme rien n'a été fait dans le but de constituer des forces à l'empereur Maximilien, je crois que nous allons assister à un dénouement qui sera loin d'être flatteur pour ceux qui l'ont préparé.... (2) » Le 19 juin, il s'exprime plus nettement encore : « ...Je ne sais pas comment le maréchal Bazaine entend les choses. Il me semble qu'il aurait dû avoir assez de profondeur et de prévoyance pour dire, il y a trois ans, à l'Empereur ce qu'il vient de lui révéler aujourd'hui. Il a trouvé plus profitable de caresser à cette époque les illusions et, à présent, il ne trouve d'autre solution que de partir par pièces et par morceaux. S'il avait la moindre franchise,

---

(1) M. le général Niox, *op. cit.*, p. 586 et suiv., reproduit ce mémoire d'après Léonce Détroyat, *L'intervention française au Mexique*, Amyot, 1868. — Le lieutenant de vaisseau Détroyat avait été attaché au cabinet de Maximilien et accompagnait Charlotte dans son voyage.

(2) *Papiers et correspondance*, *loc. cit.*, p. 106. Cf. général Niox, *op. cit.*, p. 586 et suiv.

il devrait prédire que la guerre de retraite ne peut produire qu'une désastreuse catastrophe. Je crois qu'il le sent, car il serait *le seul* de cet avis, mais il compte toujours que la crise ne se produira qu'après lui.... Quant au vif de la question, on prétend remplacer les troupes françaises par des formations mixtes. Eh bien! ils n'(y) arriveront pas. Les Belges désertent, les soldats de la légion et les zéphyrs commencent à les imiter.... (1) »

Entre temps, Maximilien continuait à nous donner une part de plus en plus grande dans les affaires intérieures du Mexique. Le 3 juin, il investissait le maréchal d'une autorité absolue en ce qui concernait l'organisation des bataillons franco-mexicains et la réorganisation de l'armée nationale (2). Le 20, à l'occasion du baptême de son fils, il lui donnait des témoignages éclatants de sa bienveillance. Il paraissait décidé à rester au Mexique, contre les vues du gouvernement français et le maréchal ne s'y trompait pas : « On a pu compter sur l'éventualité de l'abandon spontané de l'empereur, ce qui ouvrirait un nouvel ordre d'idées; mais je crois pouvoir dire à Votre Excellence que je connais bien Sa Majesté et qu'on doit calculer sur une obstination invincible... (3).

« L'empereur sera d'autant plus affermi dans sa détermination qu'il comprend tous les embarras que cette détermination peut causer au gouvernement français... (4).

Loin de songer à une abdication, Maximilien cherchait à nous engager plus avant dans l'aventure mexicaine. Le 5 juillet, il demandait à Bazaine de mettre à sa disposition

---

(1) *Papiers et correspondance*, loc. cit., p. 107-108.
(2) Maximilien à Bazaine, 3 juin 1866, général Niox, p. 559.
(3) En marge, l'Empereur, ou plutôt Randon, écrit au crayon *tant mieux*.
(4) Bazaine à Randon, 29 juin 1866, général Niox, p. 583.

le général Osmont et le sous-intendant Friant, afin d'en faire ses ministres de la Guerre et des Finances (1). Le maréchal louvoyait selon sa tendance. Au lieu d'envoyer une réponse ferme, il la remettait à plus tard. Il engageait même Osmont à accepter et lui promettait son appui. Le ministre de France ne faisait aucune opposition (2).

Le 25 juillet, devant le silence du maréchal, Maximilien cherchait à brusquer les choses, en rappelant des promesses vagues de Napoléon III. Le décret de nomination paraissait le 27 et Bazaine répondait enfin, le 4 août, en donnant un assentiment provisoire (3). Mais, le même jour, écrivant à Randon, il se montrait « très froissé » de l'attitude prise à son égard par Maximilien et de ce qu'il appelait un « pronunciamiento préparé en secret (4) ». Evidemment, il cherchait à se couvrir vis-à-vis de Napoléon III, tout en paraissant céder aux instances de Maximilien. Il donnait là une preuve d'indéniable duplicité.

On doit dire que le jeune empereur ne demeurait pas en reste avec lui. Il lui écrivait « des lettres fort gracieuses (5) », tout en l'accusant formellement vis-à-vis de

---

(1) Maximilien à Bazaine, 5 juillet 1866, Paul Gaulot, *Fin d'Empire*, p. 95 et suiv.

(2) Le général Osmont au Ministre, 26 juillet 1866, général Niox, p. 598 et suiv. D'après M. Germain Bapst (*Nouvelle Revue*, loc. cit., p. 439-440, sans indication de source), Bazaine répondait le 4 juillet à Osmont : « Il n'y a pas à hésiter, il faut accepter. Vous pouvez compter sur moi pour vous aider à vous soutenir et vous faciliter votre besogne ».

(3) Maximilien à Bazaine, 25 juillet 1866 ; Bazaine à Maximilien, 4 août, Paul Gaulot, *Fin d'Empire*, p. 112-115.

(4) Bazaine à Randon, 4 août ; confirmation le 27 août, général Niox, p. 598 et suiv.

(5) Bazaine à Randon, 6 juillet, général Niox, p. 598.

Napoléon III. Bazaine ne l'ignorait pas, car, en juillet 1866, son officier d'ordonnance de La Noue lui remettait une note confidentielle faisant connaître que le gouvernement mexicain avait formulé une demande en vue de son remplacement immédiat. Il aurait été appuyé dans ses démarches par Osmont et Friant. Enfin l'impératrice Charlotte aurait emporté avec elle des documents accablants pour le maréchal, quelques-uns ayant rapport à des questions d'argent (1).

Entre temps, Maximilien continuait les manœuvres destinées à nous engager plus qu'il ne fallait au Mexique. Le 30 juillet, il acceptait la nouvelle convention proposée le 31 mai, bien qu'elle dût réduire à rien ses ressources financières. Il proposait de généraliser l'état de siège, ce qui eût augmenté nos responsabilités et non nos forces. Bazaine refusait le 10 août, par une lettre sérieusement motivée (2).

Mais, de nouveau, les relations se tendaient entre Maximilien et lui. La retraite générale de nos troupes s'accentuait, enhardissant les juaristes, ôtant toute confiance aux impériaux. Ces derniers passaient à l'ennemi en plein combat; les Autrichiens et les Belges subissaient des échecs et ne montraient pas toujours beaucoup de bonne volonté; les désertions se multipliaient, même parmi nos soldats.

Le 4 août, après la perte de Tampico, enlevé par les juaristes à sa garnison mexicaine, Maximilien adressait à Bazaine une lettre très dure, pleine de reproches indirects. Le maréchal y répondait, le 12, avec une fermeté respectueuse, annonçant que l'évacuation progressive

---

(1) Paul Gaulot, *Fin d'Empire*. p. 138.
(2) *Id., ibid.,* p. 115 et suiv.

continuerait (1). Mais il écrivait à Randon (27 août) que la désignation d'Osmont et de Friant était en relation étroite avec le voyage de l'impératrice Charlotte. Elle n'avait d'autre but que de nous compromettre davantage (2). Le 9 septembre, la note est la même : on prolonge inutilement « l'agonie d'une situation impossible (3) ». La conclusion était forcée: il y avait tout lieu de favoriser l'abdication de Maximilien. On verra comment Bazaine fit le contraire.

La retraite en échelons adoptée par l'Empereur sur la proposition du maréchal ne pouvait qu'accroître les difficultés. Comment, dans ces conditions Bazaine aurait-il pu pacifier le Mexique avant notre départ, suivant les impraticables recommandations de Napoléon III? Naturellement Maximilien voyait avec désespoir se rétrécir constamment le pays soumis à sa fragile autorité; il ne cessait d'assaillir Bazaine de plaintes et de récriminations. Abandonné de tous, il opérait une nouvelle évolution. Après avoir passé des conservateurs aux libéraux, il revenait aux conservateurs et attachait à sa personne, comme secrétaire, le P. Fischer.

M. Emile Ollivier donne de ce religieux le croquis suivant, d'après M. Paul Gaulot (4) : « Tout le monde s'accorde à reconnaître dans le Père Fischer un homme d'une intelligence remarquable et d'une immoralité égale à son intelligence. Allemand d'origine, venu au Mexique comme colon, il avait été successivement clerc de notaire, chercheur d'or, puis, converti, était devenu secrétaire de

---

(1) Général Niox, p. 612.
(2) Paul Gaulot, *Fin d'Empire*, p. 123 et suiv.
(3) Bazaine à Randon, 9 septembre 1866, Paul Gaulot, *loc. cit.*
(4) *Fin d'Empire*, p. 163.

l'évêque de Durango, ce qui ne l'avait pas empêché d'enlever une femme à son mari et de s'enfuir avec la servante de son évêque. Mais des saints tout est saint; ses ardeurs politiques firent oublier ces peccadilles et, soutenu par de fort respectables personnages, il fut recommandé à Maximilien dont il capta la confiance... (1). »
On verra bientôt avec quels résultats.

VII

PROJETS D'ABDICATION

En France, l'Empereur était de plus en plus convaincu de l'urgence de l'évacuation. Sadowa montrait à satiété que le temps des guerres ne répondant à aucune nécessité pressante était passé sans retour; l'attitude des Etats-Unis restait inquiétante; d'autre part, dans un rapport officiel, le ministre des Finances Fould faisait impitoyablement ressortir le néant de notre entreprise mexicaine. Après avoir donné à entendre que l'un des buts visés, développer nos relations commerciales en assurant le remboursement des créances de nos nationaux, n'était nullement atteint, il passait à notre autre objectif : contenir la suprématie des Etats-Unis dans l'Amérique du Nord. Evidemment nous n'avions nullement réalisé cette « grande pensée » de Napoléon III. « Il est malheureusement bien avéré aujourd'hui, continuait Fould, que la situation de l'empereur Maximilien ne peut se prolonger longtemps. Le parti monarchique est à la fois le plus faible et le moins éclairé. Livré à ses propres forces, il est incapable de se maintenir.

---

(1) *L'Empire libéral*, IX, p. 78.

Si, comme Votre Majesté l'a annoncé, nos troupes reviennent, laissant l'empereur Maximilien aux prises avec les difficultés de sa situation, leur départ sera plein de dangers pour elles-mêmes et pour nos nationaux au Mexique. Il est constant que l'armée mexicaine n'offre aucune garantie de cohésion ni de fidélité, et les quelques troupes autrichiennes ou de la légion étrangère, disséminées sur un immense territoire, seraient impuissantes à offrir une résistance sérieuse.... Il semble donc impossible que l'empereur Maximilien se maintienne au Mexique. Il lui reste encore un beau rôle à prendre en renonçant à la couronne.... »

Fould estimait que, l'intervention française cessant, il serait aisé d'effectuer l'évacuation de manière à garantir la sécurité de nos nationaux. Il ajoutait : « Je ne me dissimule pas qu'il sera moins facile peut-être de déterminer l'empereur Maximilien à abdiquer. Si je suis bien renseigné, il ne s'y résignera que s'il est bien convaincu qu'il n'a plus de secours à attendre de la France. Il commence à le pressentir, le voyage de l'impératrice Charlotte en est la preuve. Si Votre Majesté lui déclare nettement que, quels que soient ses sentiments personnels, Elle ne peut lui donner aucune assistance sans convoquer le Corps législatif dont l'opinion n'est pas douteuse, l'impératrice Charlotte amènera l'Empereur... à la détermination que je regarde comme la seule possible.... (1) »

La malheureuse Charlotte avait donc toutes les chances contre elle en débarquant à Saint-Nazaire le même jour, 14 août. Après avoir été reçue dans des conditions faisant peu d'honneur à notre hospitalité, elle parvenait, non

---

(1) Fould à Napoléon III, 14 août 1866, *Papiers et correspondance*, II, p. 73-77.

sans peine, à voir l'Empereur malade à Saint-Cloud. Elle lui remettait le mémoire de Maximilien, se montrait tour à tour insinuante, suppliante, menaçante. « Nous abdiquerons ! » s'écriait-elle, croyant effrayer l'Empereur. Celui-ci répondait froidement: « Abdiquez ». L'échec était complet et l'Empereur en avisait Maximilien (29 août) : « Monsieur mon Frère, nous avons reçu avec plaisir l'impératrice Charlotte et cependant il m'a été bien pénible de ne pouvoir pas acquiescer aux demandes qu'elle m'a adressées. En effet, nous touchons à un moment décisif pour le Mexique et il faut que Votre Majesté prenne un parti héroïque; le temps des demi-mesures est passé. Je commence par déclarer à Votre Majesté qu'il m'est dorénavant *impossible* de donner au Mexique un écu ou un homme de plus. Cela étant établi, il s'agit de savoir quelle sera la conduite de Votre Majesté. Pourra-t-elle se soutenir par ses propres forces ou bien sera-t-elle forcée d'abdiquer? Dans le premier cas, mes troupes resteraient, ainsi qu'il a été convenu jusqu'en 1867; dans le second cas, il faudrait prendre d'autres mesures.... » Puis l'Empereur, épousant les idées de Fould, recommandait à Maximilien d'expliquer sa décision par un manifeste au peuple mexicain. Il profiterait de la présence de notre armée pour convoquer une représentation nationale et faire élire un gouvernement présentant quelque garantie de stabilité. « Votre Majesté, ajoutait-il, comprendra combien il m'est pénible d'entrer dans de semblables détails, mais nous ne pouvons plus nous bercer d'illusions, et il faut à tout prix que la question mexicaine, en ce qui regarde la France, soit définitivement résolue... (1). »

---

(1) Reproduit par M. Emile Ollivier, IX, p. 79-80, sans indication de source. Cette lettre ne parvint que le 3 octobre à Maximilien.

Dans une lettre du même jour à Bazaine, Napoléon III résumait les mêmes idées : « Ou il faut que Maximilien se soutienne de lui-même, en n'ayant d'autre appui que la portion de l'armée qui restera jusqu'en 1867, ou bien qu'il abdique, et alors l'armée reviendrait tout entière en février. » Il prévoyait l'établissement d'une république et souhaitait simplement qu'elle fût la moins mauvaise possible. « Je compte sur vous, ajoutait-il, pour débarrasser la France de cette question mexicaine, qui nous entraîne dans des difficultés insolubles (1) ». L'Empereur ajoutait qu'il désapprouvait l'acceptation d'Osmont et de Friant, ainsi qu'allait d'ailleurs le faire connaître le *Moniteur* du 14 septembre. Dans un post-scriptum du 31 août, il prescrivait de n'opérer le rapatriement des troupes qu'en une fois, après avoir puni nos agresseurs. Cette décision était provoquée par la perte de Tampico, l'un des rares ports du Mexique (2). Outre que Napoléon III tablait encore sur l'abdication de Maximilien, il se rendait enfin compte des dangers de l'embarquement par échelons qu'il avait prescrit sur la proposition de Bazaine. Celle-ci supposait l'existence d'une forte armée mexicaine dans un pays pacifié et ces deux conditions n'étaient nullement réalisées. A défaut, un départ par fractions successives n'eût été qu'un acte d'inutile témérité. Il fallut débarquer un régiment déjà en mer ; sur l'invitation du maréchal Randon, Bazaine annonça qu'il resterait, comme lui-même le jugeait nécessaire, jusqu'à la fin de l'embarquement, bien

---

(1) Paul Gaulot, *Fin d'Empire*, p. 142 et suiv.

(2) Une lettre du Ministre de la guerre (31 août) confirmait la désapprobation de l'Empereur pour l'affaire Osmont-Friant. Une autre (12 septembre) prescrivait l'évacuation en bloc (P. Gaulot, *op. cit.*, p 153 et suiv.).

que « l'on désirât » son départ (1). Sa résolution fut approuvée dans les termes les plus élogieux (2). Rien ne perçait des doutes que nourrissait déjà l'Empereur au sujet du commandant en chef.

Avant même d'avoir reçu l'ordre du souverain, Bazaine invitait Osmont et Friant à quitter le service mexicain lors du retour des conservateurs au pouvoir. Maximilien cherchait vainement à s'y opposer et adressait au maréchal deux lettres (16 septembre) dont la dernière très hautaine (3).

En recevant celle de Napoléon III, qui ruinait ses dernières espérances, le jeune prince se bornait à réserver sa réponse définitive : « ...Ma conscience ne me permet pas encore de répondre d'une manière décisive. Ma position m'impose des devoirs qui m'obligent de songer mûrement sur la ligne de conduite de laquelle dépend le bien-être de tant de fidèles adhérents... » [8 octobre] (4). De son côté, Bazaine paraissait disposé à hâter l'abdication du jeune souverain. Dans une lettre du 28 septembre, il maintenait que l'évacuation progressive était une nécessité. Continuer l'occupation ne servirait qu'à entretenir les illusions du gouvernement mexicain. D'ailleurs, la démoralisation gagnait nos troupes au contact des indigènes; elles cé-

---

(1) Bazaine à Randon, 13 septembre 1866, Paul Gaulot, *loc. cit.*, Cette décision était provoquée par une lettre du 15 août de Randon (*ibid*, p. 142 et suiv.).

(2) Le Ministre de la Guerre par intérim à Bazaine, 13 octobre 1866. Voir aussi les lettres du 15 août et du 29 septembre, toutes deux ne laissant percer aucun mécontentement contre Bazaine, ou même fort élogieuses.

(3) Paul Gaulot, *op. cit.*, p. 161-162.

(4) E. Ollivier, IX, p. 84-85, sans indication de source.

daient à l'influence énervante de l'état social et du climat (1). Cette observation était la vérité même.

Le 8 octobre, après avoir reçu la lettre de Napoléon III, le maréchal répondait : « Dans tous mes rapports avec l'empereur Maximilien, j'ai fait mon possible pour l'éclairer, en lui exposant avec loyauté que le pays se détache tous les jours de l'empire. Il est resté incrédule, parce que son entourage le flattait et l'assurait de l'amour du peuple indien. Aujourd'hui que les faits parlent avec une brutalité qui sent la révolution sociale, il n'y a plus d'espoir de consolider l'empire mexicain, parce que l'empereur et sa nombreuse Cour n'ont ni l'énergie, ni les qualités nécessaires (2). »

Au ministre de la Guerre, il écrivait, le même jour, que, pour lui, l'abdication de Maximilien était nécessaire, sinon une catastrophe serait à redouter dès notre départ. Il allait avoir une conférence avec lui et s'efforcerait de le convaincre (3).

En s'exprimant ainsi, Bazaine oubliait qu'il avait longtemps dissimulé la vérité sur le Mexique. Jamais ce pays n'avait eu d'attachement véritable pour Maximilien. Sans doute ce prince ne possédait pas les dons voulus pour la tâche qu'il avait si légèrement entreprise, mais l'état de choses actuel résultait plus encore des circonstances, de notre inaction de 1865, de l'évacuation commencée dès la fin de 1864, que des fautes du malheureux souverain. Assurément sa responsabilité dans la situation était moindre que la nôtre, mais il convenait à Bazaine de plaider le contraire auprès de l'Empereur, tout disposé à faire

---

(1) Bazaine à Randon, 28 septembre 1866, Paul Gaulot, *op. cit.*, p. 166.

(2) E. Ollivier, IX, p. 85.

(3) Bazaine à Randon, 8 octobre 1866, général Niox, p. 629.

sienne une opinion qui l'absolvait lui-même de tant d'erreurs.

Quelques jours après survenait la nouvelle de la démence de Charlotte. Bazaine adressait à Maximilien des condoléances, auxquelles l'empereur répondait dans les termes les plus émus : « J'ai été profondément touché des paroles de consolation que vous m'avez écrites, et je vous en exprime ma plus vive et ma plus profonde reconnaissance. Le terrible malheur que m'ont annoncé les dernières nouvelles et qui a tant affecté mon cœur, le mauvais état de ma santé causé par les fièvres intermittentes qui, dans ces derniers jours, ont naturellement augmenté, rend (sic) nécessaire... un séjour momentané dans un climat plus sain. C'est avec la plus grande confiance que je m'en rapporte à votre tact pour le maintien de la sécurité de la capitale et des points les plus importants.... En ces circonstances douloureuses et difficiles, je compte plus que jamais sur la loyauté et l'amitié que vous m'avez toujours témoignées. — Votre très affectionné » [20 octobre] (1).

---

(1) E. Ollivier, IX, p. 85-86, d'après Paul Gaulot, *Fin d'Empire*, p. 171, qui reproduit lui-même le général Niox, p. 630.

Le plaidoyer de Lachaud (*Procès Bazaine*, p. 531), contient un texte sensiblement différent :

« J'ai été profondément touché des paroles de consolation et de deuil que vous venez de m'envoyer en votre nom et en celui de la maréchale. Je tiens à vous exprimer ma plus vive et profonde reconnaissance....

« C'est avec la plus grande confiance que je remets à votre tact le maintien de la tranquillité de la capitale et des points les plus importants qui sont, à cette heure, occupés par les troupes de votre commandement.

« Dans ces circonstances douloureuses et difficiles, je compte plus que jamais sur la loyauté et l'amitié que vous m'avez toujours témoignées....

« Je vous réitère, ainsi qu'à la maréchale, ma vive gratitude pour les tendres sentiments qui ont fait tant de bien à mon pauvre cœur.

« Recevez, etc. »

Certes, le ton de cette lettre contraste singulièrement avec celui du mémoire emporté par la malheureuse Charlotte, mais il faut se souvenir que Maximilien, tout souverain qu'il est, dépend de Bazaine, qui dispose seul des forces militaires du Mexique. Il y a là de quoi expliquer sinon justifier la duplicité que M. Emile Ollivier lui reproche si durement, à l'occasion d'un incident ultérieur (1). En cette occasion, l'ancien ministre de Napoléon III exagère autant la sévérité à l'égard de Maximilien que l'indulgence à l'égard de Bazaine.

Le jeune empereur quittait, en effet, Mexico pour se rendre à Chapultepec, et ce départ semblait être le prélude d'une abdication. Tous les objets précieux du palais impérial avaient été expédiés à Vera-Cruz, où la frégate autrichienne *Dandolo* était constamment tenue prête à appareiller. Terrifiés de cet abandon, les ministres mexicains annoncèrent leur démission en masse. Par un singulier abus de pouvoir, Bazaine leur intima de rester à leur poste, sous menaces de mesures coercitives (2). Ils s'y résignèrent. Quant à Maximilien, le maréchal lui fit dire qu'il pouvait partir sans scrupules et que l'ordre serait maintenu.

On doit se demander quel était le but de Bazaine en retenant de force les ministres impériaux. S'il voulait provoquer l'abdication de leur souverain, suivant les intentions évidentes de Napoléon III, n'était-ce pas un singulier moyen que de retarder l'inévitable dislocation de son gouvernement? On peut donc admettre que, dès ce

---

(1) IX, p. 112.
(2) D'après M. Paul Gaulot, *Fin d'Empire*, p. 171 et suiv., cette intervention de Bazaine aurait été provoquée par Maximilien. M. Gaulot reproduit une lettre de M. de Hertzfeld au maréchal, dans ce but (d'après le général Niox, p. 631).

moment, Bazaine nourrit des arrière-pensées à l'égard de l'abdication. Elle lui paraît sans doute impliquer des dangers pour le corps expéditionnaire. Tout en se conformant extérieurement aux instructions de l'Empereur, il établit des contre-mines afin d'en empêcher l'exécution.

Le 21 octobre, Maximilien quittait Chapultepec pour prendre le chemin d'Orizaba en contournant Mexico. Le soir, il écrivait à Bazaine dans des termes encore plus chaleureux que la veille, et cette lettre constituait une sorte de testament : « Demain je me propose de déposer en vos mains les documents nécessaires pour mettre un terme à la situation violente dans laquelle je me trouve, non seulement moi, mais aussi tout le Mexique. Entre bien d'autres, trois choses me préoccupent et je veux me décharger de la responsabilité qui me touche : 1° que toutes les cours martiales cessent d'avoir intervention dans les délits politiques; 2° que la loi du 3 octobre soit révoquée de fait (1); 3° que pour aucun motif il n'y ait de persécution politique, et que toute espèce d'hostilité cesse. Je désire que vous appeliez les ministres pour convenir des mesures nécessaires à (sic) assurer ces trois points, sans qu'il y ait nécessité que mes intentions, exprimées dans le premier paragraphe, transpirent. Je ne doute pas, que vous n'ajoutiez cette nouvelle preuve de véritable amitié à toutes celles que vous n'avez données, et, pour cette raison, je vous donne par avance mes sentiments de gratitude en même temps que je vous renouvelle les sentiments de mon estime et amitié avec lesquels je suis votre affectionné (2).... »

---

(1) Décret mettant hors la loi les dissidents, c'est-à-dire les libéraux.

(2) Paul Gaulot, *Fin d'Empire*, p. 172.

Il eût été difficile d'annoncer plus nettement une abdication. Néanmoins le corps expéditionnaire, connaissant l'inconsistance de Maximilien, sa facilité à subir les impressions extérieures, ne croyait pas à sa retraite. Le 27 octobre, Douay mandait à son frère le massacre des Français d'un bataillon de *cazadores* par leurs propres camarades mexicains près d'Oajaca. Chacun avait prévu ce fait, assurait-il, et il en résultait une grande exaspération contre le maréchal, qui comptait se débarrasser de la question mexicaine en la laissant à Douay, avec un effectif réduit. Tout croulait avant son départ. « J'aurai donc assez vécu, ajoutait le général, pour voir la déconfiture, au moins morale, de cet odieux personnage. »

Quant à Maximilien, d'après le général, il continuait de faire preuve d'aveuglement et d'obstination. Il ne pourrait en résulter qu'une chute ridicule (1). En cela Douay se trompait, car la comédie tournerait promptement au drame.

Cependant le jeune empereur cheminait vers Orizaba. En route, il croisait le général Castelnau allant vers Mexico pour la mission dont nous allons parler et refusait de le voir sous prétexte de maladie. Il souffrait, en effet, de dysenterie et de fièvres intermittentes, mais son état de santé n'était pas tel qu'il ne pût recevoir l'envoyé de Napoléon III. Dans son refus, il y avait sans doute du découragement et surtout de la rancœur provoquée à juste titre par notre abandon.

---

(1) *Papiers et correspondance*, II, complément, p. 113.

VIII

LA MISSION CASTELNAU

Notre expédition causait à l'Empereur des préoccupations croissantes. Entre les plaintes fréquentes de Maximilien et la correspondance officielle de Bazaine, il hésitait et cherchait à se renseigner indirectement par les moyens les plus variés. En outre des communications reçues par M. Franceschini Pietri de ses anciens officiers d'ordonnance, il avait connaissance de lettres diverses, celles du général Douay et du lieutenant-colonel Bressonnet, par exemple. Il faisait demander à nombre d'officiers de lui confier celles qu'ils recevaient (1). De l'ensemble résultaient pour lui des doutes les plus graves au sujet de l'attitude du maréchal. Il décidait d'envoyer au Mexique un officier général investi de toute sa confiance et revêtu des pouvoirs les plus étendus. Jadis il avait procédé de même en Crimée (2). C'était faire revivre l'ins-

---

(1) Germain Bapst, *Nouvelle Revue, loc. cit.*, p. 446. Voir ce que dit M. Bapst d'une lettre du capitaine J... communiquée en 1865 par le capitaine Morlière, de l'artillerie de la garde. Il paraît probable, sinon certain, que la communication de quelques-unes de ces lettres venait du Cabinet noir (Voir notre *Histoire de la guerre de 1870-1871*, II, p. 35). Mérimée écrit à Victor Cousin le 13 octobre 1866 : « ...Je ne me fie pas absolument à *notre* poste... » (F. Chambon, *Lettres inédites de Prosper Mérimée*, p. 183). M. E. Ollivier (XV, p. 68) reconnaît pleinement l'existence du Cabinet noir avant son ministère. Il le fit revivre après la déclaration de guerre.

(2) En décembre 1854, l'Empereur envoyait en Crimée son aide de camp, général Lannes de Montebello, puis un autre aide de camp, général Niel, afin de connaître la véritable situation (Cf. G. Bapst, *Le maréchal Canrobert*, II, p. 442).

titution des *missi dominici* et des représentants du peuple aux armées. Les inconvénients pouvaient être des plus sérieux. Il fallait évidemment que les inquiétudes de Napoléon III fussent extrêmes pour qu'il se résignât à une mesure où l'on ne reconnaissait pas sa bienveillance habituelle, doublée d'insouciance fataliste.

Chez le ministre de la Guerre, il rencontrait une opposition décidée à ce projet. Il attendait que le maréchal Randon prît un congé et, à l'automne de 1866, confiait par intérim le portefeuille de la Guerre à M. Béhic, avec qui l'accord était plus facile. L'officier général choisi était un brigadier, Castelnau, aide de camp du souverain. A son retour, Randon manifesta son déplaisir de la mesure ainsi prise en dehors de lui et qu'il trouvait fort incorrecte : « Si j'étais, disait-il, à la place du maréchal Bazaine, je ferais arrêter le général à son débarquement et je le renverrais en France par le plus prochain paquebot, sauf à prendre moi-même le bateau suivant pour rendre compte au gouvernement de ma conduite (1). »

Les pouvoirs de Castelnau, qu'il ne devait produire qu'en cas de nécessité (2), embrassaient à la fois la politique et la guerre, sans aucune exception. Il surveillerait l'évacuation du Mexique et contrôlerait tous les ordres la concernant. Il provoquerait les opérations qu'il jugerait nécessaires. Il prendrait part à tous les conseils et déciderait de l'opportunité de toutes les mesures projetées, dans toutes les sphères. Il serait l'interprète de la pensée impériale et toutes les résistances devraient plier devant

---

(1) Maréchal Randon, *Mémoires*, II, p. 82.

(2) Le général Niox (*op. cit.*, p. 628) reproduit le texte de la note de l'Empereur d'après laquelle ces pouvoirs furent rédigés sous la forme de lettres patentes en date du 17 septembre.

ses réquisitions écrites. « Le général Castelnau, disait l'Empereur en terminant, est censé agir comme nous agirions nous-même. »

Il était délicat de l'accréditer auprès du maréchal, car il fallait, à la fois, laisser deviner la nature de sa mission et rassurer Bazaine sur la portée qu'elle pourrait avoir à son égard. L'Empereur s'exprimait ainsi dans une lettre au maréchal : « Il m'a paru utile d'envoyer auprès de vous un officier général de ma maison.... Le général Castelnau possède toute ma confiance.... Je lui ai fait connaître de la manière la plus étendue mes intentions au sujet de la ligne de conduite politique et militaire qui devra être suivie au Mexique, tant par vous-même que par les autorités civiles ou diplomatiques. Les pouvoirs que j'ai cru nécessaire de lui conférer lui donnent le droit de connaître en mon nom de toutes les mesures à prendre et d'intervenir dans toutes les délibérations qui précéderont ces mesures. Il m'a paru indispensable de le rendre présent à tout, comme je voudrais l'être moi-même, parce que, dans la participation aux grandes affaires, rien n'est pire que de les connaître imparfaitement. Du reste l'intervention du général n'a pour but ni de paralyser votre liberté d'action, ni de détruire ou même d'amoindrir votre responsabilité, vis-à-vis de moi, responsabilité qui demeure aussi complète que ma confiance dans votre esprit politique et dans votre haute capacité militaire (1). »

Cette lettre contenait une criante contradiction. Comment la responsabilité du maréchal aurait-elle pu demeu-

---

(1) Napoléon III à Bazaine, 15 septembre 1866, Paul Gaulot, *Fin d'Empire*, p. 184. M. Emile Ollivier (IX, p. 89-90) reproduit cette lettre sans date ni indication d'origine.

rer entière en face d'un inférieur qui devait lui dicter la conduite à suivre? Si Bazaine avait eu pleinement conscience de sa dignité, il n'eût pas un instant toléré cette main-mise sur son autorité légitime. D'autre part, si Castelnau avait été le moins du monde grisé d'une mission aussi exceptionnelle, il aurait promptement rendu intenable la situation du maréchal. L'envoi de cet officier général n'était donc qu'une demi-mesure trahissant l'indécision et le trouble d'esprit de Napoléon III. Il ne pouvait avoir que de fâcheux résultats. Puisque l'Empereur avait des doutes sur la correction du maréchal, il aurait dû le rappeler en France et non affaiblir nécessairement son autorité tout en le laissant au Mexique.

La nature de la mission de Castelnau, son imprévu, ne permettaient guère que son objet demeurât longtemps caché. Il faut ajouter que Napoléon III ne prenait aucune disposition dans ce but. Le lieutenant-colonel de Galliffet retournait au Mexique à la suite d'une permutation. Par ordre de Randon, il se présentait à l'Empereur qui s'exprimait en ces termes :

« Je suis très mécontent de la conduite que le maréchal Bazaine tient à l'égard de l'empereur Maximilien. J'avais l'intention de vous confier des dépêches et des instructions, mais la situation devient chaque jour plus grave et je décide d'envoyer un officier général qui a toute ma confiance, le général Castelnau. Vous le verrez, il vous mettra au courant, et si, là-bas, il vient à tomber malade, il vous confiera ce que votre grade peut vous permettre de faire (1). »

---

(1) Souvenirs du général de Galliffet sur Bazaine, *Gaulois* du 27 juillet 1902, sans indication de date.

D'autre part, le 13 octobre 1866, Mérimée écrivait de Biarritz à Victor Cousin :

« ...On craint que le maréchal Bazaine n'ait pas la tête très saine. Il serait possible que quelque bévue n'eût lieu pour notre départ. On compte pourtant sur le bon esprit du général Castelnau, qui est allé à Mexico pour mettre un peu d'ordre dans notre armée... (1). »

En le voyant arriver au Mexique, le maréchal éprouva des sentiments qu'il est aisé de supposer. Mais il était souple, surtout quand ses intérêts l'exigeaient, et n'avait garde d'irriter l'Empereur. Il fit à Castelnau un accueil cordial bien qu'embarrassé, et l'invita même à loger dans son palais, à vivre à sa table. Le général refusa cette hospitalité compromettante (2). Il poussait la défiance assez

---

(1) Félix Chambon, *Lettres inédites de Prosper Mérimée*, p. 183.

(2) D'après M. Germain Bapst, IV, p. 297-298, les officiers français du cabinet de Maximilien ont toujours prétendu que Bazaine, désireux de connaître l'étendue réelle des pouvoirs de Castelnau, avait envoyé demander chez lui, de sa part, l'original de ces lettres patentes, un jour où il le savait sorti. Le secrétaire du général aurait refusé toute communication sans un mot d'écrit. Ce fait est possible, mais non prouvé.

D'après Douay (Lettre du 29 janvier 1867, *Papiers et correspondance*, II, Complément, p. 131), le maréchal aurait, dans les premiers temps, douté de l'importance de la mission de Castelnau. Il chercha donc à l'intimider, en lui parlant très haut de sa responsabilité. Le général lui répondit qu'il allait à cet égard le mettre parfaitement à l'aise et lui exhiba ses pouvoirs. Le maréchal n'avait pas envie de rire. Il dit alors à Castelnau : « Mais pourquoi ne m'avez-vous pas dit cela plus tôt ? — J'espérais, dit le général, ne pas être obligé de vous faire cette confidence, et j'espère maintenant que vous voudrez bien ne pas me contraindre à en faire usage ». Ce témoignage a une certaine importance, Douay ayant certainement eu les confidences de Castelnau, comme il ressort de ses lettres. Néanmoins on doit dire que la lettre de l'Empereur à Bazaine, en date du 15 septembre, suffisait pour l'éclairer sur l'importance de la mission de Castelnau.

loin pour ne pas confier à la poste ses communications à l'Empereur. Son officier d'ordonnance, lieutenant Paul de Saint-Sauveur, les portait à la Nouvelle-Orléans, où il les remettait en mains propres au commandant du bateau postal (1).

Le 28 octobre, le général envoyait son premier rapport, et le tableau qu'il brossait de l'armée n'avait rien de séduisant : « Depuis trois ans, ces troupes ont couru au travers du Mexique... et elles ont été soumises à toutes les épreuves de la guerre. Si leur discipline était moins relâchée, nul doute que ce corps du Mexique ne fût aujourd'hui le meilleur des corps d'armée, mais il est visible que ces troupes aspirent au repos. Il n'est pas un soldat qui ne sache que tous les efforts de l'armée ont été impuissants et, devant le triste résultat obtenu, il sent sa fatigue et s'en plaint. Son insuccès l'humilie, il accuse ses chefs; les officiers sont découragés plus.... que les soldats et le désir de voir se terminer cette longue et pénible campagne est peut-être plus vif encore dans le corps expéditionnaire que dans les conseils de Votre Majesté... (2). » Après avoir exprimé l'avis le plus défavorable sur le compte de la légion étrangère et des troupes autrichiennes et belges au service de Maximilien, il passait à « l'armée mexicaine dite régulière », posant en principe qu'il était « impossible d'avoir confiance en elle ».

---

(1) Germain Bapst, IV, p. 299.

(2) Cf. une lettre de Galliffet à M. Franceschini Pietri, 11 décembre 1866 : « Quelle popote que cette armée du Mexique ! La troupe au point de vue de l'ardeur n'a rien perdu, mais c'est une indiscipline dont on n'a pas l'idée; les officiers hurlent continuellement et ceux qui ont de gros appointements se préoccupent peu de la France ; ils ne voient dans le retour qu'une diminution sensible » de la solde (*Papiers secrets brûlés dans l'incendie des Tuileries*, p. 227 et suiv.).

Quant à l'évacuation, il la trouvait en bonne voie. s'opérant « aussi rapidement que possible ». Le côté politique de sa mission l'inquiétait davantage. Deux points lui apparaissaient comme évidents : la cause de Maximilien était entièrement perdue; son abdication s'imposait avant même notre départ. Quant à conclure un accord avec le gouvernement républicain au moment d'évacuer le Mexique, il n'y fallait pas songer. Comment supposer que Juarez, après une lutte de cinq ans sans répit, au moment d'atteindre le but si longtemps rêvé, pourrait « accepter les conditions d'un ennemi qu'il ne craignait déjà plus (1) ? »

Il faut le dire, c'était l'opinion générale que Juarez serait appelé à recueillir la succession de Maximilien ou plutôt la nôtre, car la situation de ce malheureux souverain, sans armée et sans argent touchait de près au ridicule. Le lieutenant-colonel Bressonnet l'écrivait dans les meilleurs termes à la même date : « Je n'ai pas la prétention de vouloir indiquer une solution à une situation si compliquée, si difficile, mais je vois l'opinion générale se dessiner chaque jour en faveur de Juarez et il m'est bien démontré qu'après notre départ il sera mis à nouveau à la tête du gouvernement de ce pays. C'est donc lui, juge en dernier ressort, qu'il faut intéresser à nos nationaux et aux Mexicains qui se sont ralliés à l'Empire.... Mais, au souvenir du passé, je sais et je sens que le gouvernement français ne peut se mettre en relations ouvertes avec Juarez. Pourtant... il faudra bien, en définitive, avoir recours à lui. Seulement, au lieu de le faire directement, on peut le faire par voie détournée. Juarez

---

(1) Rapport du 28 octobre 1866, cité en extrait par M. Ollivier, IX, p. 91-96.

n'est pas l'homme qu'on a tant décrié en France; il est Mexicain et a beaucoup des défauts de sa race, c'est certain; mais peu de ses compatriotes ont autant de qualités. Il est désintéressé, prêt à s'effacer si l'intérêt de son pays le lui commande; il n'est rien moins que sanguinaire... Il ne serait peut-être pas impossible de l'amener, après l'abdication de l'empereur Maximilien, à se démettre de son pouvoir dont le terme est légalement expiré, pour se présenter de nouveau aux suffrages de ses concitoyens. Il faudrait alors qu'il s'établît un gouvernement provisoire que nous reconnaîtrions et qui aurait pour chef un homme influent du parti de Juarez, ayant toute sa confiance... On traiterait avec ce gouvernement... et notre évacuation suivrait aussitôt...

« Cet *alter ego* de Juarez existe; c'est son conseiller intime... M. Lerdo de Tejada... (1). »

Castelnau avait eu certainement un échange d'impressions avec Bressonnet, car il fit ses idées siennes et mentionna même Lerdo de Tejada comme devant masquer momentanément Juarez : « Doué d'une grande intelligence, d'un bon caractère, d'une énergie qui n'exclut ni des mœurs douces, ni un esprit conciliant, il me paraît l'homme qui nous offre le plus de garanties et qui doit être le plus facilement accepté par Juarez. On me peint Juarez comme une sorte de Romain antique, animé du plus fort et du plus ardent patriotisme, et tout prêt à faire à son pays le sacrifice de son ambition personnelle. Si ce portrait est fidèle, il sera moins difficile que je ne le crains d'amener Juarez à se tenir dans l'ombre au mo-

---

(1) Le lieutenant-colonel (plus tard général) Bressonnet au général F. (Frossard), 28 octobre 1866, *Papiers et correspondance, loc. cit.*, p. 217 et suiv. M. Emile Ollivier (IX, p. 95-96) modifie très sensiblement ce texte en le reproduisant. Il le date du 27 septembre.

ment de l'abdication de Maximilien » (1). Le général comptait aussi sur les bons offices des Etats-Unis, en quoi il témoignait d'une candeur singulière. Certes le gouvernement fédéral ne songeait guère à nous faciliter la retraite du Mexique. Le contraire eût été surprenant. Il est non moins probable que Juarez n'eût pas consenti à la comédie d'effacement imaginée par Bressonnet. De toute évidence, il n'y avait aucun intérêt et son amour-propre en eût souffert.

D'ailleurs Napoléon III ne put se résigner à cette humiliation suprême. Il pria Castelnau de s'adresser à Ortega, l'ancien défenseur de Puebla, adversaire de Juarez, en faveur duquel il croyait pouvoir intéresser les Etats-Unis. Mais le général apprit qu'Ortega était tout à fait déconsidéré par son incapacité politique et son immoralité. Bien plus, les Américains étant informés que, par certains préparatifs, il menaçait de contrecarrer l'administration de Juarez, le firent arrêter.

Il fallut se rendre compte qu'on ne pouvait rien espérer en dehors de Juarez et de ses amis. On songea un instant à Porfirio Diaz, l'adversaire de Bazaine à Oajaca, sans qu'il y ait jamais eu la moindre chance d'arriver avec lui à un accommodement (2). D'ailleurs toutes ces combinaisons étaient basées sur l'abdication de Maximilien. En se ravisant, le malheureux empereur délivra son impérial allié de l'obligation d'en finir par une convention avec Juarez.

Il avait continué à petites journées sur Orizaba, non sans un incident significatif. Pendant qu'il déjeunait à Aculcingo, on volait les huit mules blanches de sa voi-

---

(1) Le général Castelnau à Napoléon III, 28 octobre 1866, *loc. cit.*
(2) E. Ollivier, IX, p. 97-98.

ture, quoiqu'il fut sous la garde d'une escorte française, sans laquelle son voyage se serait peut-être tragiquement terminé.

A Orizaba ses partisans lui organisaient une entrée triomphale. Mais de mauvaises nouvelles suivaient : la défection des *cazadores* d'Oajaca, la destruction d'une colonne autrichienne et la prise de la ville par Porfirio Diaz. Puis Bazaine faisait connaître qu'à dater du 1er novembre les agents français mettraient la main sur les douanes de Vera-Cruz (25 octobre). Les troupes et l'argent feraient à la fois défaut au malheureux souverain. Il n'y avait certes pas de quoi modifier ses intentions. Aussi, durant plusieurs jours, paraissait-il s'y tenir, cherchant à sauver le pays de l'anarchie après son départ, à garantir le sort des auxiliaires autrichiens. Il voulait aussi qu'on le mît en mesure de remplir les engagements de sa liste civile, notamment ceux qu'elle avait contractés envers la famille Bazaine. On sait qu'il avait promis de racheter à la maréchale en cas de départ de son mari le palais de Buena-Vista. Nos plénipotentiaires (1) lui accordèrent à peu près tout ce qu'il demandait (16 novembre), sauf en ce qui concernait Bazaine dont le nom ne fut pas prononcé. Ils ajoutèrent qu'en cas d'insuffisance, ils s'efforceraient d'obtenir que le surplus fût payé par le « nouveau gouvernement du Mexique ». Maximilien vit avec peine qu'on ouvrît sa succession aussi vite (2).

D'ailleurs, le P. Fischer cherchait à le détourner d'une abdication, faisant valoir l'appui du clergé et de ses partisans. La présence seule des Français empêchait qu'on

---

(1) Le ministre de France Dano, le maréchal Bazaine et le général Castelnau.
(2) E. Ollivier, IX, p. 100.

ne le soutînt. Dès leur départ, l'opinion se manifesterait en sa faveur. Le baron Magnus, ministre de Prusse, et surtout le consul d'Angleterre Scarlett, qui passait à Orizaba, appuyaient ces conseils imprudents. Les généraux Miramon et Marquez, qui venaient de débarquer, promettaient leur épée à Maximilien. Enfin son ancien chef de cabinet envoyait de Bruxelles, le 17 septembre, une lettre pressante qu'il avait la maladresse de laisser tomber entre les mains des juaristes et dont, par suite, les Etats-Unis et l'Europe recevaient connaissance avant l'empereur (1). Eloin voyait dans le désaveu infligé à Osmont et à Friant, dans la mission de Castelnau, la preuve que Napoléon III cherchait uniquement à se dégager du Mexique, en laissant son allié porter le poids de ses propres échecs. Il engageait Maximilien à ne pas se faire l'instrument d'une politique aussi égoïste, dont le jeune empereur serait la première victime : « J'ai la conviction, disait-il, que l'abandon de la partie avant le retrait de l'armée française serait interprété comme un acte de faiblesse. L'empereur tenant son mandat d'un vote populaire, c'est au peuple mexicain, dégagé de la pression d'une intervention étrangère, qu'il doit faire un nouvel appel. C'est à lui qu'il faut demander l'appui matériel et financier indispensable pour faire subsister et

---

(1) Eloin adressait sa lettre par l'intermédiaire du consul du Mexique à New-York. Or il oubliait l'existence du consul de Juarez, le seul reconnu aux Etats-Unis. C'est naturellement à lui que fut remise la lettre. Dans ses *Mémoires*, Beust fait mention d'Eloin comme d'un conseiller dangereux (II, p. 112).

Copie de la lettre en question fut transmise « par un inconnu » à Bazaine, après que l'original eut été montré à Montholon. Cette copie arriva fin octobre, le jour même où Castelnau recevait la visite des hauts fonctionnaires mexicains. Elle est reproduite par le général Niox, p. 634-635.

grandir l'empire. Si cet appel n'est pas entendu, alors, alors seulement, Sa Majesté, ayant accompli jusqu'à la fin sa noble mission, reviendra en Europe avec tout le prestige qui l'accompagnait au départ et, au milieu des événements graves qui ne manqueront pas de survenir, Elle pourra jouer le rôle important qui lui appartient à tous égards... En traversant l'Autriche, j'ai pu constater le mécontentement général qui y règne. Rien n'y est fait encore; l'empereur est découragé, le peuple s'impatiente et demande publiquement son abdication. Les sympathies pour V. M. se propagent ostensiblement sur tout le territoire. En Vénétie, tout un parti veut acclamer son ancien gouverneur ».

Il semble pourtant que, ni le P. Fischer, ni Eloin ne soient parvenus à détourner Maximilien d'une abdication qu'il jugeait encore indispensable (1). Du moins un incident l'indiquerait. Le général Castelnau voyait les jours s'écouler sans qu'une décision fût prise. Son anxiété s'accrut d'une visite que lui firent les ministres mexicains. Soit illusion, soit espoir d'en imposer et d'obtenir quelques ménagements du gouvernement français, ils affirmaient qu'ils pourraient se maintenir par leurs propres forces. Pour en avoir le cœur net, Castelnau envoyait à Orizaba le capitaine Pierron (2), chef du secrétariat militaire de l'empereur et qui avait conquis son estime par sa droiture inflexible, ainsi que par sa rare puissance de travail. Il fut longuement reçu par Maximilien et le trouva décidé à ne pas retourner à Mexico, à quitter le

---

(1) Il faut pourtant dire que sa lettre, du 31 octobre, à Bazaine, contenait déjà des réticences au sujet de son projet de retraite. Le 9 novembre, le maréchal écrivait à Randon que la situation était très peu claire (Paul Gaulot, *Fin d'Empire*, p. 176 et suiv.).

(2) Le futur commandant du 7e corps.

pays. Il abdiquerait, mais après avoir assuré, tout d'abord, le sort de ses compagnons d'infortune. Il demandait donc que la France rapatriât les légions autrichienne et belge, qu'elle garantît une pension ou une gratification aux officiers et soldats blessés de l'un et l'autre corps, qu'elle accordât diverses faveurs au personnel de sa maison (1). Castelnau jugea que ce ne serait pas payer trop cher une abdication. Il en fit part aussitôt à Napoléon III, ajoutant : « L'empereur Maximilien a exprimé à mon envoyé le vif désir de conserver l'amitié de Votre Majesté. J'ai donc lieu d'espérer que son abdication sera exempte des récriminations que nous pouvions redouter (2). »

Le 12 novembre, les intentions du jeune souverain sont encore les mêmes, ainsi qu'en témoignent ce qu'écrit Miramon à cette date : « J'ai parlé aujourd'hui à l'empereur que j'ai trouvé décidé à nous quitter. » Maximilien demandait à nos plénipotentiaires de s'engager par une note collective concernant l'avenir. Le 16, il obtenait satisfaction (3). Mais, le 18, la situation se modifie sensiblement. Dans une lettre, Maximilien remercie Dano, Bazaine et Castelnau de leur empressement à régler les points qui lui tenaient à cœur. Il ajoute une phrase qui donne fort à penser : « Il reste à fixer le définitif, à savoir un gouvernement stable pour protéger les intérêts compromis. » Afin de préparer cette transmission des pou-

---

(1) D'après M. P. de La Gorce, V, p. 106, Pierron revint d'Orizaba le 9 *novembre*. M. Emile Ollivier (IX, p. 101-102) porte cet entretien au 19 novembre, tout en mentionnant la lettre du 18 qui contredit les déclarations de l'empereur à Pierron. La lettre dans laquelle cet officier rend compte au maréchal des demandes de Maximilien serait du 16 novembre (Paul Gaulot, *Fin d'Empire*, p. 199).

(2) Castelnau à l'Empereur, 9 novembre, Général Niox, p. 638.

(3) Maximilien à Bazaine, 12 novembre; Déclaration collective, 16 novembre, Général Niox, p. 638-640.

voirs, il proposait une conférence. Autrement dit, il subordonnait son abdication à une nouvelle condition d'une réalisation impossible : le choix d'un régime appelé à garantir tous les intérêts. Il se posait en manière d'arbitre de la situation, entendant pourvoir avant tout à sa propre succession (1).

D'où peut provenir ce revirement? M. Emile Ollivier l'attribue « à une lettre de la mère de Maximilien, l'archiduchesse Sophie, arrivée par le paquebot américain qui touchait à Vera-Cruz le 20 novembre (2) ». Comment une lettre reçue à Orizaba sensiblement après cette date aurait-elle provoqué un revirement marqué par une lettre du 18? La vérité est que les efforts réunis de Fischer, d'Eloin, de Miramon et de Marquez, joints peut-être à d'autres causes inconnues, aboutirent à la lettre du 18 novembre. La décision de Maximilien n'était pas encore prise, mais, visiblement, il cherchait à retarder son abdication sous un simple prétexte. La lettre de sa mère fixait sa résolution.

Dans l'entourage de Maximilien, avant son départ pour le Mexique, il y avait des conseillers dangereux... « on parlait, jusque dans les cercles les plus élevés, d'un rôle éventuel qu'il pourrait jouer en Autriche.

« Après Sadowa, François-Joseph, se rendant de Schœnbrunn à Vienne, pouvait entendre crier « *Vive Maximilien!* » Des paroles imprudentes que l'archiduc avait peut-être prononcées ne restèrent pas secrètes... l'empereur avait lieu, plutôt dix fois qu'une, d'être disposé au soupçon et au ressentiment envers son frère (3) ». L'archi-

---

(1) Maximilien à Bazaine, 18 novembre, Général Niox, p. 641. Cette lettre fut remise le 20 par le capitaine Pierron, *ibid.*, p. 652.
(2) IX, p. 103.
(3) Beust, *Mémoires*, II, p. 112.

duchesse Sophie informait Maximilien de ces dispositions : « Il se trouverait en Autriche dans une situation ridicule et abaissée; on l'accueillerait mal ou plutôt on ne l'accueillerait pas, tant qu'il entendrait porter le titre d'empereur et qu'il ne serait pas rentré modestement dans sa qualité d'agnat autrichien, qu'il n'était même pas sûr d'obtenir (1). Il valait mieux s'enterrer sous les murs de Mexico que de se laisser diminuer par la politique française (2) ».

X

BAZAINE ET CASTELNAU

Castelnau avait d'abord paru croire à la bonne foi du maréchal. Mais il était difficile que cette croyance résistât aux attaques dirigées de tous côtés contre le commandant en chef. Deux représentants de puissances amies, à Mexico, donnaient l'exemple dès l'arrivée du général.

« J'ai fait, disait le premier, toute ma carrière diplomatique au Levant, en Perse, en Grèce, en un mot chez les peuples passant pour dissimuler le plus habilement la vérité. Nulle part je n'ai rencontré un dissimulateur de la force du maréchal.

« Tout ce que je peux vous dire, assurait le second, c'est que tout ce que vous avez pu rencontrer d'intrigues,

---

(1) En acceptant la couronne impériale, Maximilien avait dû renoncer à ses droits éventuels au trône de François-Joseph.

(2) Reproduit par M. E. Ollivier, IX, p. 103-104, sans indication de source. M. Ollivier cite à l'appui l'ouvrage de Kératry, l'opinion de Castelnau émise à M. Ollivier lui-même, celle du Père Fischer parlant à un diplomate mexicain, Gustave Baz; le rapport de Dano (1er septembre 1867) d'après les confidences du baron de Lago, ministre d'Autriche à Mexico.

d'astuce, de mauvaise foi, n'est rien à côté de ce que vous pouvez attendre du maréchal Bazaine, et je tiens à vous mettre en garde contre les pièges qui vous seront tendus (1). »

A ce moment, le colonel d'Espeuilles écrivait à M. Franceschini Pietri (27 octobre) :

« Voilà qu'on commence à dire à demi-voix que, outre les Mexicains, certaine influence française se serait mise de la partie pour faire revenir l'Empereur parmi eux à Mexico; on attribue cela à des intérêts particuliers. Je trouve cela tellement odieux que je ne puis le croire ».

Vers la même époque (27 novembre) Douay mandait à son frère : « Il est difficile de s'imaginer un type aussi complet de fourberie. Il (Bazaine) n'a qu'une seule préoccupation, c'est celle de s'enrichir dans notre désastre. Il sacrifie l'honneur du pays et le salut de ses troupes dans d'ignobles tripotages (2). »

Les idées de Castelnau ne pouvaient donc que se modifier : « Il est impossible que le maréchal ne nous trompe pas, écrivait-il, dit-on, à l'Empereur le 8 novembre; il nous trahit et s'entend avec Maximilien à notre insu et pour son propre compte (3). »

« Défiez-vous du maréchal, disait à Castelnau un personnage sans doute bien informé, puisque le général rapporte sa conversation à Napoléon III; tenez pour certain qu'il cherche à faire échouer vos efforts.... Tout moyen sera bon au maréchal pour prolonger son séjour au Mexique : il est tenu par bien des intérêts particuliers et j'ai la conviction qu'il se consolerait d'un désastre militaire, si ce désastre devait empêcher le départ de l'armée avant

---

(1) Germain Bapst, IV, p. 310.
(2) *Papiers et correspondance*, II, Complément, p. 117.
(3) Germain Bapst, IV, p. 311.

la fin de l'hiver... (1). » Cette conversation, ajoute Castelnau, me laissa l'impression la plus pénible et lorsque, dans la journée du 18, je reçus communication d'une lettre de l'empereur Maximilien où il était question de ses engagements envers la famille du maréchal, je compris que je ferais sagement de ne plus dédaigner les avis qui m'étaient donnés de toutes parts sur le double jeu (2) » de ce dernier.

On peut affirmer, en effet, que Bazaine contrecarrait sous main les projets de Castelnau au sujet de l'abdication. Nous en verrons bientôt la preuve. Quel était son but? Cherchait-il à prolonger son rôle, c'est-à-dire la magnifique situation qu'il occupait au Mexique? Voulait-il attendre la liquidation de ses intérêts, ou, simplement, plaire à sa jeune femme, qui redoutait une expatriation et qui, plus encore que lui, profitait de sa quasi-royauté? « A Mexico, surtout depuis le départ de l'impératrice Charlotte, elle était la première, presque souveraine, proclamée la plus jolie femme du Mexique; à Paris, elle serait perdue dans la masse. La Cour des Tuileries l'effrayait; elle y paraîtrait bien insignifiante, peut-être même ridicule, et au milieu de toutes les beautés dont on parlait tant, à commencer par l'impératrice Eugénie, quelle situation aurait-elle? Ces réflexions l'avaient poussé plusieurs fois à affirmer qu'elle resterait à Mexico et n'irait pas à Paris (3). »

---

(1) M. Ollivier, IX, p. 104, reproduit la substance de ces paroles en les attribuant à Dano.

(2) Rapport à l'Empereur, 28 novembre, Germain Bapst, IV, p. 311-312.

(3) Germain Bapst, IV, p. 312. Malgré son indulgence pour Bazaine, M. Paul Gaulot (*Fin d'Empire*, p. 214) reconnaît la possibilité de l'action de la maréchale sur lui. Elle marie Dano à l'une des filles d'une très riche famille étrangère fixée au Mexique, de façon à avoir

Il se peut aussi que le but de Bazaine ait été simplement de gêner l'action de Castelnau, dont la présence lui devenait insupportable. Pensait-il, au contraire, que l'évacuation serait plus facile en présence d'une administration à peu près régulière? Il est impossible d'affirmer que l'un ou l'autre de ces motifs aient dicté sa conduite, car il n'a pas livré son secret. Nous inclinons à croire que la plupart contribuèrent à le rendre résolument hostile à l'abdication.

Quoi qu'il en soit, Castelnau s'opposait à ce que Bazaine allât à Orizaba où il était convoqué par l'empereur, ainsi que Dano et lui, de peur « qu'il n'eût une entrevue particulière avec Maximilien et ne s'unît à ses conseillers pour empêcher son abdication, trahir les intérêts français et servir les siens propres (1) ». Il fit valoir au maréchal qu'il serait impolitique de se montrer dans une réunion de conservateurs, ennemis déclarés de notre intervention. Bazaine céda, fit prier Douay de retarder son arrivée à Mexico et invoqua ce retard comme excuse vis-à-vis de l'empereur.

Les ministres et les conseillers de Maximilien se ren-

---

un auxiliaire. Elle cherche à marier Castelnau et Maintenant aux deux autres filles. Ces tentatives prouvent tout au moins un rare esprit d'intrigue. Elles montrent aussi que la maréchale put influer sur la conduite politique de Bazaine, surtout à la fin de notre occupation, quand elle vit approcher le terme de son séjour au pays natal.

(1) Rapport du 9 décembre 1866, reproduit en extrait par M. E. Ollivier, IX, p. 104-105.

En réalité, le texte de ce rapport est le suivant :

« J'avais l'intime conviction que le maréchal ne voulait se rendre à Orizaba que pour avoir une conversation particulière avec Maximilien et faire cause commune avec ses conseillers afin d'empêcher son abdication ».

M. Paul Gaulot, *Fin d'Empire*, p. 202 et suiv., se borne à écrire que Bazaine refusa, d'accord avec Dano et Castelnau.

dirent seuls à sa convocation et, après deux jours de délibération, décidèrent le maintien de l'empire à une voix de majorité, « les ressources du pays permettant à l'empereur de se maintenir sans l'appui de l'étranger » (28 novembre). Evidemment, si Maximilien n'eût déjà pris son parti, il aurait hésité à suivre un avis aussi faiblement appuyé. Au contraire, il faisait annoncer dans son *Journal officiel* qu'il restait au Mexique. Il attachait à sa personne Miramon, qui avait été, de notre part, l'objet d'un arrêté d'expulsion, et annonçait la prochaine réunion d'un congrès élu sur les bases les plus larges. Cette assemblée déciderait du sort de l'empire mexicain [1er décembre] (2).

La décision du malheureux souverain était accueillie par les bruyantes manifestations des conservateurs, qui semblaient chercher à se donner ainsi l'illusion du nombre et de la force. Elle surprenait le corps expéditionnaire, qui nourrissait peu d'illusions sur les chances de vitalité du nouvel empire. L'un de nos officiers, d'Espeuilles, écrivant à M. Franceschini Pietri (8 décembre), concluait ainsi : « Nous laissons derrière nous et debout l'empire que nous avions installé : il est possible que nous l'entendions crouler plus tard, mais nous nous en laverons les mains, puisque nous n'étions plus là pour le diriger et le maintenir. — Ma conclusion, c'est qu'il faut filer et filer au plus vite, pendant que cette bonne veine-là dure... (2). » Il se peut que ce raisonnement d'un naïf égoïsme ait été celui du maréchal.

Le 2 décembre, sous sa signature unie à celle de Castelnau, partait un télégramme à Napoléon III : il y avait

---

(1) Paul Gaulot, *op. cit.*, p. 207.
(2) *Papiers et correspondance*, II, Complément, p. 154-156. M. P. de La Gorce (V, p. 110) modifie sensiblement le texte de cette lettre.

urgence à envoyer les transports; on pensait que la légion étrangère, elle aussi, devait être embarquée, contrairement à la convention de Miramar; enfin l'on demandait s'il faudrait faire partir également les officiers et soldats détachés dans les corps franco-mexicains (1). Non seulement nous abandonnerions Maximilien, mais nous hâterions sa chute.

Sur les entrefaites, on communiquait à Castelnau trois lettres de Mgr La Bastida, du ministre de la Guerre Tavera et du colonel autrichien Kodolisch (2). Bazaine aurait déclaré au ministre Larès « qu'il désirait le retour de l'empereur dans sa capitale et que, s'il (Maximilien) prenait cette résolution et gardait les rênes du gouvernement, les troupes françaises pourraient rester au Mexique jusqu'en novembre 1867 ». On disait même que Bazaine avait écrit à Larès et que ses lettres, répandues parmi les membres du conseil d'Orizaba, avaient fortement contribué à leur décision.

Ces documents ne faisaient que renforcer l'opinion de Castelnau sur le maréchal. Quoi qu'en dise M. Emile Ollivier (3), on s'explique aisément qu'il n'ait pas eu la pen-

---

(1) Général Niox, p. 628.

(2) Ces pièces avaient été adressées au capitaine Pierron, qui les communiqua sans doute à Castelnau. M. Paul Gaulot en a eu connaissance en juillet 1890 par ce dernier. La lettre de Mgr La Bastida, adressée à la princesse Iturbide, est du 3 décembre 1866; celle de Tavera, du 5, paraît être adressée à Pierron lui-même; la déclaration de Kodolisch se réfère à un entretien du 22 novembre en présence de Pierron (Paul Gaulot, *Fin d'Empire*, p. 216 et suiv.; Le même, *Bazaine au Mexique*, Nouvelle Revue du 15 juin 1908, p. 475).

(3) « Il semble qu'en cette circonstance, ce qui était indiqué, c'était de montrer ces lettres à Bazaine, de l'interpeller sur leur contenu, car on ne prononce pas qu'un maréchal de France est un fourbe sans le mettre en demeure de s'expliquer... » (IX, p. 106-107).

sée d'interroger Bazaine à ce sujet. Leur situation réciproque l'interdisait, à défaut d'autres raisons aisées à trouver. Le général se borna donc vis-à-vis de lui à des récriminations vagues, auxquelles le maréchal répondit par des dénégations qui accrurent son indignation. Il envoya les lettres à Paris, avec un rapport dont on ne connaît que le brouillon, ainsi conçu :

« ...La connaissance de ces documents m'imposait de sérieuses obligations.

« J'avais deux partis à prendre :

« Retirer au maréchal le commandement et le donner au maréchal Douay;

« Ou bien aller trouver le maréchal, lui prouver que je n'étais plus sa dupe, lui faire comprendre toute la gravité de ses torts, et chercher, en faisant vibrer certaines cordes, à le ramener à un dévouement absolu à Votre Majesté et à une ligne de conduite plus droite....

« Le premier plan était le plus simple et peut-être aussi le plus séduisant, mais il avait de grands inconvénients : éclats, scandale, le maréchal déconsidéré aux yeux de l'armée et perdu à jamais....

« Après mûre réflexion, et quand j'ai cru m'être bien inspiré des sentiments de Votre Majesté.... (1) »

Castelnau tenait naturellement à éviter un éclat; d'autre part on voit mal un général de brigade « interpellant » un maréchal de France sur le contenu de documents qu'il n'a pas signés. Enfin, comme une grande partie de l'armée, il n'avait plus aucun doute sur la fourberie de l'intéressé.

(1) M. Paul Gaulot a eu entre les mains une partie de ce brouillon, dont la fin manque. Il paraît ressortir de la conversation qu'il résume avec le général Castelnau (juillet 1890) que le rapport en question ne fut pas envoyé du moins sous cette forme (Paul Gaulot, *Nouvelle Revue*, loc. cit., p. 475-476). Le rapport envoyé réellement contient la substance de ce qui précède (Paul Gaulot, *Fin d'Empire*, p. 218).

Afin de forcer Bazaine à se démasquer, Castelnau lui soumit une déclaration absolument contraire au langage qu'on lui attribuait. Non seulement le maréchal l'approuva sans difficulté, mais il la reproduisit de sa propre main et la signa : « Les soussignés, après avoir examiné sous toutes ses faces la question mexicaine, sont convenus de déclarer qu'ils ne voient qu'une solution possible pour sauvegarder les intérêts en cause : l'abdication de l'empereur. Les soussignés, malgré le regret qu'ils en éprouvent, ont résolu de constater solennellement cette opinion qu'ils feront immédiatement connaître au gouvernement de l'empereur Napoléon » (8 décembre). Dano et Castelnau signèrent de même (1).

Le 29 novembre, Bazaine avait écrit à Randon : « Quant à moi, je fais tous mes efforts pour remonter le moral de l'empereur, car, avec de la résolution, et surtout de la persistance dans la conduite des affaires, il peut maintenir sa situation dans le centre du pays (2). » C'était tout juste le contraire de ce qu'il écrivait et signait le 8 décembre. Il n'y a donc aucun doute à concevoir sur sa fourberie : il ne pense pas ce qu'il écrit d'accord avec Dano et Castelnau. Sa pensée est plutôt celle qu'il développe dans ses rapports politiques des 28 novembre et 28 décembre : au lieu d'engager l'empereur à abdiquer, ce qui nous laisserait seuls en présence de partis difficiles à contenir, il vaut mieux l'encourager à la résistance. L'empire mexicain durera ce qu'il pourra, mais nous aurons retiré notre épingle du jeu (3). Il écrivait à Randon le 9 décembre : « ...Nous aurions mauvaise grâce

---

(1) Général Niox, p. 654 et suiv.
(2) Général Niox, *loc. cit.*
(3) Paul Gaulot, *Fin d'Empire*, p. 220 et suiv.

à susciter des embarras au pouvoir que nous avons contribué à élever. L'empereur déclarant qu'il se maintiendra avec ses seules ressources, il ne nous reste donc qu'à nous retirer le plus promptement possible... (1) »

Les plénipotentiaires français ne communiquèrent pas immédiatement leur déclaration collective à Maximilien, on ignore pour quel motif. Elle était pourtant de nature à l'éclairer sur la situation. Quoi qu'il en soit, on verra bientôt quelle conviction apportait Bazaine dans ses propres affirmations.

Sur les entrefaites, Napoléon III était avisé par télégramme de la nouvelle décision de Maximilien. Il répondait à Castelnau *ab irato* [13 décembre] (2) : « Rapatriez la légion étrangère et tous les Français, soldats ou autres, qui veulent revenir, et les légions autrichienne et belge si elles le désirent. » C'était violer ouvertement la convention de Miramar, d'après laquelle la légion resterait au service du Mexique après le départ des autres troupes françaises. Napoléon III outrepassait singulièrement ses droits : « On avait enlevé au prince ses douanes, maintenant on lui enlevait ses soldats. On ne se contentait pas de l'abandonner, on le spoliait, on le désarmait (3). » La seule explication possible est que l'on voulait à tout prix l'obliger à quitter le Mexique. Plus on lui enlèverait de soldats, plus on hâterait son abdication, tout en réduisant le nombre des vies humaines sacrifiées dans une entreprise dont nul, en France, n'admettait un instant qu'elle pût être prolongée.

Parmi le corps expéditionnaire, ces idées étaient plus

---

(1) Général Niox, p. 655.
(2) Télégramme arrivé à Mexico le 18 seulement.
(3) E. Ollivier, IX, p. 107-108.

répandues encore qu'à Paris. On parlait volontiers de contraindre Maximilien à une abdication, de le faire prisonnier et de l'embarquer à destination de l'Europe, le tout pour son bien (1). Heureusement ces idées restaient le fait de quelques-uns et une honte suprême était épargnée au gouvernement français. Mais le bruit se répandait de la mésintelligence croissante entre Bazaine et Castelnau. Il contribuait à faire croître l'indiscipline, née des conditions spéciales de la guerre du Mexique et qui dépassait maintenant toutes les bornes. Vers cette époque Galliffet écrivait à M. Franceschini Pietri : « La situation devenant ici de plus en plus compliquée, le maréchal Bazaine ne marche pas droit, c'est un fait positif, nul ne l'ignore ici; il a des intérêts dans une maison qui n'a pas encore été payée par l'Empereur..., il ne peut la vendre et est peu disposé à laisser ici les cinq cent mille francs qu'elle représente. C'est trop fort, il écrit blanc à l'empereur du Mexique et dit noir au général Castelnau, mais rien n'est perdu et, pour ma part, je ne doute pas un instant du résultat.

« Le général Castelnau le tient maintenant dans les jambes et le forcera à marcher droit; ce n'était pas une tâche facile entre un maréchal sans franchise et un chef d'état-major sans honnêteté... (2). Malgré tout, et soyez en sûr, les ordres de l'Empereur seront exécutés et les honnêtes gens sont tous d'accord pour en attribuer le résultat à l'intervention énergique du général Castelnau.... Le général Douay me disait hier : *Sans Castelnau, nous ne serions jamais partis....*

« *P.-S.* — Voici du nouveau, le retour de l'empereur à

---

(1) Voir *supra*, p. 78.
(2) Ces derniers mots s'appliquent au successeur du général Manèque.

Mexico, qui avait jusqu'ici paru problématique, paraît se confirmer;... on prétend ici que ce revirement subit est dû aux conseils de Miramon et de Marquez.... Si cet état de choses devait durer six ou huit mois, rien de mieux, parce que, l'empereur Maximilien tombant quelque temps après notre départ, toute la responsabilité serait pour lui.

« Mais je ne lui crois pas assez de résolution pour soutenir un pareil rôle, et je crois bien plutôt que, se sentant trop faible au dernier moment, il se décidera à s'embarquer et nous aura mis, par cette conduite irrésolue, hors d'état d'établir un gouvernement qui ait quelque chance de rétablir l'ordre dans le pays; il n'y avait qu'un moyen, un peu violent, mais le seul bon je crois, provoquer un coup d'Etat et le faire mettre à la porte, ou, ce qui est encore bien plus simple, le faire enlever et embarquer.... » [11 décembre] (1).

Cependant Maximilien quittait Orizaba et retournait lentement à Mexico, comme à regret. Il s'arrêtait aux environs de Puebla. Castelnau n'avait pas renoncé à sa combinaison. Il partait de Mexico, avec Dano, et, le soir du 20 décembre, se faisait annoncer à l'empereur, alors dans l'hacienda de Zonaca. Le colonel Kodolisch vint prévenir les deux Français que Maximilien recevrait de suite Castelnau, son désir étant de s'entretenir d'abord seul

---

(1) Reproduit par le *Figaro* du 7 avril 1883, sans indication d'origine. A comparer avec la lettre de Dano, citée plus haut, p. 78. D'après Bazaine, Castelnau et Dano étaient d'avis « qu'il faudrait peut-être prononcer la déchéance de l'empereur Maximilien ». Le maréchal était hostile à cette idée : « Je crois qu'il est préférable de laisser l'empire mexicain suivre sa propre fortune... ». Il ajoutait : « Ici nous sommes quatre : le commandant de l'armée, l'aide de camp de S. M., le ministre de France, le chef de la mission financière; chacun a ses instructions et sa manière d'apprécier les choses... » (Bazaine à Randon, 28 décembre, Général Niox, p. 683).

avec l'envoyé de Napoléon III. Il voulait sans doute écarter Dano, que ses âpres réclamations financières avaient rendu odieux et qui passait pour songer uniquement au riche mariage dont nous avons parlé.

Maximilien accueillit « on ne peut plus » gracieusement Castelnau, s'exprimant en termes reconnaissants sur le compte de Napoléon III, mais évitant toute question personnelle.

Le 21 décembre, il reçut à la fois Dano et Castelnau qui abordèrent avec une respectueuse résolution l'objet de leur voyage, s'efforçant de montrer la gravité de la situation, la force et l'audace croissantes des juaristes, la retraite imminente de nos troupes, la menace constante des Etats-Unis, la guerre civile prête à se déchaîner de nouveau sur le malheureux Mexique, avec son cortège habituel de misères et de crimes. Seul, l'empereur pouvait détourner tant de maux en renonçant à un trône que bientôt il ne pourrait plus garder. Il affirmerait ainsi la noblesse de son caractère.

Maximilien répondit que le pouvoir lui était à charge et qu'il l'abandonnerait volontiers, à la condition de le faire avec honneur. Il se considérait comme une sentinelle en faction, ne pouvant quitter son poste qu'après avoir été relevé. C'est dans cette pensée qu'il convoquait un congrès national, suivant une suggestion antérieure de Napoléon III, qu'il avait eu beaucoup de peine à faire accepter par son cabinet. Pas plus que ce dernier, il ne se faisait illusion sur le résultat de cette convocation. Elle amènerait l'élection de Juarez, c'est-à-dire la solution la meilleure pour un pays hostile à la forme monarchique. Il s'inclinerait volontiers devant cette décision et serait le premier à féliciter l'élu de la nation, « après quoi, le cœur léger et le front haut, il reprendrait en simple citoyen mexicain le chemin de Vera-Cruz et de l'Europe (1). »

Castelnau répliqua que ces projets généreux étaient dignes de l'empereur, mais qu'il les jugeait irréalisables. La réunion d'un congrès eût été facile, quand elle avait été suggérée par Napoléon III; elle aurait sans doute sauvé le Mexique. Aujourd'hui, il était trop tard. Ni les conservateurs, ni les libéraux n'accepteraient l'idée d'un congrès, les premiers par conscience de leur faiblesse, les seconds parce qu'ils n'admettraient pas qu'on pût discuter leur victoire. Le ministre Larès lui-même traitait cette idée de chimère. Il feignait de l'adopter uniquement pour gagner du temps, mais avec la résolution de ne rien faire en vue de la réaliser.

Dano ajoutait que le maréchal Bazaine partageait leur avis sur la nécessité d'une abdication. Comme l'empereur paraissait incrédule, il tirait de son portefeuille la déclaration écrite de la main du commandant en chef. Maximilien lisait sans la moindre surprise, puis, prenant un papier sur son bureau, le tendait à Dano : « En voici une plus fraîche, dit-il; lisez à votre tour (2). » C'était un télégramme envoyé la veille à Maximilien par le maré-

---

(1) E. Ollivier, IX, p. 108-112, d'après le rapport de Castelnau du 28 décembre 1866, dont il avait l'original sous les yeux en écrivant son récit.

(2) E. Ollivier, loc. cit., d'après le rapport de Castelnau à l'Empereur. M. Paul Gaulot a interrogé à ce sujet le général de Castelnau, à la date que nous avons indiquée. D'après Castelnau, Maximilien se serait « borné à prendre un papier sur son bureau et à nous dire que c'était une dépêche du général l'encourageant à rester ; c'est tout ce que nous avons vu... », ajouta le général (loc. cit., p. 479). Il y a donc contradiction entre une conversation de Castelnau *en juillet 1890*, rapportée par un tiers, et un rapport de lui, daté du *28 décembre 1866*. Nous nous en tenons naturellement au rapport.

chal et dans lequel il le pressait de garder la couronne : rien n'était plus possible que « l'empire, et il allait faire tous ses efforts pour le soutenir ».

L'empereur jouit un instant de la confusion des deux Français, puis reprit : « Vous ne paraissez pas être encore habitués aux façons d'agir du maréchal; pour moi, j'y suis fait depuis longtemps, et depuis longtemps je sais quel fond on peut faire sur lui. Je déplore son manque de franchise dont, plus que personne, j'ai été victime; mais aujourd'hui, sans plus me confier en lui, je m'en sers comme d'un instrument pour l'exécution de mes desseins. Le maréchal s'est perdu par son alliance et par l'influence qu'il a laissé prendre sur lui par sa femme et la famille de sa femme; il s'ingénie à tromper tout le monde, et il s'imagine y réussir alors que personne n'est plus sa dupe. Pense-t-il que j'ignore que le 2 décembre il recevait Porfirio Diaz à sa table? Et pense-t-il que les libéraux ignorent que, le même jour, il faisait toutes sortes de promesses à Miramon, Marquez et autres chefs du parti conservateur? » Puis, Maximilien reprit son thème du congrès, assurant que sa décision était irrévocable. Il était trop engagé par son manifeste pour se dédire maintenant. Dano et Castelnau jugèrent inutile d'insister (1).

Certes la fourberie de Bazaine était patente. Il cherchait à tromper Maximilien aussi bien que Napoléon III. Chose curieuse, M. E. Ollivier n'a pour lui qu'un blâme

---

(1) E. Ollivier, IX, p. 112. Le capitaine Pierron écrivait à Castelnau (9 décembre) : « Et tandis que le maréchal Bazaine faisait des avances à Maximilien, il recevait à déjeuner, le 2 décembre, le général Porfirio Diaz ». Ce détail était confirmé par le lieutenant-colonel Boyer quelques jours après (Germain Bapst, IV, p. 311). Il paraît néanmoins inexact.

discret. Il réserve toutes ses foudres pour le malheureux souverain si impudemment berné : « Maximilien, en employant un langage si virulent à l'égard de l'homme auquel il envoyait sans cesse des assurances d'affection et de confiance, montre une telle duplicité qu'il rend difficile d'accepter ses affirmations. L'examen des faits confirme cette présomption. Il n'est nullement établi que Bazaine ait eu des relations indirectes avec Miramon et Marquez, les ombres de Maximilien. Il n'est pas non plus exact que Bazaine ait reçu à sa table Porfirio Diaz. Il n'avait eu aucune relation personnelle avec lui depuis la prise de Oajaca. Un certain Otterbourg, ancien consul américain, était venu, il est vrai, lui dire que, puisqu'on ne voulait pas traiter avec Juarez, Porfirio Diaz était l'homme avec lequel il fallait s'entendre. Bazaine répondit que Maximilien restait à ses yeux le seul chef légal ayant droit à la protection française, et que, jusqu'au changement régulier de l'ordre constitutionnel, il considérait tout général dissident comme un rebelle avec lequel il ne pouvait traiter; ce ne serait qu'après l'abdication et l'embarquement de l'archiduc qu'il ne verrait aucun inconvénient à entrer en pourparlers avec Porfirio Diaz. Otterbourg, de sa propre initiative, se rendit auprès du chef juariste et le pressentit en lui rapportant les propos de Bazaine. Le loyal général se refusa à entrer même en conversation sur cet ordre d'idées : dans aucune éventualité il ne supplanterait son chef, son ami, le représentant de l'indépendance nationale, Juarez : il repoussa sèchement une ouverture contraire à un devoir d'honneur.

« Bazaine a certainement caressé d'autres chefs républicains sans décourager les membres conservateurs du ministère... il était convaincu qu'en dehors d'une entente avec Juarez, dont on ne voulait pas, l'abdication de Maximilien, loin de nous tirer du gâchis, nous y replongerait davantage. Nous nous trouverions dans l'impossibilité de constituer un gouvernement.... D'autre part, toute espèce d'ordre étant aboli, les fractions de notre armée encore éloignées seraient exposées à des attaques, peut-être à des échecs que nous serions obligés de réparer, et notre évacuation serait alors retardée au delà d'un terme visible (1). »

Ainsi, d'après M. Ollivier, c'est en vue du bien du service, uniquement, que Bazaine cherche à jouer Napoléon III en déconseillant une abdication qu'il sait pertinemment être désirée par ce souverain. Nous ne parlons pas de Maximilien auquel il promet de prolonger l'occupation, contre les instructions les plus formelles de son gouvernement. Ces affirmations de l'ancien ministre impérial valent d'être pesées.

En premier lieu, s'il n'est nullement établi que Bazaine ait eu des relations indirectes avec Miramon et Marquez, le contraire est encore moins démontré. Maximilien a quelque raison d'être renseigné à cet égard, ces deux généraux étant ses ombres, au dire de M. Ollivier.

D'autre part, le fait des relations de Bazaine avec les chefs juaristes paraît certain. M. Ollivier en admet lui-même l'existence dans le passage que nous avons cité (2). Il mentionne (3) l'arrestation par les ordres de Marquez d'un ancien ministre de Juarez que Bazaine fit aussitôt relâcher. Cette entente avec les libéraux était bien connue

---

(1) E. Ollivier, IX, p. 112-114, sans indication de source.
(2) IX, p. 114.
(3) *Correspondant*, loc. cit., p. 1002.

de l'armée, qui ne manquait pas de la commenter (1). On allait jusqu'à prêter au maréchal le projet de livrer à Porfirio Diaz Maximilien, Marquez et Miramon (2).

A l'égard de Porfirio Diaz on a le témoignage de ce général lui-même, plus tard réélu à plusieurs reprises et récemment encore président de la République du Mexique. En octobre 1866, après avoir repris Oajaca, Diaz envoya au maréchal Carlos Thiele pour rapporter le sabre du commandant Testard, qui avait été tué, et proposer un échange de prisonniers. Bazaine aurait profité de la présence de ce tiers pour offrir à Diaz de l'équipement, des chevaux, des mulets, des fusils, des canons, des munitions (3) qui furent refusés. Puis, écrit Diaz, il fit de nouvelles propositions : « Le maréchal chargea don Carlos Thiele de me dire que, sur son départ de Mexico pour la côte, il s'arrêterait trois jours à Ayotla — comme il le fit au reste — et que, dans le cas où j'attaquerais la capitale pendant qu'il ferait ce séjour, il désirait avoir par Thiele la description des uniformes de mon armée pour

---

(1) Douay à son frère, 29 janvier 1867, *Papiers et correspondance*, loc. cit., p. 128 ; Le chef d'escadron d'Espeuilles à M. Franceschini Pietri, 1er septembre 1866, *ibid.*, p. 154.

(2) P. de La Gorce, V, p. 117. Voir aussi p. 121, et Germain Bapst, *Nouvelle Revue*, loc. cit., p. 447.

(3) Suivant une lettre de Porfirio Diaz à Romero, agent de Juarez à Washington, reproduite d'après les journaux américains par le général Niox, p. 648, Bazaine aurait fait offrir à Diaz, par Otterbourg, de lui vendre 6.000 fusils, 4 millions de capsules, des canons, de la poudre. Du récit d'Otterbourg, il résulte que cette offre était conditionnelle, pour le cas où Diaz deviendrait le chef légal du Mexique. On verra plus loin qu'une certaine quantité de matériel fut détruite ou vendue à vil prix lors de l'évacuation. L'offre de cession en question n'avait donc rien d'invraisemblable. M. le général Niox paraît en admettre la réalité, quelques détails mis à part. Cf. *La guerre du Mexique selon les Mexicains*, *Journal des Débats* du 16 août 1898, par Albert Hans.

les distinguer de ceux de Maximilien, parce que, dans le cas où je marcherais sur Mexico, il y rentrerait de son côté sous prétexte d'y rétablir l'ordre, et les choses se passeraient alors à ma satisfaction et à la sienne. Je compris, continue Diaz, par ce message, qu'il tenait à me faire savoir qu'il m'aiderait à m'emparer de Mexico pendant que Maximilien y serait, pourvu qu'en échange je consentisse à certaines propositions insidieuses contre le gouvernement de Juarez, afin que la France pût traiter avec une autre autorité avant de quitter le Mexique.

« Il ne me semblait pas convenable de prolonger ces relations ouvertes pour un échange de prisonniers et qui en arrivaient là. Je le dis à Thiele pour qu'il le fasse savoir à Bazaine comme étant la seule réponse que j'avais à lui faire. »

Le 10 décembre 1886, l'ex-maréchal Bazaine voulut, par une lettre datée de Madrid, obtenir que Porfirio Diaz revînt sur ses allégations. Le général les maintint par une lettre des plus nettes [11 janvier 1887] (1).

Pourtant, à vrai dire, cette dernière révélation paraît invraisemblable. Il se peut que Thiele ait mal compris le maréchal. Nous en retiendrons seulement l'existence de pourparlers louches entre Bazaine et l'un des principaux chefs des juaristes (2).

---

(1) Germain Bapst, *Nouvelle Revue*, loc. cit., p. 447-448.

(2) M. Paul Gaulot, *Nouvelle Revue* (loc. cit., p. 467), admet que la lettre de Napoléon III à Bazaine, en date du 15 janvier 1866 (Voir *supra*, p. 76), autorisait pleinement le maréchal « à entrer en négociation avec tel ou tel chef dissident ». Il ne paraît pas démontré que cette conclusion soit juste. Même la lettre de l'Empereur datée du 15 novembre 1863, c'est-à-dire antérieure à l'avènement de Maximilien, ne pouvait justifier ces pourparlers en 1866. Voici le texte de ce document cité par M. Paul Gaulot (loc. cit., p. 466) :

« J'insisterai sur ce point essentiel que je vous recommande. Faites

Il est d'ailleurs certain que Bazaine, dans ses rapports au ministre de la Guerre, ne dissimulait pas son avis contraire à l'abdication. Il ne voulait la provoquer en rien. « Je crois, écrivait-il, qu'il est préférable de laisser l'empire mexicain suivre sa propre fortune; il est bien probable qu'il ne durera guère après notre départ, mais enfin nous n'en serons plus responsables, et on ne pourra nous accuser de déloyauté ». Il ne cachait pas davantage les soucis que lui causait l'évacuation : « Il faut avoir éprouvé toutes les inquiétudes que me causaient l'éloignement du 62° de ligne et de toutes les troupes disséminées sur la surface de l'empire et la difficulté de les ramener à ma portée, pour se rendre compte des ménagements que j'ai dû garder avec tous les partis, en maintenant, sans compromettre la capitale au moment où j'opérais mon mouvement de concentration, sans fatiguer mes troupes et sans perdre le prestige de nos armes, les bandes dont le nombre et l'audace augmentent chaque jour, l'esprit de réaction qui cherchait à m'envahir et le mouvement naturel des diverses fractions du parti libéral qui ont hâte d'en finir avec l'empire.

« En résumé, monsieur le Maréchal, le parti conservateur a su inspirer à l'empereur Maximilien assez de confiance pour le faire revenir sur sa décision première qui était d'abdiquer. Après les essais infructueux tentés avec les autres partis, il ne restait plus qu'à se jeter dans les bras du parti conservateur; l'expérience commence : nous aurions mauvaise grâce à susciter des embarras au pou-

---

en sorte, autant qu'il dépendra de vous, de décider les généraux Doblado et Comonfort à se réunir à notre cause. Ce serait, vous le comprenez, un des meilleurs moyens d'amener une solution définitive ».

voir que nous avons contribué à élever. L'empereur déclare qu'il se maintiendra avec ses seules ressources; notre rôle est terminé, il ne nous reste plus qu'à nous retirer le plus promptement possible. Quittons donc le Mexique.... Je serai prêt à embarquer toutes les troupes françaises au commencement de février 1867. L'empire durera dès lors ce qu'il pourra, mais, s'il tombe, nul ne pourra nous accuser d'avoir contribué à sa chute. La France aura, jusqu'au dernier moment, rempli ses engagements; elle aura, en partant, assuré ses droits, ses réclamations, les intérêts de ses nationaux, choses que tout autre gouvernement que le gouvernement impérial lui refusera systématiquement (1). »

Un mois après, il revient encore sur la nécessité de soutenir l'empire jusqu'au bout : « ...N'avions-nous pas à craindre aussi que la surexcitation causée dans tout le pays par cette entente avec les Etats-Unis ne réunisse contre nous tous les partis et ne rende notre retraite plus difficile? C'est pourquoi, monsieur le Maréchal, j'ai considéré et je considère encore de notre intérêt, pendant notre présence au Mexique, de soutenir l'empire tant qu'il croira pouvoir vivre de ses propres ressources (2). »

Ainsi Bazaine concluait nettement à la nécessité de hâter l'évacuation, mais de soutenir l'empire tant que nous serions au Mexique. Peu importait le sort qui l'attendrait dès notre départ.

Sans doute cette opinion était celle de nombre d'offi-

---

(1) Rapport politique du 28 novembre 1866, E. Ollivier, IX, p. 116-117.

(2) Rapport du 29 décembre 1866, E. Ollivier, IX, p. 117. Bazaine paraît beaucoup exagérer la portée de cette « entente avec les Etats-Unis ».

ciers (1); on pouvait la défendre. Mais alors pourquoi signer, écrire de sa propre main la déclaration du 8 décembre? Pourquoi faire passer secrètement à Maximilien des conseils contraires à ceux qu'il lui donnait officiellement? Il n'y a qu'une explication à ces actes : par défaut de caractère, par duplicité innée, le maréchal évitait de se compromettre en soutenant ouvertement une politique contraire à celle de Napoléon III, mais il la soutenait néanmoins, usant des finasseries qui lui étaient devenues familières dans les affaires arabes et que ses subordonnés ne tardaient pas à percer, au point de lui refuser leur estime (2).

M. Emile Ollivier, qui traite le maréchal avec une mansuétude quelque peu surprenante, écrit à ce sujet : « S'associant sans mot dire, en soldat subordonné, à toutes les démarches du représentant de l'Empereur, il attendait avec un secret plaisir l'échec certain auquel courait son Mentor (3); il ne se privait pas, dans ses conversations, de le prévoir. Pour être bon prophète, a-t-il poussé par ses conseils au dénouement qu'il prévoyait? cela se peut. Et, dans ce sens, la dépêche montrée par Maximilien peut se comprendre. Mais on ne vient à bout de la finasserie que par la franchise, même rude, et Castelnau, plus encore que quand on lui avait transmis certaines lettres, eût dû interpeller directement le maréchal; il ne le fit pas... (4). »

Ainsi, M. Ollivier émet des doutes au sujet de la dépê-

---

(1) Voir notamment *supra*, p. 125 et 131, l'avis de Galliffet et d'Espeuilles.

(2) Voir le général Niox, *Expédition du Mexique*, p. 683 et suiv.

(3) Bazaine trouvait très lourde la tutelle de Castelnau; il écrivait : « Il est dur de passer au second rang » (Paul Gaulot, *Fin d'Empire*, p. 224).

(4) *Correspondant*, loc. cit., p. 998.

che montrée par Miximilien. Pour qu'elle soit fausse (1), il faut que l'empereur l'ait fabriquée de toutes pièces et que Castelnau ait été trompé par lui, ainsi que Dano. C'est faire, semble-t-il, une part bien grande aux hypothèses les moins vraisemblables : quand on connaît l'opinion de nombre d'officiers du Mexique au sujet de Bazaine, on ne peut douter que, de lui et de Maximilien, il ait été certainement le plus fourbe. Le souvenir de Queretaro aurait dû conseiller à M. Ollivier moins de sévérité. D'autre part, nous avons dit pourquoi, à moins de provoquer un scandale sans exemple, il ne pouvait venir à l'idée de Castelnau d'interpeller un maréchal de France pour lui reprocher la fausseté de sa conduite.

Quoi qu'il en soit, Castelnau gardait le plus amer souvenir du méchant tour que lui avait joué Bazaine. Il écrivait au lieutenant-colonel de Galliffet : « Vous connaissez ma mission, mon cher ami, vous savez quels sont mes pouvoirs. J'ai hésité longtemps, mais il y a tant de duplicité dans la conduite politique du maréchal que je suis presque décidé à agir, à le relever de son commandement, à lui signifier l'ordre de rentrer sans délai en France, où il devra justifier sa conduite. J'ai dans mon portefeuille une lettre de commandement pour le général Douay. Mais je ne veux pas agir avec précipitation. J'ai confiance dans votre jugement; donnez-moi à ce sujet votre avis, le porteur de cette lettre me remettra votre réponse. »

Galliffet répondit « en substance : non, mon général, non, ce serait une bien grosse atteinte à la dignité du maréchalat. Le maréchal Bazaine n'en a plus que pour quelques mois. C'est lui qui dirigera notre retraite que les

---

(1) Nous avons vu que M. P. Gaulot paraît l'admettre implicitement (*supra*, p. 133).

événements peuvent rendre difficile. N'oubliez pas qu'il a l'entière confiance de l'armée. Malgré son mérite, le général Douay n'offre pas des garanties aussi indiscutables.... (1) »

La lettre en question eut-elle une influence quelconque sur la décision de Castelnau? Toujours est-il vrai qu'il laissa les choses en l'état et rendit compte simplement à l'Empereur. Le corps expéditionnaire n'en eut pas moins le soupçon de ce qui s'était passé. Dès le 27 décembre, Douay, écrivant à son frère, lui contait en détail les événements de Puebla, qu'il connaissait par deux des principaux acteurs. Dano eût voulu voir Castelnau délivrer le corps expéditionnaire de Bazaine, « cause de tous les imbroglios et des mystifications des derniers temps ». Quant à Castelnau, il n'était pas moins indigné de la félonie du maréchal, mais il ajournait autant qu'il pouvait l'échéance du scandale. Il hésitait devant un éclat fâcheux et réservait ses pleins pouvoirs pour la dernière extrémité. Son intention était de peser sur le commandant en chef jusqu'à ce que le mouvement d'embarquement fût tellement engagé qu'il y eût impossibilité à l'arrêter.

« ...Tout cela, continuait Douay, est à présent dans le domaine public, et tu peux te faire une idée du discrédit dans lequel le maréchal est tombé. On débite tout haut dans le corps expéditionnaire des faits qui font dresser les cheveux sur la tête. Ce ne sont plus des cancans et des critiques ordinaires, mais bien les plus grosses accusa-

---

(1) « Souvenirs du général de Galliffet », *Le Gaulois* du 27 juillet 1902. Galliffet ajoute que sa lettre fut envoyée à Napoléon III, trouvée aux Tuileries après le 4 septembre et publiée avec une partie des papiers de l'Empereur. Douay n'en fut pas satisfait, comme on pense.

Nous n'avons pas connaissance de la publication mentionnée par Galliffet.

tions qui partent des bouches les plus officielles et les plus autorisées. Je n'ai pas besoin de te dire de nouveau combien je m'applaudis de l'arrivée du général Castelnau. Il fallait, pour faire justice de cette situation inouïe, un personnage aussi autorisé et en même temps bien trempé....

« Je suis vengé au delà de tout ce que mon cœur contenait de colère contre le maréchal, à cause de ses dédains et de sa malveillance, par le mépris public dans lequel il est tombé.... Et je trouve affligeant de voir une haute dignité prostituée de cette façon par des accusations les plus honteuses de félonie, de cupidité, etc.

« Il faut .... remonter au cardinal Dubois pour trouver un type (de) faquin pareil, ayant abusé de sa situation de haute confiance pour vendre son pays et son maître.

« Il faut qu'il ait complètement perdu tout sens moral pour s'être aventuré dans une... démarche telle que celle de se rétracter dans un acte aussi solennel que celui de la négociation Dano - Castelnau. — Il paraît qu'après le départ de Mexico de ces messieurs, il y a eu des scènes domestiques dans le palais de Buena-Vista. La tribu entière des Peña a donné l'assaut. La jeune maréchale, qui est enceinte, a fait jouer les grandes eaux et les grands ressorts, et on a arraché à ce malheureux éperdu la fameuse rétractation qu'il a envoyée à Maximilien. Et voilà comment... les intérêts de l'Etat et de la patrie sont sacrifiés aux péripéties de l'alcôve.... (1) »

Les appréciations de Douay ne peuvent être accueillies sans réserve. Mais il est au moins imprudent de les négliger au point de les passer sous silence. L'explication que

---

(1) Douay à son frère, 27 décembre 1866. *Papiers et correspondance*, II, Complément, p. 120-127.

donne le général du revirement de Bazaine est d'ailleurs très plausible; elle concorde avec ce que l'on sait et surtout ce que l'on devine de l'influence de la jeune maréchale sur un époux que l'âge avait alourdi sans calmer ses ardeurs.

Cependant Maximilien s'était résigné à quitter Puebla. Il gagnait lentement Mexico sous l'escorte de trois escadrons autrichiens dont la présence n'était pas inutile, tant la sécurité de la route apparaissait précaire. Le cortège, « humble et presque pauvre », se ressentait de la situation. A Ayotla le commandant de la légion belge, colonel van der Smissen, qui allait regagner son pays, demanda la permission de saluer une dernière fois le prince et le supplia de renoncer à une lutte impossible. Maximilien écouta sans mot dire ses supplications, puis répondit en langue espagnole qu'il devait suivre sa destinée (1).

Le 5 janvier 1867, il arrivait à Mexico, qu'il traversait pour aller s'abriter dans une hacienda voisine. Le 6, sur sa demande, il recevait Bazaine et s'entretenait longuement, affectueusement avec lui. En se promenant appuyé à son bras, il se plaignait de la rudesse de Castelnau et de Dano à Puebla. Bazaine lui représenta, dit-il, que l'ordre donné par Napoléon III au sujet de la légion étrangère et l'opposition déclarée des Etats-Unis rendaient le maintien de son trône impossible. Dans l'intérêt de son honneur et du bien public, il ne devait pas attendre le dernier moment pour se retirer. Le maréchal ajouta que, l'empereur parti, lui-même remettrait le pouvoir à l'assemblée du district de Mexico et la force armée au chef

---

(1) P. de La Gorce, V, p. 117-118, d'après les *Souvenirs du Mexique* du général von der Smissen, p. 219-220.

républicain le plus capable de maintenir l'ordre, après quoi il se retirerait emmenant avec lui Marquez et Miramon, afin qu'ils ne troublassent plus le pays. Sans accepter nettement cette solution, Maximilien ne cachait guère son désenchantement. Il était revenu dans sa capitale, disait-il, parce qu'il avait donné sa parole d'y revenir. Il ne voulait pas faire comme le soldat qui jette son fusil pour fuir plus vite. D'ailleurs sa décision suprême n'était pas prise. Il convoquerait prochainement un conseil intime dont les avis contribueraient à la fixer. Bazaine le croyait à la recherche d'une combinaison qui lui permît de se retirer « sans honte pour son blason ». C'était une question d'amour-propre plutôt que de politique (1). On peut croire qu'en cela le maréchal voyait juste, mais il n'en plaidait pas moins, au sujet de l'abdication, une thèse contraire à celle qu'il avait soutenue jusqu'alors.

Sur les entrefaites, un incident le mettait au courant d'une partie des accusations de Castelnau. Le brouillon de son rapport contre Bazaine, avec la copie des lettres dont nous avons parlé, parvint entre les mains du commandant en chef, très probablement à la suite d'une circonstance qui n'avait rien de fortuit (2). Le maréchal

---

(1) E. Ollivier, IX, p. 120-121, d'après un rapport de Castelnau du 9 janvier 1867. Suivant un rapport de Bazaine au Ministre, reproduit par M. le général Niox, p. 686, et portant la même date, le maréchal se serait exprimé ainsi: « J'ai exposé à l'empereur que les instants étaient courts et précieux, que ses ressources étaient insuffisantes pour faire face à la situation périlleuse dans laquelle il allait se trouver après notre départ, et qu'à tous les points de vue il valait mieux prendre un parti décisif avant ».

(2) Selon M. E. Ollivier, IX, p. 117, « une ordonnance, en balayant son logement, ramassa une feuille de papier à moitié déchirée et la porta au cabinet du commandant en chef ». C'est ce que, par un délicieux euphémisme, M. Ollivier appelle « un incident vulgaire ». Nous avons donné, *supra*, p. 127, le texte d'un fragment de ce rapport.

D'après M. Paul Gaulot (*Nouvelle Revue*, loc. cit., p. 475-476),

s'adressa aux signataires. Deux les désavouèrent, les deux Mexicains, La Bastida et Tavera, ce qui n'avait rien de surprenant. L'Autrichien Kodolisch, seul, maintint son affirmation, en portant « vers le 18 novembre », sa conversation avec Bazaine (1). Quant au ministre Larès, il

---

reproduisant l'explication donnée par Bazaine, « un soldat de corvée, en balayant » le cabinet de Castelnau, aurait ramassé ce papier et, voyant qu'il était froissé, aurait cru bien faire en le portant au capitaine Legué, officier d'ordonnance du maréchal ».

Selon M. Germain Bapst (IV, p. 298-299), qui rapporte le dire d'un ancien officier d'ordonnance de Bazaine, encore vivant, Castelnau occupait à Mexico une annexe du palais de Buena-Vista, auquel la reliait une communication intérieure ouvrant sur le salon de l'officier de service. Le lieutenant Lapierre, du 2ᵉ chasseurs d'Afrique, était de jour ; il eut besoin de s'absenter et se rendit dans l'annexe où logeaient les officiers du maréchal avant l'arrivée de Castelnau. Dans un endroit retiré, il trouva des papiers déchirés, qu'il lut et qu'il s'empressa de rapporter au maréchal.

Ces trois explications nous semblent invraisemblables. Castelnau avait une telle crainte des indiscrétions qu'il envoyait ses lettres à la Nouvelle-Orléans par un officier, ainsi que nous l'avons dit. Comment aurait-il laissé traîner des papiers d'une telle importance, dans un endroit où pénétraient sans doute journellement les officiers du maréchal ?

Quant à l'*ordonnance* ou à l'*homme de corvée* qui aurait ramassé ces papiers dans le cabinet de Castelnau, on se demande pour quelle raison, sans y avoir un intérêt quelconque, il aurait porté ces pièces au cabinet du maréchal ou au capitaine Legué. D'ailleurs, du propre aveu de M. Gaulot, Castelnau supposait que son ordonnance avait été achetée. Nous le croyons aussi. Qu'y aurait-il d'invraisemblable à ce que Bazaine, soupçonnant tout au moins le rôle de Castelnau, l'ait fait espionner pour le contrebattre ? Etant donné sa ruse bien connue, la chose s'expliquerait aisément.

(1) Paul Gaulot, *Fin d'Empire*, p. 239-240; la lettre de La Bastida est du 7 janvier; celle de Tavera du 9. Dans une note de sa lettre du 10 janvier 1867 à Randon, que nous allons mentionner, le maréchal explique l'affirmation de Tavera relative au rapatriement « des troupes françaises », en assurant qu'il entendait par là la légion étrangère et les éléments français des troupes mexicaines. L'explication paraît peu probante.

affirma « qu'il n'avait reçu à Orizaba aucune lettre de Son Excellence, traitant du sujet indiqué ou de tout autre ».

Quoi qu'on puisse penser de ces dénégations, le maréchal en tira parti. Il écrivit au ministre de la Guerre : « Qu'ai-je donc fait pour être ainsi traité dans le rapport du général Castelnau, dont il ne m'a pas parlé, bien entendu? Il doit y avoir là une vilaine intrigue que j'ignore. Je n'ai pas influencé la décision de l'empereur, mais j'ai souvent dit, dans mes conversations, qu'il devrait montrer de l'énergie, s'appuyer sur le parti qui l'a appelé au trône, et que, s'il était résolu à s'y maintenir avec les seules ressources de son pays, il est probable que la légion étrangère et les éléments français mis à sa disposition y resteraient, puisque la convention de Miramar n'avait pas été modifiée sous le rapport militaire, ainsi que l'a déclaré le ministre de France dans une séance officielle. J'étais autorisé à parler ainsi jusqu'au 13 décembre, date de la dépêche de l'empereur Napoléon, qui m'ordonne de rapatrier la légion étrangère, ainsi que tous les Français servant dans l'armée mexicaine. Je n'ai pas dit autre chose au colonel Kodolisch. Je prie Votre Excellence de mettre cette lettre sous les yeux de Sa Majesté et de lui exprimer mon désir d'être mis en disponibilité à ma rentrée en France, si j'ai perdu sa confiance et si la plus haute dignité de l'armée, qui ne m'appartient pas seule (*sic*), a pu être ainsi abaissée » [10 janvier 1867] (1).

Le ton de cette lettre n'est pas celui de l'innocence outragée. Elle ne paraît pas convaincante. Mais l'Empereur ne pouvait montrer plus de sévérité que son envoyé.

---

(1) Paul Gaulot, *op. cit.*, p. 236.

Puisque Castelnau ne jugeait pas à propos d'en venir à un éclat, mieux valait pacifier les choses. Ce fut l'objet d'une lettre du maréchal Niel, qui avait remplacé Randon au ministère de la Guerre : « La lettre que vous m'avez adressée pour être mise sous les yeux de l'Empereur m'a profondément affligé. Votre belle carrière, les grands services que vous avez rendus au Mexique et la haute dignité que l'Empereur vous a conférée vous placent, croyez-le bien, au-dessus de toutes les accusations qui vous préoccupent. C'était l'opinion du maréchal Randon qui m'a précédé au ministère de la Guerre, comme c'est la mienne. Nous vous aurions défendu l'un comme l'autre, s'il en eût été besoin.

« Mais je dois vous dire que l'Empereur est toujours resté à votre égard dans les sentiments de bienveillance et de confiance dont il vous a donné des preuves éclatantes; qu'il voit avec satisfaction l'ordre et la précision avec lesquels vous retirez vos troupes et qu'à votre retour vous recevrez de Sa Majesté l'accueil qu'ont le droit d'espérer ceux qui l'ont le mieux servi. Enfin, monsieur le Maréchal, l'Empereur m'a chargé de vous dire qu'il déplorait les inventions ou les indiscrétions qui avaient pu vous blesser et mettre de la mésintelligence entre des officiers qui avaient son estime et sur la loyauté desquels il n'avait jamais élevé le moindre doute.

« Le Mexique a pu vous causer des déceptions politiques, mais la réputation de votre armée n'a fait qu'y grandir. Toutes les opérations difficiles et lointaines que vous avez entreprises ont été couronnées de succès, et les mouvements combinés de vos troupes qui se retirent avec un ordre si parfait sont un nouveau témoignage de votre habileté.

« Quand les faits parlent si haut, ne vous préoccupez

pas, mon cher Maréchal, des intrigues par lesquelles on a pu tromper l'opinion du général Castelnau, si, en effet, elle l'a été au point que vous supposez, et achevez paisiblement votre œuvre en rapatriant complètement l'armée que vous avez si bien commandée » [13 février 1867] (1). En même temps, le chef de cabinet de Randon, Colson, écrivait à l'un des aides de camp de Bazaine que l'Empereur avait fort approuvé la lettre du maréchal Niel (2).

A cette date du 13 février, Napoléon III avait reçu le rapport de Castelnau (28 décembre) au sujet des entretiens de Puebla. Il ne pouvait avoir aucun doute sur la *loyauté* de Bazaine et sur la mésintelligence entre lui et Castelnau. Il est difficile d'admettre, d'autre part, qu'il ait tenu cachés à Niel les rapports de ce général. Par suite, la lettre du ministre ne peut guère passer que pour une tentative de conciliation. Comme son envoyé, l'Empereur croit Bazaine indispensable au Mexique. Il s'efforce de le rassurer sur sa manière de voir, payant ainsi, par une attitude sans franchise et sans dignité, tant de fautes commises dans cette funeste expédition. L'envoi seul de Castelnau au Mexique, avec des pouvoirs extraordinaires, n'était-il pas la preuve que Napoléon III doutait du maréchal? Certes les rapports de son envoyé n'avaient contribué en rien à faire disparaître cette impression.

Au cours de leur entretien du 6 janvier, Maximilien avait prié Bazaine de répéter ce qu'il venait de lui dire devant une assemblée de notables: elle se tint le 14 sous la présidence de Larès. Le ministre de la Guerre Tavera

---

(1) *Procès Bazaine*, plaidoirie Lachaud, p. 532-533. M. Paul Gaulot, *Fin d'Empire*, p. 241, reproduit ce texte sans indication de source, mais avec quelques changements de peu d'importance.

(2) Paul Gaulot, *loc. cit.*

exposa qu'il comptait disposer immédiatement de 26.000 hommes. Le ministre des Finances évaluait à 11 millions de piastres la recette effective, qui atteindrait 36 millions dès que le gouvernement impérial régirait l'ensemble du pays. Bazaine lut un mémoire en français, aussitôt traduit en espagnol, dans lequel il développait, sous une forme assez âpre, ses considérations du 6 janvier (1). Un assistant, Escandon, le railla sur ce qu'il appelait ses fanfaronnades, doublement à tort. Malgré l'avis du maréchal, 17 voix se prononcèrent pour le maintien de l'empire, 7 contre; 9 membres s'abstinrent. C'était encore une majorité d'une voix, bien insuffisante pour justifier pareille décision. Maximilien s'en contenta, car sa pensée intime était toujours restée la même.

Ainsi, le jeune prince donnait tort à Bazaine, même quand il avait pour lui l'évidence. On peut croire que l'autorité morale du maréchal n'était pas plus grande auprès des Mexicains que dans le corps expéditionnaire. A l'égard de Maximilien, quel pouvait être le poids de son opinion, alors que, dans moins d'un mois, elle s'était complètement retournée? Sans doute la situation avait empiré avec les progrès rapides des libéraux et surtout avec l'ordre prescrivant de rapatrier les Français et les étrangers qui le désireraient. Il ne resterait plus au Mexique qu'un millier d'Européens environ, bien insuffisants pour encadrer le semblant d'armée impériale. Mais aux yeux d'un homme expérimenté, connaissant le pays comme Bazaine, il n'y avait jamais dû subsister le moindre doute sur l'impossibilité du maintien de l'Empereur sans l'appui de nos baïonnettes. La présence de la

---

(1) Voir le texte, Général Niox, p. 687, et Paul Gaulot, op. cit., p. 245.

légion étrangère, fort éprouvée par la désertion (1), celle des contingents autrichien et belge n'auraient certes pas suffi à donner quelque valeur aux bandes armées de Maximilien.

XI

DÉPART DE NOS TROUPES

Malgré cette série d'échecs, Castelnau ne renonçait pas à l'abdication. Il écrivait le 9 janvier à l'Empereur : « J'ai tenu d'autant plus à la stricte observation de la convention des douanes, qu'un des moyens les plus puissants que nous ayons pour amener le gouvernement de l'empereur à composition est de le priver des recettes qui seraient pour lui une ressource *in extremis* (2). » Maximilien ne cachait pas son exaspération contre nous. Il essayait d'échapper à la mainmise sur les douanes en obligeant les négociants à payer une seconde fois les droits déjà payés à Vera-Cruz. Bazaine protesta, demandant la levée de cette mesure. Sur le refus du ministre des Finances, il autorisa les négociants à requérir la force armée pour se faire rendre leurs marchandises confisquées par les impérialistes. Castelnau alla, dit-on, plus loin encore : Bazaine comptait céder au gouvernement mexicain quelques pièces de siège en fonte, ne valant pas

---

(1) A la légion, « à Matamoros et sur le Rio-Grande, il s'est produit jusqu'à 80 désertions en un jour » (Rapport de Castelnau à l'Empereur. 28 octobre 1866, déjà cité).

(2) Rapport du 9 janvier, extrait reproduit par M. E. Ollivier, IX, p. 122.

leur transport en France. Le général fit décider qu'on les briserait et qu'on vendrait leurs débris (1).

Il semble d'ailleurs que, dans ce cas, Bazaine ait dépassé les intentions de Napoléon III. Toujours est-il vrai qu'un télégramme du 10 janvier, arrivé à Mexico le 18 seulement, portait ce qui suit : « Ne forcez pas l'empereur à abdiquer, mais ne retardez pas le départ de nos troupes. Rapatriez tous ceux qui ne voudraient pas rester. Les navires sont partis » (2).

Les derniers jours de notre occupation furent attristés par de fâcheux incidents. Le 15 janvier, Marquez faisait arrêter, malgré un sauf-conduit français, un ancien ministre de Juarez nommé Pedro Garay. Le maréchal mettait aussitôt la main sur le préfet de police et ne le relâchait qu'une fois Garay en liberté. De même un journal, la *Patria*, attaquait violemment nos troupes. Bazaine adressait une plainte au ministre de l'intérieur. Celui-ci répondait que, l'armée n'étant plus qu'une armée amie, accidentellement sur le territoire mexicain, elle n'avait aucun droit de police et que son seul recours était une réclamation diplomatique: Bazaine faisait arrêter le journaliste et ne le relâchait qu'en supprimant le journal (3). A vrai dire, il était difficile qu'il agît autrement.

---

(1) E. Ollivier, IX, p. 123; M. le général Niox, p. 691, impute au maréchal la responsabilité de mesures analogues: on noya les poudres, on brisa les projectiles, on vendit à vil prix les chevaux qui, pour la plupart, servirent à remonter les guerillas juaristes.

M. Germain Bapst (*Nouvelle Revue, loc. cit.*, p. 448) fait de même. Il ajoute un détail curieux, c'est que, d'après Porfirio Diaz, 21.000 soldats mexicains purent être complètement équipés et armés au moyen de ce que nous abandonnâmes ou vendîmes à vil prix.

(2) Napoléon III à Castelnau, 10 janvier, Paul Gaulot, *Fin d'Empire*, p. 241 et suiv.

(3) Général Niox, p. 691 et suiv.; Paul Gaulot, *op. cit.*, p. 247 et suiv. Ces incidents sont des 15 et 17 janvier.

Puis Larès jugeait à propos d'écrire au maréchal (25 janvier) : « Vous avez pris l'engagement de protéger les autorités et les populations, mais comme, dans l'attaque récente de Texcoco, vous n'avez pas jugé convenable de fournir de secours, le gouvernement désirerait savoir quelle sera l'attitude des troupes françaises dans la capitale, si celle-ci venait à être assiégée par les dissidents (1). » La lettre était assurément impertinente. Bazaine la renvoyait à son auteur (27 janvier) et déclarait à Maximilien (28 janvier) que désormais il cesserait toute relation avec ses ministres. « Je crois encore rendre service à Votre Majesté, ajoutait-il, en essayant de l'éclairer sur les tendances et les insinuations perfides d'une faction qui réunit peu de sympathies et dont les chefs abusent de l'ascendant qu'ils croient avoir pour préparer au Mexique et à Votre Majesté une ère de sanglantes représailles et d'humiliations sans nombre (2). » Maximilien chargeait le P. Fischer de retourner le soir même sa lettre à Bazaine : « Ne pouvant admettre que vous parliez de mes ministres dans les termes employés, — à moins que Votre Excellence ne juge opportun de donner une satisfaction au sujet de ces termes, — Sa Majesté ne veut plus à l'avenir avoir aucune relation directe avec Votre Excellence » (3).

Bazaine exagéra encore les instructions venues de France au sujet du rapatriement. Non content de rompre les engagements des Français au service de Maximilien, suivant ses instructions, il annonça officiellement que ceux qui resteraient au Mexique perdraient la qualité de

---

(1) Général Niox, p. 691. Voir *supra*, p. 138.
(2) Général Niox, p. 691-692.
(3) Général Niox, p. 693. A la fin de décembre, Fischer avait remplacé le capitaine Pierron au cabinet de Maximilien.

Français et par suite notre protection. C'était imposer le retour de presque tous. Au moment de quitter Mexico, le maréchal adressait aux habitants une proclamation où il affectait d'ignorer l'empire et Maximilien. Il parlait de l'essai qui avait si tristement échoué, « avec une sorte de sérénité dégagée, d'impartialité méprisante (1) » : « Soyez-en certains, il n'est jamais entré dans les intentions de la France de vous imposer une forme quelconque de gouvernement contraire à vos sentiments (2). » C'était pousser bien loin le détachement à l'égard d'un prince que nous-mêmes avions engagé dans cette tragique aventure.

Bazaine avait gardé à sa disposition une division entière : dix bataillons, huit escadrons et quatre batteries. Elle formerait l'arrière-garde et il quitterait Mexico avec elle. Mais son intention était de partir à l'aube, presque de nuit. Castelnau ne voulut pas d'un départ ressemblant à une fuite. Il obtint que les troupes fussent rassemblées au grand jour sur une promenade publique; elles défileraient ensuite tambours battants, les drapeaux déployés, au travers des quartiers populeux, le maréchal et son état-major en tête (3).

Le 5 février, à dix heures du matin, Bazaine traversa la ville au milieu d'une foule très calme, les soldats ins-

---

(1) P. de La Gorce, V, p. 121.
(2) Général Niox, p. 696.
(3) E. Ollivier, IX, p. 125, d'après le rapport de Castelnau du 28 janvier 1867. M. Ollivier écrit à ce sujet : « Cela n'empêche pas Douay d'écrire avec ironie à son frère : « Le maréchal, qui veut faire un départ guerrier ». Cette expression de Douay, tirée de sa lettre du 29 janvier 1867 (*Papiers et correspondance*, II, Complément, p. 128), ne s'applique nullement à l'heure du départ, comme paraît le croire M. Ollivier, mais à la composition de l'arrière-garde, sur laquelle insiste le général, « une véritable armée ».

pirant quelques démonstrations affectueuses, un morne silence régnant au passage de leur chef. Les fenêtres étaient closes. Maximilien se tenait derrière l'une d'elles, regardant par le coin d'un rideau. Quand les derniers rangs des troupes qui avaient conquis pour lui le Mexique furent passés, il laissa retomber le voile qui l'abritait : « Enfin, me voilà libre! » dit-il à son secrétaire (1).

A ce moment l'opinion d'une grande partie du corps expéditionnaire s'était nettement dessinée contre le commandant en chef. Douay écrivait à son frère (29 janvier): « ...Le général Castelnau ne se mettra en route que quand il aura la certitude du départ du maréchal (2). Il est, bien entendu, au plus mal avec Son Excellence, qui lui a joué les tours les plus pendables depuis deux mois... Le public éclairé du corps expéditionnaire s'accorde à penser que le maréchal a travaillé depuis près de deux ans à faire échouer le navire de l'empereur Maximilien, pour se substituer au pouvoir. Les présomptions prennent du corps, et on se demande pourquoi il a contribué avec tant de persistance à la destruction des légions belge-autrichienne et à la non-organisation des corps indigènes impériaux. On sait maintenant qu'il a entretenu des intelligences avec les chefs dissidents. Il s'était tellement laissé griser par les aspirations ambitieuses de sa famille mexicaine qu'il a rêvé pour lui au Mexique la fortune de Bernadotte en Suède. On comprend, à présent, pourquoi il a tenté, en octobre dernier, de se faire remettre comme en succession les pouvoirs de la régence,

---

(1) E. Ollivier, IX, p. 125-126, d'après Masseras, *Un essai d'Empire*; Cf. Paul Gaulot, *Fin d'Empire*, p. 254.
(2) En réalité Castelnau n'attendit pas le départ du maréchal. Il partit dès que tout fut réglé.

au moment où Maximilien partait pour Orizaba. Cette démarche prématurée a éveillé des soupçons qui n'ont fait que croître depuis...

« L'affaire du Mexique sera une véritable catastrophe... Le gouvernement aura tout intérêt à la laisser, s'il le peut, dans l'ombre et le silence. Il est possible que le maréchal Bazaine échappe, par cette raison, au châtiment qu'il mérite pour ses intrigues coupables; mais il n'échappera pas à l'infamie à laquelle il est voué par tous les honnêtes gens de l'armée, qui sont de plus en plus indignés du scandale de sa fortune pécuniaire. Il a vendu palais, mobilier, etc., etc., s'est fait payer jusqu'au dernier jour le loyer de ce même palais, alors que la caisse faisait *banqueroute* aux officiers pour les loyers de décembre (1). Tout ce que je pourrais te raconter, en fait d'anecdotes sanglantes, ne serait encore que de l'orgeat en comparaison de tout ce qui se dit tout haut, dans les petites comme dans les grandes réunions d'officiers. Le colonel Boyer a été l'agent de toutes les spéculations du maréchal, et on trouve son nom au dos de tous les traités dont le nombre a fini par éveiller l'attention du gouvernement. Il est impossible que notre Empereur ne sache pas tout cela,

---

(1) Au sujet de la vente du palais, voir *supra*, p. 40. « La donation de cet hôtel... fut annulée par Juarez, et l'on a prétendu que le maréchal en avait prélevé le montant sur les recettes des douanes de Vera-Cruz, lors de son rapatriement; je ne le crois pas, car je sais de source certaine que le banquier anglais Baron avait acheté l'hôtel... à la condition de n'en payer le prix convenu... que si Juarez l'autorisait à en prendre possession; Juarez n'y consentit point et, son refus étant postérieur à l'embarquement de notre armée, il faudrait admettre que le maréchal était capable de se faire payer deux fois sa propriété, par l'acheteur, M. Baron, et par le Trésor mexicain; je repousse absolument cette supposition » (Intendant général Wolf, *Mes souvenirs militaires*, p. 473).

car c'est public et accrédité par des gens dont le témoignage est *irrécusable*....

« ...Je n'ai pas besoin de te dire combien la maréchale, pour sa part, exècre le général. Il paraît que c'est un spectacle des plus amusants que de voir cette grande dignitaire, dont l'éducation est encore à faire, aux prises avec les ...façons de cour que Castelnau s'amuse à lui prodiguer. Elle s'en tire constamment en enfant terrible et ne manque jamais de trahir la pensée intime du ménage... (1). »

Ces menus détails montrent comment une partie du corps expéditionnaire appréciait le rôle de la maréchale et aussi l'âpreté du maréchal à défendre ses intérêts. Une autre lettre, celle-ci de Galliffet à M. Franceschini Pietri, confirme une partie de ce qui précède. Elle fait voir, en effet, la maréchale retardant de jour en jour son départ, puis finissant par ne plus vouloir partir du tout, plongeant son mari dans une irrésolution qui prêtait à rire ou à s'indigner et dont, seule, l'intervention énergique de Castelnau le faisait sortir (2).

Bazaine avait fait prévenir les chefs libéraux que, son rôle étant désormais fini, il s'abstiendrait de toute opé-

---

(1) Général Félix Douay à son frère, 29 janvier 1867, *Papiers et Correspondance*, II, Complément, p. 128 et suiv.

(2) 2 février 1867, *Papiers et Correspondance*, II, Complément, p. 145-147. M. Paul Gaulot (*Nouvelle Revue*, loc. cit., p. 471) s'inscrit en faux contre cette opinion, qui est aussi celle de M. Germain Bapst. Il cite à l'appui une lettre de Bazaine à l'amiral Mazères (15 octobre 1866), hâtant la concentration à Mazatlan des troupes de la Sonora; une autre lettre de lui à l'amiral Didelot prévoyant l'évacuation pour février 1867 (29 novembre 1866). Mais ces deux documents prouvent simplement qu'en octobre et en novembre il assurait l'exécution des ordres de l'Empereur relatifs à l'évacuation. Ils ne démontrent nullement qu'à une date ultérieure il ne céda pas au caprice de sa femme en cherchant à retarder notre départ.

ration offensive, mais qu'il châtierait durement toute agression. La retraite fut donc facile, les juaristes n'ayant aucun intérêt à la ralentir et conservant, d'autre part, un respect salutaire de nos soldats. A défaut d'actes d'hostilité, qui auraient fait taire les récriminations, la marche n'était signalée que par les commentaires passionnés dont les troupes entouraient les événements récents. Un jour les rumeurs furent si fortes qu'elles montèrent jusqu'à Bazaine. Il réunit les chefs de service et descendit au point de leur montrer les instructions du gouvernement français pour se justifier (1).

Comme il allait atteindre Orizaba, il eut un mouvement de pitié pour Maximilien et offrit au malheureux souverain un asile à bord de l'escadre (13 février). Il pouvait encore lui tendre la main; demain il serait trop tard. Avant même que cette lettre eût péniblement atteint Mexico, Dano prévenait le maréchal (16 février) que Maximilien en était parti pour prendre le commandement de son armée (2). Il marchait déjà vers Queretaro !

De Vera-Cruz, Bazaine écrivait à l'Empereur : « Cette armée laisse des regrets et de bons exemples. Notre influence n'est pas ébranlée par l'évacuation, et peu de nos nationaux quittent ce pays. J'ai eu beaucoup à me louer des généraux de Castagny, Aymard, Jeanningros, de Mancion, mais je ne puis en dire autant du général Douay qui, suivant sa tactique ordinaire, parce qu'il a fait de même envers mes deux prédécesseurs, n'a pas manqué de blâmer ouvertement tout ce qui était fait au Mexique par suite des instructions émanant du gouverne-

---

(1) Paul Gaulot, *Fin d'Empire*, p. 261. M. E. Ollivier ne mentionne pas ce fait, bien qu'il ait son intérêt.
(2) Paul Gaulot, *op. cit.*, p. 258-259.

ment de Votre Majesté, amoindrissant par ce fait le prestige que doit conserver tout commandant en chef dans un moment aussi difficile que celui d'une retraite. Le général Douay semble regretter de n'avoir pas pris le commandement de l'armée lorsqu'il lui était offert, et aurait cherché à faire croire que je voulais rester au Mexique jusqu'à la fin de cette année, puis, comme on dit vulgairement, travailler pour mon compte. Je rougis pour ceux qui dénigrent ainsi le chef qui a toujours été beaucoup trop bienveillant pour eux. Je suis un loyal soldat que Votre Majesté a élevé au premier rang de l'armée, qui n'a eu d'autre ambition que de bien la servir et de lui dévouer sa vie en toute circonstance » [1er mars 1867] (1).

C'est ainsi que s'exprimait Bazaine à la veille de quitter le Mexique, portant les accusations les plus graves contre l'un de ses principaux subordonnés, sans voir qu'elles tournaient à son détriment. S'il pensait ainsi de Douay, pourquoi avait-il toléré sa conduite ? Pourquoi, armé comme il l'était, n'avoir pas fait embarquer un officier général qui donnait des preuves aussi choquantes d'indiscipline ? C'est peut-être que Bazaine avait trop à se faire pardonner pour user de pareille rigueur. Peut-être aussi était-ce par mollesse et par indifférence. Quoi qu'il en soit, il se bornait à ces protestations auprès de l'Empereur, y joignant une attestation de son loyalisme faite pour susciter tous les doutes. Ce n'est pas la coutume, en effet, qu'un « loyal soldat » aille revendiquer cette qualité auprès de son souverain. Il se contente de donner en toutes circonstances des preuves de franchise et de loyauté, ce que n'avait pas fait Bazaine.

---

(1) Reproduit par M. E. Ollivier, IX, p. 127.

XII

RENTRÉE EN FRANCE

Quand nos 1.100 officiers, nos 22.334 soldats avec 1.900 chevaux, les 4.500 Autrichiens, les 800 Belges eurent été embarqués, Bazaine prit à son tour la mer le 12 mars 1867, persuadé qu'il avait bien mérité de l'Empereur et de la patrie (1). Ce fut à sa grande surprise qu'en arrivant à Toulon il reçut la visite du préfet maritime et du général commandant la subdivision venant annoncer que l'ordre avait été donné de ne pas lui rendre d'honneurs. Il s'exagéra même la portée de cette mesure qui, paraît-il, avait déjà été appliquée à un homme d'une tout autre valeur, le général Pélissier rentrant de Crimée. On considérait sans doute que les prérogatives du commandant en chef cessaient avec le débarquement du corps expéditionnaire. D'ailleurs, si ce fut une marque de disgrâce, elle resta isolée. Le maréchal Niel accueillit chaudement son collègue et l'Empereur lui confia les plus importants commandements : en temps de paix celui du corps d'armée de Nancy, le 3e (2); en temps de guerre celui de l'armée de Lorraine, la plus forte des trois armées qui devait opérer sur cette frontière au cas d'une guerre avec la Prusse, celle destinée au rôle le plus actif.

---

(1) Une lettre du maréchal Niel à Bazaine, 15 février 1867, est encore très élogieuse (Paul Gaulot, *Fin d'Empire*, p. 262).

(2) Toutefois il n'y fut appelé qu'au bout de quelques mois (10 novembre 1867). Notons aussi que Bazaine fit partie, *sans la maréchale*, de la 2e série de Compiègne, en 1868. Il n'y en eut pas en 1867 (A. Leveaux, *Le théâtre de Compiègne pendant le règne de Napoléon III*, Paris, Tresse, 1882-1885, p. 193).

De même, Napoléon III le reçut affectueusement à Saint-Cloud, lui recommandant de prendre copie du mémoire dans lequel le général Frossard exposait un plan d'opérations vers le Nord-Est (1). On devait le retrouver dans les archives de l'armée du Rhin avec les notes les plus suggestives de la main de Bazaine. Bien certainement les néfastes théories de Frossard sur la supériorité de la défensive avaient imprégné l'esprit du maréchal, peu familier avec les hautes spéculations d'art militaire.

Ainsi que sa femme, Bazaine prit part aux multiples réceptions officielles occasionnées par l'Exposition de 1867, ce qui donnait à croire que sa disgrâce était de pure apparence (2). Mais les officiers rentrant du Mexique gardaient un souvenir amer de son commandement. On l'accablait de critiques, d'accusations hautement exprimées. Elles se faisaient jour dans le monde officiel, plutôt que dans le public, et l'on voyait volontiers en Bazaine un bouc émissaire auquel imputer notre échec. La « grande pensée du règne » n'avait ainsi abouti que par suite de l'incapacité et plus encore de la duplicité du commandant en chef. Ce *tolle* général alla si loin que le maréchal Vaillant, pour imposer silence aux accusateurs, suggérait à Napoléon III l'idée d'une enquête officieuse. En la sollicitant, le maréchal pourrait « sortir de l'ère de réprobation où il était », suivant les propres termes de

---

(1) Germain Bapst, *loc. cit.* D'après Bazaine (*Episodes*, p. 1), en juin 1867, lors d'une visite du maréchal à Saint-Cloud, Frossard l'entretint longuement des études qu'il avait faites sur la frontière nord-est, notamment des « positions » de Saint-Avold et de Cadenbronn. Il l'autorisa à faire prendre copie de son Mémoire aussi discrètement que possible. Ce document a été reproduit par la *Revue militaire*, partie historique, 1900, p. 743, avec la date de mai 1867.

(2) P. de Massa, « Souvenirs et impressions, 1840-1871 », *Figaro* du 1er juin 1897.

Vaillant. L'Empereur approuva ce dernier et le chargea d'en parler à Bazaine, qui accepta et promit d'écrire au ministre (1). Il ne paraît pas que cette promesse ait été tenue. Toujours est-il vrai que l'idée fut abandonnée.

Les attaques des bonapartistes valurent au maréchal les sympathies déclarées de l'opposition. Thiers chargeait M. de Massa, ancien officier d'ordonnance de Bazaine, de lui faire des offres compromettantes, que le maréchal se hâtait de décliner (2). A vrai dire, il est surprenant que le vieil homme d'Etat ait risqué pareille démarche. Peut-être jetait-il simplement un jalon pour l'avenir. Le refus qui lui était opposé ne le mécontenta nullement. Il ne parlait du maréchal qu'en le nommant « notre glorieux Bazaine ». L'un des anciens officiers de ce dernier, Kératry, auquel il avait rendu « un service inoubliable », écrivait sa justification. La préface de Prévost-Paradol portait : « Je félicite mon pays d'avoir rencontré, dans le principal et dernier chef de cette pénible guerre, un

---

(1) *Carnets du maréchal Vaillant*, 6 et 7 juillet 1867, cités par M. Ollivier, IX, p. 128.

(2) « — Quoique vous ne soyez plus l'officier d'ordonnance du maréchal Bazaine, la disgrâce dont il est l'objet ne vous empêche pas d'aller le voir ?

« — Non, certes.

« — Eh bien ! dites-lui que je n'ignore pas les difficultés avec lesquelles il a été aux prises ; que je compte faire prochainement, au Corps législatif, un discours sur la politique extérieure et que, s'il veut venir causer avec moi, ou me confier les documents nécessaires, je me charge de faire rendre à sa conduite au Mexique la justice qui lui est due.... » Bazaine répondit :

« Veuillez répondre à M. Thiers que je suis profondément touché de ses bonnes intentions à mon égard, mais qu'une entrevue avec lui à ce sujet, ou la communication de documents confidentiels constituerait, de ma part, un acte d'indiscipline envers le maréchal Niel, ministre de la Guerre, qui, de même que son prédécesseur, n'a pas cessé de me couvrir et de m'approuver » (P. de Massa, *loc. cit.*).

serviteur éprouvé dont la main ferme et la volonté tranquille peuvent rendre bientôt quelque grand service à la France (1). »

Dans ces relations indirectes avec l'opposition de toute couleur, le frère aîné du maréchal, Bazaine-Vasseur, inspecteur général des ponts et chaussées, jouait un rôle actif ainsi que Kératry. Très habilement, Bazaine ne repoussait pas ces avances, tout en évitant de se compromettre. Comme à tous les spectateurs bien informés, la solidité de l'Empire lui inspirait des doutes. Il gardait de la mission Castelnau un souvenir amer et jugeait prudent, sinon profitable, d'avoir à l'avance un pied dans le camp des opposants. Il entretenait des correspondances, dit-on, avec tous leurs chefs, même avec les légitimistes. Ainsi s'échangeaient entre Berryer et lui des lettres où le grand orateur le couvrait de fleurs, lui parlant « des difficultés de sa position (au Mexique), entre les instructions qui lui venaient de France et son opinion personnelle (2). » D'autre part, son frère était lié de longue date avec Jules Favre et ce dernier devait, plus que personne, contribuer à valoir au maréchal le commandement suprême en 1870. Ces relations n'empêchaient pas Bazaine de prendre ses sûretés à l'égard de Jules Favre. Il s'était procuré au Mexique, d'un négociant italien de San-Luiz de Potosi, six traites (en seconde) de 12.000 piastres (60.000 francs) souscrites par Juarez au profit de Jules Favre, pour payer la campagne que cer-

---

(1) Cité par M. Ollivier, IX, p. 132. Le général de Monts (*La captivité de Napoléon III en Allemagne*, p. 98) rapporte que, d'après l'Empereur, il avait fallu rappeler du Mexique le comte K... pour des motifs très graves.

(2) Germain Bapst, *Nouvelle Revue*, loc. cit., p. 450, à la date du 5 septembre 1867.

tains journaux parisiens faisaient en faveur de nos ennemis. Le maréchal en envoya cinq à Napoléon III qui les jeta au feu (1). La sixième de ces traites était encore entre les mains de Bazaine après son évasion. Sur sa demande, elle lui fut envoyée à Madrid, avec divers papiers importants, par M. de Villedeuil, un ami fidèle (2).

Dans l'été de 1869, le maréchal recevait le commandement des troupes réunies au camp de Châlons, et leur séparation était précédée d'une réception au cours de laquelle on célébrait hautement ses qualités militaires (3).

En octobre, Bazaine était mis à la tête de la Garde, et le nouveau ministre de la Guerre, Le Bœuf, lui confirmait le commandement de l'armée de Lorraine en cas de mobilisation. Le lendemain, 15 octobre, il demandait comme chef d'état-major le général de Cissey, qui lui convenait « sous tous les rapports (4) ». On devait ne tenir aucun compte de cette demande, non sans de graves inconvénients que nous dirons en leur temps.

---

(1) Il devait procéder de même au sujet d'une affaire de faux soulevé par M. Laluyé. Cf. E. Ollivier, X, p. 511.
C'est pourtant l'Empereur qui avait provoqué, semble-t-il, les recherches de Bazaine. Il lui écrivait (15 octobre 1863) : « ... Il m'est revenu qu'on a *trouvé la preuve*, sur des registres de banquiers, à Mexico, que Juarez avait envoyé une somme d'argent à Jules Favre pour défendre sa cause à Paris. Si cela est vrai, il faudra m'envoyer les preuves authentiques ; j'y ajoute beaucoup d'importance... ».

(2) Germain Bapst, *Nouvelle Revue*, loc. cit., p. 450, d'après les confidences de M. de Villedeuil.

(3) Le général Féray lui disait, au toast final (28 juin) : « ... Le corps d'armée qui va quitter Châlons conservera longtemps le souvenir de votre commandement si habile, si énergique et si bienveillant pour tous.... Attachés, sans réserve, à l'Empereur et à sa dynastie, nous serions tous heureux, monsieur le Maréchal, de marcher sous vos ordres toutes les fois que Sa Majesté fera appel à notre courage et à notre dévouement ».

(4) Germain Bapst, *Nouvelle Revue*, loc. cit., p. 450.

Ainsi, pour Bazaine, l'expédition du Mexique avait des résultats très complexes. Elle le mettait en évidence beaucoup plus que ses services antérieurs. Mais son commandement laissait de fâcheuses impressions au corps expéditionnaire, et l'on peut croire que Napoléon III n'était pas loin de les partager (1). Il n'en tenait pas rigueur au maréchal, par bonté, par insouciance, par fatalisme et surtout par politique. La disgrâce de Bazaine n'était guère possible sans un éclat public qui eût assurément été fâcheux pour l'Empire. L'expédition du Mexique nous avait apporté trop de déboires, trop de motifs de mécontentement pour que le gouvernement impérial pût songer à raviver des querelles à peine éteintes, à courir le risque de révélations dangereuses pour la dynastie. On comprend donc l'attitude de Napoléon III à l'égard de Bazaine après la rentrée du corps expéditionnaire, mais elle est sans doute loin de refléter son état d'esprit. Il a du maréchal une méfiance instinctive qui expliquera certaines résistances de sa part au début de la campagne de 1870.

Par contre, Bazaine se trouve dans la situation la plus paradoxale. Bien qu'il soit l'un des grands dignitaires de l'Empire, il est entouré des sympathies de l'opposition. Il n'aura pas de plus chauds défenseurs que Jules Favre, pourtant hostile en principe à tout ce qui touche l'armée impériale. Chose non moins bizarre, cette amitié compromettante ne lui nuira pas et il recevra le commandement suprême, sans que rien, dans sa carrière, jusqu'à

---

(1) S'il eût considéré les accusations de Douay comme purement imaginaires, il n'aurait pas fait de lui le commandant du 7ᵉ corps en juillet 1870. De même pour Castelnau, qui conserva son emploi d'aide de camp et auquel il confia une mission importante après la bataille de Sedan.

la campagne du Mexique, l'ait préparé à pareil honneur, ainsi qu'on a pu en juger. Bien plus, cet ancien favori de l'opposition républicaine sera surtout soutenu après sa chute par les sympathies de certains bonapartistes. Ils oublieront le passé, le rôle au moins suspect de Bazaine vis-à-vis de Napoléon III, pour ne plus voir en lui que la prétendue victime des machinations des républicains et des légitimistes coalisés.

LIVRE II

LES BATAILLES SOUS METZ

I

LA CONCENTRATION

Au Mexique, lorsque Bazaine apprit la victoire des Prussiens à Sadowa, il en fut très vivement frappé et jugea que nous n'avions pas un moment à perdre pour nous mettre en état de défense. Il le dit à M. de Massa, son officier d'ordonnance, en rentrant à Mexico (1). Cette impression ne fit que s'accentuer après son retour en France. Comme nous l'avons vu, il étudia longuement le mémoire du général Frossard, dont l'idée maîtresse était, en somme, le retour à la guerre de positions telle qu'on la pratiquait avant Frédéric II. Il en restait profondément imprégné, au point de prêter à la défensive une importance qu'elle est loin d'avoir. Il en exagérait même les tendances (2). Il faut lire les deux ouvrages

---

(1) P. de Massa, *Souvenirs et impressions*, 1840-1871, p. 217.

(2) On a conservé ses annotations (*Revue militaire*, II, p. 519 et suiv.). Frossard écrivait : « On voit que ce que nous proposons, c'est que nos armées défensives opposent tout d'abord à l'ennemi une résistance *de front* ». Bazaine ajoute : « *Je suis d'un avis contraire* ».

qu'il devait publier après 1870, *L'armée du Rhin* et les *Episodes de la Guerre de 1870 et le blocus de Metz*, pour apprécier la nature et la portée de ses idées en matière de tactique et de stratégie. A maintes reprises, il y signale la nécessité « de ne livrer, autant que possible, que des combats défensifs, sur des positions connues et fortifiées par des travaux rapides ». Il voudrait « faire la guerre méthodiquement comme au xviie siècle ». Comparant nos forces avec celles des Allemands, il conclut : « Une pareille situation nous imposait la défensive », avant même le début des opérations. « ...Il fallait occuper certaines positions stratégiques..., nous y couvrir d'ouvrages rapidement exécutés..., revenir aux principes de guerre du dix-septième siècle : opérer méthodiquement.... » Il eût voulu ne « plus faire un aussi fréquent usage des tranchées-abris », ce qui contredit l'idée précédente, « ni faire constamment coucher les hommes pour les défiler », ce qui est simplement absurde. Il voudrait former les batteries à huit pièces et supprimer la cavalerie division-

---

Frossard reproduisait une opinion de Gouvion Saint-Cyr, sans la partager : Une armée chargée de la défense d'un pays « peut avec avantage l'attaquer (l'ennemi) par ses ailes et ses derrières, surtout quand la frontière est, comme celle de la France, pourvue de places fortes près desquelles on peut trouver d'excellents appuis ». Bazaine ajoute : « *Cette opinion est la vraie* ». Frossard admet qu'il serait sage d'opérer ainsi dans le cas où l'ennemi serait *très supérieur en nombre* ou si, à la suite de grandes défaites, nous n'avions que des troupes de nouvelle levée. « Mais, heureusement, *telle n'est pas la situation* dans laquelle nous nous trouverions aujourd'hui vis-à-vis de la Prusse ». Bazaine souligne les deux membres de phrase indiqués et écrit en marge : « *Quelles illusions ! ! !* ».

« D'ailleurs, continue Frossard, comme nous l'avons déjà dit, il ne serait moralement pas permis au gouvernement impérial de laisser envahir l'Alsace, la Lorraine, la Champagne, sans avoir tenté le sort des armes. » Bazaine ajoute : « *Oui, mais dans de bonnes conditions tactiques* ».

naire, au rebours du sens commun. Quelques idées justes, comme l'abandon de la tente-abri et l'emploi du cantonnement détonnent au milieu de cet ensemble de truismes, de principes faux ou mal appliqués (1).

Il est hostile aux feux à volonté, au large emploi des tirailleurs (2).

Son idée dominante, celle sur laquelle il revient constamment, c'est la supériorité de la défensive. Il en conclut à la nécessité de la guerre de positions, oubliant que Frédéric II et Napoléon, sans parler de Turenne, ont relégué cette méthode au plus profond du passé. Chose étrange, il se rencontre avec Moltke en un point : « La puissance destructive de l'armement actuel nous imposait de chercher l'offensive en stratégie et la défensive en tactique (3). » A vrai dire, ces deux termes sont si difficiles à concilier que jamais, peut-être, on n'a vu un général les appliquer simultanément. Moltke, en particulier, l'a fait moins que personne. M. Georges Lachaud a reproduit l'un des raisonnements qui étaient familiers au maréchal : « ...Jadis, pour s'emparer d'une position, les fusils ne portant qu'à 200 mètres, les assaillants n'avaient que 200 mètres à parcourir sous le feu; tandis qu'aujourd'hui, les fusils portant à 1.200 mètres, c'est pendant

---

(1) Voir *L'Armée du Rhin*, p. 3, 4, 7 et *passim*; Les *Episodes*, p. 1 et suiv.

(2) Notes pour les divers services de la division Metman (*Revue d'Histoire*, I. 1903, p. 436, 12 août) : « ...Le maréchal (Bazaine) rappelle également que, vis-à-vis de l'ennemi qui ménage extrêmement ses feux, les feux à volonté doivent être complètement proscrits; on ne fera que des feux à commandement. Il recommande également de ne pas prodiguer les tirailleurs... ». Cette dernière prescription contredisait les *Instructions tactiques* que venait de faire distribuer le major général.

(3) *L'Armée du Rhin*, p. 4.

1.200 mètres que les assaillants sont exposés. Concluez donc qu'on a six fois moins de chance qu'autrefois de s'emparer d'une position et que ceux qui, les premiers, l'ont occupée, ont la quasi certitude de la victoire (1). »

Est-il besoin d'insister sur la fausseté évidente de ce raisonnement? Le maréchal oublie que l'assaillant, lui aussi, a des fusils portant à 1.200 mètres. Si un genre d'attaque est plus difficile que jadis, c'est celui qui s'exécutait sans préparation, l'arme sur l'épaule droite ou l'arme au bras, comme à San-Lorenzo. Mais l'histoire de toutes les guerres depuis quarante ans, à commencer par celle de 1870, montre l'étendue de l'erreur de Bazaine. N'a-t-il pas été battu les 16 et 18 août, bien qu'il eût occupé le premier des positions que les Allemands lui enlevèrent de haute lutte?

En 1869, un projet avait été établi pour la construction d'ouvrages de campagne à Frouard, sur le plateau et dans la forêt de Haye. Quelques jours avant la déclaration de guerre, Bazaine signalait à l'attention du ministre l'importance de cette « position ». Le Bœuf lui répondait, avec assez de raison : « Quand nous en serons là, nous serons bien malades (2). » Ainsi voilà l'idéal du maréchal au moment de la guerre : la défensive sur des positions choisies et retranchées! Il tient pour rien les exemples immortels laissés par Napoléon. Les connaît-il seulement? Il en est resté à sa conception de la guerre d'Afrique et n'entrevoit le combat que comme l'engagement de quelques milliers d'hommes. En 1868, raconte M. Germain Bapst, quand le capitaine Campionnet lui montre

---

(1) Georges Lachaud, « Le maréchal Bazaine », *Figaro* du 9 novembre 1887.

(2) Bazaine. *Épisodes de la guerre de 1870*, p. XXIX ; *L'Armée du Rhin*, p. 3.

sur le terrain la position de Longuyon où devrait manœuvrer l'armée de Lorraine, forte de 150.000 hommes, il indique à cet officier un petit bois et lui dit : « Je mettrai là une compagnie de tirailleurs (1) ! »

Nous avons vu que l'intention de l'Empereur est de former trois armées en cas de guerre avec la Prusse. Peu après l'affaire du Luxembourg, il a établi lui-même, avec la collaboration du général Lebrun, un projet imprimé sous le titre de *Composition des armées en 1868* et distribué à un petit nombre de personnalités (2).

D'après ce travail nous devions constituer trois armées, l'une à Metz, de trois corps d'armée; l'autre en Alsace, de trois corps également; la troisième, de réserve, au camp de Châlons, de deux corps seulement. Il y aurait eu, en outre, trois corps de réserve, l'un à Belfort, l'autre à Paris, le troisième représenté par la Garde (3) et sans doute destiné à renforcer l'une ou l'autre des deux premières armées. Cette répartition était logique, car elle cadrait avec nos effectifs, avec nos lignes de concentration et aussi avec la configuration du théâtre des opéra-

---

(1) *Nouvelle Revue* du 15 avril 1908, p. 452.

(2) Général Lebrun, *Souvenirs militaires*, p. 42 et suiv.; Général Derrécagaix, *La guerre moderne*, I, p. 103, 345. D'après Lebrun, l'Empereur consacra huit mois à ce travail qui fut terminé le 2 janvier 1868. L'Imprimerie nationale le tira à 100 exemplaires, dont 14 seulement furent distribués à des personnalités marquantes. Niel en reçut 10. Le n° 71 existe aux Archives historiques du ministère de la Guerre. Le travail en question a été reproduit dans un ouvrage publié par le comte de La Chapelle, au moins sous la direction de l'Empereur, *Les forces militaires de la France en 1870*, Amyot, 1872. Ce livre contient l'accusé de réception de Niel (p. 28).

(3) De La Chapelle, p. 30-35. Le général Thoumas a vu un autre projet, manuscrit, basé également sur la répartition de nos forces en trois armées (Général Thoumas, *Les transformations de l'armée française*, I, p. 468).

tions en deux secteurs, à l'est et à l'ouest des Vosges.

Après le 6 juillet 1870, nos premières dispositions sont arrêtées sur ces bases. Du 7 au 11 juillet, toute la répartition du personnel et des troupes est faite entre trois armées qui seront confiées aux maréchaux de Mac-Mahon, Bazaine et Canrobert. L'Empereur exercera les fonctions de généralissime.

Ce travail préliminaire n'est pas achevé, quand, le 11 juillet, en rentrant de Saint-Cloud, après un entretien avec Napoléon III et sans que le conseil des ministres ait été pressenti, Le Bœuf déclare que des modifications sont nécessaires. On va former une seule armée, que l'Empereur commandera lui-même, comme en Italie (1), au lieu de se contenter de la direction suprême, plus conforme à sa situation et à ses aptitudes. Ce n'est pas que l'ancienne répartition soit définitivement abandonnée. On se propose même d'y revenir dès la première victoire (2), peut-être parce que l'Empereur est physiquement incapable d'une campagne active. Comment, après avoir lui-même préparé le projet de 1868, Napoléon III est-il amené à le modifier dans son essence même, à la dernière heure, alors que les inconvénients d'un tel changement sautent aux yeux? Il semble que divers motifs y contribuent. D'après le rapport du général Séré de Rivières (3), on aurait renoncé aux trois armées afin de pouvoir modifier plus facilement la répartition des forces suivant les circonstances ». Cette raison paraît insuffisante, car rien n'empêchait de changer la composition de

---

(1) Général Lebrun. p. 180.
(2) Darimon. *Notes pour servir à l'histoire de la guerre de 1870.* p. 153 ; Général Lebrun, p. 180.
(3) *Procès Bazaine, compte rendu sténographique quotidien,* p. 164.

nos armées en cours d'opérations, comme devaient faire les Allemands.

D'autre part, à en croire le général Lebrun (1), le maréchal Le Bœuf aurait mis en avant une question d'amour-propre, afin d'expliquer la modification survenue dans les idées de l'Empereur : « ...Il est bien naturel qu'après avoir commandé personnellement l'armée d'Italie en 1859, il désire commander de même l'armée que nous organisons en ce moment.... » Mais alors, pourquoi Napoléon III, lui-même, avait-il adopté en 1868 l'organisation en trois armées?

Lebrun a la conviction qu'un autre motif inspira cette grave détermination. Au cours de ses entretiens avec l'archiduc Albert, « l'Empereur avait soumis à l'approbation du prince le travail... fait en 1868 sur l'armée française. A la suite de ces entrevues, l'Empereur me fit connaître que le prince, après avoir examiné son travail, lui avait représenté qu'à son avis nos corps d'armée, au lieu de deux divisions d'infanterie (2), comme il les avait composés, devaient en comprendre trois ou quatre, parce que le personnel de notre corps d'état-major était insuffisant

---

(1) *Souvenirs militaires*, p. 180 et suiv. Lebrun allait être, ainsi que Jarras, adjoint au major général Le Bœuf, avec le titre d'aide-major général. Quand le maréchal lui apprit, le 11 juillet, la nouvelle décision de Napoléon III, il ne dissimula pas « l'étonnement et le regret » qu'il en éprouvait (*ibid.*).

(2) Ici Lebrun commet une erreur : tous les corps d'armée de 1868 n'étaient pas à deux divisions. La 1re armée comprenait deux corps à deux divisions et un à trois divisions ; de même pour la 2e armée ; l'armée de réserve aurait eu un corps à trois divisions et un corps à deux divisions (La Chapelle, p. 27-33). Bien plus, la note remise à l'archiduc Albert, le 13 juin 1870, par Lebrun lui-même (*Souvenirs militaires*, p. 140 et suiv.), prévoyait *huit* corps d'armée, dont la Garde ; deux étaient à quatre divisions, cinq à trois, un à deux, ce qui ne se comprend guère.

pour former les états-majors de nos corps d'armée à deux divisions; que trois grands quartiers généraux d'armée augmenteraient trop les états-majors et les non-valeurs; qu'au contraire une seule armée, composée de corps d'armée à trois ou quatre divisions, permettrait d'apporter une économie sensible dans le personnel d'état-major nécessaire....

« L'Empereur, qui professait la plus grande estime pour les talents militaires de l'archiduc Albert, n'avait, sans doute, pas oublié les observations que ce prince lui avait faites quelques mois auparavant. J'ai toujours pensé qu'elles lui avaient inspiré, plus que tout autre motif, la décision du 11 juillet (1). »

De fait, on avait souvent admis en Autriche que la constitution d'une armée unique permettrait de réduire les états-majors et les non-valeurs. C'est vrai, avec ce correctif que le maniement d'une masse trop lourde dé-

---

(1) Général Lebrun, *Souvenirs militaires*, p. 181-182; Voir au *Procès Bazaine* la déposition du maréchal Le Bœuf, 20 octobre 1873 :

« D. — Avez-vous eu connaissance du plan du maréchal Niel et de l'abandon de ce plan ?

« R. — De quel plan veut parler M. le Président ?

« D. — Du plan relatif à l'organisation de l'armée du Rhin, dont le maréchal devait commander un corps. Quelle est la cause de l'abandon de ce plan ?

« R. — C'est une raison de politique extérieure » (*Compte rendu sténographique quotidien*, p. 115). Cette explication est bien nuageuse.

Une autre publication relative au procès Bazaine donne une version un peu plus précise : « Je crois que ce sont des raisons purement politiques, des raisons, non pas de politique intérieure, mais de politique extérieure, je dirai même que j'en suis sûr.... Tout le travail a été fait, des considérations de politique extérieure sont venues y apporter un changement considérable. Voilà tout ce que je puis dire au Conseil ».

Le comte de La Chapelle (*op. cit.*, p. 82) reproduit le texte même des observations de l'archiduc Albert au sujet de l'organisation de 1868. Il les date simplement de *1870*.

passe les forces d'un général en chef et d'un état-major. L'Autriche, en 1866, et la France, en 1870, ne l'ont que trop éprouvé.

Dans un ouvrage récent (1), M. Germain Bapst accentue encore le rôle du prince autrichien : « L'archiduc Albert a mis une telle insistance pour obtenir cette transformation que, quelque intempestive qu'elle soit, l'Empereur a cédé. » M. Bapst paraît admettre que cette insistance s'est produite au moment même de la transformation en question et, en effet, une lettre de lui établit que telle est bien sa manière de voir (2). Il paraît difficile de s'y rallier. Comment, dans le bref intervalle entre le 6 et le 11 juillet, l'archiduc aurait-il pu intervenir auprès de l'Empereur, afin de modifier notre organisation éventuelle? Comment, surtout, une lettre du 11 juillet aurait-

---

(1) *Le maréchal Canrobert. Souvenirs d'un siècle*, IV, p. 140. Le 9 août, Le Bœuf disait au maréchal Canrobert : « C'est l'Autriche qui nous a mis dans la situation déplorable où nous sommes ; elle nous a promis son alliance qui entraînait celle de l'Italie ; avant même la déclaration de guerre, l'archiduc Albert est intervenu ; c'est lui qui a pesé sur l'Empereur pour le changement de l'organisation de l'armée ; au lieu de trois armées, il a obtenu qu'il n'y en aurait qu'une, et tout le travail préparé depuis 1867 a été à refaire en quarante-huit heures. Puis il a arrêté l'exécution de notre plan d'offensive jusqu'au Rhin... il nous a envoyé un plan de campagne composé par lui et il a insisté pour que nous maintenions en deçà de la frontière sur l'expectative, pour venir donner la main à son armée du côté de Nuremberg... » (*ibid.*, p. 187).

Nous estimons que ce récit, et surtout sa dernière partie, ne correspond en rien à la réalité. Le Bœuf s'est mal expliqué ou Canrobert, qui n'était nullement au courant des négociations avec l'Autriche, a mal compris.

(2) Lettre à nous adressée, 3 avril 1911. M. Germain Bapst mentionne à l'appui l'ouvrage du comte de La Chapelle, la déposition de Le Bœuf à l'Enquête parlementaire et même les *Souvenirs militaires* de Lebrun, ainsi que les confidences (verbales?) des généraux Castelnau et Hartung. La lettre de l'archiduc serait du 11 juillet.

elle pu arriver en temps voulu à Paris? Enfin on doit ajouter que les objections du prince autrichien se concilieraient mal avec ce fait que le plan de campagne établi par lui-même en juin 1870 et communiqué comme tel à l'Empereur, comportait l'existence de deux armées (1). L'archiduc aurait pu malaisément se déjuger à quelques jours d'intervalle.

D'après certains témoignages, c'est à l'Impératrice qu'il faudrait attribuer le revirement de Napoléon III. Mère plutôt qu'épouse, elle jugeait le pouvoir plus en sûreté entre ses mains et faisait partir « pour l'armée un pauvre homme qui n'avait même pas la force de régner (2) ». Mais on doit observer que l'Empereur serait sans doute parti « pour l'armée », que la répartition de 1868 fût maintenue ou non.

Il est possible aussi que Napoléon III ait été d'accord avec l'Impératrice pour voir des inconvénients sérieux à une disposition qui pouvait grandir les maréchaux au détriment de la dynastie. Ce souverain n'était pas jaloux de leur gloire, mais il craignait le voisinage d'un homme de guerre populaire, énergique et d'une haute capacité (3). Il aimait les médiocrités soumises et ne s'inspirait guère du mot de Dupin : « Il n'y a que ce qui résiste

---

(1) L'armée de la Sarre et la Grande Armée opérant sur le Rhin. Le général Lebrun, p. 150 et suiv., donne la reproduction du plan de l'archiduc ou plutôt des observations rédigées par lui aux dates des 10, 13, 14 et 16 juin et envoyées à Lebrun le 20 juin avec une lettre autographe dont Lebrun produit le fac-similé à la fin de l'ouvrage cité.

(2) Général du Barail, III, p. 145. A l'armée, le 20 juillet, on croyait encore aux trois commandements de maréchaux (Lettre du général Lapasset, *Le général Lapasset*, II, p. 109).

(3) En 1859 il évita d'appeler en Italie les maréchaux Pélissier et de Castellane, bien que tout désignés par leurs services.

qui soutient avec efficacité. » On peut croire que le passé récent de Bazaine ne disposait pas l'Empereur à lui confier volontiers la principale de nos armées.

Ajoutons que, suivant certains témoignages, « c'est le général Frossard qui eut l'idée de modifier l'organisation de 1868 et de remplacer les trois armées par une seule... placée sous le commandement de l'Empereur. Il donnait pour raison que, sous Napoléon Ier, il n'y avait pas d'exemple, au début d'une campagne, de généraux dirigeant leurs corps d'armée... » d'une façon indépendante (1). Ce n'est pas dans cette seule occasion que l'imitation servile du Ier Empire nous devait être fatale. D'ailleurs Frossard avait peut-être une autre raison, celle-ci inavouée. Il préférait, à titre de commandant de corps d'armée, être sous les ordres directs de l'Empereur que sous ceux d'un des maréchaux. A cette dernière combinaison, il trouvait pour lui moins d'honneur et de profit moral.

Quoi qu'il en soit, l'entourage de Le Bœuf, notamment les généraux Lebrun et Jarras, fait en vain remarquer les inconvénients d'un seul commandement. La décision est prise. Au lieu de trois armées, on va en former une seule, de huit corps à trois divisions, sans la Garde. Puis, nou-

---

(1) D'après les entretiens de Darimon avec le général Lewal analysés dans les Mémoires des hommes du Temps présent (*Figaro* du 8 janvier 1894). Dans ses *Notes pour servir à l'histoire de la guerre de 1870*, p. 152, Darimon reproduit la pitoyable explication de « la succession de la Grande Armée... ».

M. Ollivier (XV, p. 105) mentionne simplement l'explication du général Lebrun, sans indiquer les motifs qui décidèrent l'Empereur. Il reproduit (XV, p. 580) une lettre sans date du colonel d'Ornant à Le Bœuf donnant un aperçu des idées successives de ce dernier du 6 au 11 juillet, en matière d'organisation d'armée.

veau changement. Pour dédommager les maréchaux, on constitue trois corps d'armée à quatre divisions, qui leur sont attribués; les quatre autres sont à trois divisions.

Cette mesure, qui retarde encore une fois l'achèvement de notre concentration, n'est pas sans mécontenter l'un au moins des trois maréchaux. Bazaine, se considère dès lors comme méconnu. Il reste blessé dans son espoir et ses ambitions. De là l'indifférence gouailleuse avec laquelle il accueille les ordres de l'Empereur, aussi bien que les événements. Malgré les souvenirs du Mexique, il jouit dans l'armée d'une popularité réelle. Il possède sa confiance (1). Peut-être y a-t-il dans celle-ci une nuance d'opposition bien française au gouvernement impérial, qui a un moment traité Bazaine avec une froideur visible. On croit en ses hautes aptitudes. On le juge au niveau des situations les plus difficiles.

La nouvelle organisation le contente si peu qu'il se plaint de n'avoir pas été consulté sur le choix entre le 3ᵉ corps et la Garde, qu'il eût préférée et qu'il commandait déjà (2). Il assure s'en être plaint à l'Empereur, chose difficile à comprendre. Outre que le 3ᵉ corps équivalait numériquement presque au double de la Garde, Bazaine, le plus en vue des maréchaux, n'aurait été nullement à sa place en tête d'un corps de réserve.

Le 15 juillet, le maréchal était invité à se rendre à Metz dans les quarante-huit heures. Jusqu'à l'arrivée de l'Empereur, indépendamment du 3ᵉ corps, les 2ᵉ, 4ᵉ et 5ᵉ étaient placés sous ses ordres. Presque aussitôt, on lui subordonnait, à titre provisoire, les huit corps de l'armée

---

(1) Colonel Fix, *Souvenirs d'un officier d'état-major*, II, p. 16.
(2) *Episodes*, p. 5 et suiv.

du Rhin (1). Mais il ne recevait aucune instruction sur la conduite à tenir, aucune donnée concernant les emplacements des 1er, 6e et 7e corps et de la Garde, aucun aperçu des intentions de l'Empereur, qui, d'ailleurs, ne les avait pas encore arrêtées. Déjà le libellé de ces télégrammes trahissait le désordre et l'incertitude de la direction. Cette impression ne ferait que s'accentuer les jours suivants.

L'ennemi avait craint une entrée en campagne foudroyante, à laquelle il n'était pas préparé. L'insuffisance de nos préparatifs et surtout les incertitudes de la direction nous amenaient à la retarder de jour en jour. Le 20 juillet, suivant les instructions de l'Empereur, qui ne voulait pas commencer les opérations avant que l'armée fût entièrement constituée, Bazaine prescrivait de garder « la défensive en s'éclairant et se renseignant bien... (2) ». Les jours suivants, la note reste la même; le maréchal est plutôt tenté d'exagérer les recommandations de Napoléon III. Le 21 juillet, par exemple, il interdit à Frossard de passer la Sarre et de rien tenter contre Sarrelouis (3). Il arrête, pour les corps d'armée de Lorraine, un ensemble de dispositions destinées à garantir la surveillance de notre frontière et la sauvegarde des populations (4). L'établissement d'un cordon de sûreté, le long de la frontière,

---

(1) Le ministre à Bazaine, 15 et 16 juillet, *L'Armée du Rhin*, p. 17-18. Dans ses *Episodes*, p. 1 et suiv., Bazaine se plaint de ce que les sept autres commandants de corps d'armée ne se soient pas tous mis en rapport avec lui, comme ils le devaient.

(2) *L'Armée du Rhin*, p. 245; *Revue militaire*, partie historique, 1900, p. 635.

(3) Télégramme chiffré, 21 juillet, 7 heures du soir, *Revue militaire*, 1900, p. 636.

(4) Bazaine à Frossard, 21 juillet, *Revue militaire*, 1900, p. 622.

lui paraît nécessaire pour la couvrir et surtout pour rassurer les habitants que l'apparition des cavaliers ennemis effraie déjà.

L'Empereur arrivait à Metz le soir du 28 juillet. Il y entrait aussitôt en conférence avec Bazaine, Le Bœuf et les deux aides-majors généraux. Jarras remarquait « particulièrement l'attitude froide et réservée » de Bazaine. Il était très bref dans ses explications et s'abstenait d'exprimer aucune opinion sur la conduite à tenir. On pouvait voir « qu'il n'était nullement satisfait » de se voir en sous-ordre (1).

Après avoir hésité entre divers projets, Napoléon III se décidait à opérer sur Sarrebruck une attaque d'ensemble à laquelle prendraient part trois de nos corps d'armée (2). Depuis l'arrivée de l'Empereur, Bazaine n'exerçait plus le commandement provisoire. Il était, néanmoins, chargé de la direction supérieure d'une opération qu'il n'avait ni conçue, ni préparée : combinaison vicieuse par essence,

---

(1) Général Jarras, *Souvenirs*, p. 58.

(2) D'après M. E. Ollivier, qui paraît suivre la version tirée du *Carnet* inédit du général Castelnau, le 29, Napoléon III aurait tenu conseil à 1 heure dans la gare de Saint-Avold avec Le Bœuf, Bazaine, Frossard. Ce dernier aurait préconisé une offensive sur Sarrebruck et une décision aurait été prise dans ce sens (*L'Empire libéral*, XV, p. 310-311). D'après la *Revue militaire*, II, p. 816, 824-825, qui suit le récit de Frossard, Napoléon III aurait simplement jugé qu'il y avait lieu de porter l'armée plus près de la frontière, « tout en rapprochant les corps de gauche de la voie ferrée de Metz à Sarrebruck ». Le général Coffinières (*Carnet de notes*) estime que ce mouvement était dicté par l'inclination de l'Empereur à une attaque sur Sarrelouis. Mais rien ne prouve d'une façon positive que cette version soit exacte. Ce qu'écrit la *Revue d'Histoire*, III, p. 109, est purement hypothétique. Le fait certain est que les premiers ordres pour la reconnaissance sur Sarrebruck furent envoyés dans la nuit du 29 au 30, à 12 h. 20 du matin.

car la responsabilité mal définie qu'elle imposait au maréchal ne se conciliait pas avec les devoirs positifs inhérents à un commandement devant l'ennemi. Quelle autorité pouvait avoir Bazaine sur des unités placées sous ses ordres, de la façon la plus vague, pour quelques heures seulement?

Le 31 juillet, à Forbach, avait lieu une conférence prescrite par l'Empereur. On y discutait les dispositions à prendre en vue de l'attaque sur Sarrebruck. Dès le début, Bazaine manifestait son opposition au principe même de cette opération. Il n'était pas d'avis qu'on lui donnât l'importance prévue, parce que nous étions incomplètement organisés et hors d'état de poursuivre les résultats à prévoir. Ce serait « provoquer l'ennemi.... à prendre l'offensive sur nos troupes disséminées ». On parviendrait, sans doute, « à inutiliser les voies ferrées de Mayence, de Trèves et de Mannheim vers leur point de jonction », mais on risquerait de « compromettre, en s'engageant intempestivement, les débuts de la campagne ».

Dans ces conditions, le maréchal était d'avis que mieux vaudrait « faire une opération sérieuse sur Deux-Ponts ou sur Trèves, après avoir enlevé Sarrelouis, afin de porter la guerre chez l'ennemi ». Apparemment nous ne le provoquerions pas de la sorte!

On objectait que prendre une petite place pour premier objectif serait « faire la guerre comme du temps de Turenne », qu'il faudrait masquer Sarrelouis et non s'en emparer. Le Bœuf demandait que, du moins, nous passions la Sarre pour détruire la voie ferrée. On le trouvait « trop audacieux ». Après discussion, le conseil adoptait à l'unanimité un parti timide, selon qu'il est de règle en pareil cas. On ferait l'opération prescrite, par déférence pour l'Empereur, mais on la limiterait à la rive gauche de la Sarre (1). Une grande partie de Sarrebruck et la gare étant sur la rive droite, le résultat final serait nul, malgré l'importance de l'effectif engagé.

Jamais combat ne fut combiné avec un tel luxe de prescriptions détaillées, entrepris par un nombre d'unités relativement aussi considérable, pour un plus mince succès. Bien que Bazaine dût exercer le commandement suprême, il affectait de s'en désintéresser, comme il allait faire le 6 août. A part ses ordres au 3° corps et les instructions qu'il donnait au 4°, il ne prenait aucune décision. Il n'y a pas trace de prescriptions qu'il ait adressées au général Frossard (2). Au contraire, il prenait son heure, le 2° corps devant remplir le principal rôle.

Cette opération si longuement préparée aboutissait à un combat insignifiant (2 août). Croyant qu'il serait sérieux, l'Empereur avait voulu y assister, malgré son déplorable état de santé. Il était même persuadé que nos trois corps d'armée seraient engagés. Sa déception fut grande. Elle se compliqua de la surprise provoquée par l'absence de Bazaine qui, d'après des ordres formels, devait diriger l'action (3). Napoléon III apprenait « vaguement » que le maréchal avait quitté Forbach le matin, pour aller dans une direction tout autre que celle de

---

(1) *Mémoire et rapport sur les opérations de l'armée du Rhin et la capitulation de Metz*, reproduit dans le *Procès Bazaine*; Bazaine, *Épisodes*, p. 11-13; *L'Armée du Rhin*, p. 261; Le Major général au général Dejean, 1er août, *Revue d'Histoire*, 1er sem. 1901, p. 577. Les autres sources relatives aux 2° et 5° corps ne contiennent rien qui infirme cette version.

(2) *Revue d'Histoire*, 1er sem. 1901, p. 532 et 602.

(3) « Votre Excellence prendra le commandement des trois corps d'armée appelés à concourir à l'opération » (Le Major général à Bazaine, 30 juillet, soir, *Revue d'Histoire*, 1er sem. 1901, p. 153).

Sarrebruck. Il envoyait inutilement Lebrun à sa recherche.

Cette absence donnait lieu à de vifs commentaires. « Les uns l'attribuèrent à un sentiment d'hostilité du maréchal envers le général Frossard. Ils supposèrent que, voyant celui-ci chargé de la partie principale de l'opération... il avait voulu lui laisser toute la responsabilité. D'autres supposèrent qu'en se portant de sa personne sur un point rapproché de Sarrelouis, le maréchal avait voulu voir si les Prussiens n'essaieraient point d'en déboucher... Quoi qu'il en soit... sa conduite... demeura toujours inexpliquée (1). » De son côté, Bazaine allègue qu'il attachait une grande importance à sa diversion de Wehrden et que ce motif seul l'empêcha de se rendre devant Sarrebruck (2). S'il dit vrai, sa raison est singulière, car ce n'est pas la coutume qu'un commandant en chef assiste à une diversion et néglige l'action principale.

---

(1) Général Lebrun, *Souvenirs militaires*, 1866-1870, p. 219-224. Nous ne savons sur quelle autorité M. Ollivier se fonde pour écrire (XV, p. 318 et suiv.) que Bazaine ne fut pas chargé de l'opération restreinte décidée le 31 juillet. Le commandement aurait été confié à Frossard et une partie des 3e et 5e corps mise à sa disposition. Le 2 août, Napoléon III s'informait néanmoins de Bazaine, dès son arrivée à Forbach : « Le maréchal, n'ayant été ni mandé ni prévenu, était resté à son quartier général, car il n'avait pas à se mêler de la conduite d'une opération confiée spécialement à Frossard... ». Cette version est en contradiction avec celle de Lebrun, reproduite par la relation de l'état-major français (*Revue d'Histoire*, 1er sem. 1901, p. 811 et suiv.).

(2) *Episodes*, p. 16-17. Le général d'Andlau, *Metz, campagne et négociations*, p. 27, donne une autre explication. Bazaine aurait appris que l'Empereur et le major-général se réservaient d'assister au combat, « de telle sorte que le fait seul de leur présence annulait le commandement général confié provisoirement au maréchal. Celui-ci le comprit si bien que, dans la journée du 2 août, il ne parut pas et s'abstint de venir saluer l'Empereur et son fils ». Mais l'ex-maréchal (*Episodes, loc. cit.*) affirme qu'il ignorait l'intention de Napoléon III, ce qui paraît exact.

Il se peut néanmoins que le dernier motif se soit joint aux autres pour dicter sa décision. C'est malgré Bazaine que l'opération a été décidée; il nourrit à l'égard de Frossard des préventions dont on verra bientôt les preuves; il croit, comme le montre sa correspondance, les Prussiens en forces vers Sarrelouis. Il y a là de quoi expliquer son abstention, surtout si l'on y joint une cause générale, le mécontentement causé par la suppression de son commandement d'armée.

II

SPICHEREN

Sur les entrefaites, une division du 1er corps était écrasée à Wissembourg, le 4 août, par des forces très supérieures, et cet échec, qui n'avait qu'une importance restreinte par lui-même, provoquait parmi l'état-major de l'Empereur, déjà conscient de notre infériorité, un moment de profonde émotion. On se rendait enfin compte de la lourdeur d'une masse comprenant huit corps d'armée et des unités indépendantes. Pour en faciliter le maniement, on décidait de rétablir l'organisation abandonnée le 11 juillet. Désormais, les 1er, 5e et 7e corps seraient groupés sous les ordres du maréchal de Mac-Mahon, les 2e, 3e et 4e corps sous ceux de Bazaine. Mais la Garde, le 6e corps, une partie des réserves générales d'artillerie et de cavalerie restaient en dehors de ces groupements. Aucun état-major n'était constitué pour eux et le major général spécifiait nettement que l'autorité des deux maréchaux serait limitée aux opérations militaires (1). Bien que Bazaine ait fait acte de commandement dès l'après-

---

(1) Le Major général aux commandants de corps d'armée, 5 août, télégramme, midi 50, *Revue d'Histoire*, II, 1901. p. 857.

midi du 5 août (1), il ne semble pas qu'il l'ait jamais exercé effectivement. Le Bœuf et lui sont d'accord pour le reconnaître (2). L'Empereur continuait d'envoyer des ordres directs aux corps d'armée; il reconnaissait les avantages d'une organisation qui eût rendu sa tâche moins lourde, mais, pour une raison malaisée à préciser, il ne voulait pas l'appliquer entièrement. Il se ralliait donc à un système bâtard, qui ne laissait à ses lieutenants aucune initiative, mais aussi nulle responsabilité. L'incertitude de nos opérations en devait être accrue.

Les inconvénients de cette indécision ne tardaient pas à se révéler. Mac-Mahon et Bazaine tenaient si peu dans leur main les troupes d'Alsace et de Lorraine que, le 6 août, des fractions de ces deux groupements étaient battues à Frœschwiller et à Spicheren. Dans la dernière de ces batailles, la responsabilité de Bazaine était même engagée : de Saint-Avold, il aurait pu sans difficulté se rendre à Forbach auprès de Frossard et le renforcer par une partie au moins des quatre divisions du 3e corps (3), dispersées, il est vrai, de Saint-Avold à Sarreguemines, au rebours du sens commun.

Le premier télégramme de Frossard à Bazaine, très

---

(1) Télégramme de Bazaine à Frossard et à Ladmirault, 4 h. 10 du soir (*Revue d'Histoire*, II, 1901, p. 870). Dans sa réponse datée de 5 h. 15, Frossard rappelle que le 2e corps est sous les ordres du maréchal « en ce qui concerne les opérations militaires » (*ibid.*).

(2) Interrogatoire du maréchal, 13 octobre 1873; Déposition de Le Bœuf, 20 octobre (*Procès Bazaine, Compte rendu sténographique quotidien*, p. 57 et 114).

(3) Ces quatre divisions étaient à Saint-Avold (Decaen), à Marienthal (Metman), à Puttelange (Castagny), à Sarreguemines (Montaudon). Bazaine le faisait connaître à Frossard par un télégramme de 2 h. 50 du matin le 6 août. Il l'informait que, d'après l'état-major général, des forces considérables continuaient de se porter par Trèves sur Sarrelouis et Sarrebruck (*Revue d'Histoire*, I, 1902, p. 1129).

confiant, ne fait prévoir aucune attaque (5 h. 50 du matin). Puis le ton change : il est impossible de quitter Spicheren « car Forbach serait sans doute attaqué de suite et nos approvisionnements compromis ». La division Castagny, qui est « à Puttelange, ne pourrait-elle pas appuyer sur Sarreguemines », de façon à mieux couvrir la droite de Frossard (7 h. 50 du matin)? A 9 h. 10, le général annonce que le canon retentit aux avant-postes. Il témoigne d'une vague inquiétude pour ses flancs, si mal assurés : « Ne serait-il pas bien que la division Montaudon envoyât de Sarreguemines une brigade vers Grossbliederstroff, et que la division Decaen se portât en avant vers Merlebach et Rosbruck (1) ? »

Lorsque ces demandes parvenaient au maréchal, il éprouvait déjà des craintes analogues pour deux des points confiés au 3ᵉ corps. De grand matin, la division Montaudon avait fait prévoir une attaque de Sarreguemines par des forces supérieures. Plus tard, il est vrai, les nouvelles devenaient plus rassurantes dans cette direction, mais l'ennemi montrait une certaine activité vers l'ouest, au sud de Sarrelouis. De plus le major général avait adressé à Bazaine comme à Frossard (5 h. 5 du matin) un télégramme annonçant « une attaque sérieuse qui pourrait avoir lieu aujourd'hui même ». Le maréchal en concluait que l'ennemi préparait l'offensive sur Saint-Avold. Aussi tenait-il la division Decaen prête à combattre et témoignait-il d'un médiocre empressement à opérer les mouvements suggérés par Frossard. Il rapprochait même de Saint-Avold la division Metman et la division de cavalerie Forton, que l'Empereur mettait à

---

(1) *Revue d'Histoire*, I, 1902, p. 1130-1132. Le 3ᵉ corps (Bazaine) comprenait quatre divisions d'infanterie et la division de cavalerie Clérembault.

sa disposition, ainsi que la Garde. Il échelonnait des troupes au nord-est, dans la direction de Forbach et du 2ᵉ corps, mais n'en restait pas moins convaincu que Saint-Avold était directement menacé de Sarrelouis. Il estimait, par suite, que sa présence y était indispensable. Ce point enlevé, la liaison serait perdue entre la droite et la gauche de nos troupes de Lorraine (1), et cette idée devait contribuer à le paralyser jusqu'à la fin du jour.

A l'égard de la division Castagny, ses intentions varient de la façon la plus singulière. Après avoir songé à la rapprocher de Saint-Avold (7 h. 45 du matin), il veut la faire appuyer vers Sarreguemines (10 h. 55), dans une direction tout à fait opposée. A 11 h. 15, il annonce à Frossard qu'il la porte sur Farschwiller et Théding, et la division Metman sur Macheren et Béning-lès-Saint-Avold (2). Il ne peut « faire plus », ajoute-t-il, sauf à lui envoyer des conseils en guise de renforts. Pourquoi le 2ᵉ corps ne porterait-il pas une brigade « et même plus » d'OEting sur Morsbach, afin de surveiller la direction de Sarrelouis, qui inquiète Bazaine? Le 2ᵉ corps affaiblirait son front déjà attaqué. Mais qu'importe? « Notre ligne est malheureusement très mince, par suite des dernières positions prises et, si le mouvement est vraiment aussi sérieux, nous ferons bien de nous concentrer sur la position de Cadenbronn.... » On voit comment ce général en

---

(1) *Enquête parlementaire*, Dépositions, IV, Bazaine, p. 182.

(2) Farschwiller et Théding 9 k. 2 et 6 k. 4 au sud de Forbach; Macheren et Béning au nord-est de Saint-Avold, vers Forbach, qui est à 5 k. 2 et 10 kilomètres à vol d'oiseau. L'heure de ce télégramme est 11 h. 15 d'après Frossard (*Rapport sur les opérations du 2ᵉ corps*, p. 39); la copie des Archives historiques porte 11 h. 15, mais surchargée; la copie versée au procès Bazaine porte également 11 h. 15. Quant au maréchal, il indique 1 heure du soir (*L'Armée du Rhin*, p. 29). Cf. *Revue d'Histoire*, VI, p. 1100, note 2.

chef entend le commandement. Ce sont des conseils qu'il donne, et non des ordres. S'il voulait apprécier le « sérieux » de ce « mouvement », il lui serait aisé de se rendre à Forbach et de suppléer aux défaillances de Frossard. La concentration des 2ᵉ et 3ᵉ corps vers Spicheren serait un moyen efficace de gêner une offensive éventuelle sur Saint-Avold ou Sarreguemines et arrêterait de front celle sur Sarrebruck. Mais il se peut que des arrière-pensées aient germé dans son esprit. L'aide qu'il est à même de prêter au 2ᵉ corps ne peut se borner à un insignifiant déplacement des divisions Metman, Castagny et de la brigade de dragons Juniac. Il entend donner à Frossard une apparence de satisfaction et rien autre. « Ne serait-on pas tenté de penser que, dans ces derniers mots de son télégramme : « Je ne peux faire plus », le maréchal Bazaine n'a dissimulé qu'à moitié ce qui est au fond de sa pensée : « Que le corps du général Frossard succombe, s'il ne peut se défendre tout seul ; je ne ferai rien de sérieux pour aller à son secours?... (1) » A cette opinion du général Lebrun, il convient d'ajouter un correctif. Si Bazaine ne cherche pas à renforcer sérieusement le 2ᵉ corps, c'est que lui-même s'attend à être attaqué à Saint-Avold. Il pense avec la sagesse des nations que charité bien ordonnée commence par soi-même.

Quoi qu'il en soit, la moitié du 3ᵉ corps va être répartie en quatre groupes, de Saint-Avold à Forbach, sans qu'il y ait des communications faciles entre Théding et Farschwiller d'une part, Macheren et Béning de l'autre. Ils ne sont à portée de renforcer rapidement ni Decaen à Saint-Avold, ni Frossard à Forbach, ni Montaudon à Sarregue-

---

(1) Général Lebrun, *Souvenirs militaires*, p. 271. Cf. général d'Andlau, *Metz, Campagne et négociations*, p. 41 et suiv.

mines. Les ordres du maréchal ne répondent en rien aux nécessités présentes, que l'attaque prussienne soit dirigée sur l'un ou l'autre de ces points. Mais, dans l'intervalle, la situation se précise aux abords de Forbach. L'ennemi, écrit Frossard, montre « de fortes reconnaissances », sans prononcer « encore son mouvement d'attaque » (10 h. 6 du matin). Puis il se présente à Rosbruck et à Merlebach, c'est-à-dire en arrière de la gauche du 2ᵉ corps [10 heures 40] (1). En manière de réponse, le maréchal se borne à indiquer le plateau de Cadenbronn comme point de concentration générale, pour le cas où le danger deviendrait sérieux [11 h. 15] (2). Près de trois heures se passent sans que Frossard juge à propos de modifier ces premiers renseignements. Puis, à 1 h. 25, il télégraphie : « Je suis fortement engagé, tant sur la route et dans les bois que sur les hauteurs de Spicheren. C'est une bataille. Prière de faire marcher rapidement votre division Montaudon sur Grossbliederstroff (3) et votre brigade de dragons sur Forbach (4). »

Cette fois Frossard se rend compte de l'importance du combat. Il demande des renforts, d'ailleurs insuffisants, et, comme la réponse se fait attendre, il la réclame avec instance : « Je vous prie de me répondre si vous faites marcher des troupes de Sarreguemines vers ma droite » (2 h. 20 du soir).

Le maréchal lui a déjà donné satisfaction, du moins en apparence. « Je fais partir la division Montaudon pour Grossbliederstroff. La brigade de dragons marche vers Forbach » (2 h. du soir). Il a prescrit au 4ᵉ corps de se porter

---

(1) Télégrammes, *Revue d'Histoire*, I, 1902, p. 1132-1133.
(2) *Procès Bazaine*, Rapport Rivières, p. 165.
(3) Entre Sarreguemines et Forbach.
(4) *Revue d'Histoire*, I, 1902, p. 1134.

vers Saint-Avold. La Garde, dont il dispose « jusqu'à nouvel ordre » (2 h. 20), se dirige également vers ce point. Mais la distance empêcherait ce beau corps d'armée de combattre sur la Sarre avant la journée du 7 août. D'ailleurs le commandement si mal défini qu'exerce Bazaine n'est pas pour faciliter son action. A quelle direction sérieuse pourrait-il prétendre sur un groupement constitué d'une façon aussi sommaire?

Après une nouvelle demande de Frossard [3 h. 20 du soir] (1), le maréchal semble vouloir hâter la marche de la division Montaudon (3 h. 40). Mais, en la mettant à la disposition du général, il croit devoir lui rappeler qu'elle est « nécessaire à Sarreguemines » (4 h. 53). Il n'entend pas, évidemment, renoncer à la garde de cette « position », même si les mouvements de l'ennemi exigent notre concentration. Il réclame instamment des nouvelles de Frossard, tout en se bornant à rapprocher légèrement la division Metman de Forbach. C'est Frossard qui prend l'initiative d'appeler ces troupes à lui.

Quand il reçoit, vers 5 heures, la demande de renseignements de Bazaine, il s'est produit une accalmie dans le combat et le général s'en exagère la portée. Il en prévient le maréchal, se bornant à lui demander « un régiment au moins d'infanterie » pour le soir. Il renvoie même la brigade de dragons Juniac, sous prétexte qu'elle ne peut lui être « de grande utilité dans les bois » [5 heures 15] (2).

Son télégramme est à peine lancé, que la situation change brusquement, avec l'entrée en ligne de nouveaux

---

(1) Les télégrammes de 2 heures, 2 h. 20, 3 h. 20 sont extraits de la *Revue d'Histoire*, 1er sem. 1902, p. 1134-1135 et 1419.

(2) Les télégrammes de 3 h. 40, 4 h. 53, 5 h. 15 sont extraits de la *Revue d'Histoire*, 1er sem. 1902, p. 1135 et 1419.

renforts prussiens. Cette fois il réclame « des troupes, très vite et par tous les moyens » (5 h. 31).

A 6 heures, Bazaine annonce l'envoi par chemin de fer d'un régiment de la division Decaen. A 6 h. 6 il télégraphie encore : « Je vous envoie un régiment par le chemin de fer. Le général (de) Castagny est en marche vers vous; il reçoit l'ordre de vous joindre. Le général Montaudon a quitté Sarreguemines à 5 heures, marchant sur Grossbliederstroff; le général Metman est à Béning. Vous avez dû recevoir la brigade de dragons du général de Juniac (1). »

Le maréchal a déjà prescrit à Castagny, un peu avant 4 heures, de se mettre à la disposition de Frossard. Mais aucun de ces renforts n'arrivera en temps opportun, et les demandes de Frossard deviennent de plus en plus pressantes (6 h. 35 et 7 h. 22). En manière de réponse, Bazaine allègue son impuissance : « Je vous ai envoyé tout ce que j'ai pu. Je n'ai plus que trois régiments à Saint-Avold. Définissez-moi bien les positions que vous croirez devoir occuper » (8 h. 15). Ce n'est pas le ton d'un commandant en chef s'adressant à un subordonné. Une autre communication, envoyée dans la soirée, est plus explicite, sans avoir rien non plus d'un ordre : « Ainsi que je vous l'ai dit, vous avez pour couvrir votre ligne de retraite la division Castagny, qui est en avant de Folckling, et la division Metman qui se trouve à Béning-lès-Saint-Avold. Vous ferez bien de battre en retraite sur la position de Cadenbronn d'abord; le général de Castagny se portera à Théding. Quant au général Montaudon, il se retirera d'abord sur Rouhling, au-dessus (?), puis se joindrait à vous si cela devenait nécessaire.

---

(1) *Revue d'Histoire*, I, 1902, p. 1136; *Procès Bazaine*, Rapport Rivières, p. 167.

« Donnez-moi de vos nouvelles par l'intermédiaire du général de Castagny (1). »

Frossard sait le plus mauvais gré au maréchal de l'inaction du 3ᵉ corps. Ses sentiments ressortent assez d'une lettre qu'il adresse directement le 8 août au major général, bien qu'il soit sous les ordres nominaux de Bazaine : « Si, à ce moment (4 heures du soir) ...les renforts demandés par moi dès le matin au maréchal Bazaine étaient arrivés comme ils auraient pu le faire, ...nous aurions remporté un avantage magnifique... Il y a bien des coupables dans tout cela, et je vous les ferai connaître, mais le moment n'est pas aux récriminations... » (2).

On doit dire, en effet, que Bazaine n'est pas seul responsable de l'inaction du 3ᵉ corps. Trois de ses divisionnaires le sont à divers degrés. On dirait qu'il leur manque, ainsi qu'au maréchal, le sens de la camaraderie de combat autant que celui de l'initiative. Ces deux causes contribuent sans doute à leur inaction comme à la sienne. Quoi qu'il en soit, la presque totalité du corps d'armée marche une grande partie du jour et de la nuit, sans que nous tirions le moindre profit de tant de fatigues. Pendant des heures, ces troupes ont pu demeurer dans le voisinage du champ de bataille et n'être d'aucune utilité aux troupes de Frossard. Du côté de l'ennemi le spectacle a été tout autre, avec les résultats que l'on sait. Les moindres fractions à proximité sont accourues afin de dégager les camarades en danger. C'est que, chez nos adversaires, l'initiative est aussi développée qu'elle l'est peu chez nous.

Il n'est pas douteux que le caractère rude et sévère de

---

(1) *Revue d'Histoire*, I, 1902, p. 1136. Cette dépêche n'atteignit Frossard que le 7 au matin.

(2) *Revue d'Histoire*, I, 1902, p. 1138.

Frossard, non moins que sa faveur auprès de l'Empereur, contribue à son échec. On connaît le mot célèbre : « Le professeur est dans la m....; qu'il y reste ! » C'est sans doute celui auquel fait allusion le général Lebrun (1) d'après un témoin auriculaire. Il aurait été proféré par un divisionnaire du 3ᵉ corps. Il est à rapprocher du mot prêté à Bazaine par le général de Rivières (2), sans que l'intéressé l'ait démenti : « Il y a trois ans que... Frossard étudie la position de Forbach et qu'il l'a trouvée superbe pour y livrer bataille, a-t-il dit à un officier qui en a déposé. — Eh bien ! il l'a maintenant, cette bataille ! »

Un ordre de l'Empereur a placé le 2ᵉ corps sous les ordres du maréchal. Dès lors, on ne peut s'expliquer son absence du champ de bataille. A défaut des renseignements venant de Frossard qui lui indiquent la marche générale de l'action, le bruit du canon, très net à Saint-Avold, suffirait à la lui faire connaître. Dans l'état-major du 3ᵉ corps, l'étonnement est grand quand on le voit se désintéresser du combat qu'il devrait conduire. Les ordres tardifs et incomplets qu'il donne pour renforcer Frossard n'allègent pas sa responsabilité. Il se borne à rapprocher de Forbach les divisions Montaudon et Castagny, à envoyer au 2ᵉ corps la brigade de dragons Juniac et un régiment de ligne. Il pourrait faire beaucoup plus et moins tard. Ses quatre divisions d'infanterie sont bivouaquées à des distances du champ de bataille comprises

---

(1) *Souvenirs militaires*, p. 275.
(2) *Procès Bazaine, Compte rendu sténographique quotidien*, p. 168. D'après un autre témoin, le maréchal s'exprimant sur la position en flèche, si dangereuse, du général Frossard, fit la réflexion qu'il ne s'était pas soucié d'engager ses divisions à la suite de celles du général. Bazaine a nié formellement ce dernier propos (*ibid.*).

entre 14 et 23 kilomètres. Aucune ne prend la moindre part au combat.

Divers motifs contribuent sans doute à l'inaction de Bazaine. La série des télégrammes échangés entre lui et Frossard met en lumière certains côtés de son caractère. Il n'a pas une conception saine du commandement et des devoirs qu'il impose. Autrement il serait à Forbach et hâterait la concentration de ses divisions, disséminées par l'Empereur sans motif appréciable. Sa correspondance du 6 août, ce qu'il a écrit dans la suite au sujet de cette journée trahissent une totale absence de coup d'œil, de décision et d'initiative (1). D'ailleurs il paraît apporter dans ses relations avec Frossard des arrière-pensées qui se traduisent par des retards malaisés à expliquer, par des recommandations faites sur un ton inadmissible. On dirait qu'il le voit sans déplaisir se débattre dans une situation délicate. Il est plus désireux de paraître le secourir que de l'appuyer réellement. Peut-être est-ce le contre-coup du déplaisir causé au maréchal par l'organisation de l'armée du Rhin, sur l'initiative de Frossard, dit-on (2). Depuis le début de la concentration, les corps d'armée voisins sont, par alternance, indépendants de lui ou placés sous ses ordres. Il ne peut avoir sur eux qu'une autorité précaire, variant au gré des inspirations de l'Empereur. Comment ne serait-il pas mécontent ?

Il se peut aussi qu'il ait certaines raisons personnelles d'antipathie pour Frossard. Soldat de fortune, devant tout à son épée et au destin favorable, il nourrit peut-être une certaine jalousie contre le gouverneur du Prince impérial, appartenant à une arme savante, réputé pour

---

(1) Major Kunz. *Le maréchal Bazaine pouvait-il sauver la France en 1870 ?* Traduction. p. 89.

(2) Voir *supra*. p. 179.

ses études et ses travaux militaires, appelé à recevoir dès la première occasion le bâton de maréchal.

Quoi qu'il en soit, la journée du 6 août commence sa diminution aux yeux de l'armée. Bien qu'il garde la confiance de l'ensemble, beaucoup l'accusent d'égoïsme et suspectent sa bonne foi. Même autour de l'Empereur, les défiances provoquées par son attitude au Mexique tendent à reparaître. On remarque le ton inusité que prend le major-général à son égard : « Pour Dieu, donnez de vos nouvelles et que l'on sache les ordres que vous donnez pour concentrer les troupes... (1). » On fait peser sur lui la responsabilité de notre échec. Ce n'est pas sans raison, car le commandement dont il était investi lui imposait des devoirs qu'il a négligés. Par son abstention, il a laissé échapper un grand succès (2). Dans un rapport célèbre, le général de Rivières flétrit justement son attitude au 6 août : « ...En ne donnant pas en temps utile des ordres aux troupes placées sous son commandement, en restant éloigné du champ de bataille et, par conséquent, dans l'impossibilité de diriger le combat, en n'indiquant pas de point de ralliement à son armée, le maréchal Bazaine a pleinement assumé la responsabilité de la perte de la bataille de Spicheren, du désordre qui marqua les journées suivantes, du découragement profond qui en résulta pour nos troupes et de l'exaltation extraordinaire que ces événements inspirèrent à l'ennemi (3). »

---

(1) Télégramme, 10 h. 25 du soir, *Revue d'Histoire*, II, 1902, p. 1423. Cf. général Jarras, p. 63 ; général Lebrun, *Souvenirs militaires*, p. 269 ; général du Barail, III, p. 162.

(2) Major Kunz, p. 93.

(3) *Procès Bazaine, Compte rendu sténographique quotidien*, p. 168. Dans un télégramme à l'Empereur (10 heures du soir), Bazaine porte

« L'élément moral est le roi des batailles, a dit le général de Brack, le reste n'est qu'une triste prose. » C'est là qu'il faut chercher les véritables causes de notre échec. On peut dire qu'il fut infligé au commandement français par le soldat prussien. La direction adverse n'y fut pour rien, car elle fit tout ce qu'il fallait pour être battue elle-même.

●

III

LA RETRAITE SUR LA MOSELLE

Survenues le même jour, les deux défaites de Frœschwiller et de Spicheren atterraient littéralement l'entourage de l'Empereur. Le désordre y était extrême, au point qu'il devenait une véritable « panique morale », suivant le mot d'un témoin. Déjà ébranlée, la confiance dans le commandement était atteinte sans remède. Le prestige de Napoléon III surtout avait à souffrir, comme de raison. Des voix se faisaient entendre pour obtenir qu'il quittât l'armée : « ...J'ai demandé à l'Empereur, télégraphiait à l'Impératrice M. Franceschini Pietri, s'il se sentait assez de forces physiques pour les fatigues d'une campagne active... il est convenu avec moi qu'il ne le pourrait pas.

« Je lui ai dit alors qu'il valait mieux aller à Paris réorganiser une armée et soutenir l'élan national avec

---

qu'il a donné la position de Cadenbronn pour point de ralliement à Montaudon, à Frossard et à Castagny (*L'Armée du Rhin*, p. 267-268). Mais cet ordre fut donné trop tard (Voir *supra*, p. 193) et la retraite s'opéra dans une tout autre direction, par la faute même de Bazaine.

le maréchal Le Bœuf comme ministre de la Guerre et laisser le commandement en chef au maréchal Bazaine, qui a la confiance de l'armée et auquel on attribue le pouvoir de tout réparer. S'il y avait encore un insuccès, l'Empereur n'en aurait pas la responsabilité entière. C'est aussi l'avis des vrais amis de l'Empereur » (1).

Ainsi, d'une part, l'armée dans son ensemble a encore foi en Bazaine. Elle souhaite qu'il remplace l'Empereur comme généralissime. D'autre part, les fidèles de Napoléon III, voyant la partie compromise, voudraient qu'il quittât l'armée, de façon à ne pas encourir la responsabilité des échecs éventuels. Mais si l'Impératrice admet aisément la nécessité de confier nos forces à Bazaine (2), elle laisse percer son opposition au retour de Napoléon III à Paris : « Je reçois *une* dépêche *de* Pietri. Avez-vous réfléchi *à* toutes les conséquences qu'am*è*n*erait* votre retour à Paris sous le coup de deux *revers?* Pour *moi*, je n'ose prendre la responsa*bilité* d'un conseil. Si vous *vous* y décidez, il faudrait du moins *que* la *mesure* fût présentée au pays comme *provisoire* : l'Empereur revenu

---

(1) Darimon, *Notes pour servir*, etc., p. 37, à la date du 7 août. D'après la *Revue d'Histoire*, II, 1902, p. 1099, qui n'en donne pas non plus l'origine, ce télégramme serait du 8 août. Suivant M. Ollivier (XVI, p. 283), il est du 8 août, 4 h. 30 du soir. M. Germain Bapst, IV, p. 184, le reproduit avec quelques variantes. D'après lui, le premier écuyer, M. Davillier Regnault de Saint-Jean-d'Angély, a entraîné M. Pietri, toujours très réservé. Tous deux ont entretenu l'Empereur de cette question délicate et c'est sur sa propre demande que M. Pietri télégraphie à l'Impératrice.

(2) Elle télégraphie dès le 7 août à l'Empereur : « L'opinion est montée à Paris contre le maréchal Le Bœuf et le général Frossard. On les accuse d'avoir amené les défaites. Entendez-vous avec le maréchal Bazaine pour les opérations à venir » (Darimon, *Notes pour servir*, etc., p. 180; Germain Bapst, IV, p. 222, le tout sans indication de source).

à *Paris*, réorganisant la 2ᵉ armée et confiant provisoirement le commandement en chef de l'armée du Rhin à Bazaine » (1).

En même temps, des efforts étaient faits par l'opposition du Corps législatif pour obtenir ce dernier résultat. Le 7 août, Jules Favre et quelques-uns de ses collègues se présentaient chez le président Schneider, réclamant la convocation des Chambres et le « rappel » de l'Empereur. En attendant la retraite du cabinet et la déchéance de l'Empire, ils demandaient que l'autorité suprême fût dévolue « à un maréchal choisi par un comité exécutif pris dans la majorité de la Chambre, chargé de nommer de nouveaux ministres et de pourvoir aux mesures de défense (2) ». Schneider écoutait sans manifester aucun étonnement, mais, pour le moment, le seul résultat de cette démarche était la convocation des Chambres, fixée d'abord au 11, puis au 9 août.

Toutefois le conseil des ministres s'inquiétait de l'état physique de Napoléon III et du degré de confiance que les troupes avaient en lui. L'un de ses membres, Maurice Richard, était même délégué à Metz pour s'en assurer. Il revenait sous les plus pénibles impressions : l'Empereur ne pouvait se tenir à cheval qu'avec une extrême difficulté; on continuait d'avoir pour lui une « grande affection », mais ses aptitudes militaires étaient mises en

---

(1) Dépêche trouvée déchirée aux Tuileries. « Les mots ou fragments de mots en italiques appartenaient à trois morceaux qui n'ont pas été retrouvés » (*Papiers et Correspondance*, I, p. 64, sans date ni heure). Il n'est pas sûr que ce télégramme ait été envoyé. Darimon le porte au 7 août comme le précédent (*loc. cit.*). La *Revue d'Histoire* (*loc. cit.*) le fait dater du 8, de même que ce dernier. M. Ollivier (XVI, p. 283) le reproduit en le modifiant.

(2) Jules Favre, *Gouvernement de la Défense nationale. Simple récit*, I, p. 30.

doute et l'on demandait qu'il abandonnât le commandement.

Effrayé, M. Emile Ollivier posait devant le conseil la question du retour de Napoléon III à Paris. Mais Maurice Richard, adoucissant ses impressions au gré de son nouvel auditoire, demeurait muet et, après avoir paru disposée à céder, l'Impératrice s'opposait avec énergie à la proposition du garde des sceaux (1). D'ailleurs la chute du ministère était proche et ses successeurs seraient loin de penser comme lui. L'Empereur restait donc à Metz, également incapable d'y exercer un commandement effectif et de venir reprendre à Paris un pouvoir que ses mains avaient laissé échapper. L'incertitude qui le rongeait s'accroissait de l'agitation régnant autour de l'Impératrice et parmi les députés.

A l'armée, des projets d'opérations voyaient constamment le jour pour être aussitôt abandonnés et parfois immédiatement repris. Après avoir songé à l'offensive le soir du 6 août (2), l'Empereur jugeait plus prudent de reporter notre concentration vers l'ouest. En l'absence de Le Bœuf, qu'il avait envoyé à Saint-Cloud pour constater l'état des choses, il télégraphiait à Ladmirault « de se rabattre rapidement sur Metz » avec le 4° corps. Or, les ordres qui subordonnaient à Bazaine ce corps d'armée et le 2° n'avaient pas été révoqués. Ils allaient même être confirmés et étendus, car une dépêche du 8 août, parve-

---

(1) Darimon, *Notes pour servir, etc.*, p. 35. Cf. E. Ollivier, XVI, p. 384 et suiv. Maurice Richard revint de Metz le matin du 9 à 6 heures. Le télégramme de l'Impératrice concluant au retour de l'Empereur était déjà rédigé quand elle changea d'avis sous l'influence de Persigny et de Rouher.

(2) Sur les instances pressantes de Le Bœuf et de Jérôme David qui avait vu en partie la bataille de Spicheren (E. Ollivier, XVI, p. 263 et suiv.).

nue le 9 de grand matin au maréchal, l'invite à « concentrer le plus tôt possible sur Metz les 2º, 3º, 4º corps et la Garde, qui sont tous placés sous » ses ordres « et doivent s'y conformer strictement (1) ».

Dans ces conditions, l'envoi à Ladmirault d'ordres directs de l'Empereur, fait qui n'était nullement isolé (2), semblait tendre à une diminution voulue de l'autorité de Bazaine. Du moins il en jugeait ainsi, y puisant une nouvelle raison de garder l'attitude contrainte observée par lui, dès le début, vis-à-vis de Napoléon III et du major général. Il affectait de se tenir à l'écart. On constatait très vite qu'il ne prenait pas son commandement au sérieux : « Il sentait... peut-être au-dessus de lui une autorité supérieure à la sienne, pouvant modifier les dispositions qu'il croyait utile de prendre.... Il s'abstenait presque entièrement de donner des ordres aux commandants des 2º et 4º corps », ainsi qu'à la Garde (3). Le 8 août, par exemple, les deux premiers de ces corps d'armée restaient entièrement en dehors de ses instructions. Comme Le Bœuf ne leur assignait ni itinéraire, ni destination précise, une moitié de l'armée de Lorraine échappait à toute direction. Quant aux troupes directement subordonnées à Bazaine, elles recevaient de lui des ordres n'indiquant ni la situation de l'ennemi, ni le but général de l'opération, mais pleins de détails inutiles et laissant voir une singulière timidité. Il y mêlait les banalités du règlement aux prescriptions les plus inapplicables en cas d'attaque. Ses conceptions procédaient en droite ligne

---

(1) *Revue d'Histoire*, II, 1902, p. 884-885.

(2) Voir, pour ce qui concerne le 2º corps, l'interrogatoire de Bazaine, 13 octobre 1873, *Procès Bazaine. Compte rendu sténographique quotidien*, p. 57.

(3) Général Jarras, *Souvenirs*, p. 66.

des guerres du xvııᵉ siècle. Il affectait la même route à cinq divisions d'infanterie et à deux de cavalerie, tandis que la colonne du sud se réduisait à deux divisions d'infanterie. Il ne prévoyait aucune liaison entre ces deux colonnes, n'indiquait pas sa place personnelle de marche et ne réglait pas le mouvement des convois, source ordinaire de tant de difficultés (1).

Les jours suivants, la situation reste la même. Si, en droit, Bazaine commande les corps de Lorraine, il est loin de les diriger en fait. Au cours de sa correspondance journalière avec l'Empereur et le major général, il semble même affecter parfois de ne s'occuper ni du 2ᵉ, ni du 4ᵉ corps, qui ont reçu d'eux des ordres directs (2). Il demande si la Garde doit rentrer le 9 à Metz, comme s'il ne lui appartenait pas d'en décider (3). Il n'a pas été informé, semble-t-il, du projet de retraite sur Châlons (4).

Par contre, tout en y apportant des entraves, comme on a pu en juger, le major général s'efforce d'obtenir qu'il exerce réellement son commandement. Il l'informe que Frossard a reçu avis de se porter sur Metz pour le rallier (5). A l'égard de la Garde, les prescriptions de l'Empereur sont parfois contradictoires, mais elle n'en reste pas moins sous le commandement direct du maréchal, en liaison avec les autres corps d'armée : « ...Vous seul avez des ordres à donner. Faites donc ce que les cir-

---

(1) Instructions écrites de la main du maréchal, *Revue d'Histoire*, II, 1902, p. 665 et suiv.
(2) Télégramme à l'Empereur, 8 août, *Revue d'Histoire*, II, 1902, p. 883.
(3) Télégramme au Major général, 8 août, *Revue d'Histoire*, II, 1902, p. 884.
(4) *Procès Bazaine. Compte rendu sténographique quotidien*, Interrogatoire, p. 58.
(5) Télégramme à Bazaine, 8 août, *Revue d'Histoire*, II, 1902, p. 884.

constances vous inspireront. Il est possible que nous ayons une bataille à livrer sous Metz dans deux ou trois jours...» Durant la nuit du 8 au 9, Le Bœuf lui répète encore que les 2ᵉ, 3ᵉ, 4ᵉ corps et la Garde sont tous placés sous ses ordres. Il ajoute : « Faites-vous éclairer très au loin par votre cavalerie légère (1). »

Tandis que nos troupes de Lorraine se retiraient sur Metz, sans qu'il y eût pour les guider trace de direction réfléchie (2), le Corps législatif se réunissait (9 août). Jules Favre réclamait l'armement de tous les citoyens valides à Paris, la réorganisation des gardes nationales dans le reste de la France et la création d'un comité exécutif de quinze membres. Ces demandes soulevaient à peine un semblant d'opposition. Le célèbre avocat terminait en demandant que le maréchal Bazaine fût mis à la tête de l'armée et que l'Empereur revînt à Paris (3). Pour le moment, la Chambre se bornait à renverser le cabinet Ollivier. Le général de Palikao était chargé de constituer un ministère. Celui-ci allait comporter surtout des éléments de droite.

Avant même la chute du cabinet, le conseil des ministres avait instamment demandé la retraite de Le Bœuf comme ministre et major général. L'Impératrice insistait de la façon la plus vive dans le même sens (4). Elle

---

(1) Télégrammes à Bazaine, 8 août. *Revue d'Histoire*. II, 1902, p. 884, 885.

(2) En rentrant de Metz, Maurice Richard dit à M. E. Ollivier: « Chacun au quartier général avait son plan qu'il voulait faire prévaloir.... Du reste une confusion générale, le désordre et le désarroi partout, nulle confiance, nul respect, des critiques sans fin. C'est la cour du roi Pétaud... » (E. Ollivier, XVI, p. 337).

(3) *Journal officiel* du 10 août, p. 1393.

(4) Voir ses télégrammes du 9 août, 1 h. 13 et 2 heures du soir, à l'Empereur et à Le Bœuf lui-même, Germain Bapst, IV, p. 238.

approuvait l'extension donnée aux pouvoirs de Bazaine (1). Cette requête plongeait l'Empereur dans la plus grande perplexité. Il faisait mander le général Lebrun, qui trouvait le souverain en compagnie de son aide de camp Castelnau et de M. Franceschini Pietri, son secrétaire particulier : « Le maréchal Le Bœuf vient de me remettre sa démission des fonctions de major général, disait-il à Lebrun; on l'exige à Paris et je le déplore; par qui dois-je le remplacer? Des maréchaux de Mac-Mahon et Bazaine, quel est celui des deux qui pourrait être le plus utile à l'armée comme major général? »

Pour Lebrun, tous deux étaient bien nécessaires à leurs troupes. Comment les en éloigner? Puis le général revenait à un ordre d'idées qu'il avait déjà traité avec l'Empereur, sans parvenir à le convaincre : la nécessité de la retraite personnelle du souverain. Si celui-ci était disposé à confier le commandement en chef à l'un des maréchaux, il n'était pas indispensable qu'un autre reçût les fonctions de Le Bœuf. Il suffirait d'un divisionnaire, avec le titre de chef d'état-major général, et le général Jarras paraissait tout à fait indiqué : depuis un mois, il était chargé « du service des bureaux de l'état-major, au grand quartier général »; à l'armée d'Orient, en Italie, où il remplissait un rôle analogue, il avait fait preuve de capacité.

---

(1) « Ce que je craignais est arrivé : j'ai un changement de ministère. Palikao est à la tête : mesure admirablement acceptée. L'annonce de la nouvelle situation du maréchal Bazaine a produit le meilleur effet.

« Votre prestige est intact. Il n'en est malheureusement pas de même de votre major général... » (Télégramme du 9 août à l'Empereur, sans heure, Germain Bapst, IV, p. 243).

Napoléon III répondait (10 h. 5 du soir) : « ...Quant au maréchal Le Bœuf, il m'a déjà donné sa démission ; mais je ne puis l'accepter tant que je n'aurai pas quelqu'un qui ait ma confiance pour le remplacer... » (ibid., p. 245-246).

D'un caractère ferme et droit, il réunissait toutes les qualités désirables. Du moins tel était l'avis de son collègue.

Aucune décision ne fut prise par l'Empereur, toujours indécis. D'ailleurs, à ce moment, son intention n'est nullement de résigner le commandement. Il ne songe qu'à changer le major général et penche pour son remplacement par Bazaine. Une intrigue se trame autour de lui afin d'obtenir cette mutation, en accentuant sa portée. Dans la soirée, le capitaine de frégate Duperré, que l'Impératrice a envoyé à Metz, lui télégraphie : « L'Empereur a donné ce matin au *général* (sic) Bazaine la direction des opérations et du commandement de l'armée : il l'a nommé major général (*faux*). C'est par lui que tous les ordres doivent être transmis et exécutés. Il faut donc que l'Empereur soit constamment avec lui.

« La charge de major général devient donc superfétation : il faut la supprimer et l'enlever au maréchal Le Bœuf. Voilà ce qu'il faut répondre à la dépêche de l'Empereur. »

De fait, l'Impératrice télégraphiait à l'Empereur (11 h. soir) : « Vous ne vous rendez pas compte de la situation ; il n'y a que Bazaine qui inspire confiance. La présence du maréchal Le Bœuf l'ébranle aussi bien là-bas qu'ici... (1). »

Napoléon III se bornait d'abord à confirmer par décret Bazaine dans le commandement des 2ᵉ, 3ᵉ et 4ᵉ corps (9 août). Au lieu de lui confier « toutes les forces réunies en avant de Metz (2) », il exceptait la Garde de ce groupe-

---

(1) Germain Bapst, IV, p. 246. Le texte du premier de ces télégrammes paraît avoir été altéré. — « Il semblait qu'il n'y eût dans tous les rangs de l'armée qu'un cri pour proclamer que le général Bazaine seul pouvait la relever des revers qu'elle venait d'essuyer... » (Général Lebrun, *Souvenirs militaires*, p. 286-289).

(2) Le Bœuf au Ministre de la Guerre, 9 août, 11 h. 20 du matin (*Papiers et correspondance*, I, p. 432).

ment, du moins en apparence. Dans la pratique elle continuait d'être sous les ordres du maréchal. En outre, l'Empereur gardait la direction suprême, et Le Bœuf ne se faisait pas faute de souligner cette subordination dans ses rapports avec Bazaine (1). Le rôle de ce dernier n'aurait donc guère plus d'importance que par le passé. « Les opérations, restant dans les mêmes mains, ne pouvaient tourner que dans le même cercle d'incertitude et de fautes.... il n'y avait pas à compter sur une résolution héroïque, capable seule de rétablir nos affaires (2) ». Le 9 août, comme les jours précédents, les corps d'armée recevaient à la fois des ordres du major général et du maréchal. Ce dernier apportait une nonchalance évidente à exécuter des dispositions qu'il n'avait pas conçues, et l'on n'est guère en droit de s'en étonner. Il eût voulu se retirer sur Nancy et Frouard, afin de rallier les 1er, 5e et 7e corps qui refluaient alors d'Alsace, et le 6e corps qui venait du camp de Châlons. On objectait que ce serait découvrir Paris. Mais comment l'ennemi continuerait-il sa marche sur Metz, Verdun, Reims, en masquant les deux premières de ces villes et sans s'inquiéter d'une masse de huit corps d'armée sur son flanc gauche? Le principal inconvénient serait justement la lourdeur de la masse ainsi constituée. On voit mal Bazaine faisant mouvoir ces 250.000 hommes, alors qu'il en avait conduit 4.000 à l'attaque du cimetière de Sébastopol, 8.000 à Kinburn et 3.500 seulement à San-Lorenzo, son meilleur titre de gloire.

---

(1) Télégramme du 9 août, 5 h. 20 du matin : « Avez-vous reçu mon télégramme de cette nuit qui vous prévient d'une attaque possible ?

« Répondez-moi sur-le-champ et faites-moi connaître les dispositions que vous prenez » (*Revue d'Histoire*, I, 1902, p. 1148). Cf. les dépêches de Moltke aux commandants d'armée, Steinmetz compris.

(2) Général d'Andlau, *Metz, Campagne et négociations*, p. 52.

En outre, il est déjà bien tard pour porter le 4ᵉ corps, par exemple, des Etangs vers Frouard, en opérant un véritable mouvement de flanc devant l'ennemi. Facile et naturelle le 7 août, la marche sur Nancy et Frouard serait délicate le 10. Quoi qu'il en soit, l'idée de Bazaine n'est pas accueillie par l'Empereur. Il décide que l'armée s'établira derrière la Nied française. Bazaine est contraint, à l'en croire (1), de renoncer à l'espoir de reprendre l'offensive, ce qui paraît au moins douteux. Quand la Fortune amie lui en donnera encore une fois l'occasion sous Metz, le 14 août, il n'aura pas un instant l'intention de la saisir.

Le 10 août, l'armée va terminer sa concentration en avant de Metz. Dès maintenant, elle représente une force compacte de quatre corps d'armée, destinés à être renforcés d'un cinquième et peut-être d'un sixième à bref délai (2). Mais le commandement est plus faible, plus incertain que jamais. L'Empereur et le major général ont perdu toute autorité morale. Le *Temps* du 8 août annonce déjà la désignation de Bazaine au commandement en chef, et le *Journal officiel* du 10 la démission de Le Bœuf, ainsi que celle de Lebrun. Une scène violente survient ce jour-là, devant l'Empereur impassible, entre Frossard et Le Bœuf : « L'un, les joues enflammées, gesticulant, parlant bruyamment; l'autre pâle, les dents serrées et répondant par des phrases sifflantes. » Il s'agit du matériel de campement du 2ᵉ corps, perdu à Spicheren, que l'on ne peut remplacer faute de ressources dans Metz, notre plus grande place frontière (3)!

---

(1) *L'Armée du Rhin*, p. 40; *Episodes*, p. 44.
(2) Le 6ᵉ corps et le 5ᵉ, qui est appelé sous Metz, mais que le général de Failly dirige sur Chaumont en dépit des ordres répétés de l'Empereur.
(3) Général du Barail (témoin oculaire), III, p. 160.

Malgré tout, il semble que, le 10 août, l'Empereur caresse durant quelques heures la pensée de l'offensive. Elle n'est pas étrangère à l'appel sous Metz des 5ᵉ et 6ᵉ corps, à celui un instant décidé de la division d'infanterie de marine. Le Bœuf encourage ces velléités, tandis que Bazaine refuse d'en croire la réalisation possible. D'ailleurs on y renonce presque aussitôt, sous l'influence de renseignements alarmants. On ne va même pas tenter de tenir derrière la Nied. Une conférence avec le maréchal, une reconnaissance du terrain suffisent à modifier les idées. L'Empereur décide de ramener, le 11 août, l'armée sous le canon de Metz, ce qui ne l'empêche pas d'agiter de nouveaux projets destinés à être abandonnés aussitôt que conçus. Depuis le 6 août, le commandement français n'a arrêté ni une décision ferme, ni une résolution énergique. L'armée est un corps sans âme. Bazaine en a pris la direction (1), mais il ne l'exerce pas dans la plénitude, comme le montre l'intervention constante de l'Empereur et du major général. Les commandants de corps d'armée continuent de correspondre directement avec ce dernier. D'ailleurs Bazaine serait loin d'imprimer par lui-même une allure plus énergique au commandement. Dans sa correspondance, il exagère constamment le voisinage et les forces de l'ennemi.

Néanmoins, malgré les souvenirs du Mexique et ceux, si récents, de Spicheren, toute l'armée, pour ainsi dire, s'accorde à souhaiter la retraite de l'Empereur et la remise du commandement à Bazaine. Elle voit en lui l'homme de la situation (2). L'opinion publique ne lui

---

(1) Bazaine à Ladmirault, 11 août, *Revue d'Histoire*, I, 1903, p. 197.
(2) Général Lebrun, *Souvenirs militaires*, p. 289; Général du Barail, III, p. 169. Le général de Cissey écrivait à sa femme (10 et 14 août) : « Le maréchal Bazaine est heureux et habile.... Avec le bonheur et

est pas moins favorable. Obéissant à l'un de ces entraînements irraisonnés qui nous sont familiers, elle prête au maréchal la valeur technique et la hauteur d'âme que réclament les circonstances. Partout, dans la presse, dans les salons, au parlement, à la Cour, l'avis est identique. On dirait d'un mot d'ordre. Comme Benedeck en 1866, le sentiment général porte Bazaine à la tête de l'armée. Il n'est pas jusqu'aux marques de suspicion que lui a données jadis l'Empereur qui ne soient en sa faveur aujourd'hui. Une partie grandissante de l'opinion y voit un motif de plus à son engouement. Nous avons dit les démarches faites pour le maréchal au Corps législatif. On peut croire qu'il n'y reste pas tout à fait étranger. Du moins, un incident semblerait l'indiquer.

D'après Kératry, la maréchale vint un matin (1) le trouver de la part de Bazaine, lui déclarant que la présence de l'Empereur compromettait les opérations militaires, qu'il n'en acceptait plus la responsabilité et qu'il désirait se retirer. Une démarche de Kératry, Ernest Picard et Jules Favre auprès du ministre de la Guerre fut la suite de cet entretien. Le général de Palikao affirma que le maréchal allait être investi du commandement et qu'en cas de conflit entre l'Empereur et Bazaine, il prendrait parti pour ce dernier (2).

---

l'habileté du maréchal Bazaine, il faut espérer un triomphe » (Germain Bapst, V, p. 126). Ladmirault était d'un avis opposé : « Il n'est ni habile, ni honnête » [12 août, lettre à sa femme] (*ibid.*, p. 123).

(1) Dix-huit à vingt jours environ avant le 4 septembre, c'est-à-dire vers le 15 ou le 17 août, mais les détails suivants montrent qu'il faut remonter avant le 12 août, jour où Bazaine reçut le commandement en chef. Le général de Rivières porte ce fait au 11 août (*Procès Bazaine. Compte rendu sténographique quotidien*, p. 175).

(2) *Enquête parlementaire*, Dépositions, I, Kératry, p. 657; Déposition du même au procès Bazaine, *loc. cit.*, p. 119-120. La maréchale lui

De l'ensemble des témoignages, il résulte que la démarche de la maréchale eut lieu, sans doute, le 11 août. Elle fut suivie, le même jour, d'une autre, faite par plusieurs députés de la gauche auprès de Palikao. Quant à la participation indirecte de Bazaine, bien que possible, elle n'est pas démontrée. Il se peut que la maréchale ait pris sur elle de se rendre chez Kératry (1).

Quoi qu'il en soit, l'armée, l'opinion, la Chambre sont d'accord pour réclamer la remise du commandement à Bazaine. Dans l'entourage de l'Impératrice, ce vœu presque unanime ne rencontre aucune opposition. Depuis le 7 août, on y est tenté d'exagérer encore l'impopularité trop réelle de l'Empereur. On le considère comme un

---

déclara le 28 février 1872 que jamais son mari ne l'avait chargée de pareille démarche; que ç'avait été simplement une visite de « bonnes relations dans des moments critiques ». Cf. une lettre de Kératry à Bazaine, 28 février 1872, et une autre (1er mars 1872) du même au président de la Commission d'enquête parlementaire (*Enquête*, Dépositions, IV, Bazaine, p. 243); une déclaration de la maréchale au président du 1er Conseil de guerre, *Procès Bazaine*, loc. cit., p. 120, et une lettre du frère de Bazaine (*Enquête*, loc. cit.); la déposition de Jules Favre au procès et une lettre de lui à la maréchale (Bazaine, *Episodes*, p. 56); la déposition d'Ernest Picard analysée par le général de Rivières (Rapport, *Procès Bazaine*, p. 175); la déposition de Palikao (*Procès Bazaine*, p. 120) et sa lettre du 30 mars 1872 à Mme Bazaine (Bazaine, *Episodes*, p. 54); la plaidoirie de Me Lachaud et le réquisitoire du général Pourcet (*Procès Bazaine*, p. 533 et 479).

(1) Le président Schneider a déclaré que *rien, absolument rien*, ne faisait supposer de la part de Bazaine une intrigue à l'effet d'obtenir le commandement : « J'ai eu l'honneur de voir, au commencement de la guerre, un grand nombre d'hommes considérables, et je n'en ai pas vu un seul qui m'ait parlé avec plus de modestie, avec plus de sagesse, des difficultés de l'entreprise. Je ne comprendrais pas que, alors que déjà la situation était compromise, le même homme eût ambitionné et sollicité l'honneur du commandement ». Rouher fit une déclaration dans le même sens (*Procès Bazaine*, plaidoirie Lachaud, p. 533). Au sujet de Mme Bazaine, cf. Germain Bapst, *Nouvelle Revue*, loc. cit., p. 451.

embarras (1). L'idée de le remplacer à la tête de l'armée est donc aisément admise. Des quatre maréchaux présents à l'armée, Le Bœuf a perdu tout prestige. Quant à Canrobert, la guerre de Crimée a laissé peu d'illusions sur ses aptitudes à commander en chef. Restent Mac-Mahon et Bazaine. Bien que, pour l'opinion, le premier soit sorti intact de sa courte campagne en Alsace, ses troupes n'ont plus en lui une foi entière. Bazaine s'impose donc entièrement au choix de l'Impératrice, et le ministère du 10 août s'empresse de faire sienne sa candidature, usant d'une véritable pression pour obtenir le renoncement de l'Empereur.

Ce n'est pas sans un profond déchirement que ce souverain se résignait à cette sorte d'abdication. Le Bœuf n'était pas moins atteint dans son amour-propre. Le général Jarras décrit (2) une scène lamentable dont il fut témoin dans le cabinet du major général. Une dépêche de l'Impératrice venait d'annoncer que les nouveaux ministres exigeaient la démission de Le Bœuf et la remise du commandement à Bazaine. La consternation était sur tous les visages. « L'Empereur, impassible, regardait et attendait. Le Bœuf, atterré, se plaignait amèrement de l'injustice des hommes; le général Changarnier (3), qui partageait son temps entre le cabinet de l'Empereur et

---

(1) Darimon, *Notes pour servir*, etc., p. 269; Germain Bapst, IV, p. 274.

(2) *Souvenirs*, p. 74. Cf. général Lebrun, *Souvenirs militaires*, p. 227; Colonel Fix, *Lecture* du 11 mars 1899, p. 235; Général d'Andlau, p. 53.

(3) Bien que longtemps ennemi acharné de l'Empire, Changarnier était venu offrir son épée à Napoléon III après nos premiers désastres. Voici un télégramme de l'Impératrice se rapportant à lui (8 août, 10 heures du matin) : « ...Changarnier arrivé ce matin a demandé une audience au ministre. Essentiel prévenir demande en envoyant Pali-

celui du major général, déplorait la mesure et, sans donner aucun avis sur ce qu'il convenait de faire, cherchait quels pouvaient être les hommes pervers qui, dans les circonstances critiques où nous nous trouvions, avaient frappé ce coup, évidemment révolutionnaire.... »

Ainsi, Napoléon III peut se rendre compte qu'il a perdu la confiance de l'armée, de l'opinion et de la Chambre. Il ne trouve aucun appui dans la Régente. Son état de santé empire chaque jour. Dans ces conditions, il se voit contraint de céder. Il renonce malgré lui au commandement (1). On ne saurait s'étonner de ce qu'il se résigne mal à son effacement involontaire, à la fausseté d'une situation intenable. Nous en verrons bientôt les conséquences.

---

kao » (Germain Bapst, IV, p. 226-227). L'Impératrice paraît craindre que Changarnier ne s'impose pour le commandement d'une armée. L'Empereur répondait (9 août) : « ...Changarnier est venu à Metz pour se mettre à ma disposition » (ibid., p. 239).

(1) D'après le général Fay, Journal d'un officier de l'armée du Rhin, p. 59, le maréchal Canrobert arrive le 12 à Metz : « Je compte vous laisser indépendant, Maréchal », lui dit l'Empereur. « Sire, aurait répondu Canrobert, la situation est grave ; il faut que chacun sache obéir à un seul chef ; je donnerai l'exemple : placez-moi sous les ordres du maréchal Bazaine... ».

Au cours du procès, Canrobert déclara qu'il n'avait pris aucune part à cette nomination (Compte rendu sténographique quotidien, p. 122). Il semble qu'en effet cette conversation avec l'Empereur ait eu lieu après la désignation de Bazaine (Voir Germain Bapst, IV, p. 282).

Canrobert a dit depuis (Germain Bapst, Nouvelle Revue, loc. cit., p. 451) : « Tout le monde, l'armée, les députés, l'opinion, l'avaient désigné en l'appelant le glorieux Bazaine. Moi aussi, j'avais partagé l'opinion et j'étais venu me mettre sous ses ordres sans le moindre scrupule. J'avais fait taire mon amour-propre. Je n'ai pas eu à m'en plaindre, mais j'ai vu que ce n'était pas un Turenne... »

IV

BAZAINE GÉNÉRALISSIME

L'après-midi du 12 août, Le Bœuf adressait au maréchal Bazaine une lettre l'avisant de sa nomination au commandement en chef. Il l'informait également de la désignation de Jarras comme chef d'état-major général. Dans une autre lettre, Napoléon III lui notifiait la suppression des fonctions de major général et la fusion de l'état-major général avec l'état-major du maréchal.

Au reçu de ces deux communications, Bazaine se rendait au quartier impérial pour remercier l'Empereur. En présence de Canrobert et de Changarnier, il le priait de vouloir bien observer que ce maréchal et Mac-Mahon étaient plus anciens, plus aptes que lui au commandement suprême. Avec une modestie peut-être de pure forme, il demandait à ne pas assumer une si lourde mission. De son côté, Canrobert ne faisait aucune objection, tout en semblant décliner aussi le fardeau dont Bazaine voulait le charger (1). Il aurait ajouté : « C'est l'opinion publique et aussi l'opinion de l'armée qui vous appellent à ce poste (2). » Quant à Changarnier, il se bornait à faire remarquer qu'il y avait urgence à marcher sur Verdun. L'Empereur terminait la discussion en quelques mots : « L'opinion publique, unie à celle de l'armée, vous désigne à mon choix. Mac-Mahon a été malheureux à Frœsch-

---

(1) Bazaine, *Episodes*, p. 49; *Enquête*, Dépositions, IV, Bazaine, p. 180.

(2) *Procès Bazaine*, Interrogatoire du maréchal. Ces détails sont confirmés par M. Germain Bapst, IV, p. 283, sauf pour la présence de Changarnier.

willer et Canrobert vient d'avoir son prestige égratigné au camp de Châlons (1). Il n'y a donc plus que vous d'intact et c'est un ordre que je vous donne (2). »

En passant au maréchal le commandement en chef, le premier soin de Napoléon III devrait être de le mettre au courant de la situation générale, de lui tracer les grandes lignes de son action future. Il n'en fait rien. Inversement Bazaine devrait réclamer les instructions qu'il ne reçoit pas. Cette obligation est pour lui d'autant plus étroite qu'il peut juger de l'état physique et moral de Napoléon III; par suite, il est tenu de suppléer à ses défaillances. Il n'en fait rien non plus : « Je ne croyais pas que l'Empereur partirait, aurait-il dit plus tard, et j'étais là comme un sous-ordre; je me regardais comme son lieutenant et, par déférence et par habitude de lui obéir, je n'ai pas songé à rien lui demander (3). » Cette affirmation paraît véridique, mais elle révèle une singulière mentalité chez ce commandant en chef d'une armée de 250.000 hommes.

Dans cet entretien, dans ceux qui suivirent, il ne fut question « d'aucun détail de service, ni de projets ultérieurs ». Ni la concentration projetée au camp de Châlons, ni la marche probable de l'ennemi ne furent étudiées. Le maréchal ne recevait de Le Bœuf ou de Jarras

---

(1) Allusion aux mobiles de la Seine, qui avaient impunément insulté le maréchal (Cf. Germain Bapst, IV, p. 150 et suiv.).

(2) Bazaine, Episodes, p. 49. D'après La Chapelle, Le livre de l'Empereur, p. 48. Napoléon III aurait réuni à Metz, en conseil, sous sa présidence, les maréchaux et commandants de corps d'armée. C'est là qu'aurait été décidé le choix de Bazaine. Une note marginale de l'Empereur porte : « L'Empereur se décida sans en parler à personne. Il n'y a donc pas eu de conseil de guerre ».

(3) Germain Bapst, Nouvelle Revue, loc. cit., p. 451, sans indication de source.

aucune des données indispensables pour régler ses opérations. Il ne connaissait ni nos effectifs réels, ni l'état des subsistances. Il ne songeait pas plus à réclamer ces éléments de son action que l'Empereur, Le Bœuf, Lebrun ou Jarras à les lui procurer (1). Après un échange de propos sans intérêt, il se retirait sur cette naïve recommandation du souverain « d'aller visiter les campements (2). »

La présence simultanée de Napoléon III et du maréchal à l'armée allait être l'origine de graves difficultés. La désignation du second, imposée à l'Empereur par l'opinion et surtout par l'opposition de toutes nuances, lui créait une situation des plus délicates. D'un autre côté, la prépondérance du souverain donnait à ses désirs, malgré son effacement récent, l'apparence d'ordres et enlevait ainsi à Bazaine la liberté d'action qui lui était indispensable dans des circonstances aussi graves. Par ce double motif, le maréchal dut n'avoir plus qu'un désir, celui « de se soustraire à une position embarrassante, à une tutelle périlleuse (3) ».

Il faut dire que l'Empereur ne facilitait pas sa tâche. On a vu comment il lui transmettait le commandement. Il s'efforçait ensuite, peut-être à son insu, de garder sur les hommes et les choses une influence directe, derrière

---

(1) *Procès Bazaine, Compte rendu sténographique quotidien*, Interrogatoire du maréchal, p. 57 et suiv., Dépositions Le Bœuf et Jarras, p. 115 et 117; Rapport Rivières, p. 175; Note du maréchal citée par d'Hérisson, *La légende de Metz*, p. 117.

(2) *Revue d'Histoire*, I, 1903, p. 566, sans indication de source. Il paraît néanmoins certain que l'Empereur émit à Bazaine le désir de voir l'armée passer la Moselle, comme le prouve leur correspondance ultérieure.

(3) *Procès Bazaine, Compte rendu sténographique quotidien*, Rapport Rivières, p. 175.

laquelle apparaissait la volonté de commander encore. Elle avait simplement pris une autre forme, qui n'était pas pour faire oublier au maréchal les déboires passés. Le 14 août, Bazaine répondait à un officier qui venait lui dire « que l'Empereur désirait voir hâter le passage des troupes sur la rive gauche de la Moselle : « Ah! oui, hier c'était un ordre, aujourd'hui c'est un désir; c'est la même pensée sous des mots différents (1). » Il n'est pas surprenant que le maréchal y ait trouvé un nouveau motif de mécontentement.

Un instant, Napoléon III se flattait de conserver la direction générale avec une situation analogue à celle du roi de Prusse vis-à-vis de ses commandants d'armée (2). Mais l'organisation que lui-même avait donnée à l'armée du Rhin l'interdisait. Il ne percevait pas la différence essentielle entre les deux adversaires : Guillaume, généralissime de trois armées distinctes, obéissant à son impulsion et à celle d'un état-major unique, puissamment constitué; Napoléon III sans état-major sérieux, rivé comme un boulet aux pieds d'une armée qui embrassait la totalité de nos forces actives. D'ailleurs ses illusions se dissipaient bientôt devant les déclarations un tant soit peu brutales de Palikao. Dès le 12, le ministre avait lu à la tribune le télégramme de l'Empereur annonçant la démission du major général (3). Il déclarait le 13 au Corps législatif qu'aucune autorité ne contrebalançait celle de Bazaine (4). C'était dire que l'Empereur avait cessé d'exercer la direction. Visiblement, sa place n'était plus

---

(1) Général d'Andlau, p. 53.
(2) Comte de La Chapelle, p. 100.
(3) *Journal officiel* du 13 août.
(4) *Id.*, 14 août.

au milieu des troupes. Il décidait, dit-on, de rentrer à Paris, mais seulement après que l'armée aurait quitté Metz (1). On doit se demander si cette résolution était définitive, tant ses décisions avaient jusqu'alors oscillé au gré du moment.

Nous avons déjà dépeint le personnage auquel incombait désormais la lourde tâche de conduire nos deux armées du nord-est. Toutefois quelques détails différencient le Bazaine du Mexique de celui de 1870.

A cette dernière date, il a cinquante-neuf ans et en paraît davantage. Il est devenu très gros. Ayant eu le cou très court, il n'en a plus du tout maintenant. Sa tête, très forte, avec un triple menton et une nuque à gros plis, sort directement des épaules. Ses traits énergiques d'autrefois sont empâtés « dans une chair jaunasse et molle ». Les yeux sont sans cesse voilés par les paupières. Dans leur regard atone, on lit l'apathie, l'insouciance, la nullité morale et intellectuelle. La pensée a disparu de cette tête volumineuse, surmontant un corps ramassé et trop pesant, incapable désormais d'une activité réelle (2). Pendant le blocus de Metz, il se confinera si bien dans son quartier général, que les soldats le surnommeront « Le père l'as-tu vu? ». On dit de lui « Son Indifférence le Maréchal (3) ».

On sait combien il est peu préparé au commandement d'une grande armée. Son savoir militaire est presque

---

(1) Comte de La Chapelle, p. 101.
(2) Germain Bapst, *Nouvelle Revue*, loc. cit., p. 433.
(3) Dick de Lonlay, *Français et Allemands*, V, p. 77, 181. M. Germain Bapst (IV, p. 325) cite un trait typique de l'indifférence et de la faiblesse du maréchal. Il cède à tous les caprices de son fils Paco, au point de le laisser jusqu'à dix ans sans même lui faire apprendre ses lettres.

nul (1). M. le général Cardot croit, avec le général von Scherff, que, pour expliquer la catastrophe de Metz, l'incapacité de Bazaine suffit amplement (2). Pour le maréchal Canrobert, c'est « un vaillant divisionnaire, un vaillant commandant de corps d'armée, mais inhabile à la conduite d'une grande armée (3) ». Au camp de Châlons, on l'a vu « très embarrassé pour remuer 30.000 hommes de toutes armes (4) ».

M. Alfred Duquet cite de lui un trait qui montre l'étroitesse de ses vues. Dans son interrogatoire, il a dit au sujet du retard de l'attaque du 31 août : « Le règlement du service en campagne prescrit de commencer tard les mouvements d'attaque. » Or, le règlement en question n'a jamais avancé pareille énormité. Il s'exprime ainsi : « Dans toutes les dispositions, notamment dans celles de l'attaque, il faut avoir pour principe de ne dévoiler ses desseins que le plus tard possible et de les porter à exécution avec la plus grande promptitude (5). »

En somme, « ni par l'étendue de son savoir, ni par son génie militaire, ni par l'élévation de son caractère, le maréchal Bazaine n'était en mesure de tirer l'armée du Rhin de la situation fâcheuse où elle se trouvait le jour où il

---

(1) « La lourde tâche qu'on venait de lui confier semblait bien dépasser ses moyens et ses forces » (Général Montaudon, *Souvenirs*, II, p. 87); « ...La tâche qui incombait ainsi au maréchal dépassait de beaucoup ses moyens et ses forces... il n'était à sa hauteur, ni par son activité physique, ni par ses talents, ni par son énergie morale » (Général Deligny, *1870. Armée de Metz*, p. 5).

(2) Nouvelles paroles, *Revue de Cavalerie*, février 1900, p. 535.

(3) *Enquête*, Dépositions, IV, Canrobert, p. 286.

(4) Général Deligny, p. 24.

(5) Alfred Duquet, *Les derniers jours de l'armée du Rhin*, p. 52, reproduisant l'ordonnance du 3 mai 1832 sur le *Service des armées en campagne*, titre XIII, § 134.

fut investi du commandement en chef. Il est d'ailleurs une qualité indispensable dans les circonstances difficiles qui lui faisait complètement défaut. Il ne possédait en aucune façon l'énergie du commandement; il ne savait pas dire : *je veux* et se faire obéir. Donner un ordre net et précis était de sa part une chose impossible. ...Quoi qu'il fît, il sentait dans son for intérieur que la situation et les événements étaient au-dessus de ses forces. Il succombait sous le poids de cette vérité accablante. N'ayant pas su arrêter un plan de conduite, il n'avait pas un but net et précis, il tâtonnait et voulait ne rien compromettre en attendant que les événements lui ouvrissent des horizons nouveaux, dont il espérait, au moyen d'expédients plus ou moins équivoques, parvenir à dégager, sinon son armée, du moins sa personnalité et ses intérêts. La Fortune ne l'avait-elle pas favorisé jusqu'alors au delà de ses espérances? Faute de mieux », il s'abandonnait au hasard, « dernière ressource de ceux qui ne comptent plus sur eux-mêmes....

« Doué de l'énergie... des grandes âmes, il eût méprisé tous les petits calculs plus ou moins aléatoires, pour marcher franchement et virilement droit au but. Il eût certainement enflammé de cette pensée à la fois si grande et si simple son armée entière.... Fortement résolu à vaincre à tout prix », il aurait sûrement vaincu, comme jadis Pélissier à Sébastopol (1).

Sa tendance constante est de rejeter sur ses subordonnés la responsabilité de tous les événements fâcheux. Il les accuse volontiers de manquer de coup d'œil, d'apporter une négligence parfois voulue dans l'exécution de ses ordres. C'est tout à fait à tort. En réalité, Bazaine ne peut

---

(1) Général Jarras, *Souvenirs*, p. 132 et suiv.

se résoudre à commander vraiment : « Trop souvent ses ordres manquaient de précision et même étaient accompagnés d'une phrase ou d'un mot sujet à observation. Dans bien des cas, on pouvait croire qu'ils prêtaient volontairement à l'équivoque ». Si ses lieutenants lui soumettaient des observations que lui-même avait en quelque sorte provoqués, il les accueillait, mais en se plaignant de ne pouvoir obtenir l'exécution de ses ordres.

Il manquait de confiance en soi. Ecrasé par le sentiment d'une responsabilité trop lourde, il cherchait à la faire partager de ses subordonnés, tout en les dépréciant par le ridicule. Il croyait ainsi se grandir à leurs dépens. Ce n'était pas faute de les recevoir avec une bonhomie trompeuse, mais, dès leur départ, il les accablait de sarcasmes et même d'insinuations malveillantes. Il se croyait à tort populaire, et voyait avec un dépit mal dissimulé tout ce qui pouvait attirer l'attention sur d'autres que lui. Dans ce sens, il était jaloux d'un commandement qu'il ne savait pas exercer (1).

Sans doute on peut discuter l'exactitude de ces appréciations, d'autant qu'elles proviennent de Jarras dont nous allons dire les rapports très froids avec le maréchal. Mais elles ne sont point particulières à cet officier général. Nombre de témoins les reproduisent sous une autre forme et nous serons amené à citer des faits qui les confirment amplement. Son ancien chef d'état-major au Mexique, Manèque, disait de lui : « Il a toutes les peines du monde ...à dicter un ordre, même à double entente ou élastique,

---

(1) Général Jarras, p. 189 et suiv. Lire, au sujet de ses dispositions à l'égard de ses lieutenants, les appréciations dont sont pleins les *Episodes* au sujet du maréchal Canrobert, du général Frossard, etc. Du Barail (III, p. 169) signale aussi chez lui « cette absence de caractère qui disqualifie un chef ».

et à peine l'a-t-il donné qu'il s'en repent, qu'il prend des ciseaux et le coupe le plus haut possible (1). »

Les inconvénients du choix de Bazaine sont encore accrus par la désignation de son chef d'état-major. Le 12 août, vers 3 heures du soir, Jarras est prévenu en présence de l'Empereur, du major général, des généraux Changarnier et Lebrun, qu'il va remplir ces fonctions. Il n'a été aucunement pressenti et son premier mouvement est de refuser. On lui demande si ce refus provient de difficultés qu'il aurait eues avec Bazaine. Il est contraint de répondre que leurs relations n'ont pas cessé d'être bonnes en Algérie, en Crimée, en Italie. Dès lors il doit s'incliner devant l'ordre de Napoléon III.

Le principal motif de Jarras est de ceux que l'on garde par devers soi. Il craint de n'avoir pas auprès du maréchal la situation d'un chef d'état-major véritable, qui possède toute la confiance de son chef et qui est son principal agent d'exécution. Bazaine verra sans doute en lui l'ancien aide-major général de l'Empereur, c'est-à-dire un témoin et un critique incommodes, cherchant à empiéter sur ses prérogatives. Peut-être aussi croit-il que Jarras a contribué à l'écarter, au début de la guerre, du grand commandement auquel il devait être appelé. Dans ces conditions son rôle ne pourra manquer d'être très délicat. D'ailleurs Jarras ne sait de la situation présente que ce qui a été communiqué « aux bureaux » de l'état-major général. Un grand nombre de renseignements importants lui sont inconnus. Les commandants de l'artillerie et du génie de l'armée ont eu des conférences avec l'Empereur et le major général, sans qu'il en sache le résultat ni même l'objet. Certaines décisions lui sont connues,

---

(1) Germain Bapst, IV, p. 325, sans indication de source.

mais non les motifs qui les ont dictées (1). Il est aussi mal préparé au rôle de chef d'état-major que Bazaine à celui de général en chef.

De son côté le maréchal n'a pas été consulté, lui non plus, sur le choix de Jarras. Comme nous l'avons vu, il l'apprend par la lettre de l'Empereur, en même temps que sa propre nomination. Cette désignation lui semble à bon droit marquer un premier empiétement sur ses attributions les plus essentielles. Toutefois, il ne paraît pas qu'il ait soulevé aucune objection (2). Au fond, M. Germain Bapst le fait observer avec raison, le choix d'un chef d'état-major lui importe peu, décidé qu'il est à se passer de lui et de l'état-major général, ainsi qu'il a fait au Mexique. Il varie sur le nom de celui qu'il aurait désiré. Nous avons vu qu'en 1869 il demandait Cissey (3). Les *Souvenirs inédits* de cet officier général portent au 10 août une rencontre qu'il eut avec Bazaine et au cours de laquelle celui-ci annonça qu'il avait demandé sa nomination de chef d'état-major général, mais que l'Empereur lui imposait Jarras (4). Il est à croire que, dans l'esprit de Cissey, une confusion s'est faite entre deux entre-

---

(1) Général Jarras, p. 77-78; *Procès Bazaine, Compte rendu sténographique quotidien*, Déposition Jarras, p. 117 et suiv.

(2) Dans ses *Episodes*, en 1880, il écrit qu'on lui a imposé Jarras; au Conseil de guerre de Trianon, en 1873, il avait dit n'avoir fait « aucune objection » à ce choix. Toutefois il ajoutait : « C'est seulement dans les derniers jours que j'ai eu à me plaindre de lui ». A la Commission d'enquête, en 1872, il avait dit le contraire : « Je n'ai jamais été mal avec le général Jarras; tous les matins et dans la journée, il venait écrire mes ordres. Le général Jarras avait grand tort de ne pas se croire dans ma confiance : je n'ai jamais eu à me plaindre de lui, jamais » (Germain Bapst, *Nouvelle Revue*, loc. cit., p. 452).

(3) Voir *supra*, p. 165.

(4) *Revue d'Histoire*, II, 1902, p. 1393.

tiens différents. Le 10 août, Bazaine n'avait pu lui faire part que d'un souhait provoqué par sa nomination récente au commandement des 2ᵉ, 3ᵉ et 4ᵉ corps. Le 12, après avoir vu l'Empereur, il priait Cissey de venir lui parler le soir même. Au sortir d'un long entretien avec lui, le général jugeait à propos de prendre l'avis du capitaine Garcin, de son état-major, qui avait pendant trois ans fait partie de celui de Bazaine au Mexique.

Cet officier ne cachait pas sa pensée : « A côté du maréchal Bazaine, dit-il, il existe une éminence grise : le colonel Napoléon Boyer, qui a des facultés remarquables et a pris un empire considérable sur son chef, tellement qu'aujourd'hui celui-ci ne peut plus s'en passer. Il faudrait, si vous étiez chef d'état-major, que vous arriviez à briser l'action du colonel Boyer : vous vous sentez la force d'engager cette lutte : soit! mais il vous faudra compter avec la nature du maréchal : lorsque vous croirez le tenir, l'avoir avec vous, il vous filera des mains comme une anguille, et tout sera à recommencer. Si vous n'annihilez pas le colonel Boyer, vous ne serez jamais chef d'état-major; vous ignorerez les projets du maréchal : ses ordres seront souvent donnés en dehors de vous et vous ne les connaîtrez que par l'accomplissement des événements. »

Cissey écoutait sans mot dire. Le lendemain matin, il alla porter son refus à Borny, sans que Bazaine laissât paraître aucun déplaisir (1). Le maréchal se retourna,

---

(1) Germain Bapst, IV, p. 330-331; le capitaine Garcin, aujourd'hui général de division, était gendre du marquis de Montholon, ministre de France au Mexique. Maximilien et l'impératrice Charlotte avaient été témoins de son mariage et l'avaient accueilli dans leur intimité. Le désir de Bazaine d'avoir Cissey comme chef d'état-major était bien connu dans l'armée. Voir le général d'Andlau, p. 54.

dit-on, vers le général Manèque, son chef d'état-major au 3ᵉ corps et au Mexique (1). Mais il eût fallu le demander à l'Empereur et, soit timidité, soit indifférence, il n'en fit rien. Le général Letellier-Valazé, qui avait été son chef d'état-major en Crimée et en Italie, lui demandait à l'être encore : « Je l'aurais volontiers pris, écrivait-il en 1872, à Mornay-Soult, son ancien officier d'ordonnance, mais l'Empereur m'avait imposé le général Jarras (2). »

Le 17 août, il chargeait encore le commandant Magnan de demander pour lui, à l'Empereur, le général de Cissey. Néanmoins, il écrit en 1880 (3) qu'il aurait voulu pour chef d'état-major le général Manèque. Quoi qu'il en soit, un fait certain est que Jarras n'était pas l'homme de son choix. Il ne faudrait pas en exagérer l'importance. Rien ne l'empêchait, après le départ de l'Empereur, de désigner comme chef d'état-major un général à sa convenance. Il avait des pouvoirs étendus et les dépassait au besoin, témoin les nominations de généraux qu'il fit et qui eussent exigé des décrets signés du chef de l'Etat et contresignés du ministre. La désignation du chef d'état-

---

(1) Le général Osmont avait été désigné comme chef d'état-major du 3ᵉ corps, mais Bazaine n'en voulut à aucun prix, après les difficultés qu'il avait eues au Mexique. Il demanda Manèque, « avec qui, disait-il, il avait des engagements ». Il n'en avait aucun, en réalité, et craignait même un refus de sa part. Manèque n'ayant pas voulu rester près de lui au Mexique. Il envoya la maréchale préparer les voies chez Mᵐᵉ Manèque. Celle-ci ayant gardé une réserve absolue, le maréchal alla lui-même voir le général et obtint son assentiment (Germain Bapst, V, p. 123).

(2) Germain Bapst, IV, p. 331.

(3) *Episodes*, p. 48. Il ne mentionne pas Cissey. M. le colonel Fix (*Lecture* du 11 mars 1899, p. 237) porte que le maréchal se heurtait à un refus formel lorsqu'il demandait le général Manèque, mais, à notre connaissance, aucun document ne confirme cette version.

major comportait une simple décision revêtue de sa signature (1).

Celle de Jarras « parut d'autant plus extraordinaire qu'elle était redoutée du général autant qu'elle déplaisait au maréchal, et qu'elle violait de cette manière autant les règles de la logique que celles de l'usage, au détriment des intérêts de l'armée.... Si le maréchal Bazaine avait eu près de sa personne l'officier général qu'il désirait y voir, peut-être eût-il été accessible à des conseils qui nous eussent sauvés et lui-même avec nous... (2). » Il se peut que l'Empereur, qui sent chanceler son trône, redoute de voir une parfaite harmonie régner entre le chef d'état-major général et l'homme dont il a pu suspecter l'attitude au Mexique. A « l'impeccable honneur » de Manèque sa méfiance préfère « la sèche droiture » de Jarras, qui n'a rien de la souplesse et des formes nécessaires à un chef d'état-major (3).

Si Jarras nourrissait des illusions sur ses rapports futurs avec le maréchal, elles étaient bientôt dissipées. Dès sa désignation, il croyait devoir en rendre compte à Bazaine par lettre, bien que le maréchal habitât la banlieue de Metz. Maladroitement il s'excusait de ne pouvoir aller prendre ses ordres, parce qu'il lui était « réellement impossible de s'absenter dans ce moment difficile », où cependant les affaires ne pouvaient « être laissées à elles-mêmes ».

Il demandait en outre où le maréchal comptait établir

---

(1) M. Germain Bapst, *Nouvelle Revue*, p. 452, ne cite que la nomination du général Jeanningros comme divisionnaire, mais il y en eut d'autres à la fin d'octobre, comme nous le verrons.
(2) Colonel Fix, *loc. cit.*; Général d'Andlau, p. 54 et suiv.
(3) Colonel Fix, *loc. cit.*; Voir aussi le général d'Andlau, *loc. cit.*

son quartier général, ajoutant que « pour recevoir et donner des ordres, dans le plus bref délai possible », le commandant en chef serait « peut-être mieux à Metz que sur tout autre point ». C'était donner un conseil qu'on ne lui demandait pas. Les mots « recevoir des ordres » devaient surtout sonner désagréablement à l'oreille de Bazaine, qui supportait avec peine le voisinage de l'Empereur. Jarras terminait, en sollicitant des instructions, cette lettre naïve (1) où se dévoilent tous les traits de caractère qui allaient contribuer à l'isoler de Bazaine.

Un officier apportait, le 13 août seulement, la réponse de Bazaine. Elle était verbale. Le maréchal faisait connaître que, contre toute logique, il resterait provisoirement à Borny et l'état-major général à Metz. Il ajoutait que son intention était de se rendre dans la journée auprès de l'Empereur et qu'il en profiterait pour donner ses ordres au chef d'état-major général.

Bazaine allait, en effet, à Metz le 13 août. Il avait vu Napoléon III et se disposait à repartir pour Borny, sans même en avoir fait prévenir Jarras, quand celui-ci était informé de sa présence. Il accourait, mais, « après quelques mots sans importance », le maréchal ajoutait qu'il n'avait pas « d'ordres à lui donner (2) ». Et vingt-quatre heures s'étaient écoulées depuis la remise du commandement! Et les circonstances étaient si graves que les heures, les minutes même avaient leur prix!

La suite ne démentit pas ces prémisses. Dès le début, Bazaine tenait son chef d'état-major à l'écart, non par fantaisie ni caprice, mais par système bien arrêté. Il ne lui faisait part de ses projets qu'au moment de donner

---

(1) Jarras à Bazaine, 12 août, *Revue d'Histoire*, I, 1903, p. 422.
(2) Général Jarras, p. 81.

les ordres d'exécution. Jarras ne pouvait ni les étudier, ni proposer les mesures de détail voulues. Son autorité était mince, parce que, visiblement, il n'avait pas l'oreille du commandant en chef. Vainement il cherchait à conquérir la confiance qu'on lui refusait, au prix de sacrifices d'amour-propre qui témoignaient davantage en faveur de sa soumission que de sa fierté. Son caractère se prêtait mal à ces compromissions. Il croyait pourtant devoir accepter la fausseté de cette situation, avec une abnégation assurément excessive, quels qu'en fussent les motifs. Ce n'était pas sans révoltes intimes. A plusieurs reprises, il avait la tentation toute naturelle de se démettre. Il y renonçait pour ne pas se dérober à une situation difficile et parce qu'il craignait de n'obtenir du maréchal aucun emploi actif s'il venait à le quitter ainsi (1). Bazaine usait vis-à-vis de lui d'une froide bienveillance, qui cachait mal de l'indifférence ou pis encore. Les idées prêtées au général contribuaient à le lui rendre antipathique. En 1848, Jarras avait été le premier aide de camp du général Cavaignac; il passait pour être fidèle au passé (2). Bien qu'indifférent en matière politique, le maréchal ne goûtait pas les caractères indépendants et le faisait cruellement sentir à son subordonné. Pour lui, le général paraissait n'être qu'une sorte de secrétaire de rang élevé. Ce singulier chef d'état-major ne savait rien des rapports verbaux faits au commandant en chef, n'assistait pas à ses conférences fréquentes avec les commandants de l'artillerie, du génie ou avec l'intendant en chef, qui était seul à lui en rendre compte. De même il allait être étranger aux rapports entre le maréchal et le commandant

---

(1) Général Jarras, p. 78-81, 192.
(2) Général Jarras, p. 75, 223.

supérieur de Metz, général Coffinières. Il était « en quelque sorte remplacé, dans les conseils journaliers du maréchal, par les deux jeunes neveux de celui-ci qui n'avaient pas d'expérience et, souvent, par le général Changarnier, qui en avait trop... » (1).

Ajoutons à regret que Jarras n'a rien d'un chef d'état-major général. Le travail de bureau absorbe toutes ses pensées. Il ne voit que les petits côtés d'une situation redoutable. Il ne tire aucun parti des officiers, pour la plupart très distingués, qui composent son état-major (2). On s'explique ainsi ce que dit de lui Cissey dans ses *Souvenirs inédits* : « ...l'état-major général n'a rien fait pendant toute cette campagne : complètement annihilé par son chef incapable, il a toujours été tenu enfermé dans un bureau, pour être prêt à écrire sous la dictée de ce chef; trente officiers des meilleurs du corps d'état-major, ayant fait des études spéciales sur l'organisation militaire de l'Allemagne, ont été ainsi perdus pour le service; c'est à peine si on les a vus de temps en temps aux avant-postes, où ils ne sont jamais venus en service, mais bien en simples curieux et après avoir été obligés de demander la permission à leur chef » (3).

---

(1) Colonel Fix, *loc. cit.* En 1908, les deux neveux de Bazaine figuraient sur l'annuaire, l'un sous le nom de Bazaine (A.), lieutenant-colonel d'artillerie territoriale, l'autre sous celui de Bazaine-Hayter (Georges-Albert), général de division commandant le 4ᵉ corps.
(2) Général Castex, *Ce que j'ai vu*, II, p. 26; Général d'Andlau, p. 54 et suiv.
(3) *Revue d'Histoire*, I, 1903, p. 195.

V

BORNY

Le 12 août, l'Empereur continue d'osciller entre les solutions les plus opposées. Après avoir paru décidé dans la matinée à demeurer sous Metz pour y attendre l'ennemi, il est disposé à prescrire la retraite, non pas même sur le camp de Châlons, mais sur Paris. Il fait aviser Bazaine, par l'intermédiaire de Jarras, que le général de Failly va recevoir l'ordre de marcher vers la capitale. La forme seule de cet avis serait pour mécontenter légitimement le maréchal (1). Jarras va transmettre en effet l'ordre de l'Empereur à Failly, sans en avoir référé à son nouveau chef.

A peine Napoléon III a-t-il arrêté cette décision qu'il la regrette selon son habitude. Il fait prendre par l'artillerie et par l'intendance des dispositions qui impliquent un séjour sous Metz. Par contre il adresse à Bazaine une lettre autographe semblant réclamer la continuation de la retraite : « Plus je pense à la position qu'occupe l'armée et plus je la trouve critique, car, si une partie était forcée, et qu'on se retirât en désordre, les forts n'empêcheraient pas la plus épouvantable confusion.

---

(1) « Avis au général Jarras, qui le communiquera à M. le maréchal Bazaine, 12 août, 5 h. 30 du soir : « Hier, le général de Failly est arrivé le soir à Mirecourt. L'Empereur lui a donné l'ordre de se diriger sur Toul, au lieu de continuer sa marche sur Châlons. Dans la circonstance présente, S. M. juge qu'il y a lieu d'envoyer au général de Failly un officier qui lui portera l'ordre de se diriger sur Paris.... On peut essayer de faire passer un télégramme par le commandant de la place de Toul » (*Revue d'Histoire*, I, 1903, p. 448).

« Voyez ce qu'il y a à faire et, si nous ne sommes pas attaqués demain, prenons une résolution.

« Croyez à mon amitié » (1).

Malgré cette lettre, malgré les renseignements inquiétants qui affluaient de tous côtés, Bazaine ne paraissait pas soupçonner l'urgence du passage de la Moselle. La soirée du 12 était perdue pour l'armée : son nouveau chef ne faisait pas acte de volonté effective à son égard. Le 13, il notifiait au maréchal de Mac-Mahon et au général de Failly sa prise de commandement. A part un entretien qu'il avait au milieu du jour avec l'Empereur, il consacrait à « voir » les troupes des heures dont la perte serait irréparable. Ce n'était pas d'inutiles inspections qu'il s'agissait, mais de la fortune de la France. L'action du maréchal se traduisait par des instructions de ce jour : à côté de détails oiseux, elles renfermaient de sages prescriptions concernant la réduction des bagages au minimum réglementaire, l'organisation immédiate de petits dépôts, la suppression absolue des cantiniers civils autorisés à suivre les troupes, la défense d'encombrer les routes sans nécessité. Avec grande raison, il attirait l'attention sur la négligence apportée au service d'avant-postes. Il annonçait une intention qu'il ne mettrait jamais à exécution, celle de sévir contre la maraude et le pillage.

---

(1) *Procès Bazaine*, rapport Rivières, p. 176; *Revue d'Histoire*, I, 1903, p. 423. Bazaine (*L'Armée du Rhin*, p. 49 et *Episodes*, p. 62) écrit *prenez une résolution*. La *Revue d'Histoire* (I, 1903, p. 387) fait de même. D'après le général Lebrun (*Procès Bazaine, Compte rendu sténographique quotiden*, p. 130), cette lettre serait de 3 h. 45.

Bazaine écrit (*L'armée du Rhin*, p. 47) qu'il reçut en même temps que l'avis de sa nomination « l'ordre impérial de passer la Moselle sans retard, pour se replier sur les plaines de la Champagne ». Il n'y a pas trace d'une communication écrite ou verbale de cette nature, du moins à notre connaissance.

Quant à son rôle stratégique, Bazaine paraissait l'ignorer. A la suite d'une reconnaissance d'officier d'état-major, il se perdait dans de menues recommandations au 3ᵉ corps (1). L'indécision, le désir de ne pas se compromettre et surtout l'ignorance technique se lisent dans chacune de ces phrases.

A ce moment, l'armée est si étroitement concentrée sous Metz que ses mouvements en seront très pénibles. Bazaine dispose d'environ seize divisions d'infanterie et six de cavalerie, entassées dans un cercle dont le diamètre mesure au plus dix kilomètres, et l'ennemi est encore épars sur un front immense, de Boulay vers Nancy. Pourquoi, dans ces conditions, ne pas prendre l'offensive ? C'est une idée très répandue dans l'armée. Le Bœuf, le général Lebrun, beaucoup d'autres en sont partisans. Autour de Napoléon III on envisage une solution moins hardie : des conseils de prudence envoyés par Trochu à l'un des aides de camp du souverain, général de Waubert de Genlis (2), sont écoutés et contribuent à sa décision qui est finalement pour la retraite. Mais « c'est à contre-cœur qu'on s'en va, qu'on laisse à l'ennemi ces belles provinces. Et puis des considérations d'ordre politique, contraires à ces vues de retraite, prévalent à Paris et arrivent ici sous forme d'objections sérieuses. On hésite tout en agissant (3) ». Il serait difficile de mieux indiquer

---

(1) *Revue d'Histoire*, I, 1903, p. 715 et 661.

(2) Lettre du 10 août, Trochu, *Œuvres posthumes*, I, p. 99. Dans cette lettre, le général établit qu'il est nécessaire de donner une armée de secours à Paris et que cette armée doit être celle de Metz. L'armée du Rhin a encore trois routes de retraite. Dans quatre jours, elle en aura deux; dans huit jours, il ne lui restera plus que celle de Verdun, et elle sera perdue.

(3) Le général de Waubert de Genlis au général Trochu, 13 août (*Œuvres posthumes*, I, p. 102). Cette lettre d'intérêt capital n'est

l'origine des oscillations constantes de notre commandement après le 10 août. Il y a opposition absolue entre les tendances de l'Empereur, loin de Paris, aux prises avec la brutale réalité, avec toutes les difficultés qui résultent de l'entretien et de la marche d'une grande armée, et celles de la Régence soumise aux influences de la rue, de la presse, du Parlement, et à laquelle l'éloignement de l'ennemi permet encore « le long espoir et les vastes pensées » que ne connaît plus Napoléon III.

D'après Le Bœuf, « l'Empereur pensait à la retraite sur Châlons, mais non d'une manière précise. Le 14, il n'y avait encore rien de décidé... ». Au contraire, suivant Lebrun (1), le mouvement sur Châlons fut arrêté le 12 en dehors de toute participation de Bazaine. Enfin nous avons cité un ordre adressé au maréchal par l'intermédiaire de Jarras (2) et qui semble indiquer un projet de retraite sur Paris. Mais « aucun dissentiment, aucune apparence de désaccord » ne s'éleva entre l'Empereur et le maréchal à ce propos. La certitude de Lebrun est d'autant plus complète à cet égard que, les 12, 13 et 14 août, il ne cessa de se trouver auprès de Napoléon III ou de Le Bœuf. En outre, il vit maintes fois Jarras. Pas un mot de ces trois personnages n'indiqua que l'Empereur et Bazaine différaient sur ce point (3).

Dans l'entretien que ces deux derniers eurent à la préfecture de Metz, le 13 août, et dont nous avons déjà parlé, l'accord se fit certainement entre eux, comme le mon-

---

pas reproduite par la *Revue d'Histoire*. M. Germain Bapst (IV, p. 256) complète le texte publié par Trochu en reproduisant deux phrases caractéristiques concernant le poste de gouverneur de Paris.

(1) *Op. cit.*, p. 299.
(2) **Voir *supra*,** p. 230.
(3) Général Lebrun, *loc. cit.*

trent les lettres qui vont suivre. D'ailleurs le maréchal avait déjà donné des ordres relatifs au passage de la Moselle par les 2ᵉ et 4ᵉ corps (1). Il les complétait dans la matinée par une série de prescriptions où percent encore l'indécision, l'absence de vues d'ensemble qui le caractérisent (2). Rien n'y rappelle l'ordre de mouvement d'une grande armée. Les prévisions du commandant en chef, arrêtées tout à fait en dehors de son état-major, se limitent à garantir l'écoulement des « bagages et convois » de la Garde, du 3ᵉ corps et de la réserve générale d'artillerie. Dès l'après-midi du 13, ces éléments traverseront Metz, par les deux itinéraires à leur disposition, mais pour aller se masser au Ban-Saint-Martin, c'est-à-dire immédiatement à l'ouest de la ville, au pied des hauteurs qui la dominent. Le débouché de l'armée n'en sera nullement facilité.

Le Ban-Saint-Martin étant occupé déjà par les divisions de cavalerie Forton et du Barail, elles en partiront à 1 heure du soir, y laissant leurs bagages. La première suivra la route de Verdun par Mars-la-Tour; la seconde

---

(1) « Ce matin, de très bonne heure » (Instructions du maréchal Bazaine, 13 août, *Revue d'Histoire*, I, 1903, p. 631). La *Revue d'Histoire* ne contient pas le texte de ces ordres aux 2ᵉ et 4ᵉ corps.

(2) Instructions du maréchal, 13 août. Elles ont dû être arrêtées dans la matinée du 13, à en juger par la première phrase. D'après le général Jarras (*op. cit.*, p. 81), ce document, non signé, lui fut remis *le soir du 13* par un officier. Il s'appliquerait selon lui au mouvement du 14. Or, il ressort du texte qu'il est conçu dans l'hypothèse d'un mouvement commençant le *13, après midi*.

Selon M. Germain Bapst, IV, p. 366, le 14, à 6 heures du matin seulement, le maréchal envoya directement ses *instructions* aux 2ᵉ, 3ᵉ, 4ᵉ corps et à la garde. Un officier en remit une copie non signée à Jarras, avec avis de communiquer au 6ᵉ corps, aux généraux commandant l'artillerie et le génie, aux deux divisions de la réserve de cavalerie et à l'intendant en chef.

celle de Verdun par Doncourt-en-Jarnizy, qui s'embranche à Gravelotte sur la précédente. Cette prescription est suivie d'une autre, inconciliable avec la première : « Elles s'établiront toutes deux à Gravelotte s'il y a assez d'eau; dans le cas contraire, l'une des deux serait à Gravelotte, l'autre à Rezonville », c'est-à-dire chacune sur la route de Mars-la-Tour. Le maréchal ajoute une recommandation tout à fait insuffisante : « Elles échelonneront deux ou trois escadrons en avant, sur la droite et sur la gauche, de manière à bien couvrir le terrain et à permettre aux troupes de déboucher plus tard. » Ainsi, c'est à ces quelques escadrons que Bazaine entend confier le soin de couvrir le débouché de 170.000 hommes!

On a vu les prescriptions relatives aux « bagages et convois » de la Garde, du 3ᵉ corps et de la réserve générale d'artillerie. « Les parcs de tous les corps » se mettront en mouvement, « quand on saura que les convois des 2ᵉ et 4ᵉ corps commencent » à s'ébranler. « Ces parcs se placeront sur » les mêmes emplacements « que les convois de leur corps d'armée, mais en tête.... On devra, à cet effet, faire reconnaître » ces terrains « à l'avance, pour voir s'ils sont suffisants; dans le cas contraire, les parcs devraient suivre le mouvement des troupes.... »

Quant à la marche de l'armée proprement dite, elle est réglée en quatre lignes, sans aucune indication d'heure, sans rien qui indique la constitution des colonnes, laissée au bon plaisir de chacun : « Les 2ᵉ et 6ᵉ corps suivront la route de Verdun par Mars-la-Tour, Harville, Manheulle; le 4ᵉ et le 3ᵉ s'avanceront par Conflans, Etain; la Garde suivra le 3ᵉ corps ou exécutera les ordres qui lui seront donnés par l'Empereur.

« Le mouvement des troupes ne commencera vraisemblablement que dans la soirée, au clair de lune; si cela est possible... dans l'après-midi. »

La dernière phrase des Instructions indique qu'elles ont été arrêtées avant l'entretien de Bazaine et de Napoléon III : « Dès que M. le Maréchal aura reçu les rapports de ses reconnaissances, s'il n'y a rien de nouveau, il ira prendre les ordres de l'Empereur à Metz; mais il ne peut savoir à quelle heure cela lui sera possible (1). »

On voit quelle portée d'esprit indique ce singulier document, quelle ignorance il dénote chez le maréchal et son entourage immédiat, quel monstrueux désordre il doit nécessairement engendrer. Pour gravir le bord du plateau entre Meuse et Moselle, l'armée va s'engager sur une seule voie qu'elle suivra jusqu'à Gravelotte. Elle ne formera deux colonnes qu'à partir de ce point, bien qu'elle dispose, en outre, de trois routes : celle de Briey, qui permet de se rabattre sur Doncourt par Sainte-Marie-aux-Chênes, Batilly, Jouaville ; celle de Lessy, Châtel-Saint-Germain, Amanvillers; celle de Lorry, Amanvillers. Si la deuxième est médiocre, la première est excellente. Le maréchal s'obstine à ne pas vouloir en faire usage, sous prétexte que les environs de Briey sont fortement occupés par des corps venant de la direction de Thionville. En réalité, il n'y a aucune fraction ennemie dans cette direction (2).

---

(1) Une lettre postérieure de Bazaine à Ladmirault et à Frossard porte un *post-scriptum* : « Il est probable que le mouvement ne pourra se faire que demain » (*Revue d'Histoire*, I, 1903, p. 632).

(2) Le Bulletin de renseignements du grand quartier général (13 août, *Revue d'Histoire*, I, 1903, p. 707) porte que nos deux flancs sont menacés. A une lettre de l'Empereur à Bazaine (13 août) est joint un télégramme de l'Impératrice mentionnant la possibilité d'un mouvement tournant de Frédéric-Charles vers Thionville (*L'armée du Rhin*, p. 50). Mais aucun renseignement local ne vient confirmer ce

Quoi qu'il en soit, s'il est l'auteur de ces informes instructions, Bazaine se fait l'idée la plus fausse de la longueur qu'occupent sur une seule route, même sans leurs impedimenta, les cinq corps d'armée dont il dispose. Autre point à noter : le maréchal donne le matin, « de très bonne heure », des ordres aux 2° et 4° corps en vue du passage de la Moselle, qui doit commencer l'après-midi, s'il est possible. Mais c'est dans la soirée seulement qu'il charge Jarras de transmettre ces prescriptions au 6° corps, aux divisions Forton et du Barail qui auraient dû quitter le Ban-Saint-Martin vers 1 heure du soir, enfin aux parcs de tous les corps. Finalement la retraite de l'armée, qui devait commencer dans l'après-midi, puis le soir du 13 au clair de lune, sera reportée au matin, puis à l'après-midi du 14, sans que rien empêche de se servir des ponts de Metz. Il est évident que Bazaine n'a pas la volonté ferme de se retirer vers la Meuse. Est-ce suite de son indécision naturelle, de l'embarras qu'il éprouve en se voyant brusquement chargé de conduire une grande armée, dans les conjonctures les plus délicates? Il se peut aussi que la présence de l'Empereur lui soit à charge, que, par ses atermoiements continuels, il espère le décider à s'éloigner et qu'il compte ainsi conquérir enfin sa liberté d'action.

Napoléon III comprenait sans doute que sa présence était aussi gênante qu'inutile. Bazaine ne pouvait se dispenser d'être en relation constante avec lui, soit pour le tenir au courant des événements, soit afin de lui marquer une déférence au moins apparente. Il perdait ainsi

---

bruit. En outre, le chemin de fer et le téléphone continuent de fonctionner dans cette direction. D'autre part, le 15 au soir, Bazaine a soin de prévenir Le Bœuf et Ladmirault, qui marchent sur Etain, qu'ils n'ont rien à craindre sur leur droite.

un temps précieux. En outre, la situation personnelle de l'Empereur était très fausse. Il aurait voulu retourner à Paris, mais les avis de la Régence ou d'amis dévoués l'amenaient à y renoncer. On disait dans son entourage que le duc de Persigny lui faisait craindre « une insurrection s'il rentrait aux Tuileries (1) » et cette menace n'avait rien d'invraisemblable. C'est ainsi qu'il restait à Metz, spectateur inerte des événements, rivé à une armée qu'il avait dû renoncer à conduire, attendant avec une impatience grandissante les décisions du successeur qu'il s'était donné malgré lui.

Les données affluant sur l'ennemi l'inquiétaient fort et il l'écrivait à Bazaine : « Les Prussiens sont à Pont-à-Mousson, 300 sont à Corny. D'un autre côté, on dit que le prince Frédéric-Charles fait un mouvement tournant vers Thionville. Il n'y a pas un moment à perdre pour faire le mouvement arrêté (2) ». Devant cette injonction trop justifiée, le maréchal avait recours aux échappatoires, selon sa tournure d'esprit : « J'ai reçu l'ordre de Votre Majesté de hâter le mouvement.... Mais M. le général Coffinières, qui est dans ce moment avec moi, m'affirme que, malgré toute la diligence possible, les ponts seront à peine prêts demain matin. D'un autre côté, l'intendant déclare ne pouvoir faire les distributions immédiatement... (3). » Bazaine n'en donne pas moins aux

---

(1) Général Jarras, p. 85; cf. E. Ollivier, XVI, p. 393.

(2) Lettre autographe, *L'armée du Rhin*, p. 50 (13 août, sans heure); *Enquête*, dépositions, IV, Bazaine, p. 84. Il est à croire que la lettre de l'Empereur fut écrite dans les premières heures de l'après-midi, après l'entretien dont nous avons parlé. M. Germain Bapst, IV, p. 303, porte à *4 heures*.

(3) Bazaine à l'Empereur, *Enquête*, dépositions, IV, Bazaine, p. 184. L'heure approximative de l'envoi peut être déduit de la dernière phrase : peu après 4 heures.

corps des ailes, 2ᵉ et 4ᵉ, l'ordre de reconnaître les débouchés des ponts et de se tenir prêts à commencer le passage dès le matin du lendemain 14.

La première de ces recommandations est bien tardive : elle s'imposait dès l'arrivée sous Metz. Quant à la seconde, elle est insuffisante. Le meilleur moyen de faciliter le passage serait de le commencer le soir même pour les impedimenta de l'armée. Si nos ponts improvisés sont encore impraticables, les ponts fixes pourraient être utilisés, et Bazaine semble l'ignorer.

Quoi qu'il en soit, il songe si peu à presser la retraite qu'il annonce au dernier moment l'intention d'attendre l'attaque de l'ennemi ou de passer à l'offensive. A 8 heures et demie du soir, l'Empereur lui écrivait : « Je reçois votre lettre; dans ces circonstances, c'est à vous de voir si le passage en arrière est possible (1). » A 9 h. 30, Bazaine répondait : « L'ennemi paraissant se rapprocher de nous et vouloir surveiller nos mouvements, de telle façon que le passage sur la rive gauche pourrait entraîner un combat défavorable pour nous, il est préférable, soit de l'attendre dans nos lignes, soit d'aller à lui par un mouvement général d'offensive.

« Je vais tâcher d'avoir des renseignements sur les positions qu'il occupe et sur l'étendue de son front. J'ordonnerai alors les mouvements que l'on devra exécuter et j'en rendrai compte immédiatement à Votre Majesté... (2). »

Quels peuvent être les motifs d'un revirement aussi brusque? Les voici, tels que Bazaine les a plusieurs fois

---

(1) *Revue d'Histoire*, I, 1903, p. 633.
(2) *Enquête*, dépositions, IV, Bazaine, p. 184. Dans le rapport Rivières (*Procès Bazaine*, p. 176), cette lettre est reproduite moins les mots *sur les positions qu'il occupe et l'étendue de son front*.

exposés. « En prenant l'offensive, je pensais surprendre l'ennemi en flagrant délit de mouvement de flanc, et pouvoir le rejeter au delà de la Nied. Si le succès eût répondu à mon attente, coupant l'armée allemande par la vallée supérieure de la Moselle, je pouvais arriver jusqu'à Frouard et commander ainsi la ligne du chemin de fer de l'Est, en occupant la très forte position du plateau de Haye, entre Nancy et Toul, position que j'avais signalée depuis deux ans à l'attention du ministre de la Guerre. De plus, je rejoignais alors mon grand parc, dont l'absence allait avoir des conséquences si graves pour la suite des événements (1) ».

On a peine à croire au sérieux de ces motifs. Aucun renseignement ne peut faire admettre à Bazaine l'exécution d'un mouvement de flanc par l'ennemi. Celui-ci n'opère rien de pareil; il marche de front vers la Moselle, tout en laissant un masque derrière la Nied française. Autant qu'on peut en juger par les informes commentaires qui précèdent, le maréchal entend couper les colonnes allemandes en remontant la première de ces rivières. Mais leurs têtes ne l'ont pas encore atteinte, et l'armée du Rhin elle-même prêterait le flanc dans son mouvement offensif, en courant beaucoup plus de risques, vu son infériorité numérique. Pourquoi aller « jusqu'à Frouard » et occuper « la très forte position du plateau de Haye? » Si c'est uniquement afin de commander le chemin de fer de Paris à Strasbourg, ainsi que le donne à entendre Bazaine, l'objectif n'est pas en proportion des risques. Sur ce plateau, l'armée serait exposée, plus encore qu'à Metz et dans de plus mauvaises conditions, à un investis-

---

(1) *L'Armée du Rhin*, p. 50. Dans ses *Episodes*, p. 61, Bazaine ajoute qu'il comptait rallier ainsi les 1er, 5e et 7e corps. Le grand parc n'avait pu dépasser Toul.

sement précurseur d'un désastre. Est-ce pour rallier les 1ᵉʳ, 5ᵉ, 7ᵉ corps, comme l'écrira Bazaine en 1880? Mais il a connaissance de la marche des deux premiers vers Châlons et Paris; il sait le 7ᵉ encore à Belfort.

S'il est sérieux, ce projet procède des conceptions du général Frossard (1), mal comprises. Le maréchal croit, comme le gouverneur du Prince impérial, à la valeur propre des positions, à la puissance exclusive de la défense. Il entend la guerre ainsi qu'au temps de Villars et de Marlborough. Encore ces deux généraux ont-ils montré, eux aussi, qu'ils avaient foi en l'offensive. Leur méthode de guerre, appropriée au temps, est chose du passé. Frédéric II et Napoléon en ont créé une autre, plus féconde en résultats. Bazaine paraît l'ignorer, autant qu'il méconnaît les tendances de ses adversaires.

Quoi qu'il en soit, ayant prescrit que l'armée soit prête à partir le matin du 14, à 5 heures (2), après avoir touché trois jours de vivres, le maréchal donne, vers 9 heures du soir, l'ordre de tenir les troupes « prêtes à exécuter un ordre de mouvement » sans autre détail (3).

Mieux que Bazaine, l'Empereur se rendait compte des dangers que courait l'armée en prolongeant son immobilité. Après avoir reçu de la Régente un télégramme in-

---

(1) Voir *supra*, p. 162 et 169.
(2) D'après M. Germain Bapst, IV, p. 363, Bazaine envoya dans la soirée à l'état-major général un avis ainsi conçu : « L'armée sera prête à partir à 5 heures; les ordres seront envoyés ultérieurement ».
(3) Cet ordre est singulièrement libellé : « Le maréchal Bazaine, commandant en chef des 2ᵉ, 3ᵉ et 4ᵉ corps (*sic*), aux commandants de corps d'armée (sans heure) : « Demain dimanche, 14 août, à 4 h. 30 du matin, toutes vos troupes devront être prêtes à exécuter un ordre de mouvement; les chevaux seront sellés, les voitures chargées ». Cet ordre est signé Manèque [chef d'état-major du 3ᵉ corps] au mépris des droits de Jarras. La Garde n'en reçut aucun. Son chef d'état-major s'enquit du motif et Bazaine répondit que c'était « par erreur ».

quiétant, il adressait de nouveau au maréchal des recommandations pressantes: « La dépêche que je vous envoie... montre bien l'importance que l'ennemi attache à ce que nous ne passions pas sur la rive gauche.

« Il faut donc tout faire pour cela et, si vous croyez devoir faire un mouvement offensif, qu'il ne vous entraîne pas de manière à ne pas pouvoir opérer votre passage.

« Quant aux distributions, on pourra les faire sur la rive gauche, en restant lié avec le chemin de fer... (1). »

Il n'en fallait pas davantage : le projet d'offensive si hâtivement conçu était abandonné sans retour. Dans les conditions prévues par Bazaine, notre infériorité numérique restait trop grande pour que nous puissions espérer un renversement des rôles. Mais un retour offensif contre la Ire armée, opéré durant la journée du 13, n'en aurait pas moins eu des chances très sérieuses de succès. Il eût trouvé ses colonnes en marche ou à peine arrêtées. A la IIe armée, les corps voisins de la Ire, IIIe et IXe auraient dû faire le même jour une nouvelle étape avant de pouvoir intervenir. Notre supériorité numérique eût été grande. Un échec de l'ennemi eût ralenti certainement ses progrès. Dans toutes les éventualités, notre retraite serait restée assurée, grâce à l'existence du camp retranché.

D'ailleurs on peut douter que Bazaine ait eu réellement la pensée de l'offensive. Il n'en a même aucune qui soit bien arrêtée. Il cherche à s'abriter sous le couvert d'un ordre ou même d'un avis de l'Empereur, de façon à esquiver toute responsabilité. « On ne peut mieux le com-

---

(1) Lettre autographe, 13 août, 11 heures du soir (*L'armée du Rhin*, p. 52). Le télégramme de l'Impératrice annonçait un mouvement probable de l'ennemi dans la direction de Thionville (Rapport Rivières, *Procès Bazaine*, p. 182).

parer, écrit M. Germain Bapst (1), qu'à un bouchon ballotté dans une eau agitée, sans aucune direction déterminée, qui va de droite et de gauche, en avant, en arrière suivant les mouvements de l'eau; ainsi il ira sans cesse, sans aucun esprit de suite, au gré d'un avis, d'un conseil, d'une proposition qu'il considérera comme une décharge de sa responsabilité, défaisant tout ce qu'il aura fait la veille.... »

Malgré les démarches répétées de gens du pays ou d'officiers, aucune disposition n'était prise pour détruire en temps voulu les ponts de la Moselle entre Pont-à-Mousson et Metz (2). Ni Napoléon III, ni le maréchal, ni les généraux Jarras et Coffinières ne jugeaient ces mesures urgentes ou du moins ne songeaient à les prescrire. Dans l'armée, les responsabilités étaient si mal définies, que nul ne s'inquiétait de donner ou de provoquer les ordres voulus. Peut-être aussi croyait-on nécessaire d'attendre la dernière heure. Du moins un télégramme du chef d'état-major général au commandant du génie à Toul (13 août) semblerait l'indiquer (3). En tout état de cause, c'est au commandant en chef qu'il appartenait d'ordonner ces destructions et c'est à lui surtout qu'il convient d'en imputer l'omission. Le premier résultat fut que le 6ᵉ corps ne put terminer sa concentration sous Metz, la

---

(1) IV, p. 365-366.

(2) Rapport Rivières, *Procès Bazaine*, p. 183 : « ...des demandes réitérées furent adressées au général en chef dans la journée du 13 et dans la matinée du 14, par des habitants de Novéant et d'Ars, pour que l'autorisation fût donnée de détruire les ponts. Aux deux premières dépêches on répondit : *Attendez*; une troisième resta sans réponse. De son côté, le service local du génie faisait, auprès du général Coffinières, une démarche semblable pour la destruction du pont d'Ars, démarche qui n'aboutit qu'à un refus ».

(3) Cf. le texte, général Pierron, *Méthodes de guerre*, II, I, p. 60.

voie ferrée de Frouard ayant été coupée par l'ennemi. Il devait dès lors rester privé de certains éléments essentiels : sa cavalerie, sa réserve d'artillerie, les trois quarts d'une division.

Quant à la construction de ponts aux abords immédiats de Metz, indispensables pour la rapidité du passage de l'armée, elle était abandonnée au général Coffinières, qui tenait compte uniquement de considérations techniques. Il en résultait que ces moyens de passage se prêtaient mal au mouvement des troupes. En outre, leur construction était défectueuse et une crue inopportune survenait, obligeant de recommencer une partie des travaux. Le soir du 13 août, l'armée ne disposait que de quatre passages, en y comprenant les ponts fixes de Metz. Le 14, à 11 heures et demie du matin seulement, elle en avait sept, et ce nombre eût amplement suffi, si les débouchés les deux rives avaient été convenablement assurés. Mais il n'en était rien. Le front sur lequel s'ouvraient ces passages mesurait à peine quatre kilomètres. La responsabilité des difficultés à prévoir de ce chef incombait surtout à l'Empereur et à Bazaine qui avaient entassé, sans y être nullement contraints, toute l'armée sous le canon de Metz.

Après avoir paru négliger la construction des ponts, le maréchal s'en inquiétait le soir du 13, avant même de renoncer à son éphémère projet d'offensive. A 9 heures (1), Jarras adressait à Coffinières des recommanda-

---

(1) L'inquiétude de Bazaine au sujet du passage de la Moselle se manifeste à l'heure même où il adresse à l'Empereur sa lettre préconisant soit l'arrêt sur place, soit un mouvement général d'offensive. On peut en conclure que ce dernier projet n'a rien de sérieux.

Cette hypothèse devient une certitude quand on constate que Bazaine autorise le grand parc à se retirer de Toul sur le camp de

tions pressantes afin que les travaux fussent activés. On les pousserait toute la nuit (1).

Le matin du 14 août, la situation du haut commandement français était la suivante. En théorie, Bazaine avait la pleine liberté de ses mouvements. Dans la pratique, l'Empereur arrêtait fréquemment, sans le consulter, des décisions qui engageaient l'avenir. Lui et son entourage donnaient directement des ordres dont ils n'avaient plus la responsabilité et qui parfois contredisaient ceux du commandant en chef (2). Rien d'étonnant à ce que les difficultés de cette situation devinssent toujours plus sensibles. Comment Bazaine n'aurait-il pas hâté de tous ses vœux l'heure où Napoléon quitterait définitivement l'armée, le délivrant d'un voisinage aussi gênant qu'inutile ?

Non seulement le maréchal était resté à Borny, loin de l'Empereur et de Jarras qui logeaient à Metz, mais il affectait plus que jamais de tenir son chef d'état-major à distance. Malgré la gravité des circonstances, il lui réservait le rôle le plus insignifiant (3). Le parti pris était visible.

Les convois de l'armée, les deux divisions Forton et du Barail et enfin nos premières troupes d'infanterie se met-

---

Châlons (Le général Mitrecé au Major général, télégramme, 4 h. 35 du soir; Le général Jarras au général Mitrecé, 9 h. 15 du soir, *Revue d'Histoire*, I, 1903, p. 695).

(1) *Revue d'Histoire*, I, 1903, p. 640. La réponse de Coffinières est de 11 heures du soir (*ibid.*).

(2) Voir notre *Histoire de la guerre de 1870-1871*, IV, p. 223, note 1.

(3) Bazaine à Jarras, 14 août, midi 42 : « Mon quartier général sera établi à Moulins, en avant de Longeville. Envoyez-y les bagages de l'état-major.

« Je vous prendrai à mon passage à Metz.

« Je reste encore ici pour veiller au mouvement général » (*Revue d'Histoire*, I, 1903, p. 897).

taient en mouvement, traversaient péniblement la Moselle, puis s'engageaient dans le long défilé que constitue la route de Gravelotte. Sur cette chaussée, dans les rues, sur les ponts de Metz, c'était un enchevêtrement inextricable de voitures de toute espèce, de cavaliers, de fantassins, d'isolés et de fractions plus ou moins fortes, cherchant à se glisser homme par homme sur les trottoirs, le long des fossés d'accotement. On piétinait sur place pendant des heures. La division du Barail en mettait quatre à faire six kilomètres (1). Le désordre était immense.

D'après les instructions du 13 août, les divisions du Barail et Forton auraient dû se mettre en marche le jour même, vers 1 heure du soir, pour se diriger sur Gravelotte. Cet ordre ne leur parvenait que le 14, sans doute « de bonne heure dans la matinée (2) ». Le retard d'une journée qui en résultait, et qu'il aurait été si facile d'éviter, ne devait pas être sans influence sur le mouvement général de l'armée.

Les deux divisions atteignaient Gravelotte dans la soirée et s'y installaient. Déjà les coureurs ennemis se montraient aux environs, en sorte que les chevaux restaient sellés au bivouac. L'établissement de notre cavalerie au débouché du défilé de Longeville n'assurait nullement la marche de l'armée. Ce n'est pas sept régiments de cette arme et quatre batteries qu'il eût fallu pour ce rôle de protection, mais de fortes avant-gardes. Autrement nos corps d'armée couraient risque de ne pouvoir atteindre le plateau. Le maréchal croyait savoir que l'ennemi menaçait nos deux flancs (3), bien qu'il fût seulement sur la

---

(1) Général du Barail, III, p. 171.
(2) *Revue d'Histoire*, I, 1903, p. 838.
(3) Bulletin de renseignements du grand quartier général, 13 août, *Revue d'Histoire*, I, 1903, p. 707.

gauche. Il eût été élémentaire de les couvrir par des détachements de toutes armes.

Contre ce qui aurait dû être, les corps d'armée avaient entamé leur mouvement avant les divisions Forton et du Barail. L'Empereur insistait pour qu'on se hâtât et, à midi et demi, Bazaine répondait que les 2º et 4º corps avaient commencé le passage de la Moselle. Le maréchal se rendait si peu compte des difficultés à vaincre qu'il espérait terminer son mouvement le soir même. Du moins il l'écrivait à l'Empereur (1). Il paraît difficile d'admettre que, pour lui, l'armée mettrait moins de douze heures à passer la Moselle et à gagner les abords est de Gravelotte. Peut-être obéissait-il simplement au désir de hâter le départ de Napoléon III, en lui représentant la marche comme beaucoup plus avancée qu'elle n'était réellement.

Quoi qu'il en soit, le 2º corps opérait son mouvement avec tant de difficulté que certaines troupes atteignaient leur bivouac seulement aux premières heures du 15 août. Quant au 6º, il s'échelonnait entre la rive droite de la Moselle et les pentes à l'ouest de Metz, sur la route de Gravelotte (2). Le 4º avait commencé vers 3 heures le

(1) Bazaine à l'Empereur, 14 août, midi 30, *Revue d'Histoire*, I, 1903, p. 896; *L'Armée du Rhin*, p. 53 : « ...J'espère que le mouvement sera terminé ce soir. Les corps ont ordre de camper en arrière des abords de ces routes, afin de les prendre demain matin ». Il s'agit des routes de Conflans et de Mars-la-Tour qui bifurquent à Gravelotte.

(2) Le maréchal avait envoyé à Canrobert, vers 1 heure, l'incompréhensible ordre qui suit : « Le passage de la Moselle est commencé par les 2º et 4º corps. Dès que les troupes de votre corps d'armée qui sont dans les forts auront été relevées, veuillez donner l'ordre qu'elles viennent prendre position derrière le 2º corps qui doit s'établir sur la route de Verdun, si cela lui est possible, aujourd'hui, sinon en arrière vers Jussy, à Rozerieulle, le 6º corps devant suivre, demain, la même route, c'est-à-dire celle de Verdun » (Germain Bapst, IV, p. 373).

passage de la rivière. Environ une heure après retentit un premier coup de canon : l'avant-garde du général von der Goltz attaquait les derniers éléments du 3ᵉ corps. C'était le début de la bataille de Borny.

Aussitôt les 3ᵉ et 4ᵉ corps faisaient face en arrière, sans intervention du commandement, sauf au 4ᵉ corps où Ladmirault prenait des dispositions judicieuses. Lui aussi, Bazaine, n'exerçait qu'une action personnelle très restreinte sur la marche de l'action. Sa pensée constante était de continuer sans arrêt le mouvement rétrograde. Il regrettait qu'on eût accepté le combat : « J'étais sur le champ de bataille, a dit à Trianon le général de Castagny, et je remarquai que le maréchal était un peu irascible. Il me dit : « C'est insensé de faire un feu comme cela! Vous n'y songez pas! Brûler autant de cartouches! » Au général Montaudon, il recommandait de continuer la marche, en dédaignant « une tiraillerie sans objet ». L'action était engagée de Colombey à Lauvallier qu'il prescrivait encore de ne pas avancer « d'une semelle (1) ». Il ne faisait que confirmer les généraux du 3ᵉ corps dans leurs tendances, déjà trop accusées, à supporter en plastrons les coups de l'adversaire. Ce rôle ingrat serait le nôtre pendant presque toute la soirée. Pourtant la Fortune favorisait singulièrement Bazaine. Les attaques décousues des faibles avant-gardes allemandes auraient dû être d'autant plus vivement repoussées que nous disposions au début d'une grande supériorité numérique. Le dos à Metz, nous ne courions aucun risque, à la condition de prendre l'offensive et de ramener toutes les fractions encore à portée sur la rive droite de la Moselle. C'étaient les éléments

---

(1) Lettre de M. le général Zurlinden, 2 février 1901, *Revue d'Histoire*, I, 1903, p. 1164.

d'un grand succès qui eût singulièrement changé la situation. Le maréchal ne songeait pas un instant à les mettre en œuvre. Après avoir arrêté sur tous les points l'offensive des Allemands, il faisait porter aux 3ᵉ et 4ᵉ corps et à la Garde l'ordre de reprendre immédiatement leur marche, de manière à se trouver, au jour, aux points qu'il avait prescrit d'atteindre le soir du 14. L'heure tardive et la fatigue des troupes rendaient cette prescription à peu près inexécutable.

Malgré cette retraite à peine interrompue, malgré l'abandon du champ de bataille, l'impression générale était favorable dans nos rangs. L'Empereur et son entourage accueillaient Bazaine avec des démonstrations de joie. Ils considéraient la journée comme un heureux présage. « Ce léger sourire de la Fortune » provoquait un enthousiasme assurément peu justifié (1) et cette impression reflétait celle de l'ensemble des troupes. Pourtant quelques observateurs auguraient mal de l'avenir. Dans les dispositions du maréchal Bazaine, ils lisaient « l'aveuglement et l'incurie ». Son état-major n'était pas plus épargné : « Comment pourra-t-on croire que près de cent mille hommes ont reçu l'ordre de partir à la même heure pour aller passer par le même défilé?... C'était..., comme conception, simple et facile. Mais, pour nos soldats, quelles fatigues et, pour l'ensemble de l'armée, quelle confusion, quel gâchis!... Nous avons de bons éléments, mais pas de chef.... Bazaine est un bavard, qui a l'esprit retors; il est très brave de sa personne, mais il n'a aucune

---

(1) Général Jarras, p. 89; L'Empereur à l'Impératrice, télégramme, 10 h. 10 du soir, *Revue d'Histoire*, I, 1903, p. 900. L'une des personnes de l'entourage de l'Empereur s'écria : « Maintenant, nous pouvons l'affirmer, nous avons un grand général » (Germain Bapst, IV, p. 383).

entente de la guerre.... L'Empereur... ne peut rien, ne fait rien, paralyse tous nos mouvements et ôte toute initiative à nos chefs (1). »

On ne saurait trop répéter combien le commandement français est venu en aide à l'ennemi, le 14 août, de par son incapacité et ses négligences constantes. Nous avons vu les dispositions fautives prises par Bazaine pour la retraite de l'armée. Il n'en arrête aucune afin de la couvrir. Ce qui est fait en ce sens procède de l'initiative des sous-ordres, pourtant si peu développée. Le maréchal s'est laissé acculer au camp retranché de Metz sans y être aucunement contraint. Au lieu de garder une zone suffisante de manœuvre, il bivouaque sous le canon des forts. Son dispositif de sûreté est presque nul. Dès lors on comprend que nos troupes soient à peu près surprises par les obus prussiens, que toute manœuvre leur soit difficile et que leurs mouvements rétrogrades les entassent rapidement sous le canon de la place.

De plus, l'armée commence tardivement sa retraite. Rien n'empêchait d'y procéder le soir du 13, en faisant usage des ponts de Metz; le mouvement du 14 se serait accompli dans des conditions beaucoup plus faciles.

Pendant la bataille, l'inertie de Bazaine est criante. A proprement parler, il ne donne aucun ordre, sinon de reprendre la retraite dès qu'il sera possible. Il descend à un rôle au-dessous de lui, s'inquiétant de placer des bataillons ou des batteries, alors que l'ensemble lui échappe. Il oublie l'adage pourtant si vrai à la guerre : *De minimis non curat prætor*. Il ne sait pas saisir l'occasion inespérée que lui tendent les Allemands : celle d'écraser, avec trois corps d'armée qu'il tient étroitement dans sa main, les

---

(1) Général Montaudon, II, p. 218.

têtes de colonnes qui osent diriger contre lui des attaques incohérentes (1). Il a le choix entre deux solutions : la retraite sans arrêt ou une vigoureuse contre-attaque. Il n'adopte ni l'une ni l'autre (2).

Dans la discussion de ces deux partis, on omet d'ordinaire le facteur moral, à grand tort. Les mouvements des armées, les succès ou les revers qui en résultent ne sont pas uniquement affaire de puissance matérielle et de raisonnement. Il faut compter avec l'outil humain, dont la valeur peut singulièrement changer selon les circonstances. Pour vaincre, il est besoin avant tout de force d'âme et de volonté. Nos troupes ont été battues le 6 août à Spicheren. Elles sont en retraite depuis huit jours. Si l'on cédait encore, sans tirer parti des défenses de Metz, l'atteinte à leur moral serait irréparable. Il fallait donc absolument combattre. C'est ce que Bazaine, aussi bien que l'Empereur, n'admit pas un instant.

En somme la bataille de Borny ne fut un succès pour aucun des deux partis. Engagée mal à propos, dans les plus mauvaises conditions par les Prussiens, elle aurait dû aboutir pour eux à un échec grave, de nature à modifier peut-être le début de la campagne. S'il n'en fut pas ainsi, c'est que ni Bazaine, ni Ladmirault n'eurent la ferme volonté de réprimer l'audace de l'ennemi. A défaut du commandant en chef, si le second avait pris cette décision, s'il en avait poursuivi l'exécution avec la persévérance et l'énergie qui, seules, permettent les grandes choses, le Ier corps pouvait être rejeté dans le plus grand désordre, ce qui amenait fatalement la retraite de la

---

(1) Voir l'*Etat-Major prussien*, I, p. 509, et Cardinal von Widdern, *Die I. Armee bei Colombey-Nouilly*, p. 70.
(2) Général Lewal, *Le plan de combat*, p. 25.

Iʳᵉ armée et l'arrêt de la IIᵉ. Les conséquences eussent été inappréciables. Nouvelle preuve qu'à la guerre le moral joue un rôle tout à fait prépondérant. Il faut être persuadé que l'on peut et que l'on doit vaincre. Le caractère reste, malgré tout, la qualité maîtresse de l'homme de guerre, celle à laquelle ni les connaissances techniques, ni les moyens matériels ne peuvent suppléer.

VI

LE QUINZE AOUT

Le 14, après la bataille, Bazaine s'est borné à prescrire aux troupes « de reprendre leur marche sur Metz et de passer sur la rive gauche de la Moselle (1) » en se couvrant d'arrière-gardes. Ces prescriptions, si sommaires et si vagues, ne sont même pas régulièrement transmises. Les corps d'armée reçoivent, parfois très tard, des indications contradictoires. Tout porte à croire que le maréchal n'arrête pas dans la soirée du 14 ses ordres pour le lendemain, ainsi qu'il l'a écrit (2), mais le matin du 15, à Moulins, sur les sollicitations pressantes du général Jarras.

Accompagné de ce dernier, il a quitté le champ de bataille à la nuit noire. Il traverse avec peine la ville encombrée de voitures, de matériel et de troupes, pour n'atteindre Longeville que vers minuit. L'Empereur, malade et couché (3), le reçoit pourtant. A en croire le ma-

---

(1) Rapport sur le combat de Borny, *Revue d'Histoire*, II, 1903, p. 880.

(2) Rapport cité.

(3) Dans la villa du colonel en retraite Hennocque, député de la Moselle; actuellement 40, rue de Metz.

réchal, il fait part à Napoléon III de ses inquiétudes pour notre ligne de retraite, de la souffrance que lui cause une contusion reçue dans la journée (1). Il craint de ne pouvoir supporter le cheval et demande à être relevé de ses fonctions. Avec sa bienveillance coutumière, l'Empereur lui répond, en touchant légèrement son épaule : « Ça ne sera rien, c'est l'affaire de quelques jours et vous venez de briser le charme! » Puis, sans faire allusion à son départ prochain, il recommande au maréchal la plus grande prudence dans ses opérations, « afin de ne rien livrer au hasard.... J'attends une réponse de l'empereur d'Autriche et du roi d'Italie; ne compromettons rien par trop de précipitation et évitons, avant tout, de nouveaux revers (2) ». Si ces détails sont exacts, ils montrent que Napoléon III était bien mal inspiré. Conseiller « la plus grande prudence » à Bazaine était au moins risqué, après son attitude dans les journées précédentes. D'autre part, compter encore à cette date sur l'alliance austro-italienne était faire preuve d'une foi exagérée dans

(1) Un éclat d'obus l'a atteint à l'épaule, entamant son épaulette. Un autre obus a coupé un arbre auquel il était adossé (Voir la plaidoirie Lachaud, *Procès Bazaine*, p. 550-551, d'après les capitaines de Chasseloup-Laubat et Gudin).

(2) Bazaine, *Episodes*, p. 70. Bien que ce témoignage soit des plus suspects, il ne paraît pas invraisemblable. Cf., en sens contraire, une conversation du 28 juillet entre Le Bœuf et Mgr Dupont des Loges (abbé Klein, *L'évêque de Metz. Vie de Monseigneur Dupont des Loges*, 1804-1886, p. 278). En revanche, au cours de son interrogatoire, le maréchal aventura une affirmation qui semble tout à fait inexacte. Il aurait été convenu entre l'Empereur et lui qu'on continuerait le mouvement sur Verdun, mais qu'on ne persisterait pas dans ce projet, « s'il rencontrait une trop forte résistance » (*Procès Bazaine, Compte rendu sténographique quotidien*, p. 38). La correspondance de l'Empereur avec Bazaine, après le 16 août, montre nettement qu'il attendait l'armée sur la Meuse.

des promesses vagues, du genre de celles qui n'engagent pas vis-à-vis d'un vaincu.

Au cours de cette conversation, l'Empereur remettait à Bazaine un télégramme qu'il venait de recevoir. Le sous-préfet de Briey annonçait que la gendarmerie se retirait de Conflans. L'ennemi occupait un bois à six kilomètres de cette commune et avait une reconnaissance à Mars-la-Tour (1).

Ainsi les Allemands semblaient nous avoir devancés dans la direction de Verdun. Peut-être ce renseignement modifia-t-il les intentions de Bazaine ? Toujours est-il vrai qu'après avoir paru disposé à continuer sa marche vers le plateau, il décidait de s'arrêter (2) à Moulins, où il établissait son quartier général dans la maison Buisson (1 h. du matin). Il s'y mettait au lit, sans avoir pris d'autres renseignements, sans voir son chef d'état-major ni donner aucun ordre.

Au jour, le général Jarras était sur pied, attendant impatiemment les instructions du commandant en chef. Vers 6 heures et demie seulement, le canon qui retentissait vers Montigny le décidait à se présenter chez lui. On lui répondit que le maréchal ne pouvait le recevoir, bien que, précédemment, il eût successivement ouvert sa porte à un officier d'ordonnance de l'Empereur et au maréchal Canrobert. Jarras forçait la consigne, pénétrait dans la chambre de Bazaine encore au lit et lui exposait la situa-

---

(1) Télégramme daté de 9 h. 55 du soir.
(2) En descendant de cheval à Longeville, il prévient le commandant de son escorte qu'il va faire probablement une marche de nuit. Il s'attend sans doute à voir l'Empereur le presser d'activer son mouvement sur Verdun. En quittant Napoléon III, il dit au même officier : « C'est changé, vous allez bivouaquer » (Germain Bapst, V, p. 19-21). Cf. H. Welschinger, Le comte de Goulaine et le maréchal Bazaine, Débats du 10 mai 1913.

tion. Bien que le maréchal fût à peine réveillé (1), en apprenant que les 3ᵉ et 4ᵉ corps avaient été fort retardés dans leur mouvement, il marquait son mécontentement et son impatience. Jarras lui fit remarquer que l'obligation de passer par Longeville et Moulins était l'un des motifs de cette lenteur. Il proposa d'utiliser la route de Briey, mais le maréchal répondit, d'un ton d'autorité, avoir pris, de concert avec l'Empereur, la décision de ne pas se servir de cette voie, « des avis venus de Paris et de Briey même » leur ayant « appris qu'une des armées ennemies » était déjà de ce côté.

C'était singulièrement exagérer la portée des renseignements qu'il avait reçus (2) et dont il eût été facile de constater la fausseté. D'ailleurs le maréchal se rendit compte de l'insuffisance de ce motif. Dans *L'Armée du Rhin* (3), il en met d'autres en jeu : « Je ne me servais pas de la route de Briey, parce que cette route m'offrait des difficultés considérables de terrain aux environs de cette ville, et que des renseignements, corroborant la dépêche de l'Impératrice... m'indiquaient du monde de ce côté; on parlait d'un corps de cavalerie de 20.000 hommes (4). En avançant sur les deux routes sud qui mènent à Verdun, routes parallèles et peu distantes l'une de l'autre, j'avais l'avantage de garder l'armée plus compacte.... »

On ne peut guère prendre au sérieux « les difficultés de terrain » aux abords de Briey, car il s'agissait d'une route impériale, comme celles d'Etain et de Mars-la-Tour.

Jarras ayant encore insisté sur l'impossibilité de faire

---

(1) Général Jarras, p. 89, détail confirmé par l'interrogatoire du maréchal au procès.
(2) Voir *supra*, p. 236, 246.
(3) Page 58.
(4) On ignore à quel renseignement le maréchal fait allusion.

écouler de pareilles masses par la seule route de Metz à Gravelotte, le maréchal consentait à modifier ses instructions premières, en permettant aux 3ᵉ et 4ᵉ corps de suivre des chemins secondaires pour gagner le plateau.

Non sans être interrompu à plusieurs reprises, il dictait ensuite au chef d'état-major ses ordres pour la journée. En voici la reproduction textuelle, d'après le carnet au général Jarras (1) :

« Au général Coffinières : faire sauter le pont du chemin de fer en face de Longeville (2);

« Faire reconnaître la position des corps;

« Dire au général Frossard et au maréchal Canrobert de se mettre en marche le plus tôt possible; faire une distribution s'ils en ont besoin pour s'aligner jusqu'au 17 inclus.

« Les 2ᵉ et 6ᵉ corps... attendront des ordres à Rezonville et, tant que la route le permettra, marcheront par sections avec le moins d'intervalles possible; amener (sic) les bagages strictement réglementaires et laisser le convoi d'administration; les voitures du convoi et civiles resteront sur les emplacements du camp et feront un convoi à part.

« Les 3ᵉ et 4ᵉ corps feront le même versement, route de Conflans, en suivant des chemins à reconnaître, autres que la grande route, jusqu'à la route de Conflans.

« Départ dès qu'ils pourront : convoi militaire et civil comme pour les 2ᵉ et 6ᵉ corps; faire une distribution s'ils le peuvent.

« La division Forton se portera vers Mars-la-Tour, et la division du Barail vers Jarny, où ils (sic) attendront des ordres en faisant battre le pays au loin. Se procurer le

---

(1) Germain Bapst, V, p. 26 et suiv.
(2) Bazaine chargea ensuite de cette destruction le commandant Sers, aide de camp du général Soleille.

fourrage et l'avoine sur place au moyen de bons, s'ils (*sic*) n'ont pas leur administration.

« Les 3ᵉ et 4ᵉ corps ne dépasseront pas Doncourt et s'y masseront.

« La Garde restera sur son campement, attendra des ordres et enverra la division de voltigeurs entre Longeville-lès-Metz et Moulins couvrir Longeville et battre Montigny.

« Grand quartier général à Mars-la-Tour.

« A une heure, départ des bagages du grand quartier général. »

La destruction du pont de Longeville mérite d'être relevée. Deux échauffourées au sud de Metz provoquaient une sorte de panique à laquelle n'échappait pas le maréchal, en dépit de son sang-froid habituel. Il craignait que nous ne fussions coupés de Metz, « l'ennemi commençant à tirer sur nous (1) », et voulait éviter d'être contraint « à un nouveau combat d'arrière-garde (2) ». Cette destruction, provoquée en dernière analyse par la fugitive apparition, près de Montigny, de trois escadrons et deux pièces ennemies, était d'autant plus absurde que le pont traversait la Moselle sous le canon même de l'enceinte et du fort Saint-Quentin, à moins de 2 km. 500. Nous supprimions bénévolement un passage dont nous étions seuls à pouvoir user. Le 26 août, quand l'armée devra de nouveau passer la Moselle, elle aura lieu de le déplorer. Pendant tout le blocus, on travaillera au rétablissement de ce pont, mais l'ennemi, seul, en tirera profit pour diriger

---

(1) *Procès Bazaine, Compte rendu sténographique quotidien*, p. 80, Interrogatoire du maréchal.

(2) Mémoire justificatif, *Revue d'Histoire*, III, 1903, p. 163; Bazaine, *Episodes*, p. 71.

sur Thionville le matériel de siège provenant de l'arsenal de Metz (1).

Sur les entrefaites, le capitaine de Locmaria se présentait chez le maréchal. Il était envoyé par le général Manèque pour faire connaître la dissémination du 3ᵉ corps et demander l'autorisation de le laisser reposer tout le jour.

Bazaine avait écouté sans mot dire, en regardant une carte. Relevant la tête, il répondit par un refus formel, ajoutant: « Il faut que nous soyons sans faute dans quatre jours à Verdun. Wolf est déjà parti pour y préparer les vivres.... » Puis il informa Locmaria des modifications apportées aux instructions de la veille, en les résumant ainsi : « Marche directe des 3ᵉ et 4ᵉ corps pour atteindre la grande route intermédiaire de Gravelotte à Conflans par des chemins de traverse, en évitant la grande route au sud, de Metz à Gravelotte par Moulins (2). »

Sur les entrefaites, le maréchal Le Bœuf se présentait à son tour. Il avait demandé à l'Empereur de remplacer provisoirement à la tête du 3ᵉ corps le général Decaen, grièvement blessé. Napoléon III y consentait, mais estimait, paraît-il, que la désignation d'un commandant de corps d'armée appartenait au commandant en chef. Le Bœuf venait demander un ordre de service, en ajoutant : « Mon cher Bazaine, si l'Empereur m'avait écouté, il y a six jours que vous seriez général en chef et moi commandant du 3ᵉ corps (3). »

Le maréchal dicta séance tenante la décision qui suit :

---

(1) Rapport Rivières, *Procès Bazaine*, p. 183. On avait d'abord fait sauter une seule arche. Cette destruction parut insuffisante au maréchal qui en fit rompre une seconde dans la journée du 15.

(2) Germain Bapst, V, p. 28-29. Wolf est l'intendant en chef.

(3) Germain Bapst, *loc. cit.*, d'après une note écrite à l'instant même par l'un des assistants.

« En exécution des ordres de l'Empereur, S. E. le maréchal Le Bœuf est nommé commandant du 3⁰ corps, en remplacement de M. le général Decaen, blessé.... »

Ce libellé était inexact, l'Empereur n'ayant donné aucun ordre. On a supposé, peut-être gratuitement, qu'il dissimulait une intention louche : celle d'imputer à Napoléon III la volonté de commander encore, malgré son effacement.

Après avoir confirmé à Le Bœuf ses instructions, Bazaine les faisait communiquer à Ladmirault, aux généraux de Forton et du Barail (1).

Sans doute les dispositions arrêtées par le maréchal n'ont pas, dans sa pensée, revêtu leur forme définitive. Il appartient au chef d'état-major de les coordonner avant leur envoi aux troupes. On doit pourtant faire ressortir leur incohérence, leur décousu. Les 2⁰ et 6⁰ corps doivent « attendre des ordres » à Rezonville, bien que le grand quartier général se porte à Mars-la-Tour, c'est-à-dire sensiblement plus avant. De même les divisions Forton et du Barail s'arrêteront vers Mars-la-Tour et Jarny, ce qui ne s'explique pas davantage. Enfin, le stationnement des 3⁰ et 4⁰ corps à Doncourt, où ils « se masseront », ne se concilie pas non plus avec la présence du grand quartier général à Mars-la-Tour.

Dans ces conditions, il semble que la pensée de Bazaine ne soit rien moins qu'arrêtée. Il est combattu entre la continuation de la marche sur Verdun et un arrêt vers Rezonville. Comment admettre, comme on l'a fait récemment (2), qu'il a « l'intention de pousser l'armée, dans la journée, jusqu'à moitié chemin de Verdun, c'est-à-dire

---

(1) Germain Bapst, V, p. 30-31, par le commandant La Veuve et le capitaine Jung. Il n'est pas question des 2⁰, 6⁰ corps et de la Garde.

(2) Germain Bapst, V, p. 31.

jusqu'à Fresnes-en-Wœvre et Etain », le grand quartier général devant être à Mars-la-Tour? Pas un mot de ses instructions ne permet de croire qu'il entend atteindre le 15 août Fresnes-en-Wœvre ou Etain.

D'ailleurs, après réflexion, le maréchal jugeait nécessaire de compléter ces premiers ordres. Il dictait à Jarras ce qui suit :

« Au général Frossard, si le 6ᵉ corps le rejoint, dès qu'il verra la tête de ce corps, qu'il continue sa marche jusqu'à Mars-la-Tour et il sera remplacé par le 6ᵉ corps à Rezonville; il s'établira à Mars-la-Tour pour y passer la nuit; il a devant lui la division du général Forton, auquel il prescrira de se rendre à Tronville et de s'éclairer sur sa gauche et en avant; elle installera son campement à cheval sur la route, c'est-à-dire à hauteur de Vionville, et surveillera surtout la route de Saint-Mihiel.

« Au général de Ladmirault : ne pas dépasser Doncourt et s'y établir la nuit, en faisant reconnaître la position en avant de lui et la route sur sa gauche, passant en avant de Bruville et se dirigeant sur Mars-la-Tour où se trouvera installé le 2ᵉ corps.

« Au maréchal Le Bœuf : marcher derrière le 4ᵉ corps et s'arrêter à hauteur de Verneville et Saint-Marcel.

« Le maréchal Canrobert s'établira en arrière du 4ᵉ corps (en réalité *2ᵉ corps*), se conformant aux dispositions du terrain et aux nécessités d'eau.

« La Garde viendra s'établir à Gravelotte, ayant sa tête de colonne à Rezonville, s'éclairant, si c'est possible, jusqu'à Gorze.

« Le maréchal Le Bœuf fera occuper le bois Doseuillons et s'établira militairement (1) ».

---

(1) Germain Bapst, V, p. 32-33, d'après le carnet de Jarras; Voir aussi Bazaine, *Episodes*, p. 81 et suiv.

L'incohérence que nous avons déjà signalée s'affirme à nouveau. Rien n'est prévu pour la division du Barail. Ce qui est prescrit pour la division Forton est, à proprement parler, incompréhensible. Comment pourra-t-elle se rendre à Tronville, tout en installant son « campement » à hauteur de Vionville, c'est-à-dire derrière le 2⁰ corps (1)?

L'ensemble de ces nouvelles instructions marque l'intention de moins s'avancer dans la direction de Verdun, bien que le grand quartier général reste à Mars-la-Tour, c'est-à-dire en première ligne. On peut d'ailleurs s'étonner, à bon droit, de voir que ni le maréchal, ni Jarras ne songent à formuler par écrit et sous la forme voulue un ordre relatif au mouvement de plus de 150.000 hommes. Il en résulte une incertitude telle que, encore aujourd'hui, en ayant sous les yeux toutes les données du problème, on ne peut préciser l'idée de Bazaine.

L'Empereur ne quittait la villa Hennocque qu'à 9 heures et demie, après avoir reçu le maréchal. Il lui parla vaguement de le devancer à Châlons et confirma l'intention

---

(1) De fait, les instructions dictées par Jarras au capitaine de Salles et figurant sur le carnet de cet officier portent le 6⁰ corps à Rezonville derrière le 2⁰ corps; la division Forton à Tronville, la division du Barail à Jarny (Germain Bapst, V, p. 33).

D'après le général Fay, *Journal d'un officier de l'armée du Rhin*, p. 68, le 3⁰ corps s'arrêterait à hauteur de Verneville, à cheval sur la route, « le long de la ligne Verneville-Saint-Marcel, pour faire face à droite », c'est-à-dire à Metz, ce qui ne s'explique guère. Le rapport du maréchal sur la bataille de Rezonville (*Revue d'Histoire*, III, 1903, p. 647 et suiv.) n'est pas d'accord non plus avec les instructions tirées du carnet de Jarras : « Les points à occuper dans la journée du 15 étaient : Vionville par le 2⁰ corps; Rezonville par le 6⁰ corps; Doncourt-lès-Conflans par le 4⁰ corps; Saint-Marcel et Verneville par le 3⁰; la Garde, en arrière, à Gravelotte; la division de Forton à Tronville, avec ordre d'éclairer la route de Saint-Mihiel; celle du général du Barail à Jarny ». L'ouvrage de Jarras (p. 89-91) est conforme aux extraits que M. Germain Bapst a tirés de son carnet.

de concentrer l'armée avant quatre jours à Verdun. Il télégraphiait même au général Guérin de Waldersbach, qui commandait cette place, de suspendre la destruction des ponts, l'armée devant atteindre incessamment la Meuse. Son intention n'était donc pas douteuse : il entendait ramener nos troupes vers cette rivière, puis sur Châlons. Quant à Bazaine, il semble encore disposé à suivre les intentions de l'Empereur, bien que les conditions dans lesquelles l'armée a débouché de Metz, par sa propre volonté, autorisent déjà des doutes (1).

Le maréchal est resté à Moulins. Vers 11 heures, le commandant Sers vient lui rendre compte de la destruction d'une des arches du pont de Longeville. Sur le point de sortir pour se rendre compte de ce qui se passe, Bazaine invite Sers à le suivre. Ils vont franchir le seuil de la maison Buisson, quand se présente un aide-major, Le Reboullet, remplaçant le médecin en chef de la Garde qu'avait fait appeler le maréchal et qui a été retenu par son service. Bazaine le remercie : il désirerait avoir un certificat d'origine de blessure pour la contusion reçue la veille. Sans mettre pied à terre, Le Reboullet s'approche et passe la main dans la tunique déboutonnée du maréchal. Il constate l'absence de blessure et de lésions et dit : « C'est une contusion simple, sans fractures. » Bazaine n'en demande pas plus et continue avec le commandant Sers (2). Ce trait n'est-il pas typique? L'armée du Rhin est dans la situa-

---

(1) Le 15, au matin, Canrobert, rencontrant le colonel Lewal, lui dit : « Vous voyez combien c'est absurde de faire défiler 150.000 hommes à travers une ville et sur une seule route ! » Lewal répondit : « Peut-être n'est-ce qu'une feinte; peut-être le maréchal n'a-t-il aucune envie sérieuse de quitter Metz ? » (Germain Bapst, V, p. 15).

(2) Germain Bapst, V, p. 74-75, reproduisant le carnet de M. Le Reboullet.

tion la plus délicate, comme tout l'indique, et le maréchal trouve le temps de songer à un mesquin détail personnel, de nature à préoccuper un capitaine en passe d'être proposé pour la croix!

Durant sa promenade, il confiait au commandant Sers « l'embarras que lui causait l'indécision de l'Empereur, les ordres et les contre-ordres qui en étaient la conséquence »; il blâmait vivement la prescription « d'emmener à la suite de l'armée les ponts de bateaux pour passer la Meuse. S'il était libre, il ne passerait pas cette rivière (1) ». Sans doute cette déclaration en contredisait d'autres qu'il faisait presque au même instant, mais on peut croire que, dans les conditions où le maréchal l'émettait, elle était sincère.

Il remarquait sans commentaires que le désordre dépassait tout ce qu'on lui avait rapporté. Aussitôt rentré, il se souvenait que l'Empereur lui avait signalé, la veille au soir, la lourdeur de nos bagages, en lui conseillant de les réduire. Il faisait venir Jarras et lui prescrivait de donner l'ordre de renvoyer « à Metz toutes les voitures de réquisition et d'entreprise après leur déchargement ». Bien que cette disposition fût très dangereuse, car elle équivalait à rendre impossible le ravitaillement de l'armée, le chef d'état-major général ne fit aucune objection. Il griffonnait ces instructions sur son carnet, quand le capitaine de La Tour du Pin, aide de camp de Ladmirault, apporta le rapport sur la bataille du 14, signala l'encombrement des routes et demanda que le 4ᵉ corps reprît sa marche le 16 seulement, en faisant usage de la route de Briey.

---

(1) Rapport Rivières, *Procès Bazaine*, p. 184, Déposition Sers à l'instruction; *Ibid.*, p. 148, Déposition du même au procès.

Le maréchal opposait à ces demandes un refus formel, sans en indiquer les motifs (1).

Certes, il a toute raison de hâter la retraite du 4ᵉ corps. Les circonstances l'exigent impérieusement. D'ailleurs, si le 3ᵉ corps peut se mettre en marche le 15, pourquoi le 4ᵉ ne le pourrait-il pas? Mais l'entêtement du maréchal à ne pas vouloir suivre la route de Briey est difficile à comprendre. Il attache une importance disproportionnée au renseignement que l'Empereur lui a communiqué le soir du 13 août : « Ne savez-vous rien d'un mouvement au nord de Thionville, sur le chemin de fer de Sierck, sur la frontière du Luxembourg? On dit que le prince Frédéric-Charles pourrait bien se diriger sur Verdun, et il peut se faire qu'il ait opéré sa jonction avec le général Steinmetz et qu'alors il marche sur Verdun pour y rejoindre le prince royal et passer l'un par le Nord, l'autre par le Sud. La personne qui donne ce renseignement croit que le mouvement sur Nancy et le bruit qu'on en fait pourraient n'avoir pour but que d'attirer notre attention au Sud, pour faciliter la marche que le prince Frédéric-Charles fera dans le Nord... » (2).

A l'en croire, Bazaine était vivement ému de cette communication, bien qu'elle tînt beaucoup plus du roman que

---

(1) Général Jarras, p. 94; *Revue d'Histoire*, III, 1903, p. 146; lieutenant-colonel Rousset, *Le 4ᵉ corps de l'armée du Rhin*, p. 93 et suiv., d'après les *Souvenirs* inédits du capitaine de La Tour du Pin; Germain Bapst, V, p. 76.

Dans la réalité, le 4ᵉ corps, moins sa division de tête (Lorencez) engagée sur la route de Lessy, suivit celle de Briey et put, grâce à cette circonstance, arriver en temps voulu le 16 août. La division Lorencez ne prit aucune part à la bataille.

(2) L'Impératrice à l'Empereur, 13 août, 7 h. 45 du soir, télégramme joint à la lettre de l'Empereur à Bazaine, 13 août, 11 heures du soir (*L'Armée du Rhin*, p. 52 et 53). Voir *supra*, p. 236, 242, 246, 255.

de la réalité. Aucun fait ne la confirmait; nulle part on ne signalait la présence de l'ennemi en forces au nord de Thionville. Il eût été facile de contrôler les renseignements reçus à cet égard, soit en interrogeant le commandant de place, soit en détachant dans cette direction une petite fraction des six divisions de cavalerie inutilement présentes sous Metz. Il n'en fut rien.

On a dit que le seul motif de l'obstination du maréchal est le désir de ralentir la retraite. Il voudrait ne pas s'éloigner de Metz, en attendant les événements qu'il pressent (1). Pour l'instant du moins, c'est une hypothèse purement gratuite. Si Bazaine voulait, de parti pris, s'attarder sur là Moselle, rien de plus aisé que d'autoriser le 4ᵉ corps à reprendre sa marche le 16 seulement. Les raisons ne manqueraient pas, et cependant il s'y refuse avec énergie. C'est après le départ de l'Empereur, quand le maréchal aura sa pleine liberté d'action, qu'il paraîtra disposé à ne pas quitter Metz.

Nous avons laissé Bazaine en compagnie de Jarras et de La Tour du Pin. Il était assis devant une carte au 1/80.000ᵉ étalée sur une table, les deux officiers se penchant pour suivre ses indications. Un moment, Jarras, se redressant, interrogea le capitaine sur les chemins qu'il venait de suivre. Il en résulta une discussion assez vive. Le maréchal l'arrêta immédiatement, « avec une grande bonté ». Puis, reprenant la question pendante, il recommanda au 4ᵉ corps, « avant tout », de n'atteindre Gravelotte qu'au point où débouchait la route de Doncourt, c'est-à-dire de ne pas se jeter dans l'immense cohue qui cheminait sur la route de Metz à Gravelotte. « Je me permis, écrit le capitaine de La Tour du Pin, de

---

(1) Lieutenant-colonel Rousset, p. 97.

dire que je ne voyais pas de chemins dans cette direction. Alors M. le maréchal m'en traça un sur la carte. Je n'étais pas plus avancé, mais je ne répliquai rien. Le maréchal ajouta : « Vous rencontrerez le maréchal Le Bœuf et vous lui direz qu'en raison des fatigues des troupes du général de Ladmirault, je modifie mon ordre et qu'au lieu de partir après le 4ᵉ, il partira avant lui; les dispositions et les routes qui lui ont été précédemment tracées restent les mêmes » (1).

On saisit sur le vif la singulière façon dont Bazaine donne ses ordres. Une disposition de l'importance de celle qui touchait les 3ᵉ et 4ᵉ corps valait d'être rédigée par écrit. De même pour l'interdiction de suivre la route de Metz à Gravelotte. Elle aurait dû être complétée par l'indication précise des itinéraires affectés aux deux corps d'armée.

Après le départ de La Tour du Pin, Jarras jugea nécessaire de mettre un peu plus de clarté dans les prescriptions du maréchal. Il envoya au 4ᵉ corps le commandant Vanson, avec ordre de montrer sur la carte à Ladmirault deux chemins allant du Sansonnet à Doncourt, l'un passant par Plappeville et Lessy, l'autre, meilleur, par Lorry et Amanvillers. Le 4ᵉ corps prendrait le second, presserait sa marche et se garderait sur sa droite, c'est-à-dire vers Thionville (2).

Sur les entrefaites, Jarras avait remis au colonel Du-

---

(1) Germain Bapst, V, p. 77. L'impression de La Tour du Pin fut que le maréchal ne voulait pas sérieusement quitter Metz. En rentrant, il dit à Ladmirault : « Emmenez-nous pour votre compte, ou bien nous ne sortirons pas d'ici » (Lieutenant-colonel de La Tour du Pin, *Le général de Ladmirault à Rezonville*, Revue Hebdomadaire du 5 août 1911, p. 19).

(2) Germain Bapst, V, p. 78.

crot l'ordre de licenciement des convois avec invitation de le faire exécuter. Ducrot, jugeant cette disposition « de nature à compromettre la marche sur Verdun », alla trouver le maréchal et lui fit observer qu'il pouvait utiliser « la route de Briey pour le passage des convois en les couvrant d'une escorte suffisante de cavalerie ». De nouveau, Bazaine ne voulut rien entendre et maintint l'ordre.

L'intendant de Préval (1), averti, essaya, lui aussi, de faire valoir des objections. Malgré tout, le maréchal persista dans sa décision. Il consentit simplement à ce que l'intendance emmenât cent mille rations de biscuit par le chemin de Lessy. Sur les instances de Préval, qui jugeait sa responsabilité engagée, il lui faisait remettre un ordre écrit (2).

Cette mesure si peu goûtée était inexécutable. On ne pouvait songer à ramener en arrière les voitures déjà engagées sur la route de Gravelotte, tant l'encombrement y était extrême. Il fallut se borner à parquer au Ban-Saint-Martin toutes celles arrivant à cette hauteur. Le convoi du 2ᵉ corps, une partie de celui du 4ᵉ, ceux du grand quartier général et de la division Forton atteignirent seuls Gravelotte.

Les détails qui précèdent sont de nature à faire douter des intentions du maréchal. Veut-il réellement gagner Verdun, bien qu'il se prive des moyens de ravitailler l'armée? On ne peut avoir aucune certitude à cet égard. Il semble pourtant, d'après la suite des événements, que Bazaine n'ait pas encore arrêté la pensée de rester sous Metz. Mais son inexpérience au mouvement des masses

---

(1) Remplaçant provisoirement Wolf.
(2) Germain Bapst, V, p. 80. Voir le texte *Revue d'Histoire*, III, 1903, p. 163.

fait qu'il ne se rend pas compte de la portée de cette décision. Il a vu la difficulté de notre marche. Il y remédie par un moyen simple, à portée de sa compréhension. Il n'en cherche pas plus. L'avis de l'Empereur couvrira sa responsabilité; du moins il le croit (1).

Jusqu'alors il n'avait rien changé à ses instructions pour le grand quartier général, qui devait être à Mars-la-Tour. Jarras prit sur lui de l'envoyer à Vionville, avec ordre de se tenir prêt à pousser jusqu'à Mars-la-Tour. Finalement, il devait s'arrêter à Gravelotte (2).

Pendant son séjour à Moulins, le maréchal voyait défiler des grenadiers de la Garde, qui marchaient sans garder leurs distances. Il se plaignait vivement de l'inexécution de ses ordres, mais n'avait garde d'en dire un mot à Bourbaki. C'était chez lui une habitude d'exprimer volontiers son mécontentement devant son entourage, sans jamais faire d'observations à ses lieutenants. Le contraire eût été plus justifié.

Il recevait plusieurs télégrammes. Le premier, de 8 h. 5 du matin, portait: « L'ennemi est en vue de Thionville. Une brigade prussienne cherche à traverser la Moselle. Nous lui tirons des coups de canon. Les eaux de la

---

(1) M. Germain Bapst cite à ce propos (V, p. 82-83) sa réponse au maréchal Baraguey d'Hilliers au Conseil d'enquête de 1872 : « Je ne me rappelle pas avoir donné l'ordre de licencier le convoi ». Baraguey d'Hilliers insistant : « Cela se peut, répondait-il, je l'ai fait, je m'en souviens maintenant; c'était sur le conseil de l'intendant ». Détail absolument faux, comme nous l'avons vu.

Au procès, il donna une autre explication : « J'ai agi à la suite de l'ordre que j'ai reçu de l'Empereur ». Or ce dernier ne commandait plus, n'avait plus d'ordres à lui donner. Mais il était mort en octobre 1873 et Bazaine pouvait charger sa mémoire de cette responsabilité.

(2) Germain Bapst, V, p. 84, d'après les notes du général Letellier-Blanchard, commandant du grand quartier général.

Moselle sont très élevées. Passage difficile. Cette brigade vient du côté de Bouzonville (1). »

Bien que ce renseignement fût de nature à confirmer les craintes du maréchal au sujet de la route de Briey, il ne parut pas s'en inquiéter. Il semble même qu'il n'ait rien dit à Jarras de cette tentative, qui n'eut d'ailleurs aucun succès.

Puis survenait un autre télégramme, celui-ci du ministre de la guerre : « Aujourd'hui, à 3 heures, le maire de Vigneulles fait connaître que les Prussiens viennent d'arriver dans la commune en petit nombre, mais annonçant pour aujourd'hui l'arrivée de 20.000 hommes » (2). Si ce fait était exact, Bazaine pouvait craindre d'être coupé de la Meuse. Pourtant il ne semblait pas y attacher d'importance et ne communiquait à personne ce renseignement d'importance capitale.

Vers midi, il reçoit un nouveau télégramme du ministre, et celui-là le préoccupe :

« Quels sont vos derniers ordres pour Douay, qui est toujours à Belfort, et pour de Failly, qui arrive demain à Chaumont? (3) » Rien ne peut lui être plus désagréable qu'une demande de ce genre. Depuis le 12 août, il a Douay et de Failly sous ses ordres, ainsi que Mac-Mahon. Depuis lors, tous trois lui ont télégraphié chaque jour, et même deux fois par jour, pour demander ses instructions. Il n'a pas répondu un mot. Pourra-t-il prolonger ce silence devant la question du ministre? Dans le doute, il s'abstient encore.

Un dernier télégramme, celui-ci du général de Failly,

---

(1) Du sous-préfet de Thionville, *Revue d'Histoire*, III, 1903, p. 472.
(2) 9 h. 15 matin, *Revue d'Histoire*, III, 1903, p. 470.
(3) 10 h. 21 du matin, Germain Bapst, V, p. 86.

arrivé vers 2 heures, sollicite indirectement des ordres (1); il le laisse aussi sans réponse. L'Empereur après avoir reçu son courrier, lui envoie un billet de la ferme Saint-Hubert. Il n'y répond pas davantage. Vers 3 heures, enfin, il adresse à la maréchale cette lettre, d'où ses idées et ses intentions ne ressortent nullement :

« Nous avons eu hier un sérieux engagement pendant que l'armée effectuait son passage de la Moselle. L'ennemi n'avait pas d'autre but que de nous retarder et je crains bien qu'il ne l'ait atteint, parce que des corps qui étaient sur la rive gauche ont cru bien faire en repassant sur la rive droite pour prendre part à l'action.

« J'ai été fortement contusionné à l'épaule gauche par un éclat d'obus qui a brisé mon épaulette et la douleur est assez vive, mais j'espère que ce ne sera rien.

« L'Empereur aurait l'intention de quitter l'armée. Je le regretterais parce que la responsabilité deviendrait trop lourde, d'autant plus que tout ce qui a été fait jusqu'ici a eu lieu en dehors de moi, qui n'ai été consulté que pour la forme.

« Nous nous portons ce matin sur le plateau de Gravelotte où doit s'établir le quartier impérial.

« Je n'ai que le temps de te répéter, etc. (2). »

Dans cette lettre, le maréchal est-il d'une absolue sincérité? On peut en douter, car nous le verrons, lors du départ de l'Empereur, manifester une satisfaction qui n'aura rien d'équivoque.

---

(1) 1 heure du soir : « Demain, 16 août, j'aurai la division Lespart à Nogent-le-Roi, la division Goze et la brigade l'Abadie à Chaumont: quartier général, Chaumont. Troupes en marches forcées depuis le 5 sans arrêt; soldats très fatigués. Urgence d'un séjour à Chaumont... » (Germain Bapst, V, p. 87). Ces deux télégrammes ne sont pas reproduits par la *Revue d'Histoire*, II, 1905, Journée du 15 août.

(2) Germain Bapst, V, p. 87-88.

Au courant de l'après-midi, le capitaine du génie Boyenval lui demandait s'il y avait lieu de compléter la destruction du pont de Longeville. Il prescrivait de faire sauter une deuxième arche, ordre qui était exécuté à 5 heures (1). Il quittait Moulins vers 3 heures et demie pour s'engager à son tour sur la route de Gravelotte. L'encombrement y était encore extrême.

Afin de se porter le 15 août entre Meuse et Moselle, l'armée fait usage de quatre itinéraires différents. Mais plusieurs ayant des tronçons communs, ils se réduisent en dernière analyse à deux : la route impériale de Metz à Verdun par Gravelotte, et le chemin de Metz à Vernéville, par Plappeville et Lessy. Outre que ce dernier, étroit et de profil accidenté, se prête mal au mouvement d'une grosse colonne, la répartition des itinéraires a été si mal réglée que divisions, brigades, régiments et convois cheminent pêle-mêle. Le parcours entre Plappeville et Lessy est suivi simultanément par des fractions des 3ᵉ, 4ᵉ et 6ᵉ corps, sans parler des convois. Cette voie finit par être obstruée à tel point que la grande masse de l'armée se voit réduite à la route impériale, suivant l'idée première de Bazaine. Nous avons dit quelles illusions il nourrissait le matin du 14 sur la rapidité de notre mouvement. Le moindre calcul lui eût démontré l'inanité de cet espoir.

Le 14 août, l'armée du Rhin présentait un effectif de 176.195 hommes. Les pertes de ce jour, la division La-

---

(1) D'après M. Germain Bapst (V, p. 88), « vers 3 heures et demie », on aurait remis à Bazaine une dépêche du ministre de la Guerre et une du préfet de la Meuse annonçant l'arrivée des Prussiens à Commercy. La *Revue d'Histoire*, III, 1903, p. 470, reproduit ces deux dépêches, mais elles sont datées de 3 h. 50 et de 6 h. 5 du soir, cette dernière communiquée par le général commandant à Verdun.

veaucoupet et les autres fractions laissées à Metz, enfin les malades et éclopés qui s'y arrêtent atteignent un total de 20.000 hommes environ. Il reste à mettre en marche 152.587 hommes (1). D'un calcul minutieux, établi sans aucune exagération d'allongement, il résulte que cette masse occuperait sur la route une longueur comprise entre 226.450 et 152.336 mètres (2). Cette dernière est encore triple de la distance de Metz à Verdun. La queue de notre énorme colonne serait à Metz que la tête aurait déjà dépassé Reims. Pour la rassembler autour de Gravelotte en faisant uniquement usage de la route impériale, il faudrait un minimum de quarante-huit heures. Dans les conditions admises par le maréchal le 13 août, l'armée, se mettant en marche le 14 à midi, ne pourrait donc être établie autour de Gravelotte avant le 16 à la même heure.

Mais rien n'oblige Bazaine à suivre un seul itinéraire de Metz à Gravelotte. Il en a quatre au moins à sa disposition pour atteindre le plateau (3). Le front de l'armée, entre Sainte-Marie-aux-Chênes et Gravelotte, ne dépasse-

---

(1) Général Lewal, *Tactique de marche*, extrait reproduit par le général Pierron, *Méthodes de guerre*, II, I, p. 529. Il y a des réserves à faire sur ces chiffres, quoique Lewal fût bien placé pour les connaître. Mais la plupart de nos situations d'effectifs étaient l'inexactitude même.

(2) 226.450 mètres en formation simple, l'infanterie par le flanc, la cavalerie par deux, les voitures par une; 152.336 mètres en formation doublée, l'infanterie par section, la cavalerie par quatre et les voitures doublées (Général Lewal).

(3) De Metz à Sainte-Marie-aux-Chênes par la route de Briey; de Metz à Habonville par Lorry et Amanvillers; de Metz à Vernéville par Plappeville, Lessy, Châtel-Saint-Germain et Montigny-la-Grange; de Metz à Gravelotte par la route impériale (Général Lewal). On pourrait y ajouter le chemin de fer en construction de Metz à Verdun, utilisable pour l'infanterie seulement.

rait pas dix kilomètres, chiffre très modéré pour 150.000 hommes.

En réalité, et bien que nous fassions usage d'itinéraires autres que celui d'abord prescrit, notre mouvement, commencé le 14 vers 11 h. 30 du matin, s'achève à peine le 16 vers minuit, après soixante heures. Le maréchal a évalué sa durée au sixième de ce qu'elle sera réellement. Qui peut mesurer les conséquences de cette grossière erreur? Entamé le 14 sur quatre routes distinctes, le mouvement aurait certainement été terminé le 15 et la bataille de Rezonville eût été livrée dans des conditions tout autres.

Le maréchal arrivait à Gravelotte vers 5 heures. Pendant qu'il s'efforçait de percer la cohue pour atteindre l'auberge Plaisant où s'abritait l'Empereur, il était accosté par le capitaine Arnous-Rivière, aide de camp du général Letellier-Blanchard, qui le mettait au courant de la situation : au lieu d'aller jusqu'à Mars-la-Tour, le 2ᵉ corps s'est arrêté à Rezonville (1). Les Prussiens se montrent en force, 30.000 hommes a dit le chef d'état-major de Frossard à Letellier-Blanchard. Il est impossible d'établir le grand quartier général à Mars-la-Tour ou même à Vionville. Le général a fait le logement à Rezonville, mais Bazaine décide qu'il passera la nuit à Gravelotte.

A ce moment le bataillon des chasseurs de la Garde entrait dans le village. Le maréchal, allant au commandant, lui montrait un chemin descendant au nord vers le ravin de la Mance et lui prescrivait d'en surveiller les pentes avec trois compagnies. Une batterie qui suivait les

---

(1) D'après M. Germain Bapst, V, p. 66, Frossard a affirmé avoir reçu un deuxième ordre modifiant celui transmis vers 9 heures et demie du matin par le capitaine de Salles. Le général Jarras a « jusqu'à un certain point confirmé cette assertion », mais il n'y a aucune preuve à l'appui.

chasseurs serait placée de manière à battre le débouché des bois du côté d'Ars (1).

Puis Bazaine revenait à l'auberge Plaisant. A ce moment l'Empereur faisait quelques pas avec son fils devant l'humble maison. Le maréchal mettait pied à terre et lui présentait un petit bouquet cueilli à l'intention de sa fête, trait de courtisanerie qui contribue à le faire connaître, tant il paraît singulier en un pareil moment : « Faut-il partir ? » demandait Napoléon III après un mot de remerciement. Affectant la surprise, Bazaine répondait qu'il ne savait rien de ce qui se passait devant nous et concluait que, dans le doute, il y avait lieu d'attendre (2). La réponse paraissait plaire à Napoléon III. Se tournant vers ses officiers, il leur disait de manière à être entendu de tous : « Messieurs, nous restons, mais que les bagages demeurent chargés. »

Puis l'Empereur faisait entrer le maréchal dans sa chambre et lui demandait quelle route il aurait à prendre en cas de départ. Bazaine indiquait celle d'Etain, ajoutant que la Garde suivrait Napoléon III pour le protéger. L'Empereur estimait qu'une brigade de cavalerie et le bataillon de service suffiraient (3). Enfin, le maréchal lui

---

(1) Germain Bapst, V, p. 92. On peut rattacher à ce fait un détail que donne le même auteur (p. 52). Bazaine venait d'arriver à Gravelotte, quand le maréchal Canrobert se présenta et, devant Jarras, fit remarquer « la route d'Ars-sur-Moselle où il venait d'envoyer un bataillon, en signalant son importance et la nécessité de la surveiller d'une façon toute particulière ».

(2) Bazaine, *Episodes*, p. 71-73. M. Germain Bapst ne croit pas à l'exactitude de ce détail, mais les raisons qu'il en donne ne paraissent pas convaincantes.

(3) Bazaine, *Episodes*, p. 73. Ce détail est confirmé par le fait qu'en sortant, Bazaine se rendit auprès du général Desvaux, auquel il demanda pour l'Empereur une brigade de cavalerie de la Garde (Germain Bapst, *op. cit.*).

disait que son plus vif désir était de le voir rester à l'armée, mais le souverain, ajoutait-il, savait, mieux que personne, où sa présence serait le plus utile. A travers ces protestations hypocrites, il n'est pas difficile de lire l'idée vraie de Bazaine. « Son plus vif désir » est que l'Empereur le délivre au plus tôt d'une présence dès longtemps importune. Sans aucune utilité pour l'armée, Napoléon III est une gêne pour Bazaine par l'influence plus ou moins dissimulée qu'il prétend encore garder sur les opérations, par les entraves que lui et son entourage y apportent sans toujours s'en rendre compte. Si l'on pèse en outre la présence du général Castelnau dans la suite de l'Empereur et les autres motifs de mécontentement que le maréchal a vis-à-vis de ce souverain, on comprend aisément que son voisinage lui inspire de tout autres sentiments qu'un respect sympathique.

Il allait quitter Napoléon III, quand Le Bœuf survenait et lui remettait une sorte de mémoire, écrit, sinon par l'Empereur, du moins sous son inspiration. On y prétendait analyser les causes de nos échecs et les moyens d'y remédier. Ce naïf factum signalait, parmi les raisons de notre infériorité, la surprise, la dissémination et la faiblesse numérique. Pour remédier à cette dernière, il fallait recourir à la *stratégie*, c'est-à-dire nous concentrer, user l'adversaire avec une fraction de nos forces et l'achever avec le reste. Par manière de conclusion, l'auteur exposait les réformes à opérer dans l'armée, notamment le retour au service de sept ans (1) !

En arrivant à Gravelotte, le général Jarras apprenait que la maison faisant face à celle de l'Empereur venait d'être choisie pour le maréchal. Il installait donc l'état-

---

(1) Bazaine, *Episodes*, p. 73 et suiv.

major général dans leur voisinage. Quelques instants après, on l'informait, à sa grande surprise, que Bazaine s'était transporté à l'ancienne Maison de poste, tout à fait en dehors de Gravelotte, vers Rezonville. Il s'y rendait aussitôt et annonçait l'intention de se rapprocher du commandant en chef. Mais ce dernier répondait, comme le 13 août : « L'état-major général est bien où il est; qu'il y reste! » Le maréchal entendait-il par là qu'il n'avait nul besoin des services de Jarras et de ses officiers? Le chef d'état-major général ne crut pas devoir s'arrêter à « cette interprétation, peut-être erronée (1) », si vraisemblable qu'elle fût.

Il paraît évident que, si Bazaine cherche ainsi à s'isoler de l'Empereur et de l'ancien état-major du souverain, c'est pour éviter des allées et venues continuelles qui pourraient troubler sa quiétude. C'est aussi pour empêcher toute sorte d'intrusion dans son commandement. Quant au bien du service, aux intérêts de l'armée, il n'en a cure. On a écrit récemment à ce sujet (2) : « Depuis que l'Empereur lui a parlé de son projet de devancer l'armée à Châlons, une résolution se fait jour dans son esprit. Il veut mettre entre lui et le reste du pays une barrière et un voile qui l'isolent complètement. Toute communication cessant, il ne recevra plus ces demandes perpétuelles d'ordres auxquelles il est décidé à ne pas répondre et il n'aura plus à faire connaître à l'Empereur et au gouvernement ses projets ou ses actes.

« Il est général en chef depuis quatre jours; il n'a eu encore aucun but stratégique, aucune idée sur la défense du territoire qui lui est confiée; toutes ses facultés n'ont

---

(1) Général Jarras, p. 98.
(2) Germain Bapst, V, p. 96.

été mises en œuvre que pour chercher le moyen de rejeter sur l'Empereur la responsabilité de ce qui se fait. Si l'Empereur s'en va, cette responsabilité, qui l'effraie tant, retombera sur lui seul. Alors, dans son esprit obtus et dénué de sens moral, il prend le parti de ne rien faire; subir immobile les événements, ce sera le meilleur moyen d'éviter les responsabilités. »

Ces conclusions paraissent exagérées. Bazaine n'est pas aussi obtus que l'admet l'auteur. Du moins, quantité de témoignages tendent à le montrer. S'il redoutait tant la responsabilité qui va lui incomber, il retiendrait l'Empereur, au lieu de voir avec satisfaction son départ. Enfin rien ne prouve à cette date du 15 août qu'il ait l'intention arrêtée de rester sous Metz. Il marche sans conviction sur la Meuse, cela paraît certain. Il prévoit les difficultés dont il devra triompher, d'après celles qu'il a eues à passer la Moselle et à gagner Gravelotte. Mais il croit sa responsabilité couverte par l'ordre de l'Empereur. Il s'y conforme avec des arrière-pensées, comme naguère au Mexique. Si l'exécution se révèle impossible, il songera uniquement à sortir de ce mauvais pas sans accroc à sa réputation. Jusque-là, il flotte indécis entre plusieurs solutions : rester sous Metz en prétextant de projets d'offensive très peu définis dans son esprit, ou marcher comme il pourra sur Verdun. Les événements fixeront son choix.

Vers 6 heures, le maréchal revenait voir Napoléon III. En le quittant, il disait à l'écuyer de service, M. Raimbeaux : « L'Empereur partira demain dès l'aube; c'est entendu : préparez tout pour éviter un retard. » Peu après le général Desvaux se présentait à Napoléon III. Il avait « fait l'impossible pour extraire de ce torrent humain qui roulait sur la grande route les lanciers et les dragons » de la Garde : ils étaient à la disposition du souverain. Celui-ci le prévenait que tout était changé; le départ aurait lieu le lendemain (1). Ainsi la première idée de Napoléon III avait été de partir le soir même, quoique la situation fût loin d'être éclaircie sur le front de l'armée.

A en croire le maréchal (2), en apprenant la décision de l'Empereur, il lui aurait déclaré que, si l'armée ne pouvait continuer dans la même direction, elle se retirerait sous Metz, « pour laisser passer l'orage ». Il est très douteux que cette intention ait été marquée à Napoléon III. Du moins sa correspondance ultérieure avec Bazaine indique le contraire.

Quoi qu'il en soit, en quittant l'Empereur, le maréchal entrait dans la salle d'auberge où travaillait l'état-major général. Il s'asseyait lourdement devant une table, « appuyant devant lui ses deux bras à demi-croisés, comme un homme à qui on vient de retirer un poids : « L'Empereur part demain matin! » — Une voix de basse rompait aussitôt le silence respectueux qui avait accueilli le maréchal : « C'est pas malheureux! » Le commandant de l'Espée exprimait tout haut la satisfaction que chacun ressentait à part lui. « Le maréchal, qui avait parfaitement entendu, ne souffla mot (3) », semblant approuver ainsi cet acte d'indiscipline.

On venait de lui remettre une lettre de Ladmirault, écrite du Sansonnet à 4 heures de l'après-midi: le 4ᵉ corps n'était pas encore en marche, mais le général espérait le voir « demain dans la matinée », tout entier « réuni à Doncourt ». C'était dire l'inexécution des ordres plusieurs fois donnés par le commandant en chef et retarder, par suite,

---

(1) Germain Bapst, V, p. 99, d'après les notes du général Desvaux.
(2) Interrogatoire du 13 octobre 1873.
(3) Colonel Fix, op. cit., Lecture du 18 mars 1899, p. 252.

l'opération en cours. Bazaine, ne parut pas s'en inquiéter et laissa sans réponse le compte rendu de Ladmirault. Il se bornait à informer Le Bœuf du retard du 4ᵉ corps. Le 3ᵉ enverrait à Doncourt un régiment de dragons pour garder les bagages de Ladmirault.

Lui aussi, le 3ᵉ corps, ne s'était pas conformé à ses instructions. A 6 h. 3o, en recevant son avis, Le Bœuf lui rendait compte qu'il avait seulement à la ferme de Bagneux la division Montaudon et la réserve d'artillerie (1). Il ne crut pas devoir davantage manifester son mécontentement au commandant du 3ᵉ corps.

S'il avait lieu d'être peu satisfait du mouvement de l'armée, les nouvelles recueillies devaient lui inspirer les plus sérieuses préoccupations. L'ennemi était signalé sur son front, sur son flanc gauche. On pouvait même le croire sur notre flanc droit. On confirmait, en effet, les renseignements de la veille concernant un prétendu rassemblement à l'ouest de la Moselle, en aval de Metz. Nous avons vu que Thionville avait été l'objet d'une attaque, d'ailleurs sans résultat. D'où cette conclusion qu'une nouvelle armée allemande opérait dans cette direction, cherchant à nous déborder vers le nord, hypothèse que nous avions admise à plusieurs reprises et qui déjà nous avait écartés de la route de Briey.

Bazaine admettait, dans la soirée du 15, que les 3ᵉ et 4ᵉ corps mettraient la nuit à profit pour achever leur mouvement (2). Il était ainsi conduit aux prescriptions suivantes, qu'il élaborait avec son entourage, sans intervention de l'état-major général : « Je vous prie de don-

---

(1) Lettre à Le Bœuf et réponse de ce dernier, Germain Bapst, V, p. 100-101.

(2) Général Jarras, p. 100. Cette hypothèse était pourtant contredite par la lettre de Ladmirault datée de 4 heures du soir.

ner des ordres pour que nos troupes aient mangé la soupe demain à 4 heures et qu'elles se tiennent prêtes à se mettre en mouvement à 4 h. 30; les tentes seront abattues, les chevaux seront sellés et on ne les bridera qu'au moment de quitter le bivouac.

« *Le général Frossard et le maréchal Canrobert m'informent que, d'après les renseignements qu'ils ont recueillis, ils ont devant eux une force ennemie qu'ils évaluent à 30.000 hommes et qu'ils s'attendent à être attaqués demain.*

« Je vous prie de vouloir bien me faire connaître d'une manière précise où est votre quartier général, afin que mes ordres, si j'en ai à vous donner, puissent vous parvenir d'une manière certaine et le plus promptement possible (1). »

Cet ordre vaut d'être étudié, car il jette un certain jour sur la mentalité et les intentions du maréchal. On remarquera en premier lieu l'importance attribuée aux renseignements qu'auraient donnés Frossard et Canrobert sur l'ennemi. Or il s'agissait uniquement de bruits recueillis par ces deux commandants de corps d'armée et qu'ils avaient communiqués verbalement comme tels (2). Bazaine les reproduisait, en les accentuant beaucoup, mais seulement dans les instructions destinées aux éléments autres que les 2ᵉ et 6ᵉ corps. N'était-ce pas parce que ces

---

(1) Le texte complet de cet ordre, y compris la partie en italique, fut adressé au 3ᵉ corps et à la Garde. Le même texte, moins cette partie, fut adressé aux 2ᵉ et 6ᵉ corps. Les lettres aux généraux du Barail et de Forton, conformes aux précédentes quant au fond, présentent une forme un peu différente (*Revue d'Histoire*, III, 1903, p. 183, 199, 419, 432, 436, 447).

(2) La *Revue d'Histoire*, III, 1903, ne contient aucun document permettant d'admettre que ces renseignements aient été donnés par écrit.

derniers auraient pu constater que le maréchal en exagérait la portée?

Il avait entre les mains des renseignements beaucoup plus sérieux, notamment ceux que nous avons mentionnés (1), et le bulletin du service des renseignements : « A Rezonville on signale le passage des Prussiens à Ars-sur-Moselle et leur concentration par le défilé de Gorze; mais à Gorze même ils n'ont encore que peu de monde (2). » Pourquoi ne résumait-il pas l'ensemble de ces données, comme c'était son devoir?

En outre, les instructions du maréchal n'indiquent pas le but de l'opération, la composition des colonnes, les mesures indispensables pour garder nos flancs. Ce n'est pas un ordre préliminaire : les mots « si j'en ai à vous donner » de la dernière phrase indiquent assez le contraire (3). Ils semblent montrer que la mise en marche de l'armée s'effectuerait sur une simple indication de Bazaine, comme un bataillon s'ébranle au coup de sifflet de son chef.

On ne peut admettre que le maréchal juge de pareilles dispositions suffisantes. S'il s'en tient là, c'est que ses intentions ne sont rien moins qu'arrêtées au sujet de la retraite. Il entend simplement persuader à l'Empereur que l'armée va le suivre et se réserve de rester sous Metz, si les circonstances paraissent justifier cette décision. S'il prévoit des ordres « à donner », ce n'est pas en vue de la continuation du mouvement.

---

(1) *Supra*, p. 255.
(2) Germain Bapst, V, p. 102.
(3) Il est intéressant de noter que ce fait n'échappe pas à Frossard. A minuit, en accusant réception au maréchal, il lui écrit : « ...Je prie V. E. de vouloir bien me faire connaître en temps opportun la direction et l'ordre dans lesquels il conviendrait de mettre en mouvement les troupes du 2ᵉ corps... » (*Revue d'Histoire*, III, 1903, p. 184).

Dans la soirée, il recevait de nouveaux renseignements. Le général commandant à Verdun l'informait de l'arrivée de l'ennemi à Commercy et demandait ses ordres pour la destruction des ponts et des tunnels. On confirmait la présence de masses ennemies vers Vigneulles (1). A 11 h. 5 du soir, en lui accusant réception de l'ordre pour le 16, Le Bœuf lui rendait compte de la lenteur du mouvement du 3ᵉ corps. Il n'y avait autour de la ferme de Bagneux que les divisions Montaudon et Nayral (2), sa réserve d'artillerie et son parc. Il ajoutait :

« Je donne des ordres pour que l'on se conforme, autant que possible, aux ordres de V. E.... Mais, si l'on doit combattre, il serait vivement à désirer que mon corps d'armée fût réuni avant de s'ébranler.

« V. E. n'ignore pas que le 4ᵉ corps tout entier, qui devait me précéder..., est encore... sous ou même dans Metz... (3). V. E. appréciera s'il ne serait pas plus utile d'attendre l'ennemi plutôt que d'aller à lui, jusqu'au moment où tout le 3ᵉ corps sera réuni... (4). »

Bien que Le Bœuf se défende d'avoir ainsi conseillé, sinon demandé, l'arrêt de la retraite, il ne saurait y avoir doute sur ce point. Venant d'un maréchal de France, la veille encore major général, cette lettre ne peut être autrement appréciée. Le commandant en chef ne s'y trompe pas, comme nous le verrons bientôt. Dans les dispositions que trahissent son ordre précédent, il est heureux de saisir un prétexte de stationner à Gravelotte.

Rien n'empêcherait de faire filer sur Verdun, par les

---

(1) Télégrammes de 5 h. 8 et 6 h. 5 du soir, *Revue d'Histoire*, III, 1903, p. 470-471.
(2) Ancienne division Castagny.
(3) Détail inexact.
(4) *Revue d'Histoire*, III, 1903, p. 200.

routes d'Etain et de Briey, les impedimenta qui nous alourdissent. Nos mouvements ultérieurs en seraient grandement facilités. Le maréchal ne paraît pas y songer, soit que cette idée si naturelle lui reste étrangère, soit que sa véritable pensée commence à se préciser, celle de rester sous Metz.

Il remettait à plus tard le soin de répondre à l'importante communication de Le Bœuf. A Frossard, qui demandait un ordre précis, il envoyait la lettre suivante : « Je reçois votre lettre à l'instant. Il n'y a rien à modifier dans les ordres que vous avez reçus pour vous tenir prêt à faire mouvement à 4 heures et demie du matin, après avoir mangé la soupe à 4 heures pour être prêt à toutes les éventualités. Quant à la direction que vous devrez suivre, je vous la ferai connaître en temps opportun. Les 3ᵉ et 4ᵉ corps sont en retard pour arriver à notre hauteur, et nous serons obligés probablement de les attendre avant de commencer notre marche. Il est bien entendu que les reconnaissances doivent se faire comme d'habitude » [2 heures du matin] (1).

Cette fois, l'idée de Bazaine se dévoile. L'arrêt du mouvement est à peu près certain. A-t-il été provoqué par la lettre de Le Bœuf ou celle-ci a-t-elle fourni simplement au maréchal un prétexte qu'il attendait? L'ensemble des circonstances fait que nous penchons pour la dernière de ces hypothèses.

Entre 1 heure et 2 heures du matin, l'intendant en chef de l'armée, Wolf, arrivait à Gravelotte. Il était parti quatre jours auparavant, par ordre de l'Empereur, pour assurer le ravitaillement. Après avoir vainement tenté de voir le souverain, il se rendait à la Maison de poste où

---

(1) Germain Bapst, V, p. 106.

il parvenait à être reçu par Bazaine. Celui-ci était couché (1).

Après avoir affirmé au maréchal l'absence de l'ennemi du côté de Briey et de Thionville d'où il arrivait, l'intendant demandait ses ordres. Sans autrement insister sur les renseignements que pouvait donner Wolf, le maréchal lui disait : « Retournez à Verdun, nous n'avons pas besoin de vous ici. Réunissez le plus de vivres que vous pourrez et ne venez pas au-devant de moi. Dans peu de jours je serai vers vous. »

L'intendant lui proposait alors de réunir des vivres à Longuyon et à Montmédy. Il répondit : « C'est une très bonne idée, je l'approuve », bien qu'elle ne se conciliât guère avec la marche sur Verdun. Puis, changeant de sujet, il disait: « Si j'avais tout mon monde réuni, je serais disposé à me jeter sur l'ennemi pour le refouler sur Pont-à-Mousson (2) ». Etant donné les circonstances, il y aurait là une heureuse idée, de nature à changer entièrement la situation. Mais il est au moins douteux que Bazaine la caresse vraiment, car, le lendemain, il n'essaiera rien de pareil, bien qu'il ait presque tout son monde dans la main.

---

(1) Il déclara plus tard n'avoir aucun souvenir de cet entretien, tant il était mal réveillé, mais cette affirmation ne cadre pas avec les propos que rapporte Wolf.

(2) « Dans le cas contraire, aurait-il ajouté, nous devons aller sur Verdun, qui deviendra notre nouvelle base d'opérations, restant prêts à donner la main à Metz au besoin ». Cette dernière phrase se comprend mal (*Procès Bazaine*, p. 148, Déposition Wolf; *ibid.*, p. 184. Déposition Wolf à l'instruction; Enquête sur les capitulations, Déposition Wolf, *Revue d'Histoire*, III, 1903, p. 630). D'après Bazaine, il aurait dit à l'intendant qu'il ne serait fixé sur la direction à prendre que le lendemain, quand il connaîtrait les intentions de l'ennemi signalé sur sa gauche. A l'instruction, Wolf déclare que l'idée d'une « démonstration sur Pont-à-Mousson » est arrêtée dans l'esprit de Bazaine.

VII

REZONVILLE

Le 16 août, vers 4 heures, le maréchal se rendait à Gravelotte pour s'assurer du départ de l'Empereur. Ne voyant pas les voitures, il manifestait à M. Raimbeaux son inquiétude et renouvelait sa recommandation d'éviter tout retard. Puis il s'éloignait.

Un quart d'heure après, le landau et les chars à bancs de la Maison impériale venaient se ranger devant l'auberge Plaisant. L'Empereur en sortait presque aussitôt, le regard plus voilé, la démarche plus affaissée encore que de coutume. Les larmes semblaient avoir creusé de profonds sillons sur son visage fatigué. La tristesse était sur tous les visages. On se rendait compte, plus ou moins nettement, que ce départ était une fuite avant le combat. Sans doute, Napoléon III n'avait jamais été pour l'armée qu'un embarras, sinon un danger. Elle ne pouvait que gagner à cette séparation. Mais on était au contact de l'ennemi et le nom de Napoléon obligeait.

L'Empereur était déjà en voiture avec son fils, quand Bazaine arrivait à cheval et se rangeait contre le marchepied. Le souverain lui tendait la main, le priant d'amener l'armée le plus vite possible à Verdun. Un bref adieu, un signe et le cortège s'ébranlait (1), pour suivre la route

---

(1) D'après les *Episodes*, p. 77, l'Empereur aurait dit à Bazaine : « Je me décide à partir pour Verdun et Châlons; mettez-vous en route pour Verdun dès que vous le pourrez. La gendarmerie a quitté Briey par suite de l'arrivée des Prussiens ». Le maréchal connaissant depuis la veille le projet de l'Empereur, celui-ci ne dut pas lui en faire part le matin du 16. Dans son Mémoire justificatif (*Revue d'His-*

d'Etain, la seule qui ne fût pas encore menacée, d'après les renseignements recueillis. La brigade de France servait d'escorte jusqu'à Doncourt, où elle était relevée par la brigade de chasseurs d'Afrique Margueritte, désormais perdue pour l'armée de Metz.

Comment expliquer ce départ de l'Empereur avant qu'aucun ordre soit donné pour la mise en marche? On ne peut guère y trouver qu'un motif : le désir d'éviter un déplacement aussi pénible que celui de la veille. Il s'explique dans une certaine mesure par le déplorable état de santé du souverain. On doit regretter que ce dernier n'ait pas retardé son départ de quelques heures. Peut-être Bazaine n'aurait-il pas pris le soir même la décision de se retirer sous Metz, en renonçant à toute liaison avec l'intérieur du pays.

Le cortège impérial, très long, n'a pas encore disparu de Gravelotte, que Bazaine ne peut s'empêcher d'en exprimer sa satisfaction, « dans les termes les moins équivoques (1) ». Plus encore que cette attitude, ses actes vont montrer à quel point il entend s'isoler de Napoléon III.

Il se rend à la maison où est l'état-major général et là, vers 5 heures du matin, il dicte la réponse à la lettre de Le Bœuf, datée de la veille, à 11 h. 5 du soir :

« D'après les considérations exprimées dans votre lettre de ce matin (2), je suspends jusqu'à cet après-midi la marche de l'armée.... » Puis il recommande de hâter la

---

toire, III, 1903, p. 654), Bazaine se borne à écrire : « L'Empereur laissa comme instruction de hâter la marche sur Verdun, où de grands approvisionnements en vivres avaient été réunis ».

(1) Général d'Andlau, p. 65.

(2) Bazaine donne à croire qu'il a pris connaissance de la lettre de Le Bœuf le matin seulement, ainsi qu'on l'écrit parfois. Mais sa lettre à Frossard, datée de 2 heures du matin, est visiblement la suite des renseignements donnés par Le Bœuf.

marche des divisions en retard. D'après l'intendant Wolf, il n'y a pas d'ennemis à notre droite; il n'y aurait que 200 uhlans sur la route d'Etain. Le danger est du côté de Gorze, vers la gauche des 2ᵉ et 6ᵉ corps. Le Bœuf devra se tenir prêt à venir en deuxième ligne derrière eux. Il observera une règle identique durant la marche ultérieure (1).

Vers la même heure, Bazaine signe des instructions que l'état-major général a rédigées en vue d'un arrêt de courte durée : on fera sans retard des distributions de vivres et

---

(1) Lettre de 5 h. 15 du matin, *Revue d'Histoire*, III, 1903, p. 624. Ce texte diffère sensiblement de celui reproduit, *ibid.*, IV, 1903, p. 671.

A en croire Bazaine, il avait arrêté pour la marche les prescriptions suivantes : « ...Les 2ᵉ et 6ᵉ corps devaient suivre la grand'route de Verdun par Mars-la-Tour; les 3ᵉ et 4ᵉ ...la route passant par Conflans et Etain; enfin la Garde impériale, à l'arrière-garde, devait suivre les troupes de la colonne de gauche.... Le départ devait avoir lieu dans la matinée, afin de donner aux troupes encore en arrière le temps de se rallier » (Mémoire justificatif, *Revue d'Histoire*, III, 1903, p. 454). Cette version est confirmée par les *Episodes*, p. 80. Dès le départ de l'Empereur, le maréchal se serait rendu au quartier de l'état-major général et aurait dicté en présence de Jarras les ordres relatifs à la marche, qui devait commencer après la soupe du matin (?). Il comptait faire exécuter « une marche forcée... afin de gagner la position de Fresnes avant l'ennemi ». C'est à ce moment qu'il aurait reçu la dépêche de Le Bœuf. « Comme l'Empereur avait commandé jusqu'à son départ et que (*sic*) le major général avait quitté ses fonctions depuis peu, j'ai pensé qu'il devait avoir des données plus exactes que les miennes sur les forces de l'ennemi, et que, le conseil qu'il me donnait rentrant dans les instructions précédentes de l'Empereur, il n'y avait pas d'inconvénients à remettre l'heure du départ qui, alors, fut fixé à 1 heure de l'après-midi... ».

Ni l'ouvrage de Jarras (p. 102 et suiv.), ni les documents reproduits par la *Revue d'Histoire*, le maréchal Bazaine, le général Frossard, etc., ne contiennent trace des instructions qui auraient été ainsi données. Il est permis de croire qu'elles sont de pure fantaisie, à moins qu'il n'y ait simplement confusion avec les instructions dont nous allons parler et qui furent réellement données en vue de l'arrêt.

de cartouches, on renverra « en arrière de Gravelotte » les voitures du train auxiliaire. « Dès que les reconnaissances seront rentrées et que tout indiquera que l'ennemi n'est pas en force à proximité, on pourra retendre les tentes... », sauf à ne pas s'éloigner et à laisser les routes libres. C'est préjuger le résultat de reconnaissances qui ne sont pas encore effectuées. Pourtant, les renseignements déjà recueillis montrent assez que l'ennemi est à proximité, en force appréciable. Enfin Bazaine ajoute que « nous partirons probablement dans l'après-midi », dès que « les 3ᵉ et 4ᵉ corps seront arrivés à notre hauteur en totalité (1) ».

La pensée d'un arrêt momentané est donc nettement arrêtée dans l'esprit du maréchal. Pour justifier cette décision, qui aura de si graves conséquences, il met en avant divers motifs. Comme Le Bœuf dans la lettre que nous avons citée, mais avec moins de raisons encore, il croit nécessaire « d'avoir tout son monde dans la main avant d'entreprendre la marche (2) ». Il faut donc, à ses yeux, que ses cinq corps d'armée soient rassemblés sur le plateau de Gravelotte, avant qu'ils puissent se mettre en mouvement. Il estime qu'un rassemblement préliminaire s'impose pour une armée de 150.000 hommes comme s'il s'agissait d'un bataillon. Il étend au delà de toutes limites l'application d'un principe uniquement exact pour les petites unités. S'il a réellement cette pensée, il fait preuve d'une ignorance peu commune. Quelle colossale perte de temps présenterait chaque jour le rassemblement de 150.000 hommes destinés à se disloquer aussitôt pour la reprise du mouvement? Si l'armée s'était, dès 5 heures,

---

(1) *Instructions de 5 heures du matin, Revue d'Histoire*, III. 1903. p. 625.

(2) *Procès Bazaine*, Interrogatoire.

mise en marche par les deux routes d'Etain et de Mars-la-Tour, comme elle le pouvait fort bien, à 9 h. 30, lors de l'attaque des Allemands, ses têtes de colonne auraient gagné près de 20 kilomètres vers l'ouest. C'est dire qu'elles eussent sûrement échappé à l'étreinte. Les fractions en retard auraient eu tout le temps de rejoindre pendant l'écoulement du reste des troupes. L'offensive de Rheinbaben et d'Alvensleben eût trouvé l'armée en marche de l'est à l'ouest. Même si cette longue colonne avait été coupée en deux tronçons, un seul eût pu être rejeté sous Metz, ce qui modifiait entièrement la situation.

Revenons aux instructions de Bazaine. En admettant qu'il veuille réellement partir dans l'après-midi, comme il l'écrit, quelle nécessité de faire dresser les tentes? Il espère tromper l'ennemi en lui donnant à croire que notre intention n'est pas de marcher sur Verdun. Du moins, tel est son dire (1), mais il paraît difficile de le prendre au sérieux. Quelle utilité y aurait-il à tromper l'adversaire? Bazaine peut-il admettre que les Allemands ne nous attaqueront pas s'ils nous croient définitivement arrêtés?

A l'égard du voisinage de l'ennemi, le maréchal a singulièrement varié. Tantôt il admet que les renseignements recueillis lui annonçaient une forte concentration sur sa gauche (2). Tantôt, au contraire, il affirme que nous étions dans la plus grande quiétude » et que « les corps les plus à proximité de l'ennemi ne signalaient pas son approche (3) ». Cette affirmation est contredite

---

(1) Bazaine au maréchal Baraguey d'Hilliers, 16 mars 1872, *Revue d'Histoire*, III, 1903, p. 628. La même assertion est reproduite dans les *Episodes*, p. 80.

(2) Voir *supra*, p. 279, 281.

(3) Rapport sur la bataille de Rezonville, *Revue d'Histoire*, III, 1903, p. 648; *Episodes*, p. 80.

par les documents les plus probants (1). Il est vrai que le capitaine Arnous-Rivière (2), chargé de fouiller avec son corps franc les ravins boisés qui descendent vers la Moselle, rend compte, le matin du 16, qu'il n'a vu aucun Allemand, bien qu'il soit descendu pendant la nuit jusqu'à Gorze. Ce bourg est pourtant occupé par un bataillon et un demi-escadron ennemis.

Il se peut que Bazaine n'accorde pas à ces renseignements discordants toute l'attention qu'ils méritent. Mais il en a reçu d'autres depuis plusieurs jours. L'ennemi a passé la Moselle en amont de Metz, et il y est en force. Son intérêt évident est de ralentir, sinon de couper notre retraite. On a peine à croire que le maréchal ne tienne aucun compte d'une pareille éventualité.

Enfin, puisque c'est le retard des 3ᵉ et 4ᵉ corps qui arrête le mouvement d'ensemble, il serait naturel de hâter leur marche. Loin de là, il prescrit à Jarras de ne faire aucune communication au 4ᵉ corps (3). On dirait qu'il voit avec satisfaction un retard qui lui sert de prétexte.

On est ainsi conduit à examiner de nouveau si sa décision de quitter Metz est bien réelle. Il semble que rien ne soit plus douteux. Mais on ne peut avoir aucune certitude à cet égard, comme dans beaucoup de cas analogues. Là, comme ailleurs, la conduite du maréchal se révèle pleine de contradictions, d'obscurités, d'arrière-pensées mal définies, d'incertitudes. Elle ne peut s'expliquer que par une

---

(1) *Episodes*, p. 93, Extrait du carnet du capitaine de France; Général Jarras, p. 102-103; Général Frossard, *Rapport sur les opérations du 2ᵉ corps*, p. 83.

(2) Officier démissionnaire; ne pas confondre avec l'aide de camp du général Letellier-Blanchard.

(3) Germain Bapst, V, p. 161.

insuffisance technique doublée d'une très grande insuffisance morale.

Pour tenter d'expliquer le peu d'empressement que Bazaine montre, depuis le 12 août, à opérer la retraite convenue, il est indispensable de se souvenir des faits qui ont précédé ou accompagné sa désignation de commandant en chef. Le maréchal se rend compte qu'elle a été imposée à l'Empereur par les circonstances et surtout par des influences extérieures. Il a le sentiment très vif des difficultés que lui cause la présence de Napoléon III. Quoi d'étonnant, dès lors, qu'il ne cherche pas à hâter la concentration au camp de Châlons, destiné à provoquer aussitôt les mêmes tiraillements. D'autre part, on peut croire qu'il a, plus que l'opinion publique, le sentiment exact de son « tirant d'eau » personnel. Tout, dans sa conduite des jours précédents, montre son inaptitude à faire mouvoir les masses qui lui sont confiées. Il est naturel qu'il n'envisage pas sans appréhension une campagne active, loin de tout point d'appui. Près de Metz, au contraire, il sait l'armée assurée d'une retraite, comme l'a montré la bataille de Borny. Son insuffisance, son indécision naturelle, s'accommodent aisément d'un arrêt.

On sait comment se dessinait dans ses grandes lignes la bataille du 16 août. La cavalerie allemande (division Rheinbaben) ouvrait le feu par surprise sur les bivouacs de la division Forton et jetait l'alarme dans les 2e et 6e corps. Le IIIe corps et une nouvelle division de cavalerie survenaient, attaquant vivement, malgré la supériorité numérique de nos troupes. Toutes les fractions allemandes à portée du champ de bataille accouraient successivement, sans pouvoir rétablir l'équilibre. Néanmoins la masse de l'armée française était tenue en échec sur la route de Mars-la-Tour, entre Vionville et Rezonville.

Dès le début du combat, le maréchal chargeait le commandant Villette de transférer le grand quartier général à la ferme de Mogador, entre Gravelotte et La Malmaison. Etait-ce simple mesure de précaution, assez difficile à justifier? Avait-il déjà l'idée de se rapprocher de Metz quoi qu'il arrive? La dernière hypothèse paraît la plus vraisemblable.

Il avait déjà fait prendre les armes à la Garde. Il montait à cheval et se portait vers Rezonville par la route, en croisant des dragons et des voitures qui fuyaient à toute allure. Sans s'émouvoir, il continuait avec son calme habituel qui frappait d'admiration les officiers de l'état-major général. Avant même de savoir ce qui se passait, il appelait les cuirassiers et les carabiniers de la Garde, les faisait former en colonne serrée par escadrons, avec « ordre de charger à fond sur tout ce qui essaierait de pénétrer dans nos lignes par le ravin » qui descend jusqu'à Gorze (1). Il eût été plus simple de faire garder sérieusement la veille les bois de Vaux, des Ognons et de Vionville, si dangereux par leur voisinage immédiat.

Cette précaution prise, il était mis au courant par le commandant Samuel des événements survenus; il faisait prévenir Frossard de son arrivée et continuait au pas vers Rezonville, qu'il contournait par le sud. Il pouvait alors constater que l'affaire était sérieuse. Il s'agissait d'une bataille et non d'une échauffourée destinée à nous retarder.

Son visage impénétrable ne laissa percer aucun sentiment. De fait, il est possible qu'il ait accueilli ce cas imprévu avec son sang-froid, mais aussi avec son insouciance habituelle. Chercha-t-il à se faire une idée de la conduite

---

(1) Germain Bapst, V, p. 224-226.

à tenir, d'après les intentions et les forces de l'adversaire ? Il n'y paraît pas davantage. Ses idées sur la supériorité de la défensive aidant, il se proposait d'abord uniquement de garder ses positions, comme à Borny.

Toute son activité se consumait à des détails, tandis qu'il négligeait l'ensemble. Il se prodiguait sans compter, courant d'un corps à l'autre (1), mais s'attachant surtout, dès le début, à notre gauche, comme s'il craignait avant tout d'être coupé de Metz.

Il voyait des fractions du 2ᵉ corps commencer à plier et même quitter le champ de bataille. Il partait au galop, longeait la ligne de feu, allait de droite et de gauche en « roulant » sur son cheval. Son air d'autorité et sa bravoure tranquille en imposaient aux apeurés, qui s'arrêtaient aussitôt et rentraient en ligne. Son prestige était encore extrême aux yeux de presque tous, surtout dans la troupe ; elle l'admirait sans réserve faisant rectifier la hausse des tirailleurs, présidant au pointage d'une pièce. Mais, pendant qu'il s'attachait à ces vétilles, il n'exprimait aucune idée, ne faisait rien dire à ses lieutenants, pas même à Ladmirault, dont il ignorait la situation présente. C'est Jarras qui prenait sur lui, avec toute raison, d'envoyer un officier aux informations vers la droite.

Cette inaction réelle, jointe à toutes les apparences d'une extrême activité, est-elle voulue par lui ? Entend-il ne rien faire, ne pas gagner la bataille, comme on l'admet parfois, de façon à justifier son retour sous Metz ? Sa

---

(1) « Surveillant tout lui-même, il indiquait aux batteries les emplacements à prendre, aux bataillons les positions à occuper, et il se multipliait avec une activité qui ne se démentit pas un moment, semblant oublier souvent ses fonctions de commandant en chef pour le rôle plus modeste d'un général ou d'un... colonel » (Général d'Andlau, p. 72).

pensée ne va pas si loin. Il s'occupe des petites unités et non des grandes, parce que ses conceptions en sont restées aux troupes qu'il maniait jadis. Peut-être aussi veut-il fuir les responsabilités qu'entraîneraient d'importantes décisions.

Quoi qu'il en soit, à mesure que se déroulent les péripéties sans nombre de la journée du 16 août, le maréchal persiste dans son mode d'action. Il est maintenant à l'extrême gauche. La batterie Dulon, de la brigade mixte Lapasset, a ouvert le feu. Il court à sa première section, fait amener les avant-trains et conduit lui-même ces deux pièces à 400 mètres en avant, vers le bois des Ognons. Puis il va au 2ᵉ bataillon du 97ᵉ, fait battre la charge et s'écrie : « Allons, mes enfants, suivez votre maréchal. » Il conduit ainsi ces compagnies jusqu'à une crête derrière laquelle il les fait coucher (1).

Il repart, s'arrête un instant devant un bois, puis file au galop, vers le nord-ouest, sans rien dire. Il constate que le 2ᵉ corps plie de toutes parts. C'est sur la prière de Frossard que Canrobert fait entrer en ligne une fraction de ses troupes. Bazaine n'y est pour rien. Il s'est borné à porter en avant la réserve générale d'artillerie. Quant aux 3ᵉ et 4ᵉ corps, ils n'ont reçu de lui aucune communication.

Malgré l'intervention de Canrobert, la situation du 2ᵉ corps reste très difficile. Pour le dégager, Frossard presse instamment le général Desvaux de faire charger les cuirassiers de la Garde. Bazaine est survenu. Desvaux lui demande un « ordre ferme », mais le maréchal, conservant son impassibilité habituelle, écoute sans se prononcer.

---

(1) Germain Bapst, V, p. 233.

Un moment, on l'entend dire à mi-voix : « Oui, il faut sacrifier un régiment; il faut les arrêter. » Frossard voit un ordre dans cette réflexion et fait chercher le 3ᵉ lanciers. Le terrain n'a pas été reconnu et la charge n'est nullement préparée. Malgré la bravoure de nos cavaliers, leur attaque reste à peu près sans résultats.

En voyant déboucher les lanciers, le maréchal aurait dit : « Les cuirassiers vont les appuyer. » Plusieurs officiers vont aussitôt répéter ces paroles au colonel Dupressoir, qui fait aussitôt mettre sabre en main. Son beau régiment charge sans plus de préparation que les lanciers. Bien qu'ils aient conservé « un alignement superbe », ses échelons viennent se briser sur l'infanterie allemande, dont le feu à courte portée fait d'affreux ravages.

Au début de la charge, le maréchal avait prescrit à Desvaux de faire venir la batterie Donop. Trois pièces seulement parvenaient à traverser la cohue qui obstruait Rezonville. Avec le lieutenant d'Esparbès, elles rejoignaient Bazaine qui les faisait aussitôt mettre en batterie.

Le maréchal se portait ensuite en avant, cherchant à observer le résultat de nos deux charges. Il n'avait auprès de lui que son état-major général. Tout à coup, ils apercevaient, venant sur eux, une ligne de cavalerie lancée à toute allure. On ne distinguait pas si elle était française ou allemande. Mais une voix s'écriait : « Ce sont les Prussiens! » et Bazaine, ainsi que son entourage, mettait l'épée à la main. Avec le plus grand sang-froid, il voyait arriver un groupe de hussards, qu'il attendait de pied ferme. Une courte mêlée se produisait, pendant laquelle un de nos officiers était blessé d'un coup de sabre. Puis le maréchal et sa suite étaient entraînés vers Rezonville, pêle-mêle avec l'état-major de Frossard, des hussards prussiens et des artilleurs de la Garde. Bazaine, la tête abritée d'un couvre-nuque blanc, galopait même un instant côte à côte avec un officier ennemi. L'instant d'après il était heurté par un sous-lieutenant du 3° lanciers, de Rougé, et restait botte à botte avec lui. Le voyant fort ému, il lui disait, « d'un ton de père de famille s'adressant au coin du feu à son fils : « Allons, jeune homme, du calme.... Voyons, vous n'êtes plus un enfant.... Ce n'est rien (1). » Il arrivait ainsi à proximité d'un de ses escadrons d'escorte (5° du 5° hussards) et lui criait : « En avant les hussards! » Ceux-ci chargeaient aussitôt. Le second escadron d'escorte, puis celui du général Frossard intervenaient à leur tour et les Prussiens refluaient en désordre.

Après leur disparition, Bazaine se trouvait à côté de Frossard occupé à rallier son état-major. N'ayant plus aucun officier avec lui, il priait le général de lui prêter deux des siens et partait aussitôt avec eux du côté du bois de Vionville, vers le sud. Dans cette direction, on voyait surgir de grosses colonnes de poussière : « C'est Steinmetz qui cherche à nous couper de Metz », disait-il. Il envoyait l'un de ces officiers au général Vergé, avec ordre de rallier quelques bataillons et de les ramener sur la ligne des batteries encore en action. Puis il retournait vers Rezonville et faisait mettre en batterie vers le sud neuf pièces de la Garde. Apercevant une troupe d'infanterie, il lui envoyait dire « de charger à la baïonnette », sans autre indication. Cette injonction étant restée sans résultat, il allait lui-même à la troupe, faisait battre la charge et marcher en avant.

L'instant d'après, il mandait au général de Forton de

---

(1) Germain Bapst, V, p. 266.

se déployer derrière les batteries du 6ᵉ corps et de se tenir prêt à charger les escadrons ennemis qui viendraient à paraître (1). De nouveau, il était seul avec son porte-fanion et quelques cavaliers. Il traversait la route, longeait le 6ᵉ corps sans s'y arrêter et atteignait Villers-aux-Bois, où il rencontrait le général Sanglé-Ferrière à la tête d'une brigade de la division Aymard. Montrant un espace vide sur la ligne de bataille, il lui prescrivait de s'y porter. Sanglé-Ferrière se mettait en marche, mais un seul bataillon suivait. Le maréchal avait déjà emmené les autres vers Saint-Marcel.

En route, il rencontrait un bataillon du 4ᵉ de ligne (6ᵉ corps) et prescrivait à son chef d'attaquer le bois de Tronville avec deux compagnies. Puis il plaçait des « petits postes » empruntés à la brigade Sanglé-Ferrière, qu'il continuait de conduire. Le commandant Sers, alors à la recherche du maréchal Le Bœuf, le trouvait se livrant à cette occupation. Bazaine l'appelait, plantait là son infanterie et partait au galop en échangeant quelques mots avec cet officier qui lui apprenait l'arrivée de la presque totalité du 3ᵉ corps (2).

Un autre survenait, qu'il avait connu au Mexique, le commandant Berge, envoyé par Le Bœuf aux nouvelles du 6ᵉ corps. Bazaine remerciait Sers et se faisait accompagner, durant près d'une heure, par le nouveau venu : « ...Je trouvais bien que le maréchal, circulant avec moi seul, ne faisait guère le métier de général en chef, mais il était gai, actif, paraissait très dispos et faisait des réflexions fort justes. Je me souvenais d'avoir eu avec lui

---

(1) Germain Bapst, V, p. 268, d'après les notes du lieutenant de Goulaine.
(2) *Id., ibid.,* p. 269.

devant Puebla une aventure identique... et j'eus une heure de joie.... Je retrouve l'homme des tranchées de Puebla, me disais-je; les choses vont bien marcher....
« Conduisez-moi auprès du maréchal Le Bœuf », me demanda-t-il à un certain moment. Nous nous dirigeâmes du côté où j'avais laissé mon chef, et le maréchal Bazaine, continuant à me parler avec la même impassibilité, me dit comme s'il s'était agi d'un cigare trop sec : « J'ai bien manqué d'être prisonnier tout à l'heure.... » Puis, quand nous vîmes le groupe de l'état-major du maréchal Le Bœuf : « Je n'ai pas de nouvelles de Ladmirault, ce serait cependant le moment pour lui de déboucher. Il balaierait tout. Je ne vois rien paraître. Vous êtes bien monté, filez, ramenez ce que vous pourrez du 4° corps et dirigez-le où il faut (1). »

Apercevant le commandant en chef, Le Bœuf allait au-devant de lui. Sans préambule, Bazaine lui donnait « l'indication de l'intérêt qu'il y aurait à rejeter les Prussiens dans les ravins de Gorze (2) ». A l'en croire, il indiquait même au commandant du 3° corps « la direction de Mars-la-Tour comme objectif, les 3° et 4° corps devant exécuter une conversion, l'aile droite en avant, afin de refouler les Allemands dans les défilés de Gorze, Chambley, enfin dans la vallée de la Moselle... (3) ». Ainsi, à ce moment, l'idée de l'offensive traverse certainement le cerveau du maréchal. Mais il voit déboucher le 80°, de la brigade Sanglé-Rivière, qui a continué sans doute à le suivre dans sa marche vagabonde; il va à sa tête de colonne, fait bat-

---

(1) Germain Bapst, V, p. 270, reproduisant les Souvenirs du général Benge.
(2) *Id., ibid.*, reproduisant les propres termes de Le Bœuf.
(3) Mémoire justificatif, *Revue d'Histoire*, III, 1903, p. 664.

tre et sonner la charge, jouer la marche du régiment, et dit au colonel Janin « d'aller jusqu'à la ligne des batteries de réserve à cinq cents mètres en avant ». Tout ce bruit pour qu'un régiment aille s'établir en soutien d'artillerie! Lui-même marche en tête du premier bataillon et l'arrête à hauteur de deux batteries. Changarnier, qui l'accompagne, s'approche tout étonné et, devant deux officiers, lui dit : « Mais, monsieur le maréchal, pourquoi n'accentuez-vous pas votre mouvement d'offensive ? » Sans répondre, Bazaine repart au galop en criant au maréchal Le Bœuf qui accourait avec son état-major : « On ne peut pas être partout à la fois (1)! »

Près de Villers-aux-Bois, il rencontre le général prince Murat : « Avez-vous un officier qui connaisse le pays? » lui dit-il. — « Voilà mon aide de camp, le capitaine Leplus ». Et le maréchal, frappant amicalement de la main le bras de l'officier : « Expliquez-moi ce qui est devant vous. » En quelques mots, Leplus fait ressortir les traits saillants du plateau derrière Vionville. Puis le maréchal, uniquement suivi de son porte-fanion et de quelques cavaliers, repart, toujours au galop, vers Rezonville, non sans traverser à nouveau le 6e corps. Il ne s'y arrête pas davantage.

Pendant qu'il court ainsi les champs, ses officiers, son état-major ignorent absolument ce qu'il est devenu. C'est par hasard que le capitaine Fix le rencontre auprès de Rezonville, occupé à diriger une batterie. En voyant cet officier, le maréchal lui dit : « Ah ça, ces bougres-là vont me laisser seul en l'air! » Sans préciser autrement, il ajoutait, comme s'il voulait se débarrasser de lui : « Allez

---

(1) Germain Bapst, V, p. 271. Cf. la lettre du général Zurlinden, 2 février 1901, *Revue d'Histoire*, IV, 1903, p. 665.

trouver le maréchal Le Bœuf. Vous lui prescrirez de ma part de ne pas trop hâter sa marche en avant, afin de laisser au général de Ladmirault le temps d'exécuter son mouvement de conversion (1). »

C'était le contraire de ce qu'il avait fait prescrire au 3ᵉ corps vers midi, de ce qu'il venait de dire lui-même à Le Bœuf (2). Quelle pouvait être la cause de ce changement, sinon son inconséquence habituelle ? Peut-être a-t-il eu un moment l'intuition de la « manœuvre à faire », comme semble l'indiquer sa conversation avec le commandant Berge ? Mais, sous une influence inconnue, l'arrière-pensée du retour sous Metz reprend le dessus, ainsi que nous allons voir.

Après le départ du capitaine Fix, il rencontrait un autre officier, Garre, aide de camp du grand prévôt, général de Saint-Sauveur, qui venait demander ses ordres. Au lieu de lui en donner, il le chargeait de confirmer au maréchal Le Bœuf ce qu'il venait de confier à Fix, preuve qu'il attachait une importance particulière à cette communication.

Puis survenaient les capitaines de France et Campionnet, de l'état-major général. Le dernier, qui avait été dans son état-major à Nancy, lui aurait dit: « Mais l'ennemi paraît faiblir. Vous êtes dans la position de Napoléon à Austerlitz. Si l'ennemi fait tous ses efforts contre votre gauche,

---

(1) Colonel Fix, *Lecture* du 18 mars 1899, p. 255. Cf. Germain Bapst, V, p. 272.

(2) Vers midi, Le Bœuf avait envoyé le commandant Mojon et le capitaine de Locmaria demander au maréchal Bazaine si l'action engagée ne modifiait pas ses vues et s'il n'avait pas de nouvelles instructions à lui donner. Locmaria rapportait l'ordre d'attaquer le bois de Tronville avec une division (Germain Bapst, V, p. 325).

il prête le flanc droit [sic] (1). Vous pouvez le tourner et le mettre en déroute. Pourquoi ne chercheriez-vous pas à le faire rejeter dans les fonds de la Moselle par les 3° et 4° corps que l'on voit déboucher d'ici? »

Arrivait le lieutenant-colonel Loysel, également fort connu du maréchal sous les ordres duquel il avait été au Mexique. Entendant les derniers mots de Campionnet, il les appuyait chaudement. Tous deux insistaient. Le maréchal avait écouté sans mot dire. Trouvant leur insistance gênante, il leur dit, usant de la prononciation qui lui était particulière :

« M's amis, vous ne savez donc pas qu'ils nous attendent avec leurs forces réunies sur le plateau de Fresnes-en-Voëvre et que ce serait se jeter dans leur gueule (2) ? » D'où peut lui venir ce prétendu renseignement? Aucun télégramme ne lui a rien signalé de pareil (3).

Quelques minutes après, le commandant Magnan, son aide de camp, et ses officiers d'ordonnance, puis le général Jarras et l'état-major général le rejoignaient à leur tour. A son propre témoignage, Magnan fut « stupéfié de l'indifférence et du manque de conscience de son chef.... Tout le monde le cherchait dans une vive inquiétude; il devait cependant penser que la disparition du général en chef au milieu d'une bataille » jetterait « du désarroi et

---

(1) C'est visiblement le flanc gauche que prêtait l'ennemi en attaquant de l'ouest à l'est.

(2) Germain Bapst, V, p. 273, d'après les notes du capitaine Campionnet. Dans son *Rapport sommaire sur les opérations de l'armée du Rhin*, écrit en captivité, Bazaine porte encore ce qui suit : « Il était impossible de marcher sur Verdun, parce que l'ennemi recevait à chaque instant des renforts et avait envoyé des forces pour occuper la position de Fresnes ».

(3) Voir les *Renseignements* du 16 août, *Revue d'Histoire*, I, 1904, p. 714 et suiv.

de l'émotion. Non. Il s'éclipse et nous le retrouvons tranquillement près d'un arbre... (1) ». Pourtant **Magnan** ne saurait être suspect de malveillance envers **Bazaine**, comme la suite le prouvera.

Après la disparition du maréchal, Jarras avait rallié la plus grande partie de l'état-major général. En même temps, l'entourage personnel de Bazaine se réunissait un peu plus loin. Nul n'avait vu le commandant en chef. Qu'était-il devenu? Plusieurs officiers partirent à sa recherche, sans obtenir tout d'abord aucun renseignement. L'inquiétude de tous était extrême. De la part de Jarras, elle se nuançait d'une certaine satisfaction. Le lieutenant Adolphe Bazaine lui ayant demandé s'il savait quelque chose, le général aurait répondu : « Je m'en f... ». Puis le capitaine de Mornay-Soult sachant du lieutenant de Goulaine la réapparition du maréchal et demandant à son tour au chef d'état-major où il pourrait rejoindre son chef, Jarras répondait sèchement : « C'est affaire à vous, monsieur l'officier d'ordonnance. »

Le général a nié ces propos (2), mais, s'ils ne sont pas exacts, ils sont du moins très vraisemblables. Les rapports de Bazaine avec son subordonné les expliqueraient amplement, sans les justifier.

Autour de Jarras on avait discuté la question de la remise du commandement. Bien qu'elle ne fût pas douteuse, le maréchal Canrobert devant être, par droit d'ancienneté, appelé à remplacer son collègue, on prononçait

---

(1) Germain Bapst, V, p. 273. D'après Jarras, p. 109, l'état-major général rejoignit le maréchal environ une heure après sa disparition. Au procès Bazaine, le capitaine de Mornay-Soult déclara que c'était au bout de deux heures.

(2) Général Jarras, p. 108-109; *Procès Bazaine*, Déposition Mornay-Soult, p. 156. Cf. Germain Bapst, V, p. 275.

le nom de Bourbaki, dont les titres étaient nuls. Finalement, l'indécision se prolongeant, le colonel d'Andlau se détachait discrètement et allait trouver Canrobert, auquel il exposait la situation. Le maréchal demandait, dit-on, à l'officier, s'il avait mission de lui remettre le commandement. Sur la réponse négative du colonel, Canrobert aurait ajouté : « Du reste, si tout ceci était sérieux, le général Jarras... tous ses officiers et les chefs de service de l'armée viendraient m'aviser et se mettre à mes ordres (1). »

De même, sans en rien dire à personne, le lieutenant Albert Bazaine était arrivé au galop près de Bourbaki, en lui disant : « Mon général, assurez la retraite, le maréchal est prisonnier (2) ! » Chose surprenante, le commandant de la Garde paraît avoir accueilli cette demande inconsidérée. Le capitaine Fix, lui ayant parlé de la disparition du commandant en chef et demandant qui le remplaçait, le général répondait : « C'est moi (3). » Il envoyait au même instant un officier au général de Ladmirault pour lui recommander de se presser, de ne pas se déployer trop loin de l'ennemi, mais de continuer en colonne et en masse jusqu'au champ de bataille. Il faisait dire également au général Vergé de rallier sa division pour qu'il pût bientôt en disposer (4).

De ces prétentions injustifiées, il eût pu aisément résulter un conflit du genre de celui qui devait survenir le

---

(1) Germain Bapst, V, p. 276.
(2) Notes du général Bourbaki, *Revue d'Histoire*, I, 1904, p. 416.
(3) Colonel Fix, *Lecture* du 18 mars 1899, p. 257. Le Colonel Fix estime d'ailleurs que le « c'est moi » de Bourbaki devait signifier : « Je n'ai pas besoin d'ordres pour continuer à me battre, je commanderai bien tout seul ! » Cette explication paraît invraisemblable.
(4) Germain Bapst, V, p. 280.

1ᵉʳ septembre entre Wimpffen et Ducrot, mais beaucoup moins explicable. Le retour de Bazaine remit les choses en l'état.

Sur les entrefaites, vers midi et demi, le maréchal Canrobert s'était rendu compte « que l'ennemi avait épuisé le maximum d'efforts dont il était capable ». Si la division Tixier, à la droite du 6ᵉ corps, l'attaquait de flanc, le 3ᵉ corps pourrait le déborder. Quand le 4ᵉ entrerait en ligne, il prendrait les Allemands de dos et les jetterait facilement dans les fonds vers la Moselle.

« Cette idée apparut clairement au maréchal... et s'ancra bientôt dans son esprit.... » Quand il sut que le commandant en chef était retrouvé, il la lui communiqua, lui demandant de donner des ordres dans ce sens. « Par trois fois ensuite il insista pour l'envoi d'instructions en conséquence, par trois fois aussi il pria le maréchal Le Bœuf d'exécuter un mouvement tournant destiné à prendre à revers l'armée allemande. Un peu plus tard, il fit transmettre la même requête au général de Ladmirault.... (1) »

Il envoya notamment le commandant Roussel à Bazaine, afin de lui exposer la situation et de le prier de donner aux 3ᵉ et 4ᵉ corps l'ordre de soutenir la droite du 6ᵉ. Roussel trouva « en face de Flavigny » le commandant en chef qui demanda des nouvelles. Le commandant répondit que tout allait bien au 6ᵉ corps et que, si les 3ᵉ

---

(1) Germain Bapst, V, p. 282-283, donne à l'appui ces notes écrites le soir même par le lieutenant Chamoin : « Le 2ᵉ corps est à notre gauche. Nous allons soutenir le choc avec lui; nous ne gagnerons pas la bataille, mais nous arrêterons l'ennemi : les 3ᵉ et 4ᵉ corps, qui sont sur notre droite, vont se rabattre sur son flanc gauche, le prendre comme dans une tenaille, le jeter dans les fonds de la Moselle et ils remporteront la victoire ».

et 4° se mettaient de la partie, « nous aurions le dessus ». Le maréchal dit alors qu'il avait déjà donné au 3° l'ordre que lui demandait Canrobert, mais que, quant au 4°, il n'en avait pas de nouvelles et le supposait « égaré ».

Roussel rendit compte au maréchal Canrobert, qui l'envoya aussitôt répéter à Le Bœuf ce que lui avait dit le commandant en chef. Il ajoutait que Canrobert le priait de prononcer son mouvement en avant, qui serait suivi par la droite du 6° corps. Le général Tixier, prévenu, recevrait toutes les explications nécessaires.

Roussel ne put trouver que le général de Ladmirault et le chef d'état-major du 3° corps, Manèque. Il leur fit part de sa mission et, sous ses yeux, il y eut, de la part de ce dernier, commencement d'exécution (1).

Sur les entrefaites, Canrobert vit passer le capitaine Parisot, de l'état-major du 2° corps. A une question du maréchal, il répondit qu'il était « envoyé par le général Frossard, sur l'ordre de Bazaine, pour préparer la retraite sur Metz. — Qu'est-ce que vous dites-là? La retraite? Mais regardez, nous prenons l'offensive; voyez-vous mes tirailleurs qui avancent et ceux de l'ennemi qui reculent?... Allez dire au général Frossard ce que vous avez vu et demandez-lui de ma part de changer ses ordres (2). »

Cinq minutes après, Canrobert chargeait le commandant Caffarel d'aller répéter à Le Bœuf et à Bazaine ce qu'avait déjà exposé le commandant Roussel. Caffarel

---

(1) Notes du commandant Roussel, reproduites par M. Germain Bapst, V, p. 283-285. « L'avis de se préparer à prendre l'offensive » paraît avoir été apporté « deux fois et sous deux formes différentes » au général Tixier (*ibid.*, d'après le rapport du général Péchot et les notes du lieutenant de Taffart de Saint-Germain).

(2) Germain Bapst, V, p. 286, reproduisant les notes du capitaine Parisot.

trouva rapidement le commandant du 3ᵉ corps et lui fit l'exposé convenu. Le Bœuf « répondit qu'il ne pouvait pas prendre l'offensive avec son infanterie, mais qu'il allait appuyer le mouvement du 6ᵉ corps du feu de son artillerie de réserve ». Caffarel lui demanda de faire pointer sur Vionville et le maréchal le congédia en disant : « Eh bien, c'est entendu; dans quelques minutes, mon artillerie commencera le feu et je vais faire prévenir Ladmirault. Dites-le au maréchal Canrobert (1). »

En dépit de ces avis multipliés, tout se bornait à un commencement d'offensive au centre du 6ᵉ corps. La division Tixier restait immobile, ainsi que le 3ᵉ corps. Les troupes de Ladmirault n'avaient pas encore atteint le champ de bataille. Il eût fallu que le maréchal Bazaine prît l'affaire en main, comme il convenait. C'était à lui et non à Canrobert, de provoquer un mouvement de cette importance.

Il était loin de penser ainsi. Après avoir été rallié par son état-major, il s'était porté auprès de Frossard et avait eu avec lui un entretien assez animé. Après son départ, Frossard appela le capitaine Parisot : « Allez prescrire aux généraux Vergé et Fauvart-Bastoul de prendre position du côté de Gravelotte, pour garder nos communications avec Metz, de façon à pouvoir y rentrer (2). » C'est alors que Canrobert s'efforça de faire modifier la mission de Parisot, comme nous l'avons vu.

---

(1) Germain Bapst, V, p. 286-287. Canrobert envoya au maréchal Le Bœuf un troisième officier, lieutenant de Forsanz, pour lui dire « qu'il se portait vivement en avant, que le mouvement marchait bien, mais que, n'ayant pas de réserve d'artillerie, il priait son collègue d'appuyer son mouvement ». Enfin le capitaine Aubry fut envoyé à Ladmirault dans le même but. Le Bœuf fit porter la même communication à ce général par le capitaine de Locmaria (*ibid.*, p. 288-289).

(2) Germain Bapst, V, p. 300.

Il semble donc qu'à ce moment, Bazaine ait songé à préparer la retraite, tant il était fâcheusement impressionné par l'attitude d'une partie de sa gauche. L'entrée en ligne de presque tout le 3ᵉ corps, qu'il apprenait ensuite, ne modifiait guère son sentiment. Le commandant Caffarel venait s'acquitter de la mission dont Canrobert l'avait chargé. Après l'avoir écouté, le maréchal appelait le colonel d'Andlau : « Ne reste-t-il pas une division du 3ᵉ corps encore du côté de Metz? — Oui, monsieur le maréchal, la division Metman. — Qu'on aille la chercher et qu'elle se mette à la disposition du maréchal Canrobert.... (1) » Ainsi, Bazaine a sous la main trois divisions du 3ᵉ corps, qui sont autour de Saint-Marcel; il en envoie chercher une quatrième, qui est encore au Gros-Chêne, sur le plateau de Châtel, pour appuyer un mouvement déjà commencé! On peut juger par là du sérieux de son offensive (2).

Il continue de se prodiguer sous le feu, sans tenir compte des observations de son entourage. Comme précédemment, il s'attache au détail. C'est ainsi qu'il voit tirer l'artillerie aux abords de Rezonville. A un moment donné, il prescrit au général Canu de porter au sud de la grand'route trois des batteries au nord. Elles sont à peine en position, qu'il ordonne d'en faire avancer deux sur la crête. Le général risque des objections. D'un ton d'autorité, le maréchal répète son ordre. Celui-ci est exécuté, mais, en un clin d'œil, quatre officiers sont tués ou bles-

---

(1) Germain Bapst, V, p. 299.
(2) Cette division marchait sur Verneville, suivant les ordres répétés de Le Bœuf; elle alla sur Gravelotte, dans une direction tout autre. Il en résulta une perte de temps, et la division ne prit aucune part à la bataille.

sés ; hommes et chevaux subissent de telles pertes qu'il faut ramener ces batteries en arrière (1).

Une grande partie de la Garde est entrée en ligne vers Rezonville, sans qu'on mît à profit cette intervention pour prendre l'offensive. Bourbaki observe néanmoins que le feu des Allemands est devenu moins vif. Il croit le moment venu d'opérer un mouvement général en avant, la gauche servant de pivot. Avec un officier connaissant très bien les environs, il va trouver le maréchal et lui expose ses idées, sans rien obtenir.

Bazaine va et vient entre le bois des Ognons et Rezonville, toujours impénétrable, se bornant à donner des ordres à une compagnie ou même à une section. Derrière lui, on discute passionnément. Une idée se fait jour. Pourquoi ne pas envoyer couper le pont d'Ars et de Novéant? L'armée prussienne perdrait sa ligne de communication et de retraite (2). Ces propos étaient tenus à si haute voix que le maréchal devait nécessairement les entendre. Il envoyait chercher la division Montaudon par le capitaine Campionnet, avec ordre de l'amener de Villers-aux-Bois sur la route d'Ars. Il le faisait d'autant plus volontiers qu'il redoutait d'être coupé de Metz : « Complètement rassuré à droite par l'entrée en ligne des premières troupes du 3ᵉ corps, je fis dire au maréchal Le Bœuf de maintenir fortement ses positions avec la division Nayral, de se relier au 6ᵉ corps par la division Aymard et de diriger sur Gravelotte la division Montaudon, que je destinais à occuper le débouché d'Ars-sur-Moselle... (3). »

---

(1) Germain Bapst, V, p. 303.
(2) *Id., ibid.*, p. 310; d'après les notes du capitaine de la Ferté-Sénectère.
(3) Rapport sur la bataille de Rezonville, *Revue d'Histoire*, III, 1903, p. 651.

Il n'a pas cessé, en effet, de croire que « le danger est pour nous du côté de Gorze, sur la gauche des 2ᵉ et 6ᵉ corps (1) ». — « Je savais, a-t-il écrit depuis, que des renforts (allemands) avaient passé par Ars et Novéant, et je me préoccupais avant tout de l'attaque qui pouvait être faite sur notre flanc. »

Chaque incident le confirme dans cette manière de voir : « C'était donc évidemment sur notre gauche que l'ennemi se réservait de faire le plus grand effort, à l'abri des bois qui le dissimulaient et dans le but de nous couper de notre ligne de retraite sur Metz (2). »

Comment expliquer cette crainte, qui persiste au point d'aveugler complètement le maréchal? Son but apparent est de se porter sur la Meuse. Que lui importe d'être coupé de Metz? Il le sera sûrement tôt ou tard. Par contre il a un intérêt capital à ne pas être coupé de Verdun, c'est-à-dire de la France, car ses relations avec Toul, avec Thionville, sont interrompues déjà ou tout au moins menacées. Le plus grand danger que court une armée n'est-il pas de perdre sa ligne de communications?

Si l'on admet, par impossible, que Bazaine obéit seulement au désir d'assurer la conservation de Metz, nous ferons observer que cette place ne peut entrer en balance avec l'armée. En outre, la présence de celle-ci sous les

---

(1) Lettre à Le Bœuf, 5 h. 12 du matin.

(2) Rapport sur la bataille de Rezonville, *Revue d'Histoire*, III, 1903, p. 650-651. Vers 3 heures ou 3 h. 30, le colonel Lamy, de l'état-major général, vient à passer à côté de l'état-major du 6ᵉ corps. Le colonel Borson l'arrête et le dialogue suivant s'engage : « Le maréchal Bazaine ne s'écarte pas de sa gauche et dit que la bataille est là, dit Lamy. — Mais non, répond Borson avec tous ses camarades, la bataille est ici au centre et sur notre droite, puisque notre objectif est de garder nos communications avec le reste de la France ». Lamy ne répondit rien et partit (Germain Bapst, V, p. 342-343).

murs, en triplant le nombre des bouches à nourrir, entraînera plus de risques pour elle que son complet isolement.

Après avoir pris la décision dont nous avons parlé au sujet de la division Montaudon, il chargeait le lieutenant-colonel Fay d'aller en prévenir Le Bœuf et d'assurer l'exécution. Au retour, Fay rencontrait le 51°, déjà en marche, et criait joyeusement au lieutenant-colonel Bréart qui le commandait : « Nous avons trouvé notre homme! Le maréchal Bazaine est un grand général. Il va rejeter les Allemands dans les fonds de la Moselle et en même temps les couper de leur base. »

Entre temps, Campionnet venait rendre compte de sa mission au commandant en chef. Celui-ci demandait: « La division Montaudon est-elle à Gravelotte? — Oui, monsieur le Maréchal. — Eh bien! courez après elle et amenez-la ici. » L'instant d'après, il faisait confirmer cet ordre par son neveu Albert (1). Ainsi, en quelques instants, il avait de nouveau changé d'avis. Visiblement ses idées n'étaient arrêtées qu'en un point, la nécessité de garder ses communications avec Metz.

Le capitaine Campionnet ayant conduit la division Montaudon au sud de Rezonville, le maréchal donna l'ordre à ces troupes de doubler la ligne des 2° et 3° grenadiers. Montaudon se porta dans cette direction à la tête du 51° et se croyant suivi du reste de sa division. Mais le maréchal arrêtait au passage la brigade Clinchant et l'emmenait au sud avec l'artillerie divisionnaire, sans prévenir Montaudon. Observant les fourrés du bois des Ognons, il disait à Clinchant et au capitaine Lahalle : « Frédéric-Charles n'a qu'à déboucher là: je l'attends (2).»

---

(1) Germain Bapst, V, p. 311.
(2) Id., ibid., p. 313.

Ainsi Bazaine avait déjà enlevé au maréchal Le Bœuf la moitié du 3ᵉ corps. A elle seule, cette mainmise était pour paralyser toute idée d'offensive chez son collègue. D'ailleurs celui-ci recevait le contre-ordre apporté par le capitaine Garre et son orientation s'en trouvait changée. La situation s'était-elle entièrement modifiée, et dans quel sens? Le maréchal demeurait perplexe et le 3ᵉ corps immobile. Par trois fois Canrobert réclamait son concours en vue de l'offensive; le général Manèque insistait dans le même sens. Le Bœuf hésitait toujours. Si Bazaine lui avait fait dire d'arrêter une manœuvre à laquelle il songeait l'instant d'auparavant, c'est qu'il avait des raisons graves. Néanmoins le maréchal se laissait convaincre et, vers 3 heures et demie, donnait au général Aymard l'ordre de marcher sur les bois de Tronville. Nous verrons ce qu'il en advint.

Sur les entrefaites, la brigade de Bredow chargeait le 6ᵉ corps, et la célèbre *chevauchée des morts* arrêtait un instant les velléités d'offensive du maréchal Canrobert. Il rencontrait aux abords de Rezonville Bourbaki avec lequel il échangeait quelques mots. Tous deux pensaient de même sur la situation, ainsi que le dernier l'a exposé plus tard : « Le moment était venu d'ordonner à l'armée un mouvement général en prenant la gauche comme pivot. La moindre indication donnée à ce sujet par le général en chef nous aurait donné un succès complet et permis de jeter les Prussiens dans la Moselle. Je ne reçus pas la moindre communication et restai toute la journée dans une ignorance complète des intentions du maréchal Bazaine (1). »

---

(1) Germain Bapst, V, p. 342. *Cf. Revue d'Histoire*, III, 1903, p. 420, Note du général Bourbaki pour sa déposition devant le Conseil d'enquête.

Les 3ᵉ et 4ᵉ corps attaquaient les bois de Tronville, dessinant enfin notre mouvement débordant, lorsque Canrobert vit apparaître le commandant en chef. Une brève conversation suivit entre eux, sans témoin, et l'on ne peut en préjuger le sens que d'après l'attitude prise dès lors par le commandant du 6ᵉ corps : « A partir de 3 heures et demie, a écrit son aide de camp de Lonclas, le maréchal... renonce à l'offensive, en raison de la gravité que l'attaque prend à gauche et qui menace d'envelopper Rezonville (1) ». Non seulement il ne pousse pas en avant la division Tixier, comme il le pourrait aisément, mais il en fait chercher un bataillon qu'il établit avec son colonel à Rezonville. Il prépare la défense de ce village, à laquelle il n'avait pas songé jusqu'alors. Ses idées sont visiblement retournées.

Tout donne donc à croire qu'il a subi l'influence de Bazaine. Or, celui-ci, rassuré quant à sa droite par l'entrée en ligne des 3ᵉ et 4ᵉ corps, est pris maintenant d'une crainte irraisonnée pour sa gauche. « L'arrivée du maréchal (Le Bœuf) et du général de Ladmirault, écrit le commandant Tiersonnier, assure le succès de notre droite. Le danger n'est plus là, il est à notre gauche ; c'est de ce côté qu'un effort sera probablement tenté par l'ennemi... Le maréchal m'envoie à l'extrême droite porter au maréchal Le Bœuf l'ordre d'appuyer vers Gravelotte.... Le maréchal... et surtout le général Manèque sont désolés de l'ordre que je leur apporte et qui les force à arrêter le mouvement en avant. Mais l'ordre du général en chef est positif (2). »

---

(1) Reproduit par M. Germain Bapst, V, p. 345.
(2) *Id., ibid.*, p. 348. Ce témoignage est confirmé par le rapport de Le Bœuf sur la journée du 16 août (*Revue d'Histoire*, IV, 1903, p. 435-437) : « Vers 2 heures de l'après-midi, je me préparais à

On peut donc considérer comme démontré que c'est Bazaine qui paralyse les 6ᵉ et 3ᵉ corps au point d'arrêter leur offensive. En outre, il engage la Garde presque tout entière dans le combat de sa gauche. Les grenadiers sont déjà au feu. Il fait porter en avant la division de voltigeurs, mais non pour frapper un coup décisif. Au contraire, il la disséminera entre plusieurs directions, réduisant à rien le résultat obtenu. Un témoin, le lieutenant Naquet-Laroque, le voit à ce moment : « Je trouvai le maréchal très calme à quelques centaines de mètres au sud de Rezonville; il me fit une grande impression : le capitaine de la Bégassière me nomma et lui dit que je venais... demander des ordres pour les batteries de la division des voltigeurs. Le maréchal, alors, tranquillement, énuméra les différentes forces qu'il avait à sa gauche. « Il y a là Brincourt, puis Lapasset, puis tels et tels groupes de batteries, puis la division Montaudon, les grenadiers de la Garde, etc. » Il savait l'emplacement exact des détachements. La façon dont il était renseigné, le calme et l'autorité avec lesquels il s'exprimait me don-

---

lancer l'infanterie sur ces bois (de Tronville) déjà fortement battus par mon artillerie et que l'ennemi avait dû évacuer en partie, lorsque Votre Excellence me fit demander de diriger de nouvelles troupes sur Gravelotte. Une brigade de la division Nayral reçut, en conséquence, l'ordre de se diriger sur Villers-aux-Bois, en dedans de nos positions; mais son mouvement fut bientôt suspendu en raison d'un mouvement offensif de l'ennemi sur la division Tixier.

« La division Aymard, qui débouchait par Caulre et Saint-Marcel, portée en soutien de la division Tixier, dut bientôt appuyer à gauche pour combler le vide qui s'était produit entre cette division et celle du général La Font de Villiers (6ᵉ corps).... »

M. Germain Bapst (V, p. 348) cite encore à l'appui ces mots du général Aymard au commandant Jamont : « J'allais débusquer l'ennemi des bois de Tronville quand j'ai été arrêté ». Enfin Ladmirault a déclaré avoir « reçu avis des maréchaux Le Bœuf et Canrobert d'appuyer par leur droite leur mouvement d'attaque » (*ibid.*).

nèrent l'impression d'avoir devant moi un véritable chef. Après avoir fait la récapitulation de ses troupes, il prescrivit à nos batteries de rester en réserve, prêtes à répondre à son appel, s'il en était besoin (1). »

Ce témoignage appelle des réflexions. Ainsi Bazaine descend dans le détail au point de trouver naturel qu'un commandant d'artillerie divisionnaire fasse prendre ses ordres pour le placement de trois batteries! D'autre part, le maréchal montre une fois de plus l'étendue de sa mémoire, dans des circonstances à peu près semblables à celles que nous avons déjà signalées (2). Il en fait sans profit étalage devant un lieutenant, laissant voir le désir de frapper l'imagination d'un subordonné, alors que de bien autres soins devraient l'occuper. Au lieu de se porter à sa droite, où le 4° corps est en ligne, il continue de placer et de déplacer des unités isolées, la batterie de Lanet, par exemple, qu'il fait avancer au point qu'elle subit des pertes sérieuses et doit être rappelée à sa place primitive.

C'est qu'il est de plus en plus hanté par la crainte d'être coupé de Metz. Ayant aperçu le général Desvaux, il l'invite à le suivre et à faire venir en face du bois des Ognons ce qui reste de la grosse cavalerie de la Garde avec neuf pièces. S'arrêtant sur un mamelon, il dit à Desvaux, en montrant le ravin de Gorze : « Ils veulent nous couper de Metz et d'ici à une demi-heure vous allez voir leurs colonnes déboucher des ravins (3). » Un peu plus tard, voyant de la poussière dans la vallée de la Moselle, il dit : « C'est Steinmetz qui arrive. » Cette idée est de sa part

---

(1) Reproduit par M. Germain Bapst, V, p. 349-350.
(2) Voir *supra*, p. 33.
(3) Germain Bapst, V, p. 350.

affaire d'intuition, car aucun renseignement ne l'autorise à prêter aux Allemands l'intention de le couper de Metz. Il n'en renforce pas moins constamment sa gauche, afin d'y parer.

Vers 4 heures, le capitaine Fix se présentait à lui et rendait compte qu'il n'avait pu accomplir sa mission auprès de Le Bœuf : « Prenez un autre cheval et repartez, il faut absolument que vous arriviez au maréchal.... » A 4 heures et demie, cet officier transmettait au commandant du 3ᵉ corps l'ordre dont il était porteur. « C'est bien, répondait Le Bœuf. Dites au général en chef que je ralentis mon mouvement pour donner au général Ladmirault le temps d'arriver (1). » Mais la communication de Bazaine n'avait plus d'autre intérêt que d'arrêter l'action du 3ᵉ corps, puisque le 4ᵉ était en ligne.

A la même heure, le commandant en chef s'occupait de placer lui-même deux batteries de mitrailleuses (Barbe et Pihan); il leur donnait un soutien d'infanterie et faisait tirer sur les fractions allemandes débouchant du ravin de Gorze. Ce tir ayant paru heureux, il était « rayonnant » et « tout le monde » partageait sa joie derrière lui, tant la confiance était grande (2). Il stationnait un instant vers la Maison de poste de Gravelotte, non sans appeler dans cette direction la division Forton et les chasseurs à cheval de la Garde. Il aurait dit au général Desvaux : « Nous allons commencer la poursuite » et ce propos, rapidement connu, provoquait un moment d'enthousiasme. Mais, après une accalmie, l'artillerie alle-

---

(1) Le Bœuf inscrivit même sa réponse et l'heure, 4 h. 30, sur le carnet de Fix (Colonel Fix, *Lecture* du 18 mars 1899), p. 258.

(2) Lettre du capitaine de La Bégassière, aide de camp du général Soleille, au commandant de Reffye, reproduite par M. Germain Bapst, V, p. 353.

mande rouvrait le feu, d'abord à notre gauche, puis sur tout notre front et le maréchal ne pouvait dissimuler la contrariété qu'il en éprouvait (1). Il prévoyait une nouvelle attaque et s'occupait de renforcer encore sa gauche, déjà si forte. Il envoyait au maréchal Canrobert le capitaine Foucher, afin de lui demander de nouvelles troupes. Le 6ᵉ corps, qui avait déjà détaché la brigade Marguenat à cette aile, ne pouvait s'affaiblir davantage. Sans même attendre le retour de Foucher, le maréchal faisait demander au 3ᵉ corps une brigade de la division Aymard. Il envoyait dire au général Frossard « qu'un corps d'armée considérable avait passé à Gorze trois quarts d'heure auparavant (2) ». Puis il portait sous Rezonville, « pour participer à la défense du village » qui devait n'être jamais attaqué, deux bataillons du 97ᵉ et un bataillon du 4ᵉ voltigeurs. Il morcelait si bien la Garde que Bourbaki, ayant groupé cinquante-quatre pièces, pour préparer l'attaque de son infanterie, ne pouvait rassembler que quatre bataillons de voltigeurs. Leur offensive donnait des résultats peu marqués et la nuit survenait, non sans que les Allemands tentâssent un suprême effort afin d'affirmer leur victoire.

En somme, dans cette funeste journée du 16 août, l'action du maréchal se limite à sa gauche. Il veut éviter d'être coupé de Metz. C'est l'idée qui le guide à peu près constamment. Nous avons déjà dit que des raisons purement militaires ne peuvent suffire à expliquer cette conduite. Comment attache-t-il un intérêt capital à ne pas être isolé de cette place, alors qu'il dédaigne la perspec-

---

(1) Germain Bapst, V, p. 354, d'après les souvenirs du capitaine de Vacquières et du lieutenant de Goulaine.
(2) *Id., ibid.*, p. 369.

tive de perdre ses communications avec la Meuse? A défaut de motifs de nature technique, on est forcé de songer à d'autres, personnels ou politiques. Notre plus redoutable adversaire l'a écrit, bien que peu suspect d'hostilité envers le maréchal, auquel il devait la meilleure part de sa gloire: « On est tenté d'admettre que c'est exclusivement des considérations politiques qui, dès ce jour, amenèrent le maréchal Bazaine à prendre la résolution de ne pas s'éloigner de Metz (1). » Nous ne croyons pourtant pas qu'à cette date du 16 août des projets de ce genre aient dicté sa conduite. S'il entend ne pas s'éloigner de Metz, c'est que des considérations personnelles l'y poussent. Il craint de s'aventurer en rase campagne, au prix des difficultés qu'il a pu apprécier les 14 et 15 août. La perspective de rejoindre l'Empereur lui sourit peu. Il préfère s'isoler sous Metz et attendre les événements qui ne sauraient tarder.

Cette idée est si bien enracinée chez lui, elle l'a si profondément pénétré, qu'elle le conduit à négliger des chances positives de succès, avec toutes leurs conséquences. Il ne cherche pas à écraser la gauche prussienne, qui reste des heures tout à fait en l'air, sans un point d'appui, sans une réserve, devant les masses des 6e et 3e corps que le 4e va encore renforcer. « Ou le maréchal Bazaine ne comprit pas cette situation, puisqu'il n'essaya pas d'en profiter, ou il ne voulut pas la comprendre parce qu'il avait d'autres projets. On le voit, en effet, ne pas quitter l'extrême gauche de l'armée, observer les différents chemins qui conduisent de la vallée sur le plateau..., y appeler sans cesse de nouvelles troupes.... Il semble que sa seule pensée soit de rester en communication avec cette

---

(1) Moltke, *La guerre de 1870*, traduction Jœglé, p. 49.

ville de Metz, dont il ne devrait plus avoir à se préoccuper (1). »

Quoi qu'il en soit de ces hypothèses, il est certain que toute l'attention du maréchal, après l'entrée en ligne du 3ᵉ corps, se porte à l'aile opposée, vers Metz. Il ne cesse d'y entasser des renforts, bien que des forces très suffisantes soient déjà dans cette direction. Au contraire, son adversaire Alvensleben se tient constamment à celle de ses ailes la plus éloignée de Metz. Comme on lui demande pourquoi il ne s'est pas rendu à sa division de droite : « Vous saviez ce que vous aviez à faire ; je pouvais compter sur vous. Le médecin doit être au chevet du malade et ce malade était (sur) la chaussée de Vionville - Mars-la-Tour (2). » Grâce à cette idée, à l'entrain de ses troupes et surtout à l'initiative des sous-ordres, il parvenait à atteindre « son grand objectif stratégique », c'est-à-dire à fixer une fraction aussi forte que possible de notre armée. Ce détail montre surabondamment que la décision était à notre droite : Bazaine devait donc s'y tenir. Tout le jour Alvensleben donnait un mémorable exemple d'énergie et de coup d'œil, alors que, par le plus douloureux des contrastes, le commandement s'effondrait entièrement chez nous.

On sait comment le IIIᵉ corps, près de succomber, fut soutenu par le Xᵉ, puis par des fractions des VIIIᵉ et IXᵉ, accourues au canon. Malgré tout, l'infériorité numérique des Allemands restait très grande. Mais la vivacité et l'énergie de leurs attaques répétées nous amenaient à les croire beaucoup plus nombreux qu'en réalité. L'intervention tardive du 4ᵉ corps n'aboutissait qu'à des résultats in-

---

(1) Général d'Andlau, p. 73.
(2) Etat-major prussien, *Einzelschriften*, *XVIII*, p. 553.

complets, parce qu'elle n'était ni orientée par Bazaine, ni soutenue par les troupes voisines (1). La bataille finissait à la nuit noire, sans avoir pris une tournure décisive.

Vers 9 heures et demie, un officier apportait à Canrobert un billet au crayon ainsi conçu :

« Le maréchal commandant en chef vous fait connaître que les corps doivent conserver jusqu'à 10 heures du soir les positions qu'ils occupent au moment où la bataille a cessé. A cette heure, on pourra se resserrer un peu; mais l'intention de M. le Maréchal est qu'auparavant on s'informe, soit par des reconnaissances, soit par des renseignements qui pourront être donnés par des habitants du pays, si l'ennemi lui-même s'est retiré (2). »

A lire entre les lignes, il semble que Bazaine croie encore avoir remporté une victoire chèrement disputée. Rien n'indique de sa part l'intention d'une retraite.

Vers 10 heures du soir, écrit Jarras, le maréchal retournait à Gravelotte. Sur la route, entre Rezonville et ce village, il rencontrait une foule « de soldats d'infanterie appartenant à divers régiments, qui n'étaient nullement blessés et suivaient la direction opposée à celle de l'ennemi, cherchant évidemment où se reposer sans danger. Cette multitude devint plus épaisse à mesure que nous approchions de Gravelotte et, là, le maréchal ne put

---

(1) D'après le lieutenant-colonel de La Tour du Pin (*Revue Hebdomadaire*, *loc. cit.*, p. 27), Ladmirault n'ignorait pas les dispositions de Bazaine à rester sous Metz, ce qui contribuait à paralyser son offensive. S'il n'en dit rien au procès, c'est par grandeur d'âme, pour ne pas accabler un ancien chef.

(2) *Revue d'Histoire*, III, 1903, p. 664. M. Germain Bapst, V, p. 384, 437, le reproduit avec quelques modifications de forme. Cet ordre fut écrit par Jarras, sur son calepin, sous la dictée de Bazaine, et communiqué au 6e corps et à la Garde. Les 2e, 3e et 4e corps ne le reçurent pas.

avancer qu'en se faisant ouvrir passage par des cavaliers de son escorte. Je n'avais, pour ma part, jamais rien vu de pareil, et je crois fort qu'il en était de même du maréchal, si j'en juge par les exclamations que lui arrachait ce triste spectacle... (1). » Parmi cette cohue, la fatigue, la faim, l'isolement provoquaient aisément la colère; on pouvait entendre les plus violents propos. Des officiers envoyés pour y remettre l'ordre restaient impuissants devant une multitude anonyme et insaisissable (2).

Un moment, elle était prise de panique et s'enfuyait devant le cortège du maréchal : « Pourquoi courir ainsi, ce n'est pas la peine d'être victorieux! » s'écriait le capitaine Mornay-Soult. Et Bazaine de reprendre aussitôt : « Il ne devrait pas dire que nous sommes victorieux. » Un peu plus tard, l'intendant Préval l'abordait pour le féliciter et lui demander ses ordres. Le maréchal l'accueillait avec le plus grand calme : « Venez avec moi. » Il ajoutait qu'il n'était pas satisfait, d'autant que l'armée manquait de munitions (3).

L'intendant proposait de retourner à Metz et de remettre en marche le convoi arrêté par son ordre la veille. Il acceptait, sans même laisser supposer la possibilité d'une retraite (4).

Ainsi, à ce moment, il ne croit plus à la victoire dont

---

(1) Général Jarras, p. 111.
(2) Colonel Fix, *Lecture* du 18 mars 1899, p. 255; *Trois mois à l'armée de Metz*, p. 85.
(3) Germain Bapst, V, p. 439.
(4) Général d'Andlau, p. 77; Déposition Préval à l'instruction du procès Bazaine. Ce fonctionnaire, investi des fonctions intérimaires d'intendant en chef depuis trois jours seulement, ne put renseigner le maréchal sur nos ressources en vivres (*Procès Bazaine*, Rapport Rivières, p. 191).

se flatte une grande partie de l'armée, mais rien ne permet de supposer qu'il songe à se retirer le lendemain vers Metz.

Le capitaine de la Bégassière venait lui demander ses ordres pour le général Soleille, commandant l'artillerie de l'armée. Il répondait qu'il allait ordonner le transport des blessés à Metz par les voitures de l'intendance. On en profiterait pour faire prendre des munitions à l'arsenal.

Un peu plus tard, en arrivant à hauteur du 2ᵉ corps, alors à mi-distance entre Rezonville et Gravelotte, il faisait dire au général Frossard de bivouaquer sur place.

A Gravelotte, il descendait à l'auberge Plaisant, où logeait la veille l'Empereur. Jarras se présentait pour demander ses ordres : Il n'en avait aucun à donner; en cas de besoin, il le ferait mander. Pourtant il ignorait ce qui s'était passé à sa droite et ne connaissait pas la situation réelle au centre ou à la gauche. Il eût été urgent de s'en informer avant toute décision.

Autour de lui, les opinions étaient partagées au sujet de la journée. Quelques-uns le voyaient déjà « duc de Rezonville ». Dans une section de l'état-major général, on buvait le champagne à sa victoire. Même à l'état-major du 2ᵉ corps, le plus éprouvé, il n'y avait nul sentiment de défaite; on s'attendait moins encore à la retraite sous Metz (1).

Le maréchal était à peine arrivé à Gravelotte qu'il recevait le billet suivant du commandant du 3ᵉ corps : « Saint-Marcel, 8 h. 30 du soir. De mon côté et du côté du général de Ladmirault, nous sommes maîtres du terrain et nous bivouaquons sur celui que nous avons

---

(1) Voir ce qu'écrit M. Germain Bapst, V. p. 441 et suiv., d'après des témoignages oculaires.

conquis. ....Je vous félicite du succès de ce jour... Je prends toutes mes dispositions pour le cas où la lutte recommencerait demain... » (1). Quoique ces nouvelles fussent excellentes, Bazaine n'en parlait à personne. Il écrivait au général Coffinières : « Nous avons livré aujourd'hui une bataille heureuse pour nous. Nous avons consommé beaucoup de munitions et ...avons besoin de les remplacer en en tirant de Metz. J'envoie des ordres à cet effet et je vous prie de prêter tout votre concours à cette opération, qui ne doit souffrir aucun retard (2) ». Ainsi, à 10 heures du soir, il paraît être conquis de nouveau à l'idée d'une victoire. Il ne fait aucune allusion au manque de vivres et prépare une reprise de l'action ou la continuation du mouvement pour le lendemain.

Sur les entrefaites, le colonel Boyer lui remettait les télégrammes reçus dans la journée. De Joinville, Mac-Mahon télégraphiait au ministre de la guerre et au maréchal (3 h. 42 du matin) qu'ayant été prévenu de l'occupation de Bar-le-Duc par l'ennemi et sachant Blesmes menacé, il s'était rabattu vers Bar-sur-Aube avec ce qu'il avait en arrière. Toute la cavalerie y serait le lendemain. Il proposait de diriger par chemin de fer sur Paris ce qui lui restait d'infanterie et terminait ainsi : « J'attends vos ordres à Bar-sur-Aube » (3).

Un autre télégramme portait : « Une portion seulement du corps Mac-Mahon est arrivée au camp de Châlons. Le maréchal lui-même, croyant la gare de Blesmes

---

(1) *Revue d'Histoire*, III, 1903, p. 663.
(2) *Id., ibid.*, p. 662, 10 heures du soir.
(3) *Id.*, II, 1905, p. 157. M. Germain Bapst (V, p. 444) porte que ce télégramme arrivait à 5 h. 20 à Metz; il le résume sous une forme quelque peu inexacte : « Je serai demain à Bar-sur-Aube avec toute la cavalerie. J'attends vos ordres à Bar-sur-Aube ».

menacée, paraît avoir pris, avec les dernières divisions de son corps d'armée, le chemin de Bar-sur-Aube.

« J'ignore quand il arrivera. Le ministre de la guerre a écrit au maréchal une dépêche portant suscription *très urgent*. J'ai ouvert cette lettre qui parle de la composition d'une armée à Châlons et, en termes généraux, d'une combinaison entre cette armée, quand elle sera constituée, et celle de Votre Excellence. Je m'empresse de vous prévenir, afin que vous sachiez que vos prescriptions ne pourraient pas être actuellement communiquées au maréchal de Mac-Mahon. L'arrivée de ce dernier vous sera aussitôt signalée par le télégraphe » (1).

Enfin un troisième télégramme, daté de Joinville à 4 heures du soir et signé Mac-Mahon, portait: « La ligne de Blesmes est rouverte. Les trois divisions du 1er corps et l'infanterie du corps Failly continuent par trains sans interruption; elles arriveront ce soir à Châlons et Vitry. La cavalerie et l'artillerie du 1er corps arriveront au camp de Châlons le 19, celles du corps Failly arriveront le 18 à leur destination » (2).

D'après M. Germain Bapst (3), le contenu de ces trois télégrammes aurait fait longuement réfléchir Bazaine, surtout celui mentionnant une opération à combiner avec le maréchal. Depuis qu'il était commandant en chef, il s'était constamment efforcé de fuir les responsabilités. Celle d'un mouvement de grande envergure l'effrayait.

---

(1) 12 h. 25 du matin, *Revue d'Histoire*, I, 1904, p. 714. D'après M. Germain Bapst, V, p. 444, ce télégramme arriva en double expédition à Metz (3 h. 15 et 4 h. 55 du soir). Si ces heures sont exactes, il faudrait dater la dépêche de 12 h. 25 du soir, contre ce que fait la *Revue d'Histoire*.
(2) *Revue d'Histoire*, II, 1905, p. 158.
(3) V, p. 445 et suiv.

Combiner des opérations avec un autre?... « Comment avouerait-il que son cerveau en est incapable? En outre, il veut agir seul, il n'entend confier à personne ce qu'il fait, ne donner à ses actions que les motifs qui lui conviendront. Il ne veut pas que son chef d'état-major sache quoi que ce soit de ses agissements, et il lui faudrait s'en ouvrir au maréchal de Mac-Mahon et s'entendre avec lui! » Ces considérations le décident : il va se retirer sous Metz.

Cette hypothèse est vraisemblable, mais aucun témoignage ne la confirme. A vrai dire, il serait impossible qu'il en fût autrement, Bazaine s'étant gardé de faire connaître le mobile réel de ses actes.

Quoi qu'il en soit, le général Desvaux, resté sans ordres près du bois des Ognons, croyait devoir demander directement ceux du maréchal. Il rendait compte qu'au dire des habitants d'Ars de nombreuses troupes allemandes traversaient la Moselle depuis le soir et se dirigeaient sur Mars-la-Tour. Bazaine remerciait Desvaux de ce renseignement et lui annonçait sous peu des instructions (1). Il est à croire que ce compte rendu contribuait à fixer sa décision.

Sur les entrefaites, Soleille prenait les dispositions voulues par les ordres antérieurs. Par un scrupule de régularité, singulier en la circonstance, il faisait présenter par le commandant Sers un ordre écrit au sujet du tranport des munitions par les voitures de l'intendance. Bazaine signait sans observation.

Le général Soleille était alité à la suite d'une chute de cheval, faite dans la journée. Il avait à peine reçu cet ordre et envoyé deux lettres dans le même sens à Coffinières et au directeur de l'artillerie à Metz, qu'un nouveau

---

(1) Germain Bapst, V, p. 448-449.

scrupule lui venait. Il faisait appeler son chef d'état-major, colonel Vasse Saint-Ouen, et le chargeait d'aller dire au maréchal qu'à son estimation, la consommation des munitions avait été « considérable »; qu'elle devait s'élever « au tiers ou au quart de l'approvisionnement de l'armée ». Il proposait, en conséquence, d'en envoyer chercher la nuit même à Metz (1). Mais, c'est justement l'ordre que venait de donner Bazaine, au vu et au su de Soleille. On doit donc se demander si ses intentions n'allaient pas au delà et si Vasse Saint-Ouen n'a pas volontairement restreint la portée de sa communication.

D'ailleurs, l'appréciation de Soleille ne pouvait qu'être approchée, faute de renseignements positifs (2). Elle frappait néanmoins le maréchal qui disait à un officier d'état-major : « Notre situation n'est pas brillante! » (3).

A coup sûr, ce renseignement contribuait puissamment à faire cesser son irrésolution. Il y croyait trouver une raison péremptoire, de nature à faire taire toute opposition. C'était à tort. Outre qu'une consommation du tiers ou du quart de nos munitions permettait largement « une nouvelle journée de lutte », contre l'allégation du maréchal, il n'est pas douteux que le commandant en chef était mal renseigné. La vérité est que les munitions sont

---

(1) Déposition Vasse Saint-Ouen à l'instruction du procès Bazaine, *Revue d'Histoire*, II, 1904, p. 212. Le journal du général Soleille (*ibid.*, I, 1904, p. 689) montre que telles sont bien ses idées. Voir dans le même sens la *Revue d'Histoire*, II, 1904, p. 223 et les *Épisodes*, p. 94. M. Germain Bapst, V, p. 452, porte que la consommation « doit s'élever du tiers à la moitié de l'approvisionnement des batteries ». Il met ces expressions dans la bouche de Vasse Saint-Ouen, sans indiquer ses références.

(2) Déposition Soleille à l'instruction (*ibid.*).

(3) Déposition Vasse Saint-Ouen à l'instruction (*ibid.*). Voir le Rapport Rivières, *Procès Bazaine*, p. 190.

loin de faire défaut le soir du 16 août. Sans doute l'artillerie du 2ᵉ corps a consommé une très forte proportion de ses projectiles (1). Mais elle a commencé de se ravitailler dès l'après-midi du 16 et dispose de moitié environ de son approvisionnement total (2). Les batteries des autres corps d'armée sont dans une situation beaucoup plus favorable (3). La grande masse de l'armée serait apte à combattre le matin du 17 ou pourrait le devenir à bref délai. D'ailleurs, en dépit des défaillances que nous avons signalées, l'état moral est bon dans l'ensemble, surtout à la droite. On s'imagine avoir combattu avec l'infériorité du nombre (4), tant d'audace de l'ennemi nous en a imposé. On est heureux d'avoir pu, du moins sur une partie du champ de bataille, conserver ses positions, et l'on voit un vrai succès dans ce mince avantage, tant le début de la campagne nous a enseigné à limiter nos ambitions.

Il y a là une erreur évidente. Depuis le 14, notre objectif essentiel est la Meuse. La journée du 16 a compromis, sinon rendu impossible, cette retraite. Des trois routes de Metz à Verdun, l'une nous est interdite, celle de Mars-

---

(1) 80 p. 100 (batteries de 4); 95 p. 100 (batteries de 12); 26 p. 100 (batteries à balles) (*Revue d'Histoire*, II, 1904, p. 202, et I, 1905, p. 197).

(2) 47 p. 100 de coups de 4; 49 p. 100 de 12; 88 p. 100 de canons à balles (*Revue d'Histoire, loc. cit.*).

(3) *Revue d'Histoire*, II, 1904, p. 202 et suiv.; I, 1905, p. 199 et suiv. Cf. le Rapport Rivières, *Procès Bazaine*, p. 190. Il en résulte que l'armée traînait avec elle le matin du 16 106.493 obus de 4 et de 12; elle en consomma 26.000 au plus le 16; il en restait donc 80.493 au moins et l'arsenal de Metz pouvait en fournir immédiatement 12.400. Quant aux cartouches, sur plus de 17 millions 500.000, on en brûla seulement un million le 16.

(4) Le Bœuf lui-même croyait que nous avions combattu *seize* divisions d'infanterie au lieu de *six* (Voir son billet à Bazaine, *Revue d'Histoire*, III, 1903, p. 664).

la-Tour. Les routes d'Etain et de Briey nous restent encore, il est vrai, et nous pourrions en faire usage dans la nuit du 16 au 17 et la journée suivante. Mais, devant un ennemi menaçant notre flanc, cette retraite exigerait des sacrifices en hommes et en matériel. Sans des précautions indispensables, elle dégénérerait aisément en déroute.

Ainsi le 16 août est un incontestable succès stratégique pour les Allemands. En dépit d'affirmations contraires, celles des généraux Frossard, Fay, Jarras, Lewal, par exemple, c'est aussi pour eux un succès tactique, si chèrement disputé qu'il ait été. Nous avons perdu la plupart de nos points d'appui du début. Sauf devant le 4e corps, tous nos efforts se sont brisés à l'attaque des positions enlevées par l'ennemi, série d'échecs d'autant plus graves que nous avions une grande supériorité du nombre. C'est là un fait sur lequel on ne saurait trop insister. Il permet d'apprécier la part du haut commandement allemand dans le succès de ses troupes. Les Ire et IIe armées comptent 280.000 combattants; elles ne peuvent en jeter que 60.000 contre Bazaine: « Jamais capitaine ne s'est trouvé dans des conditions plus merveilleuses... pour confondre les opérations dites concentriques et... inculquer à un adversaire imprudent... la notion de la ligne intérieure (1). »

Malheureusement, le maréchal est loin de comprendre son rôle. Il le rabaisse à d'infimes détails, plaçant personnellement des batteries, des bataillons, risquant d'être enlevé comme un sous-lieutenant par les hussards prussiens. Il témoigne d'inquiétudes incompréhensibles pour ses communications avec Metz et ne s'occupe en rien de conserver celles avec Verdun, son objectif apparent. Com-

(1) Karl Bleibtreu, *La légende de Moltke*, traduction, p. 56 et *passim*.

me un nageur novice, il paraît craindre de perdre pied, de se lancer en pleine eau. Sa gauche l'occupe à tel point qu'il néglige entièrement sa droite, l'aile décisive, où la victoire s'offre à lui. Son incapacité à exercer un grand commandement est évidente, et il doit s'en rendre compte.

D'après Jarras (1), l'opinion dominante est celle d'un succès. Pourtant, parmi les personnalités compétentes, très peu demandent la continuation de la marche directe sur Verdun. Aucune, il est vrai, ne réclame la retraite sous Metz. Le sentiment le plus répandu, de beaucoup, est qu'il convient d'éviter une nouvelle rencontre et pour cela conduire l'armée vers le Nord, par Briey et Longuyon. Cette idée ambiante ne pèse d'aucun poids sur les résolutions de Bazaine, en dépit des apparences.

A 11 heures, il écrit à l'Empereur la lettre suivante :

« Sire,

« Ce matin, à 9 heures, l'ennemi a attaqué la tête de nos campements, à Rezonville. Le combat a duré depuis ce moment jusqu'à 9 heures du soir. Cette bataille a été acharnée.

« Nous sommes restés sur nos positions, après avoir éprouvé des pertes sensibles.

« La difficulté aujourd'hui gît principalement dans la diminution de nos parcs de réserve et nous aurions peine à supporter une journée comme celle du 16 avec ce qui nous reste dans nos caissons. D'un autre côté, les vivres sont aussi rares que les munitions, et je suis obligé de me reporter sur la ligne de Vigneulles à Lessy pour me ravitailler....

« Il est très probable, selon les nouvelles que j'aurai de

---

(1) *Souvenirs* cités, p. 111-114.

la concentration des armées des Princes, que je me verrai obligé de prendre la route de Verdun par le Nord.

« J'espère que V. M. aura fait sans accident la route jusqu'à Etain et qu'elle pourra également gagner Verdun. J'aurai l'honneur de la tenir, autant que possible, au courant de mes mouvements.

« La concentration des 3° et 4° corps n'était pas complète quand l'attaque a commencé. Ce n'est que dans l'après-midi que le maréchal Le Bœuf et le général de Ladmirault ont pu arriver sur le terrain de l'action, en opérant, par mes ordres, un mouvement tournant sur la gauche de l'ennemi, qui a été obligé de se replier sur sa droite... (1) ».

Il n'y a pas lieu d'insister sur les inexactitudes que contient ce document. Elles sautent aux yeux. Si Le Bœuf et Ladmirault ont opéré « un mouvement tournant », Bazaine n'y est pour rien. D'ailleurs ce prétendu « mouvement tournant » n'a jamais existé. Il aurait dû être et ne fut pas.

La ligne Vigneulles - Lessy est sous le canon même des forts, en sorte que le maréchal avoue, dès maintenant,

(1) Le texte de cette dépêche diffère sensiblement dans l'*Enquête parlementaire*, Dépositions, IV, Bazaine, p. 186; dans le Rapport Rivières, *Procès Bazaine*, p. 190; dans *L'Armée du Rhin*, p. 60; dans la *Revue d'Histoire*, III, 1903, p. 665, et II, 1904, p. 212. La *Revue d'Histoire* mentionne la ligne de Rozérieulles-Saint-Privat au lieu de celle Vigneulles-Lessy. Le texte lu au procès Bazaine, interrogatoire du 10 octobre, porte bien Vigneulles-Lessy avec le paragraphe relatif aux 3° et 4° corps comme *post-scriptum*. Le maréchal expliqua la mention Vigneulles-Lessy par une erreur de copiste, ce qui est absolument invraisemblable, d'autant que sa lettre paraît être autographe. Voir le *Compte rendu sténographique quotidien*, p. 65-66; *Ibid.*, Réquisitoire, p. 487. Le texte lu par Lachaud dans sa plaidoirie et celui de *L'Armée du Rhin* portent également Vigneulles-Lessy. Il est au moins surprenant que la Section historique ait accrédité une version visiblement inexacte.

l'intention de s'abriter sous Metz (1), alors qu'il n'y est aucunement forcé. De plus, il n'y a guère que trois kilomètres entre ces deux points. C'est sur un espace aussi restreint que Bazaine prétend concentrer cinq corps d'armée, c'est-à-dire quinze divisions d'infanterie. L'espace matériel leur fera défaut. Enfin, comment faire cadrer cette retraite sur la ligne Vigneulles - Lessy avec l'intention de marcher sur la Meuse par le Nord?

Les raisons que Bazaine met en avant sont de valeurs inégales. Nous avons parlé du manque de munitions. La seule excuse du maréchal est qu'il a été mal renseigné par le général Soleille. Pour les vivres, les apparences sont plus trompeuses. Dès le matin du 16, le commandant en chef sait que certaines troupes ont consommé leurs rations de réserve. L'intendance lui transmet, au sujet des 2e et 6e corps, des renseignements au moins exagérés, qui pèsent sans doute sur sa décision. La réalité est moins triste. Non seulement les convois arrivés sur le plateau portent plus de vivres qu'il n'en faudrait pour les deux journées des 17 et 18 août, mais d'autres ressources sont à proximité, soit sous Metz, soit à Verdun (2). Si l'armée combattait le 17 ou si elle se dérobait vers la Meuse, sa

---

(1) Voir, au sujet des intentions de Bazaine, les documents cités par la *Revue d'Histoire*, II, 1904, p. 645 et 646 : *Conseil d'enquête sur les capitulations*, Rapport du général d'Autemarre; Déposition du capitaine Jung au *Procès Bazaine; Note* du maréchal Canrobert; *Dépositions* du maréchal Canrobert à l'instruction du procès Bazaine, 14 octobre 1872, et au Conseil d'enquête sur les capitulations, 28 février 1872; *Relation* du général Henry, chef d'état-major du 6e corps; *Déposition* du général de Ladmirault devant le Conseil d'enquête, 23 février 1872.

(2) *Revue d'Histoire*, II, 1904, p. 202 et suiv.; I, 1905, p. 177 et suiv. Le convoi du grand quartier général, à lui seul, porte le 16 au soir 173.000 rations de pain et de biscuit, 156.000 rations de farine (Rapport Rivières, *Procès Bazaine*, p. 191). Le maréchal a d'ailleurs

subsistance serait assurée, à une condition toutefois, c'est que des ordres fussent donnés pour le ravitaillement. Le maréchal s'en tient à des indications vagues (1), et la centralisation qui nous étouffe empêche ses subordonnés d'y suppléer par leur initiative.

Il est au moins surprenant que Bazaine se contente de communiquer par lettre, à l'Empereur seulement, une résolution aussi importante (2). Pourquoi ne pas télégraphier au ministre de la Guerre que nous manquons de munitions et de vivres? Il serait encore possible d'y remédier. On est donc conduit à croire que cette pénurie n'est qu'un prétexte. Le maréchal entend se retirer sous Metz, parce qu'il craint la responsabilité d'opérations en rase campagne; il sent confusément son infériorité et la dissimule en agissant le moins possible. Au 16 août, les raisons politiques n'influent probablement pas encore sur ses décisions. Son ambition n'y est pas davantage intéressée, mais bien son indécision, sa paresse d'esprit. Sous le canon des forts, la vie sera plus facile que sur les routes de Verdun. Son armée y restera intacte sans peine et sa réputation n'aura pas à en souffrir.

---

reconnu, à l'instruction, que les vivres ne manquaient pas; mais il fallait les distribuer de façon à nous débarrasser de notre immense convoi (*ibid.*).

(1) Lettre au général Coffinières, 10 heures du soir; Le même au même, sans heure, annonçant l'envoi du capitaine Fix (*Revue d'Histoire*, III, 1903, p. 662).

(2) Voir le Rapport Rivières, *Procès Bazaine*, p. 192, et Germain Bapst, V, p. 456-457. Un secrétaire d'ambassade, lieutenant de mobiles, M. Belle, attaché à l'état-major général, porta cette lettre à Verdun par Etain. Elle ne parvint à l'Empereur que dans la journée du 17, au camp de Châlons. M. Belle était porteur de ce document, d'une lettre du ministre de la Guerre demandant une série de cartes des environs de Metz, d'une lettre d'un diplomate, M. Debains pour le ministère de l'Intérieur. Si M. Belle avait été envoyé par le chemin de fer des Ardennes, il serait arrivé plus tôt au camp.

D'autre part, il se peut aussi qu'il y ait dans son cas une certaine timidité, jointe à la tendance au mensonge que nous avons signalée. Il a promis à l'Empereur de marcher sur Verdun et n'ose déclarer qu'il y renonce. Il va donc lui donner à croire que son intention est restée la même, trompant ainsi son souverain, le ministre de la Guerre et Mac-Mahon, contribuant pour une grande part au désastre où sombrera l'armée de Châlons.

Il a subi plus que personne l'impression morale de nos défaites ; il avait déjà ressenti profondément celle de Sadowa. Il est donc tenté d'exagérer les forces de l'ennemi et de rabaisser les siennes. D'où une nouvelle tendance à l'immobilité qui, d'ailleurs, se concilie avec son goût pour la défensive. Pour lui la victoire se conçoit uniquement sous cette forme. Or, les emplacements que l'armée occupe le soir du 16 août n'ont rien des positions classiques si souvent envisagées par le maréchal. C'est une autre raison de regagner les environs immédiats de Metz.

Il a chargé le colonel Lewal de faire venir Jarras auprès de lui. Avec le capitaine Fix, le général se rend, vers 11 heures 30, à l'auberge Plaisant, où ils trouvent le maréchal dans une petite pièce, éclairée par deux bougies. Il n'y a là, autour d'une table, que les deux neveux de Bazaine et un officier qui écrit sous sa dictée. Le maréchal parle d'une voix un peu sourde, s'interrompant pour consulter la carte ou faire relire. Malgré sa vigueur physique, il est visiblement fatigué et lutte avec peine contre le sommeil, au point que Jarras murmure entre ses dents: « Il dort! »

A son arrivée, le chef d'état-major général était loin de s'attendre à voir l'armée revenir sur ses pas. Il éprouve donc un sentiment de pénible surprise à l'audition de l'ordre de Bazaine et en entrevoit les funestes conséquences. Mais l'affirmation relative au manque de vivres et de munitions l'amènerait à refouler toute objection, s'il était tenté d'en formuler.

L'ordre pour le 17 est ainsi conçu :

« ...La grande consommation qui a été faite dans la journée d'aujourd'hui de munitions d'artillerie et d'infanterie, ainsi que le manque de vivres pour plusieurs jours, ne nous permettent pas de continuer la marche qui avait été tracée. Nous allons donc nous porter sur le plateau de Plappeville. Le 2ᵉ corps occupera la position comprise entre le Point-du-Jour et Rozérieulles. Le 3ᵉ corps se placera à droite, à la hauteur de Châtel-Saint-Germain, qu'il laissera en arrière. Le 4ᵉ, sur la droite du 3ᵉ, vers Montigny-la-Grange et Amanvillers. La Garde à Lessy et Plappeville, où sera le grand quartier général. Le 6ᵉ corps sera à Vernéville. La division du Barail suivra le mouvement du 6ᵉ corps à Vernéville et la division de Forton s'établira avec le 2ᵉ corps. Le mouvement devra commencer le 17, à 4 heures du matin, et sera couvert par la division Metman, qui tiendra la position de Gravelotte et ira ensuite rallier son corps en passant par l'auberge de Saint-Hubert....

« Dans le cas où l'ennemi entreprendrait une attaque sur une des directions à parcourir, le mieux serait d'indiquer comme point de ralliement le plateau qui est au-dessus de Rozérieulles, entre Saint-Hubert et le Point-du-Jour. De là, on pourra se porter sur les campements indiqués plus haut... » [minuit 30] (1).

---

(1) *Revue d'Histoire*, III, 1903, p. 666-667. Jarras nota sur son calepin l'ordre suivant qui montre combien le maréchal était pressé de rentrer sous Metz : « A 3 heures du matin, les bagages du grand quartier général avec le grand prévôt se dirigeront sur Plappeville et se grouperont sur les hauteurs » (Germain Bapst, V, p. 461).

On remarquera la rédaction de cet ordre, ses lacunes graves. Bazaine, qui l'a établi en dehors de l'état-major général, s'est borné à indiquer de la façon la plus vague, dans les termes les plus impropres, les emplacements des grandes unités. Il n'y est plus question de la ligne de Vigneulles à Lessy, mais bien de celle de Rozérieulles à Amanvillers. Sans doute, le maréchal ne considère cette dernière que comme provisoire. Il n'a pas voulu laisser voir à l'armée son intention réelle et se réserve de l'acheminer ensuite sur ses emplacements définitifs. Nous le verrons dès le 17 préparer cette retraite.

D'autre part, il a simplement tenu compte de l'ordre de bataille pour régler les emplacements de ses corps d'armée. S'il avait, comme il le devait absolument, pris en considération leurs emplacements présents, il les aurait placés dans l'ordre suivant : 2º, 6º, 3º, 4º corps et la Garde en réserve. La répartition qu'il adopte conduira nécessairement à des croisements, à du désordre et à des retards. Il ne donne aucune prescription concernant les itinéraires. Il ne s'occupe pas des convois qui gêneront notre marche. Il porte le 6º corps à Vernéville, disposition d'autant plus singulière que ce corps d'armée est incomplet et affaibli par la bataille du 16. Il prétend ainsi protéger la retraite du 4º corps (1), qui en a moins besoin que tout autre. Mais Vernéville est en flèche par rapport à notre future ligne de bataille. Y laisser un corps d'armée serait le vouer à l'enveloppement et sans doute à un désastre. N'y a-t-il pas là une arrière-pensée de la part de Bazaine, un indice de malveillance sournoise à l'égard d'un collègue beaucoup plus ancien, plus aimé et qui pourrait, dans certaines éventualités, gêner ses projets?

---

(1) Dépêche de Bazaine reçue vers 3 heures du matin par Canrobert, *Revue d'Histoire*, II, 1904, p. 395; *Épisodes*, p. 96-98.

En outre l'ordre de minuit 30 ne prévoit aucune disposition pour couvrir la retraite, car on ne saurait considérer comme une arrière-garde suffisante la division Metman. Enfin il néglige la réserve générale d'artillerie et les équipages de ponts, ainsi que la veille.

Quand le maréchal a terminé sa dictée, il lève la tête et dit : « Voilà! si quelqu'un juge qu'il y a mieux à faire, qu'il parle. » Un silence respectueux se fait. Puis Bazaine reprend : « D'ailleurs, il faut sauver l'armée et pour cela retourner sur Metz (1). » De nouveau, aucun des assistants ne risque une objection, bien que, pour Jarras, ce soit un devoir étroit s'il ne partage pas les vues de son chef. Les destinées de notre pays sont pourtant en jeu et la retraite sous Metz est bien près de les sceller irrévocablement!

Après le départ de Jarras, Bazaine dictait le billet suivant pour Coffinières :

« Mon cher général, le capitaine Fix, que j'envoie à Metz, vous donnera les détails que je ne puis vous exposer dans cette lettre. Veuillez aider l'intendance et l'artillerie dans les demandes qui vous seront adressées pour satisfaire aux exigences du service.

« Agréez, etc.

« P.-S. — J'établirai demain mon quartier général à Plappeville (2). »

En outre, il faisait inviter « le général Coffinières à pousser en avant les convois qui n'avaient pas rejoint », prescription vraiment inexplicable, car elle devait néces-

---

(1) Général Jarras, p. 111-117; Colonel Fix, *Souvenirs d'un officier d'état-major, Lecture du 18 mars 1899*, p. 261-262.
(2) Colonel Fix, *loc. cit.* M. Germain Bapst, V, p. 462, ne reproduit pas la fin de la 2e phrase.

sairement amener un grand désordre, les convois affluant dans un sens opposé à la marche des troupes.

A 2 heures du matin, le capitaine était à Metz. Coffinières avait jusqu'alors reçu des renseignements tout autres, tant de ses propres observateurs que du maréchal lui-même. Pourtant il apprenait, avec « une tranquillité » surprenante, la décision qui venait d'être prise et renvoyait à 7 heures du matin le soin de prendre les dispositions qu'elle comportait. Au cours d'une conférence qu'il avait alors avec plusieurs officiers, en présence de Fix, il manifestait un profond découragement en apprenant qu'il restait dans Metz deux ou trois millions de cartouches seulement (1). Il préludait ainsi au rôle qu'il allait jouer durant tout le blocus de Metz.

Les opinions les plus opposées ont été émises au sujet de ce qu'aurait dû faire Bazaine le 17 août. Mais, en général, on s'accorde à penser que toute autre combinaison eût été préférable à celle qu'il adopta. Le général Frossard croit qu'il aurait été difficile de continuer sur Verdun. « Mieux valait... tenter encore une fois le sort des armes sur place et poursuivre sa marche en cas de succès (2). » La grande masse des troupes est à même de reprendre l'attaque dès le lendemain, et l'attitude de l'ennemi montrera suffisamment ses craintes à cet égard. Mais admettons un instant que la solution la plus énergique,

---

(1) Colonel Fix, *loc. cit.* Ce renseignement était d'ailleurs inexact, comme nous le verrons.

(2) Général Frossard, *loc. cit.*, p. 101; Général Montaudon, II, p. 108. Le jour de la reddition de Metz, un colonel de la Garde causa quelque temps avec Frédéric-Charles. Le prince demanda quel motif avait eu Bazaine de ne pas reprendre l'attaque le 17 et avoua qu'il l'avait craint toute la matinée (Général d'Andlau, p. 75). Voir aussi le prince de Hohenlohe, *Lettres sur la stratégie*, traduction, II, p. 379, et *Lettres sur la cavalerie*, traduction, p. 29.

c'est-à-dire l'offensive sur les têtes de colonnes allemandes, soit impossible. Pourquoi, au lieu du changement de front en arrière que nous allons faire sur notre gauche, ne pas opérer un mouvement identique sur notre droite? Nous verrons que le premier sera effectué sans aucune difficulté, malgré l'absence de préparation et grâce à l'inaction de l'ennemi. La retraite au nord-ouest ne serait pas gênée davantage (1). Elle présenterait même ce côté favorable de nous conduire derrière une ligne de défense assez sérieuse, l'Orne. Il faudrait faire filer nos convois la nuit même ou, mieux encore, nous en débarrasser en les dirigeant sur Metz. Les troupes marcheraient au nord-ouest, en commençant par les 2ᵉ et 6ᵉ corps, qui gagneraient Auboué et Moineville, la Garde masquant leur retraite. Quant au 3ᵉ corps, il se porterait sur Hatrize par Doncourt-en-Jarnizy, couvert par la division Metman. Le 4ᵉ, formant arrière-garde générale avec une forte proportion de cavalerie, se retirerait le dernier sur Conflans. Le 18, l'armée tiendrait derrière l'Orne, ou mieux continuerait sa retraite jusqu'aux Côtes de Meuse. Les Allemands, déjà obligés par la bataille du 16 à un changement de front perpendiculaire, seraient dans de mauvaises conditions pour en effectuer un second à notre poursuite.

Ainsi mieux vaudrait, de beaucoup, reprendre l'offensive sur place ou continuer la retraite vers Briey. Mais en admettant que l'armée soit contrainte, pour se ravitailler, de se rapprocher de Metz, il serait au moins nécessaire de prendre les dispositions voulues, et nous avons vu combien l'ordre de minuit 30 est insuffisant.

Quel peut être le but du maréchal en occupant ce

---

(1) W. (Général de Waldner-Freundstein), *Rezonville*, p. 19; Général Jarras, p. 365.

qu'il appellera ensuite, non sans exagération, les lignes d'Amanvillers ? Voici ce qu'il écrit : « Ma pensée, en établissant l'armée dans les positions de Rozérieulles à Amanvillers, était d'y attendre l'ennemi. Les combats précédents m'avaient montré qu'une, peut-être deux batailles défensives, dans des positions que je considérais comme inexpugnables, useraient les forces de mon adversaire, en lui faisant éprouver des pertes très considérables, qui, répétées coup sur coup, l'affaibliraient assez pour l'obliger à me livrer passage sans pouvoir s'y opposer sérieusement.

« En me maintenant sur le plateau... je me réservais toute facilité pour m'engager dans la direction de Briey, qui, répétées coup sur coup, l'affaibliraient assez pour voir entreprendre cette nouvelle opération le 19 ou le 20... (1). »

Tout ce bel échafaudage s'écroule brusquement devant un seul fait : la retraite préparée sur Vigneulles - Lessy. Elle montre ce qu'il faut penser de la marche sur Briey, puis sur la ligne des Ardennes, dont Bazaine bernera l'armée, l'Empereur et son collègue Mac-Mahon.

De la discussion qui précède, nous conclurons que l'ordre de minuit 30 trahit, de la part du maréchal, une totale insuffisance technique, aggravée par une non moindre absence de sens moral.

---

(1) *L'Armée du Rhin*, p. 66. Voir aussi *Enquête parlementaire*, Dépositions, IV, Bazaine, p. 187; *Episodes*, p. 95.

VIII

SAINT-PRIVAT

Le 17 août, le mouvement de l'armée s'opère dans un désordre extrême, quoique l'ennemi reste inactif. Il se borne à terminer sa concentration. Les habitants, l'observatoire de la cathédrale et les forts sont unanimes à signaler des mouvements presque ininterrompus au sud de la ville. L'ennemi passe la Moselle afin de gagner le plateau de Gravelotte. Pourtant, « pas un avis n'est envoyé aux commandants de corps, pas un ordre n'est donné, pas une disposition n'est prise pour le cas d'une attaque de l'ennemi; on se repose sur les instructions générales de la veille... (1). » Tout l'effort de Bazaine se borne à une correspondance très active avec l'Empereur, le ministre de la Guerre et même le maréchal de Mac-Mahon.

Napoléon III est parti de Gravelotte affectant une confiance entière : « L'armée est réunie et pleine d'ardeur. » — « Tout va de mieux en mieux (2). » L'absence de nouvelles ne tarde pas à modifier ces impressions, si elles sont sincères. Le 17, dans la matinée, l'Empereur réclame des renseignements au maire d'Etain. Un peu plus tard, nouvelle demande, cette fois au général Coffinières. La réponse n'est pas rassurante : « Hier 16, il y a eu une affaire très sérieuse du côté de Gravelotte. Nous avons eu l'avantage dans le combat, mais nos pertes sont grandes. Le maréchal s'est concentré sur Metz et campe sur les

---

(1) Général d'Andlau, p. 84.
(2) L'Empereur à l'Impératrice; Le Prince impérial à l'Impératrice, 16 août, *Papiers et Correspondance*, I, p. 421.

hauteurs de Plappeville. Nous demandons du biscuit et de la poudre. Metz est à peu près bloqué (1). »

Ce télégramme laconique, où de cruelles vérités semblent être mal dissimulées, ne satisfait pas l'Empereur. Il réclame plus de détails (4 h. 13 du soir). Avant d'avoir reçu cette demande, Bazaine rompt enfin son mutisme (2). A 4 h. 30, il adresse à Napoléon III ce télégramme chiffré : « J'ai eu l'honneur d'écrire à Votre Majesté hier soir pour l'informer de la bataille soutenue de neuf heures du matin à huit heures du soir, contre l'armée prussienne qui nous attaquait dans nos positions de Doncourt à Vionville. L'ennemi a été repoussé et nous avons passé la nuit sur les positions conquises.

« La grande consommation qui a été faite de munitions d'artillerie et d'infanterie, la seule journée de vivres qui restait aux hommes, m'ont obligé à me rapprocher de Metz pour réapprovisionner le plus tôt possible nos parcs et nos convois.

« J'ai établi l'armée du Rhin sur les positions comprises entre Saint-Privat-la-Montagne et Rozérieulles. Je pense pouvoir me remettre en marche après-demain, en prenant une direction plus au nord, de façon à venir déboucher sur la gauche de la position d'Haudiomont,

---

(1) 2 h. 5 du soir, *Revue d'Histoire*, II, 1904, p. 226.
(2) A 2 h. 15, il avait envoyé au ministre le télégramme suivant : « Nous avons été attaqués le 14 dans nos lignes devant Borny, au moment où une partie de l'armée était déjà sur la rive gauche de la Moselle. Hier, 16 août, une bataille a été soutenue de neuf heures du matin à huit heures du soir, sur la position que nous occupions entre Doncourt et Vionville, contre les corps réunis du prince Frédéric-Charles et du général Steinmetz. L'ennemi a été repoussé dans les deux rencontres en subissant des pertes considérables. Les nôtres sont sensibles » (Rapport Rivières, *Procès Bazaine*, p. 199). Ainsi Bazaine attendait au 17 après midi pour rendre compte de la bataille du 14 !

dans le cas où l'ennemi l'occuperait en force pour nous barrer la route de Verdun et pour éviter des combats inutiles qui retardent notre marche.

« Le chemin de fer des Ardennes est... libre jusqu'à Metz, ce qui indique que l'ennemi a pour objectif Châlons et Paris. On parle toujours de la jonction des armées des deux princes. Nous avions devant nous hier le prince Frédéric-Charles et le général Steinmetz (1). »

On voit que le maréchal contredit sur un point important son rapport du 16 à 11 heures du soir. Il ne s'agit plus de la ligne de Vigneulles à Lessy, mais de celle de Saint-Privat à Rozérieulles. Il s'efforce d'expliquer de son mieux la retraite de l'armée après un succès, en faisant intervenir les motifs déjà donnés la veille, « la grande consommation de munitions et le défaut de vivres ». Il annonce l'intention de se mettre en marche le 19, plus au nord. Mais comment peut-il songer à se frayer un passage dans cette direction, si les Allemands, renforcés les 17 et 18, doivent, comme il est certain, chercher à l'arrêter, alors que le 16, avant d'avoir reçu ces renforts, ils lui ont interdit la route de Mars-la-Tour? Que signifie la mention de la « position d'Haudiomont », qui barre, en effet, cette dernière à hauteur des Côtes de Meuse? Aucun renseignement n'y indique la présence de l'ennemi, que l'on sait au contraire dans le voisinage immédiat de l'armée. La prétendue intention de marcher le 19 vers le nord cadre mal, en vérité, avec celle, à peine dissimulée, de se replier sous Metz à la même date.

---

(1) *L'Armée du Rhin*, p. 64; *Episodes*, p. 98. Ce texte n'est pas rigoureusement conforme à celui de la *Revue d'Histoire*, II, 1904, p. 227. Cf. *Procès Bazaine*, Plaidoirie Lachaud, p. 551 et Rapport Rivières, p. 199. Le télégramme en question est confirmé par une dépêche à l'Empereur et au Ministre de la Guerre (*L'Armée du Rhin*, p. 65).

On est donc forcé de conclure que, dans cette dépêche comme dans ses communications aux commandants de corps d'armée, Bazaine cache sa pensée véritable. Soit qu'il se croie incapable de reprendre son mouvement vers la Meuse, soit que la perspective de retomber sous la tutelle impériale l'effraye, il a maintenant l'intention très arrêtée de se replier sous Metz. La bataille défensive qu'il va livrer, et dont il escompte l'insuccès, lui permettra de justifier ce mouvement, comme le prétendu manque de vivres et de munitions le soir du 16 août.

Le télégramme du maréchal n'est pas encore parvenu à l'Empereur que ce dernier envoie une nouvelle demande de renseignements, très significative en sa brièveté : « Dites-moi la vérité sur votre situation afin de régler ma conduite ici. Répondez-moi en chiffres (1). » Évidemment l'Empereur croit qu'on lui dissimule un échec, et il n'a pas tort. Loin de se conformer à cet ordre, Bazaine prend une échappatoire. Il écrit à Napoléon III une longue dépêche contenant des renseignements, parfois fantaisistes, sur l'ennemi, et prêtant à une démonstration faite alors contre le fort de Queuleu une importance tout à fait disproportionnée. Puis le maréchal insiste sur notre manque de vivres et de munitions, non sans l'exagérer ; il confirme son intention de reprendre la marche « dans

---

(1) L'Empereur à Bazaine, télégramme chiffré, 5 h. 10 du soir (*Revue d'Histoire, loc. cit.*). Le maréchal répond : « Au moment où je reçois votre dépêche, j'écris à Votre Majesté. Le commandant Magnan part ce soir pour lui porter une lettre et lui donner de vive voix plus de détails qu'elle n'en contient » (Rapport Rivières, *Procès Bazaine*, p. 222). Magnan avait été récemment attaché à la personne de Bazaine, qui l'avait connu au Mexique. Mérimée écrit à Victor Cousin (15 mars 1865) : « Il y a eu une vilaine affaire d'argent entre le maréchal Magnan et un de ses parents. Le fils du maréchal a fait une espèce de trou à la lune ; on vient de l'envoyer au Mexique » (F. Chambon, *Lettres inédites de Prosper Mérimée*, p. 151).

deux jours, si cela est possible » et de suivre « la route de Briey. Nous ne perdrons pas de temps, écrit-il, à moins que de nouveaux combats déjouent nos combinaisons (1). »

Il semble que Bazaine s'attache à rendre plus sensibles encore les difficultés signalées dans son télégramme de 4 h. 30 et qui s'opposent à la reprise de la marche. A bien étudier ces deux documents, elle devient de moins en moins probable.

Au lieu de confier au télégraphe cette importante communication, le maréchal la remet au commandant Magnan, avec mission de la porter à l'Empereur. Nous verrons comment cet officier s'acquitte de sa tâche, mais nous devons faire remarquer, dès maintenant, que son envoi au camp de Châlons pourrait très bien se concilier avec celui d'un télégramme détaillé, de nature à satisfaire la légitime impatience de Napoléon III. Le procédé dont Bazaine fait choix a pour premier résultat de laisser le souverain sans nouvelles de l'armée jusqu'à l'arrivée de Magnan, c'est-à-dire jusqu'à la matinée du 18.

Cependant, sous Metz, le maréchal préparait l'exécution du projet de retraite sur la ligne Vigneulles - Lessy, formé dès le soir du 16 août. Il envoyait le colonel Lewal reconnaître nos futurs emplacements. Le matin du 18, à 10 heures, les sous-chefs d'état-major de corps d'armée et cet officier se réunissaient à Châtel-Saint-Germain (2).

---

(1) Bazaine à l'Empereur, 17 août (écrit après 6 h. 30, pendant la canonnade de Queuleu, *Revue d'Histoire*, II, 1904, p. 228). Le texte publié par la *Revue d'Histoire* diffère très sensiblement de celui de *L'Armée du Rhin*, p. 65. Ce dernier est visiblement altéré.

(2) Général Jarras, p. 127. L'ex-maréchal reconnaît ce fait, tout en alléguant qu'il s'est conformé au *Service en campagne* (titre XIII) en ce qui concerne la ligne de retraite (*Episodes*, p. 105). Voici le texte de l'article 134, titre XIII, de l'ordonnance du 3 mai 1832

Bazaine tentait d'expliquer ces dispositions inusitées en invoquant les plus singuliers prétextes (1).

La reconnaissance avait lieu, mais des retards se produisaient, en sorte qu'elle commençait à 11 heures et demie seulement. Déjà Lewal avait indiqué les emplacements réservés aux corps d'armée. La canonnade ayant commencé peu après, les sous-chefs d'état-major regagnaient leur poste et Lewal continuait seul jusqu'à Woippy. Vers 5 heures, il rejoignait le maréchal au Mont Saint-Quentin.

Quoi qu'on en ait dit, il paraît certain que des ordres de retraite pour le 19 furent envoyés dans la journée du 18, peut-être par l'intermédiaire des sous-chefs d'état-major (2). L'armée allait se reporter sous le canon des forts, renonçant ainsi non seulement à se retirer vers l'ouest, mais même à retarder son investissement.

---

auquel fait allusion Bazaine : « Comme il est important de ne jamais hasarder une attaque sans avoir ses communications et sa retraite assurées, le commandant en chef prescrit à l'avance les dispositions à suivre en cas de non-réussite; il indique aux officiers généraux et aux chefs de corps les mouvements qu'ils auraient à faire dans les différentes chances qu'on peut prévoir et les positions qu'ils devraient successivement occuper... ». Il y aurait beaucoup à dire sur l'opportunité de ces prescriptions, qui n'ont pas été maintenues dans le règlement en vigueur. De plus, en les appliquant le 18 août, Bazaine s'attache à la lettre plus qu'à l'esprit de l'ordonnance. Son ordre au général de Ladmirault (18 août, *Revue d'Histoire*, IV, 1904, p. 179) porte que Lewal « a pour mission de reconnaître... les positions que l'armée devra occuper ultérieurement », quand l'ordre en sera donné. Ainsi son projet de retraite est bien réellement arrêté; il ne s'agit pas d'une simple éventualité.

(1) Lettre au maréchal Canrobert, 10 heures, *Revue d'Histoire*, IV, 1904, p. 189. Nous la reproduisons plus loin.

(2) Dans une *Note* (*Revue d'Histoire*, IV, 1904, p. 189), le général Henry écrit : « Pendant que cette bataille se livrait, le maréchal recevait la lettre ci-dessous... ». Cette lettre prescrit la retraite à opérer le 19; elle ne peut, d'après son texte, avoir été rédigée dans

Dès les premiers moments, le maréchal était informé de l'approche de l'ennemi. A 6 h. 45, Le Bœuf le faisait prévenir que des colonnes marchaient vers Doncourt. En manière de réponse, Bazaine lui prescrivait « de s'établir solidement dans sa position et de la conserver à tout prix (1) ». Vers 9 h. 30, il travaillait avec Jarras, quand survenait un autre officier du 3ᵉ corps, porteur d'un rapport de 8 h. 25 signalant la marche du gros de l'ennemi sur Saint-Marcel et le débouché de nouvelles colonnes du bois de Saint-Arnould (2). Bazaine se bornait encore à répondre que le 3ᵉ corps occupait une position très forte et que, s'il était attaqué, la résistance lui serait facile. Au surplus, Le Bœuf devrait compléter autant que possible les travaux de défense prescrits la veille (3).

Vis-à-vis de Jarras, il affectait de n'éprouver aucune inquiétude, exprimant à plusieurs reprises « l'avis que la position défensive occupée par son armée » le rassurait

---

la soirée du 18 et ne se confond donc pas avec les ordres donnés après la bataille : « Les ordres de retraite furent ensuite expédiés vers 8 heures ou 8 h. 30 du soir » (*Revue d'Histoire*, II, 1904, p. 646) et reçus dans la nuit (*ibid.*, p. 701, et III, 1904, p. 153). Plus loin, cette même revue suppose que les ordres avaient été préalablement *communiqués* aux sous-chefs d'état-major et que les commandants de corps d'armée en eurent *verbalement* connaissance dans l'après-midi. Le général Jarras expose une version analogue (p. 127-129). Quant à Bazaine (*Episodes*, p. 105), il allègue que ses « instructions » pour la retraite n'étaient que des « prévisions ». Sa lettre même de 10 heures, au maréchal Canrobert, répond à cette allégation. Il reproduit (p. 105-107) le texte de l'ordre qui paraît avoir été envoyé au 6ᵉ corps, sans indication d'heure.

(1) Note de l'état-major du 3ᵉ corps; Déposition de Le Bœuf devant le Conseil d'enquête sur les capitulations (*Revue d'Histoire*, II, 1904, p. 621).

(2) Note du maréchal Le Bœuf, *Revue d'Histoire*, III, 1904, p. 154, 233; Général Jarras, p. 119-122.

(3) Général Jarras, *loc. cit.*

« complètement sur une attaque de l'ennemi ». Il répétait qu'il ne croyait pas, de sa part, à une offensive sérieuse et surtout profitable. « La confiance du maréchal ne pouvait être ébranlée, continue Jarras, et, en ma présence, il répondit à d'autres émissaires envoyés par les commandants de corps d'armée dans des termes qui ne peuvent me laisser aucun doute... (1). »

A 10 heures, il adressait à Canrobert la lettre que nous avons déjà mentionnée. Elle vaut d'être reproduite, tant elle explique son attitude en ce jour :

« M. le maréchal Le Bœuf m'informe que des forces ennemies, qui paraissent considérables, semblent marcher vers lui; mais, à l'instant où je vous écris, il m'envoie l'extrait ci-joint du rapport de ses reconnaissances (2).

« Quoi qu'il en soit, installez-vous le plus solidement possible sur vos positions. Reliez-vous bien avec la droite du 4ᵉ corps; que les troupes soient bien campées sur deux lignes et sur un front aussi restreint que possible. Vous ferez également bien de faire reconnaître les routes qui, de Mariange, viennent déboucher sur votre extrême droite, et je prescris à M. le général de Ladmirault d'en faire autant, si possible, par rapport au village de Norroy-le-Veneur. Si, par cas, l'ennemi se prolongeant sur votre front, semblait vouloir attaquer sérieusement Saint-Privat-la-Montagne, prenez toutes les dispositions de défense nécessaires pour y tenir et permettre à toute l'aile droite de l'armée de faire un changement de front pour occuper les positions en arrière, si c'était nécessaire, positions qu'on est en train de reconnaître.

« Je ne voudrais pas y être forcé par l'ennemi et, si ce

---

(1) Général Jarras, *loc. cit.*
(2) N'est pas joint au texte reproduit. Cet extrait était sans doute négatif sur le voisinage de l'ennemi.

mouvement s'exécute, ce ne sera que pour rendre les ravitaillements plus faciles, donner une plus grande quantité d'eau aux animaux et permettre aux hommes de se laver.

« Votre nouvelle position doit vous rendre vos ravitaillements plus faciles par la route de Woippy.

« Profitez du moment de calme pour demander ou faire venir tout ce qui vous est nécessaire... (1). »

Ainsi Bazaine ne semblait tenir aucun compte des graves nouvelles que Le Bœuf lui avait communiquées à deux reprises au moins. Il affectait des inquiétudes inadmissibles pour les derrières de sa droite, suffisamment couverts par la Moselle et par Thionville. Il avouait, tout en l'enveloppant de réticences (2) et en invoquant des prétextes invraisemblables, son projet de retraite vers Metz. Dans cette hypothèse, il assignait au 6ᵉ corps un rôle d'arrière-garde bien fait pour assurer son écrasement. Comment, en effet, ce corps d'armée aurait-il pu tenir à Saint-Privat, de manière à permettre à « toute l'aile droite » de faire un changement de front en arrière, sans courir le risque d'y être enveloppé ? N'est-ce pas la même intention qui avait dicté, le 16 août, l'ordre de laisser le 6ᵉ corps à Vernéville, en flèche par rapport au reste de l'armée ? La duplicité et aussi l'incapacité de Bazaine éclatent à toutes les lignes de ce singulier document.

En réalité, le maréchal prêtait beaucoup plus d'attention qu'il ne voulait bien dire aux mouvements signalés

---

(1) *Revue d'Histoire*, II, 1904, p. 647. Ce texte et celui figurant dans la Relation du général Henry (*ibid.*, IV, 1904, p. 189) présentent certaines différences n'affectant pas le sens général. Même observation pour *L'Armée du Rhin*, p. 69.

(2) On remarquera en effet que, dans la lettre de Canrobert, la retraite est conditionnelle; elle ne l'est pas dans la lettre à Ladmirault que nous avons citée.

par Le Bœuf. Un peu avant 9 heures, l'un de ses officiers d'ordonnance, capitaine de Mornay-Soult, remettait à Bourbaki une lettre du colonel Boyer, son premier aide de camp. Bazaine « recommandait » au général de rapprocher une de ses brigades de l'intervalle entre les 2ᵉ et 3ᵉ corps. Encore cet ordre si peu positif était-il bientôt atténué par une note complémentaire (1).

Sur les entrefaites, Bazaine recevait de nouveaux renseignements, cette fois de la Garde. Elle avait détaché des reconnaissances le long de la Moselle et vers le front de Saulny-Amanvillers. Après leur rentrée, le général Desvaux adressait à Bourbaki un rapport que, dès 10 heures, celui-ci transmettait au maréchal, en l'écourtant (2). Si insignifiants qu'ils fussent, ces renseignements fixaient l'attention de Bazaine beaucoup plus que ceux relatifs au mouvement de Frédéric-Charles. Il y voyait évidemment une menace pour ses communications avec Metz, qui lui tenaient tant à cœur. Après avoir interdit à Bourbaki d'envoyer d'autres reconnaissances sur Vaux, « la cavalerie de ligne, placée en avant de la Garde, devant être naturellement chargée de ce service », il l'invitait à faire garder « sans délai » la route de Moulins à Longeville, afin que nos convois ne fussent pas inquiétés dans leurs mouvements vers Metz. De même, « trois plantons » seront envoyés « de suite » au fort du Mont Saint-Quentin. « Ils observeront ce qui se passe, notamment du côté du fort de Queuleu », et préviendront le maréchal « au fur et à mesure de leurs observations (3) ». C'est à de

---

(1) *Revue d'Histoire*, II, 1904, p. 649-650

(2) Ars-sur-Moselle est occupé en force par les Prussiens, avec leurs avant-postes en avant de Vaux ; un escadron de uhlans est entre Vaux et Sainte-Ruffine (*Revue d'Histoire*, II, 1904, p. 651).

(2) *Revue d'Histoire*, II, 1904, p. 652.

pareilles minuties que descend ce chef d'une armée de 150.000 hommes, gaspillant ainsi des heures dont la perte sera irréparable!

Il ne tardait pas à recevoir d'autres nouvelles alarmantes. Le commandant Guioth, de l'état-major général, avait été envoyé, dès 9 heures, aux 2⁰ et 3⁰ corps pour savoir si leur ravitaillement était terminé. Le Bœuf le chargeait de prévenir le maréchal qu'il faisait occuper le bois des Genivaux et que l'ennemi se déployait devant lui, « en s'étendant vers notre droite ». Au retour, Guioth voyait Frossard à Châtel-Saint-Germain. A son ordinaire, le commandant du 2⁰ corps était peu encourageant. Ses troupes, faisait-il dire à Bazaine, avaient beaucoup souffert le 16; la position qu'il occupait était très difficile à défendre; enfin, chose toute naturelle, il souhaitait que, derrière lui, le ravin de Châtel fût évacué par la cavalerie qui l'encombrait. Quant Guioth rendait compte au maréchal, celui-ci répétait que nos positions étaient « très bonnes » et que Frossard n'avait pas « à se plaindre de la sienne (1) ».

En résumé, Bazaine recevait de divers côtés, dans la matinée du 18 août, des renseignements annonçant l'approche de l'ennemi sur un front très étendu. Il savait que les Allemands opéraient du sud au nord un mouvement dont le but ne pouvait être douteux : le couper de la Meuse. Néanmoins il paraissait n'attacher aucune importance à ce fait si grave. S'il sortait un instant de sa sérénité, c'était pour faire garder la route de Moulins à Metz, déjà battue par les forts et que l'ennemi ne pouvait sérieusement menacer. Il avait déjà l'idée, arrêtée depuis le soir du 16 août, de reporter l'armée sous Metz. Dès lors,

---

(1) 10 h. 45, *Revue d'Histoire*, 1904, p. 653.

comment expliquer la tranquillité avec laquelle il attendait les événements? Avait-il réellement dans ses positions la confiance qu'il affectait en toute occasion? Cette foi en la résistance de ses troupes exclurait, semble-t-il, la pensée d'une nouvelle retraite. Jarras y voit simplement une preuve du défaut de logique qu'il a souvent remarqué dans les paroles et les actes du maréchal : « Etait-ce de sa part défaut de mémoire, calcul ou indifférence? Je l'ignore et il m'importe peu de le savoir. Mais combien de fois ne m'a-t-il pas été donné de surprendre les divergences qui existaient entre son langage et sa conduite! Approuver ou blâmer le lendemain ce qu'il avait blâmé ou approuvé la veille, négliger l'observance d'un principe qu'il avait invoqué naguère, c'étaient des inconséquences en quelque sorte naturelles chez lui et pour lesquelles il n'avait aucun scrupule... (1). » Ce que nous avons dit de son caractère permet de croire que le goût inné du mensonge, celui des finasseries même inutiles et enfin le calcul, beaucoup plus que le défaut de mémoire ou l'indifférence, ont leur part dans ces contradictions. En ce qui touche la journée du 18 août, le calcul suffit à les expliquer. Sans doute Bazaine était décidé à chercher sous Metz un abri qui lui permettrait d'attendre les événements, d'éviter de compromettre en rase campagne une situation qu'il savait au-dessus de ses forces (2), enfin de garder son indépendance en restant éloigné de l'Empereur. Mais il se rendait compte que ni ce souverain, ni l'armée ne comprendraient une retraite immédiate, sans un nouveau

---

(1) Général Jarras, p. 122 et suiv.
(2) Général Jarras, *loc. cit.* : « ...Je crois aussi bien fermement que, quoi qu'il fît, il sentait dans son for intérieur que la situation et les événements étaient au-dessus de ses forces. Il succombait sous le poids de cette vérité accablante ».

combat qui nous y forçât. Dès lors il décidait de recevoir la bataille qui lui était offerte. Si, comme il paraissait s'y attendre, nous étions encore contraints à la retraite, nous opérerions dans la journée du 18 le mouvement décidé pour le matin du 19 (1). Si, au contraire, l'armée était victorieuse, il serait temps d'aviser à une situation imprévue, et ses inférieurs s'en chargeraient peut-être (2). « N'ayant pas su arrêter un plan de conduite, il n'avait pas un but net et précis; il tâtonnait et ne voulait rien compromettre, en attendant que les événements lui ouvrissent des horizons nouveaux, dont il espérait, au moyen d'expédients plus ou moins équivoques, parvenir à dégager, sinon son armée, au moins sa personnalité et ses intérêts (3). » La Fortune n'avait-elle pas favorisé jusqu'alors, au delà de ses rêves les plus audacieux, ce soldat parvenu en quelques années au sommet de la hiérarchie?

La bataille est engagée de Sainte-Ruffine à Roncourt que Bazaine n'a pas encore quitté son quartier général de Plappeville (4). Sans doute la direction du vent et la configuration du terrain assourdissent la canonnade, si violente

---

(1) *Procès Bazaine, Compte rendu sténographique quotidien*, Déposition Caffarel, p. 169.
(2) Dans son interrogatoire, il a reconnu qu'il n'avait pas l'intention de suivre la route d'Etain ou celle de Briey. Il comptait arrêter les Allemands et permettre la réunion d'une nouvelle armée à Châlons (*Procès Bazaine, Compte rendu sténographique quotidien*, p. 61). Cf. ses autres déclarations (*supra*, p. 338).
(3) Général Jarras, p. 122 et suiv.; Général d'Andlau, p. 99.
(4) Général Jarras, p. 122-131; Général Montaudon, II, p. 131; Général d'Andlau, p. 98. Pour expliquer l'inaction de Bazaine au 18 août, M. le général Zurlinden met en avant (Lettre du 2 février 1901, *Revue d'Histoire*, III, 1904, p. 211) la courbature qu'il a dû éprouver « à la suite de ses fatigues du 14 et surtout du 16. Il était gros, un peu lourd... ». La « courbature » du maréchal, d'ailleurs fort probablement réelle, ne l'eût pas empêché de se rendre au pas ou en voiture derrière le centre de son armée.

qu'elle soit (1). Mais nous avons vu que des renseignements précis lui parviennent dès l'apparition des colonnes allemandes. Entre midi et une heure, le colonel Lewal lui envoie un officier pour l'avertir que la bataille est engagée (2). Vers 1 heure, l'un des sous-officiers en observation au Mont Saint-Quentin rend compte que « des masses considérables » passent la Moselle et montent « par la vallée de Gorze (3) ».

Dès la première heure, le maréchal sait donc l'action importante. Il ne paraît pas s'en émouvoir. Entendant le canon, Jarras donne l'ordre de seller et se rend auprès de lui, convaincu qu'il le trouvera prêt à partir. Loin de là. Bazaine le renvoie, l'invitant « à prendre patience », lui « recommandant de pousser avec la plus grande activité un travail d'avancement... impatiemment attendu dans toute l'armée... ». Il répète, plusieurs fois, que cette affaire ne peut être sérieuse, sans que rien, absolument rien, justifie cette appréciation, si contraire à la vraisemblance et aux observations déjà faites.

Entre midi et midi et demi, Canrobert lui envoie le

---

(1) Le lieutenant-colonel Fay est formel à cet égard dans sa déposition au procès Bazaine. Voir aussi son livre, p. 103, et la note du général Bourbaki, *Revue d'Histoire*, IV, 1904, p. 486. Le général d'Andlau, autre témoin oculaire, est d'un avis opposé (*op. cit.*, p. 86). Le témoignage de Jarras (p. 126) paraît décisif : « A Plappeville, où j'étais, on n'entendait que par intermittence et même très faiblement le canon de la bataille, et, par suite, l'engagement n'y avait pas paru avoir une très grande vivacité ».

(2) *Procès Bazaine. Compte rendu sténographique quotidien*, p. 155, Déposition Lewal.

(3) Note du colonel Melchior, *Episodes*, p. 104. A 1 heure, le maire de Plappeville, Vianson, va voir Bazaine. En sa présence plusieurs officiers signalent la gravité de la situation. Le maréchal paraît taxer leurs rapports d'exagération (Journal de M. Vianson, extrait reproduit dans *Le Blocus de Metz*, publication du Conseil municipal messin, p. 250).

lieutenant de Bellegarde (1), avec une lettre faisant connaître qu'une « attaque sérieuse » se dessine et demandant des munitions d'artillerie. Entre 1 heure et 2 heures, cet officier se présente au grand quartier général. « Vous direz au maréchal Canrobert, répond Bazaine, que je donne l'ordre au général Bourbaki de lui envoyer une division de la Garde pour le cas où l'attaque dont il est l'objet deviendrait plus sérieuse.... » Il promet également « une batterie de 12 (2) ». En réalité, ordre sera donné de diriger sur Saint-Privat deux batteries de la réserve générale. Mais, par suite de lenteurs de transmission, elles ne quitteront le Mont Saint-Quentin qu'entre 3 et 4 heures, pour arriver vers 6 heures à Saint-Privat. Déjà il sera trop tard.

D'autre part, Bazaine invite le commandant du 6ᵉ corps à envoyer ses caissons se réapprovisionner à Plappeville. Assurément ce procédé serait peu rationnel pour des troupes au feu. Le général Soleille s'en rend compte et dirige sur Saint-Privat vingt caissons de munitions, mais le convoi ne quitte les abords de Plappeville que vers 5 heures; il ne sera qu'après 6 heures près de la ferme Marengo.

Dans la matinée, le maréchal a invité Bourbaki à porter une brigade de la Garde à hauteur de l'intervalle entre les 2ᵉ et 3ᵉ corps. Elle est en position vers 1 heure. Ainsi commence l'émiettement de ce beau corps d'armée, qui

---

(1) D'après la déposition de cet officier au procès Bazaine (*Compte rendu sténographique quotidien*, p. 155), il serait parti à *11 h. 30*, heure évidemment fausse, l'ennemi n'ayant pas encore paru devant le 6ᵉ corps. Une note du maréchal Canrobert porte *vers midi*. Il semble que le départ en question doive être placé entre midi et midi 30, comme l'admet la *Revue d'Histoire*, III, 1904, p. 402.

(2) Déposition Bellegarde à l'instruction du procès Bazaine, *Revue d'Histoire*, IV, 1904, p. 102.

se poursuivra jusqu'à la fin de la bataille. Groupé, il pourrait frapper un coup sérieux. Réparti en plusieurs tronçons, il ne parviendra pas à rétablir une situation déjà compromise (1).

Depuis 9 heures du matin, Bourbaki sait, par l'un des officiers d'ordonnance de Bazaine, Mornay-Soult, que nous devons nous attendre à une grande bataille (2). Entre 1 heure et 2 heures, il apprend que Canrobert est attaqué sur sa droite et consigne ses troupes dans leurs bivouacs. Puis, ne recevant aucun ordre et apprenant que l'on entend une canonnade, il monte à cheval avec son état-major pour se rendre compte de la situation. En passant près du bivouac des grenadiers, il prescrit de les tenir prêts à marcher et prend ensuite la direction d'Amanvillers. De l'est de La Folie, il voit des nuages de fumée à l'ouest des bois. Comprenant, à leur étendue, plutôt qu'au bruit assourdi du canon, que la lutte est sérieuse, il juge nécessaire de rapprocher du théâtre de l'action la seule division qui lui reste (3). A 3 h. 20, il prescrit aux grenadiers de venir au Gros-Chêne, à cheval sur le chemin de Plappeville à Saint-Privat. Il rend compte

---

(1) D'après M. d'Eichthal (*Le général Bourbaki*, par un de ses anciens officiers d'ordonnance, p. 58) le général écrivit à Bazaine, le suppliant de ne pas diviser constamment la Garde comme il faisait. Elle serait ainsi d'une utilité minime; réunie, elle accomplirait telle mission jugée nécessaire. Cf. Germain Bapst, VI, p. 240-241.

(2) Note du général, *Revue d'Histoire*, IV, 1904, p. 485. Ce détail montre que Bazaine dissimule sa pensée en affirmant qu'il n'y aura rien de sérieux le 18 (Voir *supra*, p. 352).

(3) La brigade Brincourt est au nord-ouest de Châtel-Saint-Germain; le 4ᵉ voltigeurs, le bataillon de chasseurs et les trois batteries de la division Deligny à la défense du Mont Saint-Quentin. Il reste la division de grenadiers, le 3ᵉ voltigeurs, la réserve d'artillerie et la cavalerie. Après une série de mouvements incohérents, le 3ᵉ voltigeurs renforce la brigade Brincourt et la réserve d'artillerie les grenadiers.

au maréchal de ces dispositions et attire son attention sur « les inquiétudes » qu'il est « permis de concevoir du côté des routes de Briey et de Thionville (1) ». L'olympienne tranquillité de Bazaine n'en sera pas troublée.

Vers 4 heures, la division de grenadiers dépasse le Gros-Chêne et prend position sur le plateau à hauteur de la ferme de Saint-Maurice. Puis, voyant « de gros nuages de poussière... au-dessus de la route de Woippy à Saint-Privat », Bourbaki la porte un peu en avant et fait reconnaître la direction de Saulny, pour s'assurer que l'ennemi ne menace pas de « tourner notre extrême droite par les routes de Briey et de Thionville ». En somme, le général fait preuve d'initiative, bien qu'il ne soit visiblement pas au courant de la situation d'ensemble. Il prend des dispositions qu'il appartiendrait à Bazaine et à Canrobert de prévoir.

Le commandant en chef ne monte à cheval qu'entre 3 h. 30 et 4 heures (2). Il paraît attacher si peu d'impor-

---

(1) Déposition du général à l'instruction du procès Bazaine, *Revue d'Histoire*, IV, 1904, p. 106.

(2) Cette question d'heure a été passionnément débattue, à une date récente, dans l'*Intermédiaire des Chercheurs et Curieux*, loc. cit. Nous nous en rapportons à la *Revue d'Histoire* (IV, 1904, p. 110, note 2), qui discute impartialement les divers témoignages. Voici le résumé de cette discussion :

Dans ses *Souvenirs*, le général Jarras, qui n'accompagnait pas le maréchal, écrit que ce dernier quitta Plappeville vers 2 heures. Le capitaine Jung, dans sa déposition à l'*instruction du procès Bazaine*, « estime » également qu'il était 2 heures. Le colonel Melchior, cité par le maréchal dans ses *Episodes*, dit que le commandant en chef arriva au Saint-Quentin à 2 heures. Le rapport Rivières (*Procès Bazaine*, p. 208) porte qu'il monta à cheval « vers 2 heures et demie ». Bien qu'à peu près concordantes, ces appréciations paraissent inexactes : il paraît établi que le capitaine de Chalus partit de Saint-Privat au plus tôt à 2 heures, puisque le lieutenant de Bellegarde était déjà de retour. Il ne put donc arriver à Plappeville que peu

tance à l'action engagée qu'il dédaigne de se faire accompagner par les « cinq » officiers de l'état-major général qu'a désignés Jarras (1). Ils ne le rejoindront qu'après son départ de Plappeville. Pourtant il a dû recevoir vers 3 heures ce télégramme de Le Bœuf : « Attaque sur toute la ligne par l'artillerie qui est nombreuse. Nous tenons

---

avant 3 heures (10 kilomètres). Or, cet officier y trouva encore le maréchal (*Instruction du procès Bazaine*, déposition de Chalus). Le commandant en chef monta sur le Mont Saint-Quentin, sans prévenir les officiers désignés par Jarras pour l'accompagner; ils attendaient depuis longtemps à la tête de leurs chevaux et parmi eux figurait le colonel d'Andlau. Quand ils furent avisés du départ de Bazaine — ce qui dut avoir lieu presque aussitôt — ils le rejoignirent au galop et le trouvèrent sur le plateau du Saint-Quentin occupé à pointer des pièces dans la direction de Vaux (*Conseil d'enquête*, dépositions du colonel d'Andlau), c'est-à-dire sur la 26e brigade prussienne qui effectuait son mouvement vers 4 heures. Ce détail précis infirme l'indication d'heure donnée par le colonel d'Andlau dans son ouvrage et à l'instruction du procès Bazaine.

M. Vianson, maire de Plappeville, déclare formellement « que, pendant la bataille de Saint-Privat, il a vu, à deux reprises différentes, le maréchal Bazaine dans la maison de M. de Bouteiller, à Plappeville, et qu'il n'est monté à cheval qu'à 4 heures (attestation de M. Vianson, non datée, conservée aux Archives historiques du Ministère de la Guerre, N. 13. Cf. *Le blocus de Metz*, p. 250).

Enfin, les officiers d'ordonnance de Bourbaki rencontrèrent le maréchal Bazaine « un peu avant 4 heures » près de Plappeville (lettre de Bourbaki, 3 mars 1872, citée). En quittant le maréchal, ces officiers trouvèrent la division de grenadiers encore en marche vers le plateau du Gros-Chêne (*Procès Bazaine*, déposition Lacale).

Nous ajouterons qu'au procès Bazaine (*Compte-rendu sténographique quotidien*, p. 155), le colonel Lewal déposa en ces termes : « J'ai dû rentrer à Plappeville vers quatre heures de l'après-midi.... Je me rendis auprès du général Jarras pour lui rendre compte.... il me dit : — Oh ! vous direz tout cela au maréchal. — Où est-il ? — Il vient de partir il n'y a qu'un instant.... » De fait, Lewal le trouva au Mont Saint-Quentin.

(1) Cet état-major en compte 28. Le reste est employé à des travaux de bureau pendant la bataille !

bien, je suis tranquille... (1) ». Vers la même heure, le capitaine de Chalus se présente à lui, de la part de Canrobert, afin de presser « l'envoi d'une colonne de munitions et d'une division d'infanterie déjà demandées l'une et l'autre ». Après lui avoir exposé la situation, il ajoute qu'à son départ elle « commençait à donner de graves inquiétudes ».

Ce compte rendu ne trouble pas autrement le maréchal. Il répond à Chalus que la colonne de munitions est « déjà partie et qu'il va presser le départ de la division d'infanterie (2) ». A ce moment, il reçoit, dit-on, « un petit mot d'un général de division », portant que tout va bien à la droite du 6ᵉ corps (3). Quel peut être ce divisionnaire et comment risque-t-il pareille affirmation? Toujours est-il vrai que Bazaine ne donne aucun ordre à la Garde : Chalus ne ramène avec lui que quatre caissons de 4, c'est-à-dire une quantité de munitions ridiculement faible dans la situation du 6ᵉ corps.

C'est après le départ de cet officier que Bazaine se décide à monter à cheval. Mais il ne se dirige ni vers le 3ᵉ corps, ni vers le 6ᵉ, dont il a reçu à plusieurs reprises des communications inquiétantes. Il gravit les pentes du Mont Saint-Quentin et se rend auprès d'une section de 12, que le commandant de la réserve générale d'artillerie, général Canu, vient de faire mettre en batterie contre une

---

(1) Datée de 1 h. 34 du soir, expédiée à 2 h. 20 (*Revue d'Histoire*, III, 1904, p. 233).

(2) « Qu'il avait déjà désignée » (Déposition Chalus à l'instruction du procès Bazaine, *Revue d'Histoire*, IV, 1904, p. 111). En réalité, Bazaine n'a fait aucune désignation. Le mouvement des grenadiers est dû à la simple initiative de Bourbaki.

(3) Déposition Chalus, citée. Aucun document ne permet de préjuger l'origine de ce « petit mot ».

brigade prussienne opérant le long de la Moselle. Il y reste « un temps relativement considérable » à surveiller le pointage et à diriger le feu de ces deux pièces! (1).

Sur ces entrefaites, le commandant Guioth s'est présenté au maréchal, rentrant de la mission dont nous avons parlé auprès de Frossard et de Le Bœuf. On se souvient que le premier voudrait faire évacuer le ravin de Châtel par la cavalerie qui l'encombre. Avant d'en donner l'ordre, Jarras demande si Frossard désire garder à sa portée la division Valabrègue. Guioth retourne donc auprès du général (2 h. environ). Celui-ci fait connaître que l'ennemi n'opère devant lui qu'une « démonstration », en quoi il se trompe fort. Mais un mouvement tournant se dessine vers sa gauche. La brigade Lapasset est à Sainte-Ruffine; Frossard compte sur elle et « n'a pas d'inquiétude ». Puis Guioth se rend auprès de Le Bœuf. Celui-ci le charge de dire au maréchal qu'il vient de repousser une attaque sur son front, mais qu'il en prévoit une seconde pour 5 heures, « selon l'usage des Prussiens ». Il réclame aussi des renforts. Sachant que la division de grenadiers est encore en réserve, il témoigne le désir qu'elle lui soit envoyée. Toutefois, il ne la demande pas « d'une manière formelle » et saura tenir sans elle.

---

(1) Dépositions d'Andlau et Jung à l'instruction du procès Bazaine, *Revue d'Histoire*, IV, 1904, p. 113. Dans ses *Episodes*, p. 103, et dans sa déposition à l'Enquête parlementaire (IV, p. 188), le maréchal essaie de justifier sa longue station au Saint-Quentin en alléguant que, tout en se rapprochant de la bataille (?), il reste à portée du télégraphe établi au fort de Plappeville et en relation avec l'observatoire de la cathédrale. Il tient aussi à observer la vallée en amont, pour parer à un mouvement tournant le long de la Moselle. C'est probablement son vrai motif.

Lorsque Guioth rapporte les résultats de sa mission à Bazaine, celui-ci ne donne aucune suite à la demande de Le Bœuf, d'ailleurs très peu justifiée. Il fait porter le 3ᵉ voltigeurs sur le plateau du Point-du-Jour. Il prescrit à la division Forton de se retirer au Ban Saint-Martin, mais après avoir envoyé « un ou plusieurs escadrons » en reconnaissance dans la vallée de la Moselle, vers Ars (1). Ainsi c'est encore son extrême gauche, la plus proche de Metz, qui lui inspire des craintes. Une préoccupation le hante visiblement comme le 16 août : garder avant tout la possibilité de se retirer sur cette grande place.

Cependant le maréchal reçoit le compte rendu de Bourbaki au sujet des grenadiers et des inquiétudes à concevoir vers les routes de Briey et de Thionville. Il y reste d'abord indifférent. Puis, au bout d'une demi-heure, il quitte le Mont Saint-Quentin en disant : « Allons voir un peu ce qui se passe du côté de la route de Thionville ». Comme un officier propose de porter dans cette direction la réserve générale d'artillerie, il répond, dit-on : « Oui, j'y ai pensé; on pourrait bien envoyer quelques batteries, mais nous verrons cela plus tard (2) ». Si cette réponse est exacte, elle donne « le tirant d'eau » du maréchal.

---

(1) Déposition Guioth au procès Bazaine, *Revue d'Histoire*, IV, 1904, p. 113.

(2) Lettre du lieutenant-colonel Leperche au commandant de Beaumont, 6 août 1872, *Revue d'Histoire*, IV, 1904, p. 116. Leperche n'est pas un témoin auriculaire, mais le colonel d'Andlau écrit (p. 88) qu'un des officiers présents ne put s'empêcher de faire remarquer l'intensité du feu. Le maréchal se borne à répondre : « Ils sont dans de bonnes positions; qu'ils les défendent! Je vais, du reste, envoyer deux batteries de la réserve au débouché de la route de Briey, pour la garder, s'il y a lieu ».

Comment remettre à « plus tard » un mouvement de cette importance, alors que, déjà, la journée s'approche **de sa fin?**

Il s'est arrêté à quelques centaines de mètres au nord-ouest du fort de Plappeville et croit apercevoir de fort loin, près de sept kilomètres, « quelque désordre sur les derrières du 6ᵉ corps ». Il envoie aussitôt le colonel d'Andlau chercher deux batteries de la réserve générale, « pour battre le défilé de Saulny, si cela devenait nécessaire (1) ». Il va même à leur rencontre, peu après, et descend jusqu'au col de Lessy, où il croise le commandant de Beaumont. Bourbaki a chargé cet officier de se rendre au fort Saint-Quentin, pour s'assurer si l'ennemi ne faisait pas de progrès dans la direction de Vaux et de Sainte-Ruffine (2). Bazaine échange avec lui, ainsi qu'un officier de son état-major, quelques mots dont le sens a été longuement discuté (3). Soit que le maréchal ait

---

(1) Déposition d'Andlau à l'instruction du procès Bazaine, *Revue d'Histoire*, IV, 1904, p. 116.

(2) Conseil d'enquête sur les capitulations, déposition Beaumont, *Revue d'Histoire*, IV, 1904, p. 106.

(3) D'après Bazaine, il fait prescrire à Bourbaki « de se mettre en communication avec le maréchal Canrobert, mais d'éviter de s'engager à la légère ». Cette version est confirmée par le témoignage du capitaine de Mornay-Soult, d'ailleurs suspect. Au contraire, le commandant de Beaumont affirme nettement que Bazaine s'exprima ainsi : « Allez dire au général Bourbaki qu'il prévienne le maréchal Canrobert qu'il rentre avec toute la Garde ». Puis Beaumont, craignant d'avoir mal compris et demandant si c'est Canrobert qui devra se retirer après avoir reçu l'avis du général Bourbaki ou si, au contraire, ce dernier devra faire rentrer la Garde après avoir prévenu le maréchal, un officier de l'état-major général lui répond : « C'est le général Bourbaki qui doit prévenir le maréchal Canrobert qu'il ne l'appuie plus et rentrer ensuite dans ses cantonnements ». A quoi Bazaine ajoute : « Mais certainement! les Prussiens ont voulu nous tâter et la journée est finie. Maintenant je vais rentrer ». D'après

réellement entendu faire rentrer la Garde, soit que Beaumont ait mal interprété un ordre verbal, comme il est possible, un fait certain est que cet officier rapporta au chef d'état-major de Bourbaki, général d'Auvergne, l'ordre de regagner le bivouac (1). Mais, à ce moment, les circonstances avaient changé et aucune suite n'était donnée à cette prescription si peu opportune.

Quant à Bazaine, il retournait à l'ouest de Plappeville, d'où il apercevait de la poussière au-dessus de la route de Saulny. Reconnaissant bientôt que ce mouvement était le fait de bagages et d'isolés en fuite vers Metz, il s'écriait : « Que faire avec de pareilles troupes ? » et redescendait vers 7 heures au quartier général (2).

Jarras, resté dans ses bureaux pour « hâter le travail

Beaumont, c'est un colonel qui aurait tenu ce langage. Suivant Mornay-Soult, ce serait lui-même, mais les termes seraient tout autres (Conseil d'enquête sur les capitulations, dépositions Bazaine, Beaumont, Mornay-Soult, *Revue d'Histoire*, IV, 1904, p. 116-117). Ces dépositions ont été confirmées au procès Bazaine (*Compte rendu sténographique quotidien*, p. 61, 156, 157). Vers 4 heures ou 4 h. 30, le capitaine de Lacale, officier d'ordonnance de Bourbaki, rencontre le maréchal : « Vous avez besoin du général Bourbak ? » Sur une réponse affirmative, il ajoute : « C'est inutile, la Garde va retourner dans ses retranchements (sic) (*ibid.*, déposition Lacale, p. 157).

Par contre, à 6 heures du soir, lorsque la réserve d'artillerie de la Garde passe devant le maréchal, près du fort de Plappeville, il dit à l'aide de camp du général Pé de Arros : « Il y a de l'émotion à la droite, et votre présence rétablira la situation ». Il paraît donc invraisemblable qu'il ait fait dire à la Garde de rentrer (Note Melchior, Bazaine, *Episodes*, p. 104).

(1) *Revue d'Histoire*, IV, 1904, p. 117. La note citée de Bourbaki et le Journal de marche de la Garde ne mentionnent pas cet ordre, malgré son importance.

(2) *Rapport Rivières*. Ce document porte vers *sept heures et demie*, mais un télégramme de Bazaine à Napoléon III montre que le maréchal est rentré à 7 heures.

d'avancement », ne manquait pas de transmettre à Bazaine les nouvelles inquiétantes de notre droite. A plusieurs reprises il lui envoyait des officiers. A l'un d'eux, le capitaine Fix, le maréchal répondait textuellement, en étendant son bras vers la droite et en montrant, dans la direction d'Amanvillers et de Saint-Privat, les crêtes illuminées de feux : « J'ai du monde par là! (1). »

Au quartier général, il faisait consigner sa porte, sous prétexte d'un travail urgent. C'était l'heure même où Saint-Privat, à peu près enveloppé, allait nous être arraché au prix de torrents de sang. A ce moment Jarras voyait Bazaine. Aux questions qu'il lui posait avec une « discrétion respectueuse », le maréchal répondait qu'il était « satisfait de la journée ». Selon lui, l'attaque de l'ennemi avait échoué (2). A 2 heures, il avait télégraphié à Mac-Mahon : « Par suite des combats successifs que j'ai livrés le 14 et le 16, ma marche sur Verdun a été arrêtée et je suis obligé de séjourner dans la partie nord de Metz (*sic*), pour me ravitailler en munitions et surtout en vivres.

« Depuis ce matin, l'ennemi montre de fortes masses qui paraissent se diriger sur Briey et qui peuvent avoir l'intention d'attaquer le maréchal Canrobert.... Nous sommes donc de nouveau sur la défensive jusqu'à ce que je sache la véritable direction des troupes qui sont devant nous et surtout de l'armée de réserve que l'on dit être à Pange... Je crains pour la voie ferrée des Ardennes (3). »

---

(1) Colonel Fix, *Lecture* du 18 mars 1899; général Jarras, p. 122, 124.
(2) Général Jarras, p. 124-127; colonel Fix, *loc. cit.*
(3) Rapport Rivières, *Procès Bazaine*, p. 213.

A 4 h. 15, nouveau télégramme, cette fois à l'Empereur, annonçant une attaque sur tout notre front et ajoutant : « Les troupes tiennent bon jusqu'à présent.... » Après sa rentrée, il écrit encore : « ...J'arrive du plateau. L'attaque a été très vive. En ce moment, 7 heures, le feu cesse. Nos troupes, constamment restées sur leurs positions... (1). » Ces dépêches témoignent tout au moins d'une ignorance absolue de la situation.

Elle est bien loin de se dessiner de la sorte : le 6ᵉ corps attaqué par la Garde prussienne, puis par le corps saxon, n'a pu résister à un mouvement débordant qui allait compromettre sa retraite. Bourbaki et sa division de grenadiers sont survenus trop tard; toute notre droite cède sous la formidable pression de la gauche allemande.

Celle-ci va pénétrer dans Saint-Privat, lorsque Canrobert prescrit la retraite et envoie le commandant Caffarel à Bazaine. Il est 7 heures et demie environ.

Un peu avant 9 heures, Caffarel arrive à Plappeville et rend compte au maréchal : « Le 6ᵉ corps, ayant épuisé ses munitions », Canrobert a été contraint d'évacuer Saint-Privat et de se retirer par la route de Woippy. Toutes les précautions sont prises « pour défendre jusqu'à la dernière extrémité l'entrée de la gorge de Saulny ».

Contre ce qu'attendait Caffarel, Bazaine ne paraît pas autrement affecté de cet échec. Après avoir demandé quelques détails, il conclut : « Vous n'avez pas à vous

---

(1) Daté de 8 h. 20, expédié de Metz à minuit (*Revue d'Histoire*, II, 1904, p. 666). Suivant l'*Armée du Rhin*, p. 73, ce télégramme est écrit à 7 h. 50. Son texte diffère très sensiblement de celui reproduit par la *Revue d'Histoire*. D'après le *Rapport Rivières*, l'envoi de ce télégramme fut interrompu par la rupture de la ligne télégraphique entre Metz et Thionville.

attrister de cette retraite; le mouvement qui s'opère en ce moment devait être exécuté demain matin; nous le faisons donc douze heures plus tôt et les Prussiens n'auront pas trop à se vanter de nous avoir fait reculer. Dites au maréchal Canrobert de prendre demain les emplacements que le chef d'état-major général a dû faire connaître... (1). »

Ainsi l'armée a perdu une grande bataille, la plus importante de toute la campagne par les effectifs engagés et par les résultats qu'obtient le vainqueur; elle est coupée de sa retraite, des milliers de morts et de blessés couvrent ses positions du matin, tout cela importe peu à Bazaine : le 6ᵉ corps a effectué douze heures plus tôt un mouvement prévu pour le lendemain. Comment qualifier ce cynisme ou cette incompréhension?

Saint-Privat est le dernier acte du drame immense qui s'est joué sous Metz depuis le 12 août, date à jamais fatale de la prise de commandement de Bazaine. Après les deux journées du 14 et du 16, qui sont pour nous des demi-succès ou des batailles indécises, celle du 18 août est un

---

(1) Déposition Caffarel à l'instruction du procès Bazaine, *Revue d'Histoire*, IV, 1904, p. 418. A ce moment survient le capitaine de La Tour du Pin envoyé par Ladmirault pour demander des ordres. En sortant du cabinet de Bazaine, les deux officiers se rendent auprès de Jarras et voient arriver le commandant de Lonclas que Canrobert a chargé de rendre compte des détails de la journée. Après s'être acquitté de cette mission, il repart avec Caffarel et rejoint l'état-major du 6ᵉ corps à Woippy, vers 11 h. 45 du soir (*ibid*). Le récit du général Jarras est un peu différent (*Souvenirs*, p. 127). D'après lui, Lonclas et La Tour du Pin se sont d'abord rendus au quartier général, sans pouvoir être admis auprès du maréchal. Jarras les conduit chez ce dernier, qui avait « fait fermer sa porte, afin de pouvoir travailler sans être dérangé inutilement ». Toute la monstrueuse apathie de Bazaine, son indifférence sans limite, sont dans ce trait qu'il y a tout lieu de croire exact.

échec décisif qui nous ferme toute issue vers l'intérieur du pays. Pour expliquer l'attitude du maréchal du 12 au 18 août, on en est réduit aux hypothèses, car il n'a pas livré son secret. Voici la moins défavorable pour lui, celle de M. de La Gorce (1) : Bazaine a hérité d'un plan qui n'est pas le sien. Un homme de talent l'eût modifié à sa guise; un général consciencieux et discipliné l'eût exécuté de son mieux, même en le désapprouvant. Bazaine n'est ni l'un ni l'autre. Il est l'exécuteur maussade, découragé à l'avance, d'un dessein qu'il n'a pas conçu. Il met son habileté à obéir juste assez pour ne pas sembler rebelle. Il accepte tout de l'Empereur, même son chef d'état-major, quitte à le rendre inutile. Mais il est tout en demi-volontés, alors qu'il faudrait la volonté la plus énergique. Il allie la docilité apparente à une mollesse sceptique, dont tout ce qu'il prescrit est énervé. Comment vaincre dans de telles conditions? La première condition de la victoire n'est-elle pas de la vouloir passionnément?

En ce qui concerne la bataille de Saint-Privat, il est plus difficile d'expliquer la conduite du général. La voix la plus indulgente est celle du général Fay (2) : « Le commandant en chef ne dut pas se douter de la gravité de la bataille. » Mais, dans sa modération apparente, cette appréciation est le plus terrible des réquisitoires contre Bazaine. S'il n'a pas su la gravité de l'action engagée, c'est qu'il a voulu l'ignorer. Nous en avons donné les preuves.

Ce que nous avons dit du rôle du maréchal montre assez que l'armée du Rhin n'a pas été commandée le

---

(1) *Histoire du second Empire*, VI, p. 143.
(2) *Journal d'un officier de l'Armée du Rhin*, p. 108.

18 août. Il est décidé à se retirer sous Metz. Il escompte un insuccès qui justifiera cette retraite. De là l'indifférence qu'il trahit tout le jour pour les troupes engagées, son éloignement persistant du théâtre de l'action, le souci constant qu'il manifeste pour ses communications avec Metz, son absence totale d'émotion quand il apprend l'échec des 4° et 6° corps. Comment expliquer ce désir de ne pas s'éloigner de la grande place lorraine? Deux ordres de motifs peuvent l'y conduire : d'une part l'incapacité dont il a donné tant de preuves les 14 et 16 août, qu'il montre mieux encore le 18. Elle lui fait craindre de se hasarder en rase campagne, en face d'un ennemi très supérieur en nombre, et souhaiter de rester sous Metz. Il croit y trouver un abri assuré, lui permettant d'attendre des événements aisés à prévoir : l'abdication de Napoléon III ou la chute de l'Empire entraînant une paix très prochaine.

D'autre part, se porter sur la Meuse et au camp de Châlons reviendrait à rejoindre l'Empereur, qu'il a vu s'éloigner avec une satisfaction mal dissimulée.

Dès lors il se contente pour l'armée des instructions les plus vagues. Il ne la commande pas, n'ayant ni objectif autre que la retraite du lendemain, ni plan d'action, sinon d'empêcher l'ennemi de trop précipiter ce mouvement. Il n'essaie pas d'imposer à l'adversaire une volonté purement négative; il se désintéresse, ou peu s'en faut, des événements. Il laisse chacun de ses lieutenants agir à sa guise, sans chercher à coordonner leur action. Il ne règle même pas l'intervention de ses réserves générales, dont il maintient la majeure partie derrière sa gauche, où elles n'ont que faire, tandis que le 6° corps, faible en artillerie et en cavalerie, incomplet en infanterie, manquant de munitions par surcroît, reste sans soutien à l'aile menacée. Le 18 août, l'armée du Rhin est un corps sans âme.

Dans ces conditions, on s'explique notre parti-pris de défense passive. Quoique, à plusieurs reprises, l'occasion s'offre de fructueuses contre-attaques, toutes celles que nous tentons sont le fait d'unités isolées, sans autre objectif que de ralentir les progrès de l'ennemi.

Nous restons « cloués sur nos positions (1) ». Ce n'est pas la supériorité du nombre et des combinaisons, ce n'est même pas la bonne exécution de celles-ci qui assurent le succès de l'ennemi. Il est dû avant tout à l'incapacité de Bazaine, à son inaction préméditée et voulue. Elles l'empêchent de mettre à profit les fautes constantes de nos adversaires. Sa coupable inertie « a laissé la victoire aux Allemands, telle est la vérité... (2). » Ils ont eu à vaincre, non une volonté qui n'existait pas, mais des résistances individuelles dont l'énergie leur a coûté des flots de sang. Le résultat final n'en est pas moins triste.

On a vu que le commandant Magnan part de Metz le 17 août, portant le rapport que Bazaine a rédigé pour l'Empereur à cette date. Il doit, en outre, remettre au souverain deux documents enlevés à l'ennemi (3) et une note du général Soleille indiquant le peu de munitions existant dans Metz. Il aura également à donner tous les détails voulus sur la bataille du 16 et à exposer la situation de l'armée : le maréchal est contraint de la reconstituer, de l'aligner en vivres et surtout en munitions, avant de reprendre sa marche sur Verdun, s'il le peut sans se

---

(1) Général Maillard, *Cours de l'Ecole de guerre*, 1887-1888, p. 255.
(2) Général Lewal, *Le plan de combat*, p. 28.
(3) Ordre du Xe corps et ordre de la 19e division pour le 16, trouvés sur le colonel von Lyncker, tué le 16 août.

compromettre. A l'en croire, Magnan n'a pas à indiquer la route que doit suivre Bazaine (1). La réalité est tout autre : « Je dis à l'Empereur que la pensée du maréchal était toujours la même et tendait à effectuer sa retraite sur Verdun, quelque périlleuse que lui parût cette opération. Le maréchal ne m'avait pas chargé d'indiquer d'une manière absolue à l'Empereur la route qu'il suivrait. Il n'était pas encore fixé à cet égard, mais il m'avait chargé, ainsi que M. l'intendant de Préval, de faire avancer autant que possible vers les places de la frontière (Montmédy) tous les trains qui pourraient se trouver sur la ligne des Ardennes à destination de l'armée.... Une fois ces ravitaillements opérés, ses différents corps d'armée réunis en bon ordre et les intentions de l'ennemi se manifestant d'une manière plus précise pour le maréchal, il pourrait alors prendre avec quelque chance de succès sa direction sur Verdun... (1). »

La déposition de cet officier est avantageusement complétée par celle de l'intendant de Préval qui l'accompagnait et avait reçu de Bazaine, en sa présence, des instructions spéciales : « Le maréchal me parla de son projet de s'élever vers le nord; il me prescrivit de me rendre à Châlons par Thionville, d'expédier à toute vitesse, vers Metz, tout ce que je trouverais en pain et biscuit, de manière à

---

(1) Mémoire rédigé par Magnan en 1873 (?), *Revue d'Histoire*, II, 1904, p. 370 : « Je n'avais pas à indiquer la route que comptait prendre le maréchal, qui se réservait d'agir en cela suivant les circonstances les plus favorables ».

(2) *Procès Bazaine*, Rapport Rivières et Réquisitoire, p. 222. 492, reproduisant la déposition de Magnan à l'instruction. Voir également, *ibid.*, l'extrait d'une lettre de Magnan au ministre de la Guerre, 19 août, indiquant comme direction de marche la route de Verdun par Briey.

en pourvoir l'armée sans dégarnir la place de Metz. Il m'indiqua en même temps Longuyon comme centre de ravitaillement et me prescrivit de donner des ordres pour y faire réunir des approvisionnements (1). »

En dehors de la mission verbale qui vient d'être indiquée, Magnan devait demander à l'Empereur, au nom de Bazaine, l'autorisation de remplacer Frossard par Deligny et Jarras par Cisey (2).

Il arrivait au camp de Châlons le 18 août, « vers 9 heures du matin (3) » et il était reçu « immédiatement » par l'Empereur. Après son audience, il se présentait chez le maréchal de Mac-Mahon et lui faisait connaître que l'armée de Châlons allégerait fort la tâche de Bazaine pour aller jusqu'à Verdun, si elle pouvait venir à lui (4). Il ajoutait, dit-on, que l'armée de Metz n'avait ni vivres ni munitions et qu'elle allait être forcée de capituler avant que celle de Châlons pût arriver jusqu'à elle (5). Cette affirmation eût évidemment contredit la précédente.

De son côté, Mac-Mahon lui aurait fait connaître qu'il « quittait le camp de Châlons, qui n'était pas une bonne

---

(1) Déposition à l'instruction, *Procès Bazaine*, Rapport Rivières, p. 222.

(2) *Mémoire* cité. Dans ses Souvenirs inédits (*Revue d'Histoire*, II, 1905, p. 558-559), Mac-Mahon déclare que si Jarras avait pu se rendre à Châlons il l'aurait certainement pris comme chef d'état-major, « le considérant comme un homme d'une réelle valeur ».

(3) *Rapport Rivières; Mémoire* de Magnan cité.

(4) Déposition à l'instruction, Rapport Rivières, *Procès Bazaine*, p. 223. Le *Mémoire* que nous avons plusieurs fois cité est muet sur cette déclaration de Magnan.

(5) Ceci paraît résulter des déclarations de Mac-Mahon à Rouher le 21 août, car les renseignements en question venaient sans doute de Magnan (*Rapport Rivières*). Il est possible aussi qu'ils viennent de l'intendant de Préval, qui avait déjà renseigné très inexactement Bazaine le 16 août.

position militaire et que, » si Bazaine sortait de Metz, il le retrouverait « sur les hauteurs entre Reims et Soissons (1) ».

Magnan repartait dans la journée, emportant pour le maréchal l'autorisation de procéder à toutes les mutations qu'il voudrait. Frossard serait appelé à l'organisation défensive de Paris et Jarras rejoindrait l'Empereur. Magnan devait ramener avec lui, à Metz, le médecin en chef de l'armée, Larrey, et l'aumônier en chef, Métairie, qui avaient cru devoir suivre l'état-major impérial. « Aucune autre communication ne me fut faite », ajoute le commandant (2). L'Empereur et Mac-Mahon ne lui auraient donné d'autres indications sur leurs projets que celle dont nous avons parlé, la retraite entre Reims et Soissons. Encore ne devait-elle pas se réaliser.

Ce mutisme paraît inexplicable à première vue, mais il faut se souvenir que Napoléon III, selon son habitude, flotte indécis entre la retraite sur Paris et la marche au secours de Bazaine. Le matin, à 7 h. 55, après avoir reçu le rapport de ce maréchal en date du 16, il écrivait à Palikao : « ...Je reçois votre dépêche d'hier soir; je crains qu'on ne se fasse des illusions. Rétrograder de Châlons sur Paris serait plus dangereux que de marcher de Paris à la rencontre de l'ennemi [?] (3); en tout cas, Reims me

---

(1) *Mémoire* de Magnan cité.

(2) Mémoire cité. D'après les Souvenirs inédits de Mac-Mahon (*Revue d'Histoire*, II, 1905, p. 558-559), un officier de son état-major, le colonel Broye, aurait été chargé, le 17, de porter à Metz, par Verdun, une lettre de l'Empereur portant autorisation de faire ces mutations. Il ne put remplir sa mission. On ne s'explique pas que Napoléon III ait pu prendre une décision à cet égard avant l'arrivée de Magnan. Il se peut qu'il y ait là une erreur des Souvenirs inédits.

(3) *Revue d'Histoire*, II, 1905, p. 552. Ce passage paraît incompréhensible. Il se peut qu'il ait été mal déchiffré. C'est la réponse à un

paraît être une bien meilleure position que Châlons. » Il hésitait visiblement entre deux combinaisons, inclinant vers le mouvement sur Reims qui concilierait tout. Les renseignements apportés par Magnan l'amenaient sans doute à l'abandon de la retraite sur Paris. A 9 h. 4, selon toute apparence après avoir vu cet officier, il télégraphiait à Palikao : « Je me rends à votre opinion. Ne retardez pas le mouvement de la cavalerie... (1). » Le revirement était complet, mais il ne devait pas durer longtemps.

Le maréchal avait moins encore arrêté ses décisions. Son incertitude ne prendrait fin que le 22 août à Reims, comme nous le verrons. Dans deux télégrammes du 18 août (7 h. et 8 h. 30 du matin), il annonce l'intention d'aller prendre position entre Epernay et Reims (2), ce qui se concilie surtout avec la retraite sur Paris. Il voit Magnan et, à 7 h. du soir, il ne s'agit plus que de marcher le 21 sur Reims, « afin d'être à même de soutenir le maréchal Bazaine (3) ».

Dans ces conditions, on s'explique, jusqu'à un certain point, le silence que Napoléon III et Mac-Mahon garderaient vis-à-vis de Magnan au sujet d'une marche éventuelle au nord-est. Il se peut donc que cet officier n'em-

---

télégramme du 17 août, 10 heures du soir : « L'Impératrice me communique la lettre par laquelle l'Empereur annonce qu'il veut ramener l'armée de Châlons sur Paris. Je supplie l'Empereur de renoncer à cette idée qui paraîtrait l'abandon de l'armée de Metz... » (*ibid.*, p. 531). Le même télégramme est daté de 9 h. 50 (*ibid.*, III, 1905, p. 99) et de 10 h. 27 (*Papiers et Correspondance*, I, p. 411).

(1) *Revue d'Histoire*, II, 1905, p. 553. Il s'agit de la cavalerie du 13ᵉ corps, dont Palikao voulait retarder le départ, jusqu'à ce que l'Empereur eût pris une décision ferme.
(2) *Revue d'Histoire*, II, 1905, p. 552, 553.
(3) *Revue d'Histoire*, II, 1905, p. 555.

porte pas avec lui, en partant de Mourmelon, la nouvelle positive d'un mouvement au secours de Bazaine. Tout au plus peut-il annoncer positivement la marche sur Reims. Sa mission n'en a pas moins une importance supérieure à celle qu'il veut bien reconnaître, ainsi que le maréchal. D'une part, il donne à l'Empereur et à Mac-Mahon des renseignements très inquiétants sur la situation de l'armée sous Metz. D'autre part, il confirme l'intention que Bazaine a laissé pressentir dans sa correspondance (16 et 17 août) de marcher au nord-ouest vers la Meuse. Si, plus tard, il cherche à restreindre son rôle, comme nous l'avons vu, c'est afin de justifier la façon d'agir de son chef vis-à-vis de Mac-Mahon.

Cette supposition acquiert une valeur particulière, quand on tient compte de la conduite ultérieure de Magnan. Il devrait avoir hâte de rallier son poste et cela pour plusieurs raisons : c'est son devoir étroit; ses camarades sont au feu; il a certainement des renseignements et des réponses à transmettre au maréchal (1). Loin de là, il semble qu'il évite les occasions d'arriver jusqu'à Metz.

Le 18 août, à 9 heures du soir, il est à Hayange, à sept kilomètres à l'ouest de Thionville. Là il apprend que la voie n'est pas sûre; ordre a été donné d'arrêter en ce point tous les trains descendants. Sur cette simple indication, sans autre tentative pour gagner tout au moins Thionville, il retourne d'un trait à Charleville, à cent trente-

---

(1) L'entourage de l'Empereur attache une telle importance à la mission de Magnan que son départ est annoncé par un télégramme chiffré de M. Franceschini Pietri à Bazaine : « Commandant Magnan part pour Reims et Thionville, arrivera ce soir » (*Procès Bazaine*, Réquisitoire, p. 493). De même, Bazaine avait annoncé le départ de cet officier par deux télégrammes dont le dernier chiffré (sans heure et 8 h. 14 du soir) (*Revue d'Histoire*, II, 1904, p. 228-229). Enfin son retour s'effectue par train spécial (Voir le *Rapport Rivières*).

deux kilomètres en arrière. Le lendemain 19, il repart à onze heures du matin seulement et atteint Thionville à 2 h. 20 du soir. La voie sur Metz, rétablie pendant la matinée, vient d'être coupée à 1 heure par les coureurs ennemis. Il reste une heure à Thionville, s'entretenant avec le commandant de la place, colonel Turnier, puis retourne à Montmédy, où il est à 6 h. 20, sans avoir rien tenté pour gagner Metz, ce qui lui serait parfaitement possible. Durant trois jours, en effet, du 19 au 21, nombre de personnes feront ce trajet, quelques-unes aller et retour. C'est de Montmédy seulement, le 21 ou le 22, qu'il doit chercher à communiquer avec son chef, d'après ses propres déclarations, sans y réussir (1).

« Si l'Empereur, écrit avec raison le général de Rivières, eût envoyé au maréchal Bazaine, par un train spécial, un simple colis en place du commandant Magnan, le train se serait garé à Hayange, aurait repris sa route le lendemain et l'envoi serait parvenu à destination le 19 dans la matinée... (2). »

Cette manière de faire, au moins surprenante de la part d'un officier intelligent et brave, donne à croire que, s'il n'est pas rentré à Metz, c'est qu'il ne l'a pas voulu. De même pour le télégramme qu'il aurait dû envoyer, ayant toute facilité à cet égard. C'est sans doute qu'en s'abstenant de rejoindre son chef et même de communiquer en temps utile avec lui, Magnan savait seconder ses désirs : Bazaine conservait ainsi sa pleine liberté d'action et avait sa responsabilité pleinement dégagée (3).

---

(1) Rapport Rivières, *Procès Bazaine*, p. 229. Il n'abandonna l'espoir de communiquer avec Metz que le 10 octobre, rejoignit Bourbaki et rentra avec lui en France.
(2) Rapport Rivières, *Procès Bazaine*, p. 351.
(3) *Procès Bazaine*, Réquisitoire, p. 495.

On est amené à croire, d'autre part, que l'envoi du commandant Magnan à l'Empereur procède du désir de gagner du temps, d'esquiver une explication délicate, d'éviter un ordre précis, difficile à éluder.

En outre, il est malaisé d'admettre que le maréchal, sachant Magnan à Thionville ou du moins à proximité, n'ait pas profité de l'envoi de cinq messagers venus à Metz du 19 au 20, et dont trois rentrèrent aussitôt à Thionville, pour communiquer lui-même avec cet officier. On en a déduit qu'il l'avait invité à ne pas le rejoindre, de manière à garder sa liberté d'action, et cette hypothèse acquiert un certain poids quand on tient compte des contradictions, des obscurités et des erreurs dont les dépositions et les rapports de Magnan sont remplis, des défaillances de mémoire au moins surprenantes du colonel Turnier, qui dut être l'intermédiaire de ses communications avec le maréchal (1). Un fait certain est qu'après avoir vu Magnan et Préval à Montmédy, le 20 août, l'intendant Wolf organise, sur la ligne des Ardennes, le ravitaillement de l'armée de Metz. Il envoie notamment au général commandant à Verdun le télégramme suivant : « Dirigez de suite sur Montmédy le convoi de vivres et le troupeau. Faites partir pour Reims les vivres chargés sur wagons et toutes les munitions. Nos renseignements sont tels que nous ne mettons pas en doute l'opportunité de cette mesure » [11 h. 4 du matin] (2). Il sait donc par Magnan ou par Préval que l'intention de Bazaine est de marcher sur Montmédy. Toute la journée du 26 août, il restera aux aguets, attendant son arrivée (3).

---

(1) Rapport Rivières, *Procès Bazaine*, p. 230.
(2) Télégramme signé de Wolf et du général Dejean, commandant le génie de l'armée, qui cherche à la rejoindre.
(3) Rapport Rivières, *loc. cit.*, p. 230-231.

Il est évidemment impossible d'émettre au sujet de la mission Magnan des conclusions positives, faute de documents précis. On ne peut risquer que des hypothèses basées sur les faits nettement établis. Nous estimons que Magnan dut apporter à l'Empereur et à Mac-Mahon la confirmation verbale du projet de mouvement de Metz vers Montmédy, que les communications écrites de Bazaine (16 et 17 août) avaient déjà fait pressentir.

TABLE DES MATIÈRES

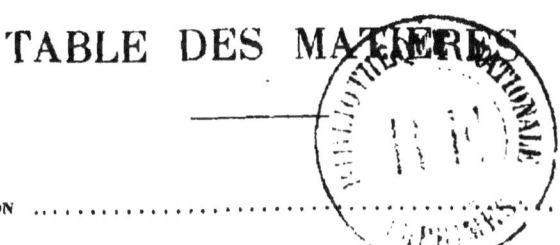

	Pages
INTRODUCTION	V

LIVRE I
Le Mexique

I.	Les débuts de Bazaine	1
II.	San Lorenzo	10
III.	Bazaine commandant en chef	22
IV.	Bazaine et Maximilien	48
V.	Le commandement de Bazaine	68
VI.	L'évacuation est décidée	72
VII.	Projets d'abdication	97
VIII-IX.	La mission Castelnau	107
X.	Bazaine et Castelnau	121
XI.	Départ de nos troupes	152
XII.	Rentrée en France	161

LIVRE II
Les batailles sous Metz

I.	La concentration	169
II.	Spicheren	186
III.	La retraite sur la Moselle	198
IV.	Bazaine généralissime	214
V.	Borny	230
VI.	Le Quinze Août	252
VII.	Rezonville	285
VIII.	Saint-Privat	339

Marc Imhaus et René Chapelot, imprimeurs, Nancy et Paris.

A LA MÊME LIBRAIRIE

Histoire abrégée des campagnes modernes, par J. VIAL, colonel d'état-major en retraite, ancien professeur d'art et d'histoire à l'école d'application d'état-major. *Complétée et mise à jour par son fils*, C. VIAL, chef d'escadron d'artillerie. 6ᵉ édition. 1910. 2 vol. in-8 avec un grand atlas format 28 × 42 contenant 120 cartes tirées en noir et en couleurs et 12 tableaux synoptiques des campagnes . . . . 18 fr.

Le texte et l'atlas sont vendus séparément :

Le texte seul. . . . . 12 fr.
L'atlas seul . . . . 10 fr.

La Guerre napoléonienne, par le colonel CAMON, breveté d'état-major.

    I. *Précis des campagnes.* 1911, 2ᵉ édition. 2 vol. in-8 avec planches et croquis . . . . 8 fr.

    II. *Les systèmes d'opérations.* — *Théorie et technique.* 1907, 1 vol. in-8 avec croquis . . . . 6 fr. 50.

    III. *Les batailles.* 1910, 1 vol. in-8 avec croquis dans le texte et un atlas de 11 cartes. . . . . 10 fr.

(Les 3 parties se vendent séparément)

Tableaux synoptiques d'histoire contemporaine de Louis XIV à nos jours, par SAZERAC DE FORGE, lieutenant au 39ᵉ régiment d'infanterie. Paris, 1910, 1 vol. in-12 avec nombreux plans et croquis, et une lettre-préface de M. JORAN, professeur de l'Université. . . . . 2 fr. 50.

(Achat autorisé par circulaire du 8 décembre 1910)

Mémoires pour servir à l'histoire militaire sous le Directoire, le Consulat et l'Empire, par le maréchal GOUVION-SAINT-CYR. Paris, 1834, 4 vol. in-8 avec planches. . . . . 25 fr.

Vie politique et militaire de Napoléon, racontée par lui-même au tribunal de César, d'Alexandre et de Frédéric, par le général JOMINI. Bruxelles, 1841. 2 vol. gr. in-8 brochés avec un atlas in-4 de cartes en couleurs et un cahier de légendes explicatives . . . . 40 fr.

Critique stratégique de la guerre franco-allemande, par A. GROUARD, ancien élève de l'Ecole polytechnique.

    I. *Les armées en présence.* 1906, 1 vol. in-8. . . . . 2 fr.
    II. *Wœrth et Forbach.* 1905, 1 vol. in-8 avec carte. . . . . 2 fr.
    III. *L'invasion* (du 7 au 12 août). 1908, 1 vol. in-8 . . . . 3 fr.

Histoire à l'usage des candidats aux Ecoles militaires, par le lieutenant ALEX. COCHE, de l'Ecole spéciale militaire.

    I. *Des origines jusqu'en 1850* . . . . 5 fr.
    II. *La France et la vie actuelle, 1850-1910* . . . . 5 fr.
    III. *L'Europe et hors d'Europe, 1850-1910* . . . . 5 fr.

www.ingramcontent.com/pod-product-compliance
Lightning Source LLC
Chambersburg PA
CBHW060558170426
43201CB00009B/820